ピケティ・正義・エコロジー

資本主義を超えて参加型社会主義へ

尾上 修悟

明石書店

目次

第二章　租税の公正と社会国家——フランスでの議論をめぐって

第二部　不平等体制と社会・グローバル問題

第三章　教育と保健医療の不平等体制

第三部　不平等体制とエコロジー問題

序　章　本書の課題と構成

現代世界はまさに複合危機に見舞われている。経済危機、社会危機、政治危機、地政学的危機、健康危機、並びに気候危機、これらの危機が全世界の人々に襲いかかっているのだ。そしてそれらの危機に、様々な形となって現れる不平等の姿が反映されている。フランスの著名な社会学者デュベは最近の著書で、富や所得の格差として表される不平等を大きな不平等と称し、それに対して教育や保健医療のサービスにおける格差、及び人種差別やジェンダー差別などを小さな不平等とみなす(1)。大事なことは、後者の小さな不平等が積もり積もってやがて大きな不平等になるという点である。今日、そうした経済的かつ社会的な不平等は一国規模でもグローバル規模でも全然消えていない。否、それどころか不平等はむしろ強まる傾向さえ見せている。こうした中でフランスを代表する哲学者の一人であるランシエールは、社会科学者の根本的な使命は不平等を告発することにあると謳った(2)。筆者は彼の意見に深く賛同する。今やそうした不平等を告発する使命は、ますます強く求められていると言わねばならない。さらにそればかりでない。不平等をいかに解消するかが喫緊の課題となっているのだ。資本主義のシステムにそれらの経済的・社会的不平等が付き物であるとするならば、このシステムを転換してより公正な社会を建設するためには、まずもってそうした不平等の解消が必要不可欠になるからである。

筆者はこのような問題意識の下に、本書で次のようないくつかの課題を設けることにした。

基本的視座としての累進税

本書の第一の課題は、不平等を解消するための一つの必要な手段として考えられる租税の累進化（富裕者や大企業に対して一層多くの税を課すこと）すなわち累進税の、現代的意義を確認することである。その際に筆者はピケティの累進税論に注目した。それには二つの理由がある。第一に、彼が最初期の不平等の経済学に関するテキストから最新の著書においてまで、不平等を解消するための必要条件として累進税の設定を一貫して提唱しているからである(3)。どうして彼はそこまでして累進税にこだわるのか。それはピケティが、不平等は同税によって歴史的に減少したという事実から教訓をえることができるとみなしているからに他ならない。そして第二に、彼が累進税の役割をたんに歴史的事実として検証するだけでなく、先に見た現代の様々な危機から脱出するための手段として果たす累進税の役割を強調しているからである。

実際に今日、累進税に対する要望は世界中でますます高まっている。それはたんに富や所得の不平等を解消するための有力な手段になるだけでない。累進税は現代の不公正な租税と社会を正して、将来のより平等で公正な社会を建設するための基礎的条件になりえるのだ。現代の様々なリスクに晒された経済・社会の中で、人々の生活は多大な困難に直面している。そうした困難は言うまでもなく低所得の人々とりわけ南の貧困国の人々の生活にはっきりと現れる。そこでかれらの生活困難を取り除くためには、どうしても金融的な支援が必要となる。では、そのための資金はいかに調達されるべきか。それはよもや生活に苦しんでいる人々に対する租税、とりわけかれらに不利となる消費税のような間接税で賄われるようなことがあっては絶対にならない。かつて金持ちが支配している世界において富裕者は、税金は貧乏人が支払うものと言い切った。これこそ言語道断である。それとは真逆に、今こそ富裕者と大企業は累進税の支払いによって社会貢献を果たさねばならない。コロナ危機の際にIMFが、コロナ復興税としての富裕税を提唱したことの意味を我々は真剣に考える必要がある(4)。

累進税が社会的な、かつまたグローバルな資金移転をつうじて貧困者と貧困国の救済に役立つことは疑いない。それが将来の社会変革に向けた一歩を築くことも明らかであろう。今や累進税による富の再分配の必要性を認めないわけにはいかない。なぜなら、世界中の生活困難に陥っている人々が累進税を強く望んでいるからだ。現実に二〇二四年七月にブラジルのリオデジャネイロで開かれたG20財務相・中央銀行総裁会議において、超富裕者に対して累進税を課すことが共同声明に盛り込まれたことはその証左であろう(5)。

他方で筆者は、累進税に関連する社会思想的背景を探ることも課題とした。累進税論はピケティの専売特許では決してない。累進税はそれこそルソーの思想を嚆矢としたフランスの社会思想家による伝統的な考え方を示している。そこでの思想を把握することにより、累進税の意義を歴史的観点からのみならず哲学的な観点からもよく理解することができる。このようにして累進税は、本書を貫く基本的視座に据えられる。

本書の第一部(「不平等体制と租税問題」)は以上の課題に応じるものである。それは二つの章から成る。第一章(「不平等体制と累進税」)ではピケティの累進税論がこれまでの著作をつうじて検討されると共に、それの現代国際社会への適用例として累進税をベースとした新しい欧州建設の問題が論じられる。第二章(「租税の公正と社会国家」)では、ピケティの累進税論の源流がフランスをめぐって考察される。そこではルソーの考えを始めとする租税の公正に基づく累進税が論じられる一方、累進税を支えるイデオロギーが検討される。同時に租税の不公正に対する人々の抗議について、現代のマクロン政権におけるものまで含めて明らかにされる。

社会的不平等とグローバル不平等

本書の第二の課題は、社会的不平等並びに南北格差で表されるグローバル不平等の実態を明らかにしながら、それらの解消に向けた道を探ることである。

教育や保健医療、並びに人種差別やジェンダー差別のような人々の生活の質に関する社会的不平等の問題は、必然的に社会システムそのものの問題として分析（定性分析）されねばならない(6)。実はピケティも最新の著書で、そうした社会的不平等について積極的に論じている(7)。彼の不平等論はここにきてその扱う範囲を大いに広げていることがわかる。他方で、社会的不平等を数値として目に見える形で人々に知らせる作業も非常に重要である。

ところで今日、全世界で社会的不平等は減少するどころか、ますますその激しさを増している。教育や保健医療などの人間にとって最も基本的な公共サービスへのアクセスをめぐる不平等は、近年のコロナ危機の下で鮮明に現れたし、また人種差別もなくならないどころか欧米を中心に一層深刻になっているのだ。さらにゆゆしき問題がある。それはジェンダー差別である。この差別は人類の文明発生以来今日まで延々と続いている(8)。人類の最初の不平等は、男女の不平等として現れたに違いない。しかも驚くべきことは、このジェンダー差別を強化するための策が講じられたことがあっても、それをなくすための抜本的な対策がこれまでほとんど示されてこなかった点であろう。とくに歴史的に宗教に根ざした男女差別は、未だに歴然として行われているのが現状だ。ジェンダー差別は、すべての不平等の根源にある問題である。先進諸国が民主主義の確立をいくら誇ったとしても、この差別がなくならない限りは真に民主的な社会を達成することは決してできない。先に見た様々な危機に直面して最大の被害を受けるのは女性である。この点も忘れてはならない。

そこで、これらの社会的不平等の問題を論じたのが本書の第二部（「不平等体制と社会・グローバル問題」）における二つの章である。第三章（「教育と保健医療の不平等体制」）では教育と保健医療をめぐる不平等問題が取り上げられる。教育や保健医療のような基本的な公共サービスは、すべての人に均等に与えられねばならない。しかし実際には、そうしたサービスを受ける人々の間で大きな格差が見られる。それゆえ社会国家の建設という観点から、公共サービスへのアクセスの平等化が論じられる。第四章（「人種差別とジェンダー差別」）では人種差別とジェンダー差別の問題が検討される。人種差別についてはまず、その歴史的起源の問題が奴隷制との関連で考察されると共に、現代の人種差別が社会的不平等と直結する姿が明らかにされる。さらに今日の先進諸国における移民と人種差別との関連が、フランスを例にして検証される。他方でジェンダー差別の問題については、やはり最初にその歴史的起源の問題が論じられる。同時にそうした差別が現代社会においていかに把握されているかが検討される。そして最後に、真に女性を解放するにはどうすればよいかが考察される。

ところで教育や保健医療をめぐる不平等、並びに人種差別やジェンダー差別などは、当然一国規模でのみならず世界的規模で生じている。したがって、それらの不平等問題はグローバル問題でもある。しかしそれとは別に、一つの体制（システム）としての不平等がグローバルレベルで存在する問題がある。それがいわゆる南北問題である。先進諸国としての北と発展途上諸国としての南との間の格差は、古くから論じられてきた一大テーマだ。では、その格差は永遠に縮まらないのかと言えば、決してそうではない。経済力に限って言えば、北と南の格差は今日急速に縮小している。それに伴って南の対外交渉力は新興諸国を中心にますます強まりつつある。かれらはグローバルサウスとして、一つの集団的な力を発揮し始めているのだ。G20がグローバルサウスによってリードされる場面の登場は、この点を如実に物語るものであろう。

しかし他方でアフリカを中心に存在する最貧国の状況は、近年の気候危機を含めた度重なる危機によって悲惨さを一層増している。かれらと新興諸国との落差は甚だしい。グローバルサウスの二極化が明白に現れているのだ。また新興諸国も含めてグローバルサウスにおける社会的インフラストラクチャーの不足が目立つのは否定できない。そこでこうした南の状況を改善するには莫大な資金が必要となる。南北格差がそもそも北のかつての植民地主義に由来することを踏まえれば、北の南に対する金融支援の拡大は北の義務として考えられねばならない。そしてここでも、北の南への資金移転の原資としてグローバル規模での累進税が想定できるのだ。このような、南北間に見られるグローバル不平等とその解消に向けた対策に関する問題を論じるのが、第二部の第五章（「グローバルサウスと不平等体制」）である。

エコロジーと不平等

そして筆者は、不平等問題とエコロジー問題との関連を追求することを本書の第三の課題とした。それは本書の第三部（「不平等体制とエコロジー問題」）として表される。なぜここでエコロジーを問題にするのか。それは、今日の温暖化に代表されるエコロジー危機の状況に、実は所得格差、人種差別、ジェンダー差別、さらには南北格差などの様々な不平等が集約された形で映し出されているからだ。したがってエコロジー問題を論じることは、不平等問題を考えることにそのままつながると言ってよい。本書の第六章（「気候変動と社会的公正」）で、気候変動問題をたんに自然現象の問題としてだけでなく社会現象の問題として論じるのはそのためである。その意味で本章は不平等論の総括に当ると言っても過言ではない。それゆえ本章は他章よりもはるかに長い論文となった。

第六章ではまず、エコロジー危機の歴史的起源について検討される。それによって危機の根因としての資本主義的蓄積様式という考え（資本新世論）が提示される。そしてこの考えの下に現代の気候変動問題が論じられる。これにより、先進諸国の気候変動対策がいかに偽善であるかが明らかにされる一方、将来の社会的に公正なエコ社会を建設するためにはどうすればよいか、またそれは再生可能エネルギーに基づくグリーンキャピタリズムの下で可能であるか、さらには気候危機によって莫大な損害を被った貧困者や貧困国を資金面でいかに支援するかなどの問題が検討される。この最後の金融支援問題に関して、第一部で論じた累進税の視点が再び導入される。本書における不平等をめぐる議論は、こうして累進税の問題に始まって累進税の問題で終わることになる。

資本主義の超克

そこで最後に、筆者はもう一つの課題を付け加えた。それは、以上に見たような不平等が資本主義に付随するものであるとすれば、それを解消することによって資本主義をいかにして乗り越えることができるかという問いに対する考察である。もちろん、そうしたテーマはそれだけで新たな書物を必要とするほどの大きなものであり、軽々しく論じることができるようなものではとうていない。それゆえここでは終章（「資本主義の超克をめざして」）で、そのための足がかりをつかむことに止めたい。本章では、現代資本主義を歴史的にいかなるものとして性格付けられるかという認識の下に、資本主義に代わるべき新たな経済・社会システム（社会主義）が想定される。その際に再びピケティの唱える参加型社会主義としての新社会主義を取り上げ、それに対する批判的検討を行う一方、将来の公正なエコ社会に向けた社会主義、さらには資本主義の欠陥を根本から取り除くための、社会制度（家父長制）そのものの転換などの問題が論じられる。

方法としての歴史

ところで本書における基本的な分析視点として、累進税以外にもう一つの視点があることを指摘しておきたい。それは歴史という分析視点である。実はピケティも歴史分析を非常に重視する論者の一人だ。彼はこれまで歴史的事実を発掘し、そこから教訓を引き出してそれを現代の経済・社会の改善に生かすという分析方法を貫いている。カジェとの最新の共著書でかれらは、「社会科学はまずもって歴史学である」と言い切っているのだ(9)。レギュラシオン学派の宗主であるボワイエは、そうしたピケティの方法を高く評価する。彼はピケティの世界的ベストセラー書である『21世紀の資本』の書評で、同書の最重要な貢献は、同書が経済と社会の歴史を経済原則の中核に統合させたことにあると評した(10)。そしてボワイエ自身も最近の著書で、我々が今日直面している大きな難問に対し、経済学が歴史を踏まえながら新たな政策提言を行う必要があることを訴える(11)。イギリスの歴史学の泰斗であるホブズボームはその歴史論の中で、歴史は過去―現在―未来の一つの連続体を成しており、それゆえ過去を知ることは未来図を描くことにつながると述べている(12)。筆者は、このホブズボームの箴言を信じたい。人種差別やジェンダー差別にしても、あるいはまた南北問題やエコロジー問題にしても、それらの歴史的起源を探求する必要がある。そうした歴史認識を抜きに現代の様々な危機から脱して将来のよりよい社会をつくるための策を練ることはできないのだ。

筆者は本書で累進税論を始めとして、各章でピケティの議論を大いに参照した。しかしそのことは、彼の議論を一方的によしとすることを意図するものではない。確かにピケティは数多くの著書をつうじて、つねに現代資本主義を批判しながら将来のより公正な社会をつくるための思考的な材料を我々に提供してきた。ただ、そこでは不足している材料もあるし、あるいはまた捨てるべき材料もあるかもしれない。我々にとって必要なことは、公正な社会をグローバルな規模でつくり上げるために議論を共有する場を設けることではないか。この点でピケティの姿勢はいつも謙虚だ。彼はこれまで様々な提言を行ってきたものの、それを絶対視する意図は彼の頭には毛頭ない。ピケティはつねに、何かを達成するための、例えば不平等体制の解消や社会変革を行うための必要条件を探っているだけである。彼はそれでもって十分であるとは全然考えていない。それだからピケティは、自身の考えが公に議論されることをいつも願っている。そうだとすれば我々は彼の示した必要条件を吟味し、さらに付け加えるべき条件を検討しながらできる限りの必要十分条件を見出すように努めることが求められるであろう。本書も、そのための一つの作業を表すにすぎない。

なお、本書の引用文献について訳書がある場合は原書名を、また本文中の外国人の人名についてはファーストネームをそれぞれ省略してある。

【注】

（1）Dubet, F., *Tous inégaux, tous singuliers — Repenser la solidarité*, Seuil, 2022, p.10.

（2）Rancière, J., *Aux bords du politique*, Gullimard, 2012, p.84.

（3）トマ・ピケティ『不平等と再分配の経済学』、尾上修悟訳、明石書店、二〇二〇年、トマ・ピケティ『平等についての小さな歴史』、広野和美訳、みすず書房、二〇二四年。

（4）IMF, *Fiscal Monitor, A Fair Shot*, IMF, April, 2021, p.xii.

（5）日本経済新聞、二〇二四年七月二八日。

（6）Bihr, A., et Pfefferkorn, R., *Le système des inégalités*, La Découverte, 2021, p.12.

（7）トマ・ピケティ『平等についての小さな歴史』、前掲書、第八章。トマ・ピケティ、「人種差別の測定と差別の解消」、尾上修悟訳、トマ・ピケティ、ロール・ミュラ、セシル・アルデュイ、リュディヴィーヌ・バンティニ『差別と資本主義』、尾上修悟、伊東未来、眞下弘子、北垣徹訳、明石書店、二〇二三年に所収。

（8）イヴァン・ジャブロンカ『マチズモの人類史』、村上良太訳、明石書店、二〇二四年。

（9）Cagé, J., et Piketty, T., *Une histoire du conflit politique— Élections et inégalités sociales en France, 1789-2022*, Seuil, 2023, p.38.

（10）Boyer, R., "Le capital au xxie siècle—Thomas Piketty", *Revue de la régulation*, autumn, 2013, p.7.

（11）Boyer, R., *Macroéconomie et histoire—Du grand écard à une nouvelle alliance*, Classiques Garnier, 2022, p.322.

（12）エリック・ホブズボーム『ホブズボーム　歴史論』、原剛訳、ミネルヴァ書房、二〇〇一年、五五ページ。

第一部　不平等体制と租税問題

第一章　不平等体制と累進税——ピケティの議論をめぐって

今日まで依然として存在する不平等体制をいかに解消すべきか。この点についてピケティは一貫した視点に立って分析を行っている。それは累進税、すなわちより高い所得と資産を所有する人々や企業に対して一層高い税を課し、その収入をそうでない人々や企業に再分配することによって不平等を減少させるという視点である。この分析視点は序章で指摘したように、彼の最初期のテキストからごく最近の著作においてまで全く変わらず見ることができる。そして留意すべき点は、ピケティが歴史的事実に基づいてそうした視点を打ち出したという点であろう。この事実によって彼は、不平等は歴史的に減少する傾向を示してきたし、また将来も必ずそうすることができるという楽観的展望を強く抱いたに違いない。その証拠に彼は、後にくわしく見るように（終章）、将来の社会変革を考える上でも累進税の国内外での設定を一つの核に据えていることがわかる。累進税はまさに彼の議論を支える大きな柱である。本章の目的はピケティの分析の中核となる累進税の問題に焦点を当て、それが不平等の解消に果たす役割を社会的かつまた国際的な観点から明らかにすることにある。

一　累進税の歴史的成果

（一）富の格差の縮小と累進税

ピケティは研究の早い段階から、富の格差を縮小させる手段として累進税に注目し、その役割を強調していた。そして彼はこの点を、歴史的事実として確証した。彼の最初期に書かれた不平等の経済学に関するテキストで、すでにそれは示されていた。ピケティはそこで、第一次世界大戦直前から二〇〇〇年代初めまでの、フランスにおける全体の一％に相当する高額所得の総所得に占める割合を調べ、その割合が第二次世界大戦の終了までに著しく下落（一九一三年の一九％から一〇％以上の下落）したことを見出す(1)。この大きな減少は、基本的には様々なショック（戦争、インフレーション、一九三〇年代の大恐慌）によるものとする一方、それには二〇世紀の初めに行われた租税革命すなわち所得と相続財産に対する累進税が大きな役割を果たした。ピケティはこのように認識する。累進税に関するこうした歴史的事実の確認こそが、彼のその後の分析を支える軸になったと言ってよい。

実際にピケティは『21世紀の資本』においても、所得と相続財産に対する累進性の高い租税が、働かずに利子や配当で暮らす不労所得者の増大に歯止めをかけることができたと主張する(2)。さらに彼は、フランスのみならず世界的規模で富の集中が一九一〇～一九五〇年の間に激減した事実に注目し、この事実と世界の各国政府が資本と所得に対して高い税率の租税を課したことをつき合わせる(3)。第一次世界大戦までに資本所得と法人利潤に対して租税が課されなかったのに対し、二〇世紀に入ると配当、利子、利潤、並びに地代などに様々な租税が課せられ、このことが事態を一変させた。とくに資本所得に対する租税は、長期的に富の分配構造を根本的に変えた。しかもそこでの租税は、トップの所得に高い税率を設けた累進税であった。他方で相続財産に対する税率も一九世紀には極めて低かったのに、それは両大戦間期に著しく上昇した。当時の相続税は富裕国で二〇～三〇％以上の高い税率の累進税となって現れ、それが長期的にトップの百分位（全体の一％）の富のシェアを大きく低下させたのだ。

このようにピケティは、所得と相続財産に対して累進税が設けられた歴史的事実を確認する。そこで彼は、この累進税が富の格差を歴史的に縮小させる要因になったことを、歴史的教訓として受け止める。それだから彼は、累進税率が一九八〇年代以降に極度に低下したことによって富の格差が再び拡大したとみなす。クルーグマンは、ピケティがこのような累進税をめぐる歴史的推移を、富の格差のそれと関連させて明らかにしたことを高く評価する(4)。クルーグマンは、二〇世紀の大半におけるきわめて高い累進的な租税が、所得と富の集中を抑えるのに実際に役立ったのは事実であることを認める。それゆえ現代においても、富裕者に対して一層高い税率の累進税を課すことで、かれらの力を抑える必要がある。クルーグマンは、こうしてピケティの主張を全面的に支持すると共に、この点にこそ『21世紀の資本』の重要性が見出せることを指摘した。

このように、高い所得と相続財産に対する累進税が富の分配構造を大きく変える要因になったとする考えは、その後のピケティの著作においてますます強く打ち出される。そこでは累進税の、富の格差縮小に果たした歴史的役割が大いに論じられた(5)。彼はそこで、歴史的統計から明らかなように、二〇世紀こそが世界の不平等構造を深く転換させたと認識する(6)。この点はとくに両大戦間期にはっきり現れた。それゆえピケティはこの時期を、あのポランニーが唱えたことになぞらえて「大転換」という言葉で表す。確かにその期間に、不平等の構造はグローバルな規模で大きく変化した。所得と資産から成る私的所有権の重みは消滅したのだ。そして忘れてならないのは、ここでピケティが二〇世紀前半に考案されたきわめて高い累進税に注目した点であろう。それは、最上位の所得と資産に対する七〇～八〇％もの非常に高い税率を示した。第一次世界大戦後に、それ以前の天文学的レベルに達した富と資本の集中が二度と現れることはなかった。それは、当時の租税革命のおかげであった。その核となったのが、くり返しになるが所得と資産に対する累進税である。この累進税こそが、不平等を減少させる歴史的な大転換を可能としたのだ。

一方、両大戦間期に不平等が著しく減少したことは、それ以前のベルエポックと称される時期（一八八〇～一九一四年）におけるとてつもなく大きな不平等の現象と際立ったコントラストを示すものであった。この点をピケティは、フランスに即しながら租税システムの観点から説き明かす(7)。当時の資本に対する租税は、不動産資本と実物資本に対してのみ課され、株式や債券などの金融資産は課税対象から外された。しかしそうした金融資産は、二〇世紀初めに資産全体の中でますます大きな地位を占めるほどに増大していた。では、不動産資本に対する租税はと言えば、それは相続税と同じく、一九〇一年の法制定までは厳密に比例的であった。そこでは一律の税率が設定され、それゆえこの租税は、所有権を再分配するような、あるいはまた不平等を減少させるようなものでは全然なかった。否、むしろ逆にそれは所有権に対して軽減税率を適用することになった。こうして資本に対する比例的な租税は、資本の所有者に対してきわめて有利なものと化したのだ。

他方で、ベルエポックにおいてもフランスの租税システムの改革がないわけではなかった。確かに一八四八年の革命後、一八七一年に成立した普通選挙を契機に租税の累進化が議論された。それは、悲惨な状態に追い込まれた工場労働者への配慮から「有価証券による収益に対する課税」という法の制定となって現れた。しかし、この法は名ばかりのものに終わり、富は一部の富裕者の手元に永続的に蓄積された。また、納税者の利子・配当収入を含めた総所得に対する累進税が考えられたものの、それも各種所得に分けながら課す租税に変わってしまい、その累進性は弱まった。

このようにして、ベルエポックにおける租税システムは結局、累進性の低い租税、したがって富の再分配に基づく不平等の解消にはほど遠い租税に終わる。これと反対に、両大戦間期に高い累進税が設けられて不平等が著しく減少したことは、まさしく画期的であった。この点は欧州ではっきりと現れる。そこでは第一次世界大戦を境に、累進税をつうじて不平等は疑いなく減少した。私的所有権の集中は崩壊したのだ。ピケティは、この点を過小評価してはならないと主張する(8)。実際に非常に富裕な人々の数は大きく減少したのに対し、全体の九〇％に相当する、それほど富裕でない人々の資産保有の総資産に占める割合が著しく上昇した。これは、欧州の近代社会の歴史において初めてのことであった。一方ピケティは、二〇世紀前半に見られた一つのきわめて重要な歴史的事実に注目する(9)。それは資産の収用であった。この収用は、欧州の不平等の減少に大きく貢献した。それはまた、当時の一般市民の、経済的・金融的エリートの富裕化に対する不満を反映するものであった。フランスでは一九四五年八月に「国民的連帯税」が設けられる。この租税は例外的であると同時に累進的であった。それは、ドイツ軍の占領下でかれらに協力して巨大な富をえた金持ちに対する、制裁の気持を込めたきわめて高い累進税である。その意味で、この国民的連帯税は、その後のミッテラン社会党政権下で設けられた連帯富裕税の先駆けになったと言ってよい。このようにして見ると、両大戦間期に欧州とりわけフランスで課せられた稀に見るほど高い累進税が、不平等の構造を大きく変えたことは明らかであろう。ピケティはこのことを、累進税の歴史的成果とみなしたのである。

以上からわかるように、ピケティは累進税によって、またそれを促すように圧力をかけた政治的な力によって不平等を減少させることができるのを、歴史的事実から引き出される教訓と受け止める。それだから彼は、累進税を一貫した研究テーマとして掲げたのである。不平等と対決する一つの手段として、累進税による再分配政策が挙げられるのは疑いない。硬直的なマルクス主義者の立場から、マルクスの考えに沿わないものとしてピケティの議論を厳しく批判したビールとユソンも、この累進税による効果を認めざるをえなかった(10)。かれらは、富裕者に高い租税を課すピケティの議論は貴重なものとして高く評価する。

そこで、ピケティが歴史分析で示した累進税の変化を確認しておこう。累進税は、歴史的に二つの形態で発展した(11)。一つは所得全体（賃金と手当、年金、家賃、配当、利子、特許使用料、並びに利潤など）に対する累進税（累進所得税）であり、もう一つは相続財産（相続する財産や金融資産）に対する累進税である。それらの税率は次のようであった。ヒエラルキーのトップに適用された累進所得税は、米国、日本、ドイツ、並びにフランスを例にすると一九〇〇年に一〇％以下であったが、それは一九二〇年に三〇〜七〇％にはね上がる。相続財産に対する累進税も一九二〇年に一〇〜四〇％を示した。また一九三二〜一九八〇年に米国で、より高い所得に適用された税率は平均で八一％、及び相続財産に対しては七五％であった。一方イギリスでも同期間に、最も高い所得に対して平均で八一％、また最も大きな相続財産に対して平均で七二％もの租税が課せられた。これに対してフランスでは、一九一四年に累進税が設定されたものの、その税率は最も高い所得に対してたった二％を示すにすぎなかった。フランスの第三共和制のエリートは、租税システムの改革を長い間拒否してきたからだ。フランスこそが平等を標傍する国であるのに、租税による平等化の動きを表すことはなかった。ピケティは、こうしたフランスの姿勢を偽善で不誠実なものとみなす。フランスの累進税は、第一次世界大戦後に初めて引き上げられた。このようにして見ると大規模な累進税に関しては、むしろアングロサクソン諸国が中心的な役割を果たしたと言ってよい。

では、そのような累進税によって不平等が減少したことは、いかなる社会階層の間で現れたであろうか。この点に関してピケティが注目するのは、上流階級と中流階級の間の格差が劇的に縮小した点である。彼は、所有権の集中度を分析する際に社会階層を三つに区分する(12)。それらは全体の五〇％に当る庶民階級（最貧困層）、四〇％に当る中流階級、並びに一〇％に当る上流階級（最富裕層）である。そこでピケティは、これらの三つの階級が一八世紀末から二一世紀初めまでの間に、財産をいかに占めるに至ったかをフランスを例にして図1‒1のように表す。見られるように、上流階級の財産のシェアは、一八世紀末から第一次世界大戦直前まで八〇％台を維持して圧倒的に大きい。この割合と庶民階級の所有権のそれとの差は実に天文学的な大きさを示している。これに対し、中流階級の財産のシェアは第一次世界大戦直前まで一〇％台であったが、それは両大戦間期から次第に上昇し、一九八〇年には四〇％近くにまで達する。一方、上流階級の財産のシェアは逆に両大戦間期以降大きく減少した。その結果、上流階級と中流階級の財産のシェアに関して、格差は一〇％近くにまで縮小したのである。

このようにして見ると、不平等の減少はまず中流階級に有利な形で進められたと言ってよい。資産家としての中流階級の出現は、歴史的に大きな転換を表すものであった。実際に二〇世紀初めまでは中流階級は存在しなかった。全体の四〇％に当る人々は、全体の所有権に占める割合の点で、全体の五〇％に当る最貧困者とほぼ同じくらいに貧しかったのである。そうした中で二〇世紀末から二一世紀初めにかけて、明らかに中流階級が出現した(13)。中流階級は確かに著しく富裕ではない。しかしだからと言って、かれらは全く貧しいわけでもない。中流階級は成人一人当り一〇万～四〇万ユーロの

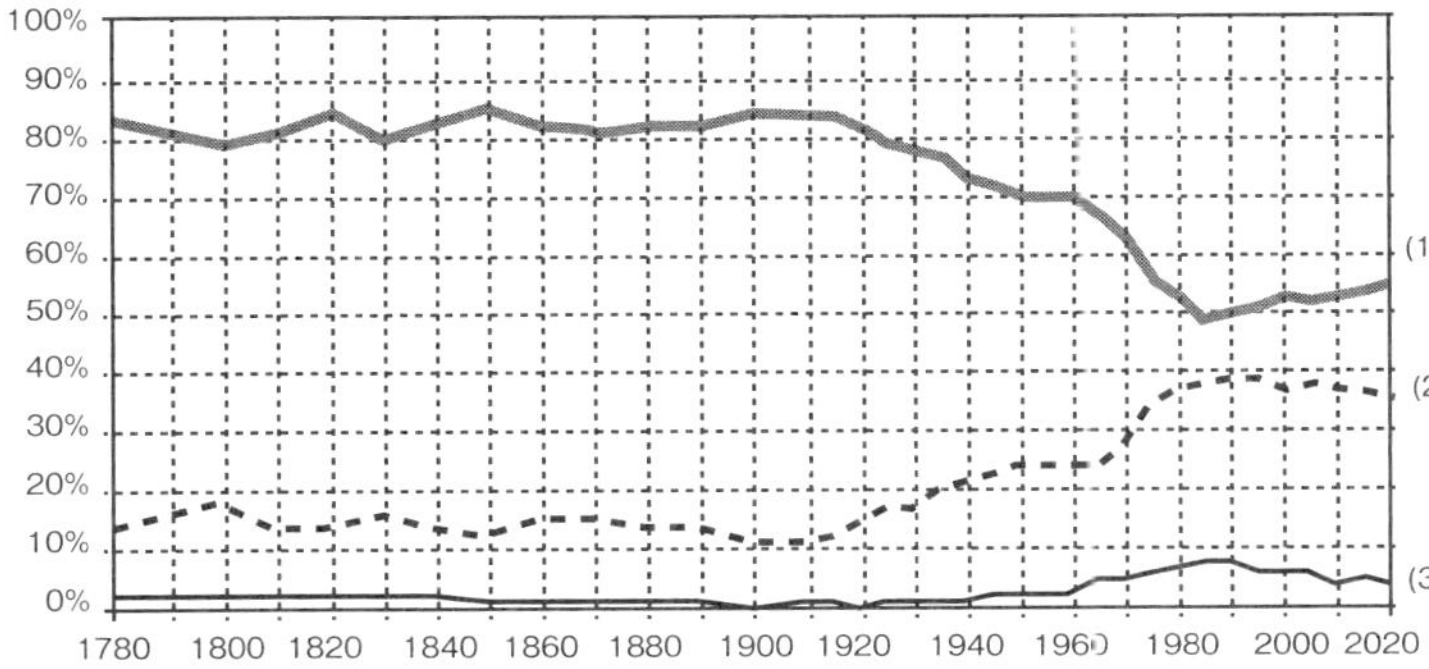

図1-1　フランスにおける財産の分配、1780～2020年

（注）(1) 全体の10％に当る最も富裕な人々の財産のシェア。
(2) 全体の40％に当る中流の人々の財産のシェア。
(3) 全体の50％に当る最も貧困な人々の財産のシェア。
（出所）トマ・ピケティ『平等についての小さな歴史』、広野和美訳、みすず書房、2024年、38ページより作成

資産を保有する。かれらは、全体として無視できないほどの所有権を取得しているのである。所有権の集中は依然として高いものの、それは極端なものではなくなってきた。不平等は、少なくとも上流階級と中流階級の間で疑いなく減少した。ピケティは、この歴史的変化を重視する。そして彼は、そうした不平等の減少を引き起こした一つの重要な要因として租税政策の転換を考える。それは、高い所得と資産に対する累進税の発展であった。

(二) 累進税の歴史的変化

ここで、ピケティの分析をフォローしながら不平等体制の変化と累進税との関係を整理しておこう。所得と所有権の不平等が一九一四～一九八〇年の間に大きく減少したことは、フランスに限られたものでは決してない。この傾向は西側の世界（イギリス、フランス、米国、スウェーデンなど）で一様に見られたし、また日本、ロシア、中国、さ

らにはインドにおいても同様であった[14]。その一つの要因として、所得と相続財産に対する高い累進税を挙げることができる。累進税は確かに、富と経済力の集中を決定的に低下させたのである。

ところで、留意すべき点は、そうした累進税は歴史的に発明されたものであったという点であろう[15]。実際に二〇世紀初めまでは明らかに、全世界の租税システムはほぼすべて逆進的であった。それらは、消費税やその他の間接税であり、富裕層よりも貧困層に対して一層重い負担を与える。逆進税の最も極端なケースは人頭税であろう。それは、すべての人に対する同額の税として表される。一方、比例的な租税は、すべての社会階層の所得ないし資産に対して同じ割合の税率を示す。これらに対して累進税は、所得ないし資産が増えるにしたがって税率がより高くなることを意味する。こうした累進税の不平等の減少に果たす役割を、ピケティは当初から強調していた。彼の最初の著作である不平等の経済学に関するテキストにおいても、一九一四〜一九四五年の不平等の減少は、累進税に基づく租税革命を実行したからこそ成し遂げられたとされる[16]。そこでは、大きな所得と相続財産に対して与えた累進税のインパクトが、実際に一九世紀の地代が支配する社会の復帰を防いだとみなされた。

では、以上に見たような上流階級と中流階級との間の所有権をめぐる格差は、その後もどんどん縮小したかと言えば決してそうではない。否、むしろその逆である。図1-1を振り返ればわかるように、その格差は一九八〇年代以降に拡大する傾向を示したのだ。さらに、上流階級と庶民階級とのそうした格差はますます広がるばかりであった。そしてこの傾向はフランスに限らず、先進諸国全体で見ることができる。とりわけ米国で、その格差は著しく拡大した。

一体、そのような傾向の背後に何があったのか。ピケティは、その要因として先進諸国における累進税の低下を指摘する[17]。一九八〇年代以降にアングロサクソン諸国で、最も高い所得に対する税率が低下した。一九八〇〜二〇一〇年にそれは三〇〜四〇％に低下する。これは例えば、一九三二〜一九八〇年の米国における税率の半分以下である。とりわけ米国での庶民階級の地位の崩落は、不平等体制の復活を象徴していた。米国はこうして、先進諸国の中で最も不平等な国となる[18]。そこでは全体の一％に当る最富裕層の所得が前代未聞なほどに高まった。かれらの所得だけで、全体の五〇％に当る最貧困層の所得を超えてしまう。二〇一五年に前者の所得は後者のそれの実に八〇倍に達した。それは欧州のベルエポックにおける両者の差を上回ったのだ。

このように、アングロサクソン諸国の一九八〇年代以降の累進税の低下は、それ以前までの時期にかれらが累進税の高さを誇った姿と真逆の現象を示している。租税政策はまさに逆転してしまった。第二次租税革命は、最富裕層を有利にするものと化した。それは、一九八〇年代のアングロサクソン諸国による保守主義的革命（新自由主義）の結果であった。そこでは規制緩和の動きが加速され、先進諸国は租税の引下げ競争に追いやられたのである。同時に供給派経済学のトリックルダウン効果（富裕者の富の増大が経済を発展させる効果）という考えが、累進税の低下に拍車をかけたことは言うまでもない。

このようにして見ると、第一次世界大戦以降一九八〇年までの時期は、まさしく累進税に基づく大再分配の期間であったと言ってよい。ところが、その後に大逆転が生じた。これにより不平等は見る見るうちに増大したのだ。こうした累進税と不平等の関係の歴史的変化をごく簡単に表せば表1−1のようになるであろう。同表から直ちに、累進税と不平等の関係は逆比例的関係を示していることに気づく。そこでは累進税が高まると不平等は減少する。もちろん、このことから不平等の要因を累進税の低下のみに求めることは早計であろう。累進税はあくまでその一因にすぎない。しかし、一九八〇年代以降の米国を筆頭に先進諸国で現れた最富裕層への極端な富の集中を是正する上で、累進税の効果を否定することは決してできない。それだから、租税革命としての累進税の復活が今ほど求められるときはない。では、累進税は不平等の減少のみならず社会全体に対していかなる役割を担うであろうか。

二　累進税の社会的役割

（一）累進税と社会的公正

ピケティは早い段階から、租税政策による再分配の問題を社会的公正の観点から論じていた[19]。租税と資金移転によって貧しい人々に資金を再分配することは、社会的公正の点で正当化される。そして、そうした公正な社会づくりを推進する国家として租税国家が描かれる。この租税国家はまた社会国家、すなわちインフラストラクチャーへの公共支出に基づく福祉国家を意味する。

ピケティのこのような問題意識は、『資本とイデオロギー』で鮮明に現れた。彼はそこで、公正な社会を建設するには公正な租税システムをつくり上げねばならないとし、その中心となるものが累進税であると主張する[20]。ピケティにとって、公正な社会のビジョンを描く

表1-1　累進税と不平等の歴史的変化

	ベルエポック	両大戦間期	栄光の30年	新自由主義時代
累進税	低	高	高	低
不平等	大	小	小	大

（出所）筆者により作成。

ことが分析の主眼となる。それでは、累進税はいかなる点で公正な租税とみなされるのか。公正な租税とは何かという問題は、所有権をめぐる不平等をいかに解消するかという問題と結びつく。この問題はそれゆえ、一八世紀から累進税をめぐって論じられてきた。ピケティは、この累進税の具体的中身を把握するために、それを三つの大きなカテゴリーに分類する[21]。第一に、所得に対する累進税。これは、原則として一定の年度内に認められた所得全体（労働所得と資本所得）を対象とする累進税。第二に、相続財産に対する累進税。これは、資産の移転が生じたときに課税されるべきものであり、それによって財産の世代間における永続的な所有と集中を減少させることができる。そして第三に、所有権に対する年々の累進税。これは財産や資本に対する課税であり、所有する資産全体に応じて毎年徴収される。ピケティは累進税の内容をこのように整理しながら、とくに第三のカテゴリーに注目する。というのも、この累進税は唯一、所有権の永続的な再分配と資産の真の循環を可能にすると考えられるからである。

歴史的にも、所得や相続財産に対する累進税と並んで所有権に対するそれが重要な役割を果たしてきた。それは、一九八〇年代以降に私的所有権が非常に高まって資産が極度に集中したことの結果であった。実際に米国や欧州で、私的所有権に対する年々の、かつまた永続的な累進税が、二一世紀に入って租税に関する中心的な問題とされた。それだからピケティは、不平等解消の一つの主要な手段として所有権に対する累進税を掲げた[22]。彼は、累進税が資産の普遍的な贈与を可能とする一方、それによってグローバル資本主義下の不平等体制に立ち向かうことができると考える。

そこでピケティは、所有権に課される年々の租税が欧米諸国でいかなるものであったかを明らかにする。その際に彼は、欧米諸国を二つのグループに分ける。第一のグループは米国、フランス、並びにイギリス。ここでは、所有権に対する年々の累進税が課されることに、資産所有者は長い間強く抵抗してきた。そして第二のグループはドイツと北欧諸国（スウェーデンやノルウェーなど）。このグループでは第一のグループと対照的に、所有権に対する累進税が積極的に設けられてきた。もっとも第一のグループでも、所有権に課される租税がなかったわけではない。そこでは例えば、不動産税のような資産税が課せられた。しかしこの資産税は、厳密に比例的な租税であって累進的な租税では決してない。それはまた、数多くの金融資産を課税対象から外している。その結果、金融資産に課される租税は不動産に課されるそれよりはるかに少ない。ところが今日、金融資産は資産全体の中で明らかに大きな割合を占めている。しかも金融資産の一部は外国で所有されることによって国内での税金を免れる。こうした免税措置こそが問題とされねばならないのだ。

このような分析をつうじてピケティは、本来の資産税はどうあるべきかを問う。それはそもそも、不動産に対してだけでなく個人的な所有権全体とりわけ金融資産に対しても課されるべきではないか。ところが、例えば米国では資産税を不動産税に限定している。では、どうして金融資産に免税措置がとられたのか。それは実は、数多くの金融資産を所有する富裕者の強い要求から生まれたのだ。証券を中心とする金融資産が課税対象から外されたことにより、米国で巨額の税収が失われたことは言うまでもない。それは他方で、米国における社会国家としての租税国家の進展を阻む結果となる。

しかし歴史的に見れば、欧米諸国において租税国家の力が次第に上昇したことは否定できない。くり返しになるが、第一次世界大戦までの欧州のベルエポックで不平等体制が存続したのは、諸国の政府が累進税を拒絶したからに他ならない。ところが二〇世紀に入り、事態は一変した。政府の租税に対する姿勢は大きく変わった。かれらは租税国家として決定的に飛躍する。その動力となったのが累進税であった。

このように二〇世紀に入り、租税国家の力は欧米で確かに上昇した。では、こうした国家の徴税力の増大が経済発展を阻害したかと言えば決してそうではない。その逆であった。諸国の税収の増大は、経済発展を押し進めたのだ。ピケティは、ここに租税国家の第一の役割を見出す。さらにそればかりでない。新たな税収は、教育や医療に対する人々のアクセスの平等化に必要不可欠な支出を補うことができた。それはまた、人々の高齢化に伴う支出（年金など）やリセッション時の経済と社会の安定に要する社会的支出（失業保険など）をも可能にした。租税国家の力の上昇は教育、医療、年金、並びに社会的資金移転と深く結びついたのである。

ピケティはこのような歴史認識の下に、欧米において国家の役割は大きく転換したとみなす[23]。この点は一九一〇～一九五〇年の期間ではっきり現れた。そうした国家は、教育・医療支出などの社会的支出を担う点で社会国家と言われる。欧州では一九五〇年代初めに、この社会国家の基本的要素が備わった。実際に当時、国家全体の収入は国民所得の三〇%を上回り、その三分の二が社会的支出に向けられた。では、なぜそうした社会国家が出現したのか。当時の欧州では二つの世界大戦や大不況、並びにロシア革命などが起こり、市場は自己調整的であるとする考えは完全に崩れ去ってしまった。そこでは社会的かつ経済的な規制が必要不可欠とみなされる。欧州の政治イデオロギーは根本的に転換した。それは同時に、社会国家としての力の上昇を物語っていた。ピケティは以上の事実を踏まえて、社会国家の力の上昇と累進税とが相互補完的であったと主張する。二〇世紀の租税国家は、租税の累進化と税収による社会的支出という二つの性格を兼ね備えたのである。

このようにして見ると、欧米を中心とする先進諸国の租税システムは累進性を強く打ち出すことによって、それまでの確固とした不平等体制を打ち壊すことができた。これにより、富裕でない庶民は満足したに違いない。ところが、その後に全く逆の事態が生じた。そこでは庶民に対する税率が、最富裕者に対するそれに等しいか、あるいはそれを上回った。このことは当然、累進税が課せられた場合と正反対の効果を与える。不平等の傾向は再び高まり、租税システムに対する一般の人々とりわけ貧困者の不満は強まった。ピケティは、この逆転現象を重く見る。現代において、なぜそのようになってしまったのか。逆に、どうしてそれ以前の社会で大きな累進税が設けられたのか。これらの点が問題となるのだ。

（二）累進税と社会民主主義

累進税の引上げが、戦争、不況、並びに社会主義革命などの外生的ショックによって引き起こされたとする考えを、ピケティは否定しない。しかし、ほんとうにそれだけで高い累進税が設けられたのか。そこには経済的・社会的要因が存在したのではないか。それは、強い不平等と社会的緊張を意味したに違いない。そうだとすれば租税の累進化を促す経済的・社会的根拠があったのではないか。ピケティはこの点を米国の例に即して明らかにする(24)。実際に一九世紀末以降の米国で租税の公正を求める人々の運動がますます強まった。この運動は第一次世界大戦を経て、一九二九～一九三三年の大恐慌時に一層はっきり現れた。大部分の人々とりわけ庶民にとって、大恐慌の与えたショックは計り知れないほど大きく、このことがかれらの社会運動に拍車をかけたのだ。一方、第二次世界大戦は最富裕者に対する累進税を正当化した。この点は疑いない。それはとくに一九四二年の「勝利のための租税条項」となって現れた。その際の税率は実に九〇％を上回っており、それはほぼ没収を意味した。

しかしこうした租税の強い累進化は、第二次世界大戦よりはるか以前に、民主党のローズベルト大統領の指令の下ですでに開始されていた。それは一九三〇年代の大不況下で推進されたのである。

他方でロシアにおける共産主義革命が、租税の公正化に大きなインパクトを与えたことも忘れてはならない。実際にこのボルシェヴィキ革命は、富の再分配を検討するように導いた。この点はとりわけ欧州で明白であった。例えばフランスでは、最も高い所得に対して六〇％もの税率を課すことが可決された。資本家がこのような高い租税に反対しなかったのは、かれらがロシア革命の波及を恐れたからに他ならない。社会運動家の大半は共産主義に心酔しており、かれらはゼネラルストライキの脅威を資本家に与えることができた。こうした中で全資産の没収というリスクに比べれば、累進税はそれほど恐ろしいものではない。かれらはそう判断したのだ。

こうした現象はフランスに限らず、欧州の様々な国で生じた。例えばスウェーデンでは、社会民主党が政権を握って以来、より高い所得と相続財産に七〇～八〇％の税率が適用された。そしてこの高い税率は一九八〇年代まで維持された。またイタリアでも、第二次世界大戦終結後にファシズムの崩壊と共和国の設立の下で、より高い所得に対して八〇％以上の租税が課せられた。このように米国や欧州で、社会的公正や所有権の再分配をめぐる議論が活発となり、それは高い累進税となって実を結んだ。そのような租税革命とも言うべき大きな変化は、たんに軍事的、財政的、並びに政治的な危機を要因とするだけでなく、当時の顕著な不平等体制も重要な要因とするものであった。そしてそれらの要因が重なり合って、最終的に不平等体制は打ち壊されたのだ。同時に、その際の社会的闘争の役割が注目される。それは政治イデオロギーの刷新と並んで、そうした体制の転換を押し進めたのである。

このようにして見ると我々は、ピケティの不平等体制の解消に対する重要な分析視点が二つあることに気づく。一つは、租税政策の変革という政治イデオロギーの転換である。それは上からの変革を示す。もう一つは、人民による社会的闘争という下からの変革である。そして、これらの二つの変革は密接に結びついている。ピケティはその成果として、社会民主主義の出現を指摘する(25)。実際に第二次世界大戦後に社会民主主義的な社会が現れ、それは国有化や公的システムに支えられながら成功を収めた。社会民主主義は一九五〇～一九八〇年の期間に黄金時代を迎える。そこでは確かに所得の不平等が著しく低いレベルであった。この点は米国、イギリス、フランス、ドイツ、スウェーデン、並びに日本などのほぼすべての先進資本主義諸国で見られた。この不平等の減少は、租税政策と社会政策をつうじて達成された。それらの政策はまちがいなく、より平等で、かつまたより繁栄した社会を成立させたのだ。

では、ここでピケティが言う社会民主主義的な社会とは一体どんなものか。それは、私的所有権と資本主義のシステムを社会に適合させるための政治的な組織全体を表している。そうした社会は実際に、欧州を中心として多くの国でつくられた。ここで彼は、とくにスウェーデンに注目する。そこでは、社会民主主義に基づく政党が一九三〇年代から今日まで、公式の形で存続しているからだ。さらに、スウェーデンが一九一〇～一九一一年の政変までは、非常に不平等な社会であったという点に留意する必要がある。つまり、かれらはその後に社会的大転換を成し遂げたのだ。社会民主主義は、租税の力の上昇を最大の特徴とする。スウェーデンはまさに、それを実現させた典型的な例であった。

社会民主主義の観点から規定される社会国家のあり方は、欧州大陸諸国とアングロサクソン諸国で一様ではない。しかし、先進諸国がこぞって社会国家を成立させ、社会の平等化に向けて歩み出したことは事実である。ところが、それにもかかわらず一九八〇年代以降に不平等体制は逆に世界的規模で強化されてしまった。ピケティは、この現象を重く受け止める。実際に全体の一〇%に相当する最富裕層の所得が大きく上昇した一方、全体の五〇%に当る最貧困層の所得は著しく低下した。両者の格差は、一九八〇年以降に急速に拡大する傾向を示したのだ。

こうした中で、欧州の社会民主主義的な社会では確かに、不平等の進展は最も小さかった。この点で欧州の社会民主主義モデルは、他のモデルよりも平等を一層保障するものであった。しかしそこでの不平等の減少は、一九一四〜一九五〇年の期間に見られたほどのものではなかった。なぜそうなのか。それは、社会民主主義の下で累進税を明確に設定できなかった点に求められる。ピケティはその経緯を欧州の主要諸国を例にして論じる[26]。

まずフランスについて言えば、社会党は歴史的に累進税に反対する姿勢を示した。そもそもかれらは、租税プロジェクトよりも国有化に大きな関心を寄せ、所有権に対する累進税の設定を進めようとしなかったのだ。他方で共産党も、資産に対する累進税を守ろうとしたものの、共産党議員の大半（ラディカル派）はそれを拒絶した。ピケティに言わせれば、かれらはまさにトロイの木馬であった。こうしてフランスが累進税を初めて明確に設けるのは、一九八一年のミッテラン社会党政権の成立まで待たねばならなかった。かれらは「大きな財産に対する税（ＩＧＦ）」を設け、それは一九八八年の第二次社会党政権の下で「財産に対する連帯富裕税（ＩＳＦ）」に名称を変更した。ここに、大きな資産の所有者に対する累進税が確立されたのである。では、社会党政権が本腰を入れて累進税に基づく再分配政策を進めたかと言えば決してそうではなかった[27]。一九八一年に決定された社会党政権による財政的再分配の額は一〇〇億フラン以下であり、それは当時の国民所得のたった〇・三%にすぎない。それでも野党の右派は、そうした再分配の財源を確保するための税収（基本的に累進税）に対し、「租税の集中攻撃」と称して非難した。結局社会党政権は、このような右派の強い反対を押し切ってまでして高い累進税を設けることを断念してしまった。これは左派政権の、庶民とりわけ貧困者に対する裏切りを示すと言わねばならない。

一方イギリスでも、資産に対する累進税が社会民主主義の労働党政権の下で設けられることはなかった。ところが労働党はそもそも一九五〇～一九六〇年代に、所得と相続財産に対する累進税に基づく租税システムの必要を謳っていたのである。それだから一九七四年の労働党政権は、より高い資産に対して累進税を課すことをめざしたのだ。しかしそれは、イギリス財務省の反対やオイルショックによるインフレーション、さらには通貨危機に直面して放棄されてしまった。労働党政権は唯一、不動産取引に対して累進的な租税システムを設けたにすぎない。イギリスでもやはり、フランスと同じく左派政権は貧困者の期待を裏切ったのである。

他方で、資産に対して歴史的にいち早く累進税を設けたドイツや北欧諸国でも、同税は廃止される道を辿った。ドイツではオイルショックによる強いインフレーションの下で、憲法裁判所により一九七七年に資産に対する税が廃止された。またスウェーデンでも、行き過ぎた社会・財政モデルがグローバル金融資本主義の中で大きな脆弱性を示すとして、銀行危機（一九九一～一九九二年）を境に政策の見直しが図られた。スウェーデンの社会民主党はこれにより、一九三二年以来初めて自由主義を受け入れ、一九九一年から資産に対する累進税を大きく減少させると共に相続税を廃止した。その結果、スウェーデン社会を特徴づけてきた平等のモデルは崩れてしまった。かれらの社会民主主義は、社会的に恵まれた階層をますます引き付ける一方、伝統的にそれを支えてきた庶民を一層斥けることになる。

このようにして見ると、戦後の欧州における社会民主主義による累進税に基づく租税政策は、不完全燃焼に終わってしまったと言ってよいであろう。実際に今日、欧州の社会民主主義に対して大きな問題が投げかけられている。資産の不平等が増大したことにより、租税の累進化が新たに求められる一方、グローバルな規模での容赦のない租税競争によって累進税の正当化が否定された。それにより不平等は一層加速されている。とくにこの点は欧州で深刻である。実際に欧州では二〇一〇年代に、全体の一〇％に相当する最富裕層の所得は、全体の五〇％に当る最貧困層のそれより約八倍高い。確かにその倍率は二〇世紀初めの約二〇倍に比べれば低いものの、しかしそれは依然として高いままである。それゆえ欧州の社会民主主義的な社会は、それがたとえ一九世紀のベルエポックよりも不平等ではないにしても、依然として非常にヒエラルキー的な社会であることに変わりはない。そして、こうした二一世紀における格差社会が米国で鮮明に現れた。それにもかかわらず、二〇一〇〜二〇二〇年に米国での租税による社会的資金移転が、貧困者の生活状態を改善させることはほとんどなかったのだ。

先進資本主義諸国において不平等体制は存続している、否、それは今日むしろ深まっているとさえ言える。この点を象徴的に物語るのが庶民階級の地位の崩落であろう。それはくり返しになるが米国ではっきり示された(28)。中でも、最貧困層の経済的地位の低下は目を覆うほど酷い。かれらはまさに繁栄の犠牲者と化した。事実、最貧困層の購買力は一九六〇年代以降完全に停滞している。かれらの平均所得は、税支払いと社会的資金移転の前で半世紀にわたり同じなままである。そしてこの状況は、税支払いと社会的資金移転が行われた後も変わらない。この点は、医療保険システムと結びついた資金移転を含めても同じである。それゆえ米国では、再分配効果はきわめて限られていたと言わねばならない。

そこでピケティは、このような米国を例とした事実を踏まえながら社会的資金移転が、それの行われる前の所得（第一次所得）の階層間における格差を満足のいくほどに縮小できないことを認める。米国が今日、欧州よりも一層不平等になっているのは、この第一次所得のより大きな格差によるのではないか。そうだとすれば、第一次的な不平等のレベルに影響を与えるような手段が大事になる。そこでは労働組合による集団交渉の重要性が高まるに違いない。それによって賃金の引上げが達成されるからだ。この点でピケティは、租税による再分配政策のみに注目しているわけでは決してない。中でも最低賃金の引上げは、賃金の不平等の歴史的変化を論じる際の中心テーマになる。米国について見ると、そこでの最低賃金は一九五〇〜六〇年代に世界で最も上昇したのに、それは一九八〇年以降少しずつ低下した。その結果人々の購買力は半世紀前に比べて三〇％も減少する。この米国での最低賃金の下落は、一九八〇年代以降に低賃金労働者の賃金が一層減少したことの大きな要因であった。このことは同時に、低賃金労働者の集団交渉力が弱まったことを意味する。こうした米国の例からわかることは、第一次所得が労働組合による集団交渉力の大きさに依存するという点であろう。したがって、もしもその交渉力が低下すれば第一次所得の改善は望めない。そうだとすれば、そうした集団交渉のみで第一次所得の不平等を解消するわけにはいかない。

このようにピケティは認識しながら、第一次所得の不平等解消にインパクトを与えるものとして、やはり租税システムを重視する。このインパクトは、所得と相続財産に対する累進税として現れる。累進税は、新しい世代の所有権の不平等を減少させるだけでなく、将来の労働所得の分配にもインパクトを与えるに違いない。最も高い所得に対する累進税が所有権の集中を制限する結果、中流かつまた庶民の階級の所有権に対するアクセスを促すことは疑いない。実際に、一九三〇〜一九八〇年

における きわめて高い累進税は、企業経営者に対する高報酬のシステムを終わらせた。これと反対に、一九八〇年代における累進税の非常に大きな低下は、企業経営者の所得を急上昇させる上で決定的であった。このことはまた、企業経営者と賃金労働者の交渉が、前者を有利としたことを如実に物語っている。これによって企業の執行部の報酬は天文学的レベルに達したのだ。こうしてピケティは、現代の企業における経営者と一般労働者との間の巨大な所得格差を引き起こす要因として、累進所得税の低下を挙げる。ただし、それは一つの要因にすぎない。彼はここで独断的な主張を避ける。こうしたピケティの姿勢に留意すべきであろう。

以上の議論を踏まえてピケティは、一九八〇年代以降の社会民主主義の下で租税は公正に設けられたかという問題を提起する[29]。実は社会民主主義の社会で、公正な所有権を規定することが次第に困難となる。そこでは国有化を基盤としたアジェンダは魅力を失った。一方、第三次産業の促進に応じる必要が生じた。このような政治イデオロギーの行き詰まりは、租税に関する検討が不十分であったためではないか。ピケティはこのように問題提起する。実際に社会民主主義、社会主義、並びに様々な民主主義の政党は、公正な租税に関する議論をきちんと行っていないのではないか。この点を彼は問うのである。

一般に社会主義運動は、所有権制度の問題から生まれる。これは明らかに、所有権の国有化を目標とするものであった。ところが、国家による企業の所有に焦点を当てるあまり、租税に関する考察がおろそかになってしまった。ピケティはこのように捉えながら、社会民主主義が租税を政策に十分に取り入れなかった証しとして二点指摘する。第一に、社会民主主義や社会主義は、累進税を維持しながらさらにそれを深めるために国際協力が必要なことを理解しなかった。そのためかれらは、国家間の有害な租税競争を阻止することができなかった。そして第二に、所有権に対する累進税の問題をまとめて検討することがなかった。ところがこの問題は、ピケティに言わせれば、資本主義を乗り越えるという野心的な試みにとって中心となる問題であった。

以上に見たように、一九八〇年代以降の新自由主義に基づくグローバリゼーションが一挙に進む中で、社会民主主義や社会主義は、その下で発展した不平等体制を是正する上で十分な役割を果たしてこなかった。その点でかれらは限界を露呈した。ではどうすればよいか。それはやはり、累進税の与えるインパクトを再び真剣に考えることから始めなければならない。しかもそれは、国際的次元にまで広げられる必要がある。

三　累進税の国際的次元

（一）欧州統合と租税政策

先に見たように、累進税とそれに基づく社会国家の建設は二〇世紀の発明であった。それでは、二一世紀には何を新たにつくり出す必要があるか。というのも、二一世紀には相続財産に基づく世襲資本主義がグローバルに確立され、それを規制するには二〇世紀の税制や社会のモデルの見直しでは十分でないと考えられるからだ。そこでピケティが示した答えは、資本に対する世界的な累進税であった。この世界的累進税こそが、不平等のスパイラルを回避すると同時に、グローバル規模での資本の集中をコントロールできる。

しかしピケティは、そうした世界的な資本税が直ちに現実のものとなるとは全然考えていない。世界経済を有効に規制して便益を各国に公正に分配することは、確かに空想の域に違いない。実際に世界の多くの人々は、そのような資本税を疑いなく拒絶するであろう。では、そうした租税の実現される可能性が全くないかと言えば決してそうではない。グローバル規模とは言えないまでも、それこそ局地的な世界で累進税を設けることができるのではないか。その格好の世界がある。それは欧州である。事実、そこでは単一市場と単一通貨ユーロがつくり上げられ、経済的な統合が着実に進められてきた。そうした中で、欧州という世界の規模において、共通の租税の設定と社会国家の建設がめざされてよい。ところが現実の世界はそうでない。欧州は依然としてそれらを実現していないのだ。どうしてであろうか。

ピケティはその理由を、欧州における社会民主主義の歴史的経緯と関連させながら考察する(30)。欧州での社会民主主義的かつ社会主義的な運動は確かに、これまで欧州共同体を発展させてきた。欧州石炭・鉄鋼共同体に始まる一連の政治的、経済的、並びに商業的な合意は、欧州における前代未聞の平和と繁栄の時代をつくり出した。それは、とりわけ国際協力のおかげであった。そこでは競争条件が規制されると共に、財、サービス、資本、並びに人の欧州内での自由移動（「四つの自由」）が原則として定められた。そしてマーストリヒト条約において単一通貨の設定が示されると同時に、欧州とその他の世界との貿易・商業上の合意が一層求められた。歴史家はこうした経緯を見ながら、一九五〇年代以降の半世紀にわたる欧州建設の正当性を語る。そのような欧州はまた、各国民国家を救済するものとして位置付けられた。

ピケティはこのように、欧州建設の意義をひとまず認める。しかし彼は他方で、欧州が今日様々な制約によって苦しんでいる姿を直視する。その背後にいかなる問題が潜んでいるか。実際に欧州建設は二一世紀に入ると、欧州の人々とりわけ庶民階級による拒絶という脅威に晒された。二〇一六年にイギリスが国民投票によってEUからの離脱（Brexit、ブレグジット）を決定したことは、それを如実に示すものであった。筆者は先に、ブレグジットについて、イギリスの底辺に位置付けられる民衆、とりわけ失業に直面する貧困な労働者の政府とEUに対する反逆という観点から論じた(31)。確かにこの数十年間に、欧州の一般の人々の間で次のような感情が急速に高まってきた。それは、欧州が庶民や中流階級の人々を犠牲にする一方、より恵まれた人々や大企業に巨大な利益をもたらしたとする感情である。このようなユーロ懐疑主義は他方で、欧州の一般市民とりわけ庶民の移民に対する嫌悪感を高めた。両者は、雇用の面でライバル関係になったからだ。実はブレグジットの一因もこの点にあった。そうした中で庶民は、社会から脱落するかもしれないという恐怖を抱いた。実際に欧州では一九八〇年代以降に、庶民はますます生活困難に陥り不平等が一層増大する事態に見舞われたのだ。

では、欧州はどうしてそのような状況に陥ってしまったのか。ピケティはその根因を欧州の基本原則そのものに見出す。欧州建設はこれまで、競争原理に基づく発展モデルに支えられてきた一方、共通の租税政策と社会政策を採用することができなかった。とくに租税に関しては、欧州では満場一致の原則が今日までまかりとおっている。租税の設定に対し、各国民国家の権利が優先されてきたのだ。このような加盟国独自の租税の設定は租税競争を各国間で引き起こすと同時に、その競争によってコストの障害は取り除かれるとみなされた。ピケティは、こうした欧州の仮定を支持しない。その誤りは、過去数十年間に見られた不平等の増大と、それによって導かれた危機的状況から明らかではないか。彼はこのように主張する。

欧州建設を支えてきた自由主義と競争主義のイデオロギーは、各国の保護主義の下で危機が高められた両大戦間期の経験を教訓として生まれた。しかし、そうしたイデオロギーのみで欧州建設を十分に進めることができるであろうか。ピケティが問いかける点はこの点にある。そこで彼は、欧州がもう一つの重要な歴史的教訓を忘れていることを指摘する。一八一五～一九一四年の一世紀にわたり、欧州は極端な不平等の状況を制御することができなかった。そしてそのことが、市場に対する社会と租税による規制が必要なことを示したのだ。しかもそうした規制は欧州全体で行われねばならない。ところが驚くべきことに、そうした規制策を真っ先に打ち出すはずの欧州の社会民主主義政党、とりわけフランスの社会党とドイツの社会民主党は、租税に関する共通の規律を提案しなかったのだ。

二〇世紀の社会民主主義は、原則的にはつねに国際主義の立場を表した。しかし実践面で、かれらが国際主義を打ち出すことはなかった。ピケティはこのように断じる[32]。とりわけ第二次世界大戦以降、社会民主主義運動は、租税国家かつまた社会国家の建設を国民国家の狭い枠組の中で遂行したにすぎない。それは超国民的な形に発展しなかった。欧州全体で共通の租税政策と社会政策が欠如しているのはその結果であった。そうだとすれば、二一世紀の欧州建設に求められるのはそうした共通政策ではないのか。ピケティのつねに念頭にある問題はこの点にある。

（二）新欧州建設のマニフェストと累進税

ピケティは以上のような問題意識から、不平等体制を解消できる舞台として欧州に注目し、それを実現させるべき方策を彼の研究仲間といっしょにマニフェストとして表した。それは、『欧州を変えよう。それは可能だ！』と題し、『資本とイデオロギー』の出版直前に刊行された[33]。この書物は、二〇一八年一二月に、何百人もの欧州の知識人や政治的責任者によって始められた「欧州の民主化のためのマニフェスト」の一部である。そしてこのマニフェストは欧州で複数の言語に翻訳され、一一万人もの署名を集めることができた[(34)]。ピケティはその主導者の一人であった。以下では同書で示されたマニフェストをフォローしながら、欧州建設を刷新するには何が必要かを検討することにしたい。

まず、かれらのマニフェストを表明した目的を明らかにしておこう。それは簡単に言えば、欧州のガバナンスを一層民主的なものにし、様々な挑戦に対して的確に対応するためにはどうすればよいかという問いに答えることにある[(35)]。実際に現代の欧州には、不平等の減少、エコ社会への移行、さらにはグローバリゼーションに対する調整などの難しい課題が山積している。その解消のためには、国際的なコーディネーションが必要不可欠となる。社会国家の欧州モデルをつくり上げるために、またエコ社会への移行を進めるために、欧州は改革を続けなければならない。

このような一般的な問題設定の下で、かれらがとくに焦点を当てたのが欧州の租税と財政の問題であった。実際にフランスの一大社会運動であった「黄色いベスト運動」は、人々とりわけ低所得層の庶民が租税の公正を求めて引き起こしたものである[(36)]。この運動が欧州の知識人に対し、欧州全体の租税に関する議論を展開させ、その改革のためのマニフェストを表明させるに至る。そこでかれらは次のように主張する。財政と租税の議論が国民的レベルでしか行われないと考えるのは幻想にすぎない。租税の不公正と公共サービスへの慢性的な過小投資という現状は、実はEUが加盟国間の租税競争を正当とみなした結果ではないか。それはまた、公共サービスの充実よりも財政緊縮を一層優先したことに基づいている。では、この状況を打開するにはどうすればよいか。かれらはここで租税改革を訴える。それは、高い所得と資産に対して、かつまた大きな多国籍企業に対して累進税を課すことである。この累進税こそが、欧州の社会国家と租税の公正を維持・発展させる上で絶対的に必要とされる。しかもそれは、国際協力によってしか達成されない。要するに、かれらのマニフェストの中心テーマは、累進税の欧州化すなわち国際化であった。

このような欧州レベルでの累進税の設定は当然、欧州市民の要請に応えるものである。実際にイギリスのEU離脱以降、欧州の人々の反EU気運が高まっている[37]。それは、欧州で構造的に公共投資が不足しているためだ。この点は職業教育や研究・開発の不足、社会的不平等の増大、気候温暖化の加速、移民・難民の受入れ体制などに端的に現れている。それだから欧州は、市民のための社会的発展のオリジナルなモデルを打ち立てる必要がある。そのためには欧州が、民主的な予算をつくり出さなければならない。これによってこそ欧州は、公共の力を発揮できる。それは同時に、ローマ条約で約束された「生活と労働の条件の進展における平等化」に意味をもたせるに違いない。

そこでこのマニフェストは、欧州における新たな予算プロジェクトを提示する[38]。それは、現行の欧州の予算規模（全体のGDPに対して約一％）を四倍にするものである。この大きく拡大された予算の使い途として、第一に望ましい経済体制への転換（環境と不平等の問題を解消）、第二に移民の受入れの保障、そして第三に雇用の創出が示される。では、この大きな予算の財源はいかに確保されるべきか。かれらはそれを、高い所得と資産に対する累進税に求める。この税収に基づく再分配政策によって不平等を減少させることができる。こうしたかれらの提案こそまさしく、これまで見てきたピケティの考えに沿うものである。

マニフェストは実際に、そうした再分配政策を具体的に示している[39]。それは税収の直接的な資金移転である。この資金移転によって第一に、低所得の世帯に対する租税を軽減、第二に、労働所得の低下を補償、そして第三に雇用を創出できる。それでは、この欧州予算の資金をえるための租税はどのように課せられるか。ここでマニフェストは三つの累進税を提案する。これらの累進税によって欧州は、有効な再分配メカニズムをつくり出す一方、租税競争に対して闘うことができる。そこで各々の累進税に関してもう少し中身を見ることにしたい。

第一に、企業の利益に対する累進税。実はこの法人税こそが、ＥＵにおける資本の自由化による租税競争が展開する中で低下したものである[40]。実際に一九八〇年代初めにそれは平均で四五％であったのに対し、現在では半分以下でしかない。それゆえマニフェストは、企業に対する最低税率の引上げを求める。これは租税回避や脱税を防ぐためだ。ただし、小企業に対しては逆に税率を現行の半分以下に引き下げる。したがってそうした租税は、累進性の強いものとなる。

では、なぜ企業に対する租税を欧州全体の共通税とすべきなのか。マニフェストはその理由を二点指摘する[41]。第一に、それは欧州にとっての共通財を維持させるためのものである。ここで共通の公共財は、環境の質、労働者の教育レベル、並びにイノベーション能力などを指す。それらは、欧州全体のものであって国民的なものではない。第二に、そうした税は欧州における租税競争を防ぐためのものである。租税競争は欧州共同市場における一つの大きな問題であると同時に、欧州での多国籍企業に超優位性を与えてしまう。かれらは、利潤の一部を人為的に欧州の低税率国に移転させて租税を回避するからだ。

第二に、高い所得に対する累進税。二〇一八年に、欧州で最も増大した所得に対して適用された限界税率は平均で四〇％である。しかしそれは、一九八〇年代初めには六五％の高さであった。それゆえマニフェストの目標は、所得に対する租税の累進化を再び確立することにある[42]。それは、非常に高い所得に対し、欧州レベルで追加的な限界税率を引き上げることを意味する。この限界税率の引上げは一〇万ユーロを上回る個人の年収に対して一〇%、また二〇万ユーロを上回る所得に対して二〇%を表す。これにより、欧州全体の限界税率が一〇万ユーロ以上の年収に対して平均で五〇%、また二〇万ユーロ以上の年収に対して六〇%になる。その結果、追加的な限界税率による税収は対GDP比で約一%押し上げられる。

このように高い所得に対して累進税を設けるのは、同税により再分配を行って社会国家をつくるための資金を調達できるからに他ならない。そうだとすると、このマニフェストの主張は、以上にみたピケティのそれをそのまま反映していると言ってよい。実際に欧州では一九八〇年代以降に、アングロサクソン諸国の場合と同じく資本自由化の原則の下で、租税の累進性が著しく薄れてしまった。資本の自由移動は租税回避の扉を世界中で開き、それによって租税の規制は諸国間で同調しなくなった。欧州諸国が租税競争を積極的に展開したのもそのためであり、それは同時に外国資本を引き付けるためでもあった。そこでとくに問題とされるべきは、巨大な多国籍企業の活動の促進である。それによって租税競争は正当化されてしまう。資本の自由化と競争原理が租税政策の基本原則となってしまうのだ[43]。

これらの点を踏まえれば欧州での高い所得に対する租税政策を、累進税をベースとして共通のものとすることにより、そうした租税競争を制限することができるのではないか。もしもそれができなければ、EUの経済的・社会的安定は保てないであろう。なぜなら、所得のヒエラルキーのトップに対する非累進的な租税は、人々とりわけ低所得の人々に租税の不公正感を植え付けると同時に、他の納税者の税支払いに対する同意を脅かすことになるからである。もしも欧州の租税システムが、再分配によって単一市場の敗者を補償できなければ、欧州建設のプロジェクトはかれらによって拒絶されるに違いない。だからこそEUは、不平等の増大を避ける必要がある。マニフェストはこのようにして、不平等体制を解消する手段として累進税を正当化する。

第三に、高い資産に対する累進税。今日、EUで資産に対する直接税は原則的に逆進的である。この点はとくに不動産に対する租税に見られる。そこでマニフェストは、最大の資産（不動産や金融資産）に対する累進税を提案する[44]。それは、個人の一〇〇万ユーロを超える純資産に対する限界税率を一％に、また五〇〇万ユーロ以上の資産に対するそれを二％にするものである。これらの限界税率に対する税収は、控え目に見積もってもGDPの約一・一％になる。

では、どうして資産に対して累進税を課すのか。今日、欧州の資本所有者は、資本から引き出される収益全体に対して必ずや税金を支払うことがない。これにより、一定の個人の富に対する租税は過小評価されてしまう。そこでは、富を最大に所有するヒエラルキーのトップに位置する人々に対し、租税の累進性が尊重されない。それゆえ、これを避けるための方法として、課税計算を資産価値のベースで行うことが考えられる。それは例えば、資本から引き出される収益への租税となって現れる。さらに、所有されている資産の価値に対する直接税はストック（残高）に対するものであり、したがってその税率が低くても、それによる税収はかなり大きなものとなる。他方で高い資産に対する累進税は、資産に関する透明性を一段と高める。

以上、我々はマニフェストで主張された三つの累進税について、その具体的内容を整理した。これにより、欧州全体で累進税を共通に設けることがいかに重要であるかが明らかにされた。そこで次に問題とされるべきは、そうした租税を課すことができる体制をどのようにつくり上げるかという点であろう。

（三）欧州連邦制と共通租税政策

欧州全体で予算を拡大し、その財源として累進税を設けるためには、EUで租税政策を一致させる必要がある。ところがそれは、これまで阻止され続けてきた。実際に例えばEUの法人税は、加盟国間で著しく異なる。このような租税政策の不統一は、当然に各国間で激しい租税競争を招く(45)。その結果、EUの法人税の平均税率は一九八〇年代半ば以降低下し続けた。とくに最低税率は二〇〇〇年代初めから一〇％のままである。そこで欧州は法人税の改革に乗り出したものの、大した成果を上げることができなかった。とくに多国籍企業に対する租税の改革は、EU内で全会一致を必要とするために望むことができない。そうした中で米国はバイデン政権の下で、多国籍企業に対する最低法人税率（一五％）の設定を発案し、それは二〇二一年のロンドンサミットにおいて世界一三〇ヵ国による合意をえた。この点は高く評価できる。それはまさに租税革命とも言うべきものであった。問題とされるべきはむしろ、EUが長い間そうした税について議論してきたにもかかわらず、全加盟国による合意をえることができなかったという点であろう。

そこで欧州において、共通の予算と租税とりわけ累進税を設けることが不平等を減少させると共に、エコ社会に移行させる上でも必要不可欠であるとすれば、かれらはそれを実現できるような民主的ガバナンスを進めなければならない。予算と租税のプロジェクトは、あくまでも欧州の民主化を目的とするのだ。それは、欧州レベルでの共通財政を運営できるような欧州議会をつくり出すことにつながる。

ピケティは、こうした欧州の民主化のためのプロジェクトを、実は『資本とイデオロギー』の中で展開していた[46]。この政治プロジェクトは結局、欧州連邦制の構築を目標とする。それによって初めて共通の租税を設けることができる。ところがEUは、今日までそうした連邦制をつくり上げていない。欧州連邦のための運動は明らかに頓挫している。彼はこのように唱える。

筆者は、ピケティの欧州連邦制の考えに全く賛同する。確かに、二〇〇八年の大金融危機を経て欧州では、財政面での連邦制に関する議論が活発に行われたことがある[47]。欧州はすでに金融面では連邦的な姿を示している。そこでは各加盟国の中央銀行と欧州中央銀行から成る金融システムが設立され、統一した金融政策の下に、言ってみれば金融連邦制が形成されているのだ。これに反して財政面では、欧州が連邦制に向けた強い動きを示すことはなかった。共通予算の設定はあるものの、その規模はあまりに小さい。一方、共通の租税が課されることは、全会一致の原則によってこれまで拒絶されてきた。さらには、債務を相互化する共同債の発行も原則として否定されてきた。しかし欧州が、富の再分配機能を備えることで各国内の、かつまた各国間の不平等な体制を解消し、それによって欧州の民主化を進めるためには、ぜひとも共通の予算と租税に基づく財政連邦制が建設されねばならない。ピケティは、この財政連邦制について言及していないが、それはとくにフランスの研究者の間で大いに議論されていたのである。

こうした中でEUが財政面で示した対策は、財政規律と呼ばれるルールの下に各加盟国の公的赤字と公的債務を抑制することであった。それは、公的赤字と公的債務の対GDP比を各々三％と六〇％に抑えるもので、一九九七年に「安定・成長協定」と称して制定された[48]。この規律は、単一通貨ユーロの価値を安定させる観点から逆算的に導かれたものである。つまり、ユーロを安定させるには各国の国際収支の大きな赤字を避けねばならない。そのためには、財政赤字の縮小が求められる。そこで問題とされるべき点は、実はＥＵがそうした財政赤字となる要因を内部に抱えている点にある。ＥＵは競争力の上昇による成長を前提にしている。それゆえかれらは、法人税の低下によるコスト削減を図らねばならない。その結果税収は減少する。そこで財政赤字を防ぐには、支出を減らす以外にない。それは財政緊縮を意味する。ところがこれは支出を減少させて成長を鈍化させる。また後にくわしく論じるように（第三章）、教育や保健医療への社会的支出を減らせば、欧州の社会モデルの発展を期待することはできない。他方で法人税の減少分を付加価値税（ＶＡＴ）などの間接税で補えば、人々とりわけ低所得層の庶民階級の購買力は低下してしまう。これは消費支出の減少を導くことにより成長はやはり下落する。このようにＥＵは、ユーロの安定と成長の両者を求めることによってジレンマに陥ってしまうのだ。

さらに、財政規律において公的赤字と公的債務の対ＧＤＰ比を三％と六〇％に収めるとする根拠はどこにあるか、という点も問われねばならない。そもそも三％に理論的な根拠はないし、六〇％も公的赤字と経済成長の関係式から導き出された計算値にすぎないのだ[1]。それにもかかわらず、財政規律を黄金律として加盟国に対し厳格に守るように強いればどうなるか。その結果、成長は低下して社会モデルは破綻するに違いない。このルールの適用は根本的な問題を抱えていると言わねばならない。

ＥＵはこのような中で、財政規律の見直しをついに表明する。それは、コロナパンデミックを契機とするものであった。各国はパンデミックに対処するため、財政支出の大幅な拡大を余儀なくされ、

1　公的赤字／経済成長＝公的債務（いずれも対ＧＤＰ比）という等式関係で、公的赤字を三％、経済成長を五％に想定すると公的債務は六〇％になる。

それにより公的赤字と公的債務の対GDP比を定められた比率に止めることができなくなった。そこでEUは、財政規律の一旦停止を決める[49]。これはまさに画期的な出来事であった。EUの財政に関する協定はこれまで見直しが強く求められても、ドイツの強硬な財政均衡論により遵守されてきたからだ。この点は、二〇一一年に新財政協定が成立して以降も変わることがなかった。同協定はその意味で、EUにとって神聖不可侵のものであった。

ではポストコロナの下で、財政協定はどのように変わるのか、あるいは元に戻ってしまうのか。この点が問われるのは当然であろう。欧州委員会は二〇二〇年三月に、同協定を二〇二三年一二月まで停止することを決定し、その後に新たな財政規律の検討を行うことを表明した[50]。そこで欧州委員会は二〇二三年四月に、財政規律に対して実質的な変更を提案した。それは、経済的に異質な諸国の必要に応じてよりよく適応することを目的とした。加盟国は必要な場合に一定の公的赤字の拡大を認められたのだ。その限りで財政規律の柔軟な解釈が確保された。しかし、その際の赤字は毎年一定の割合で減少させることを余儀なくされると同時に、返済可能の保証と改革に必要な投資という条件が付けられた。そして最終的に、これまで示された公的赤字と公的債務の対GDP比に関する数値基準は維持されたのである[51]。しかもその際の改革は構造改革を示すものであり、それは社会モデルの発展を阻むものになりかねない。

このようにして見ると、財政協定に対するEUの予算案は確かに、弾力的な運用を多少認めたものの、基本的には以前のものと変わっていないことがわかる。この改革案は二〇二三年末に加盟国の合意をえて、二〇二四年から新たに施行される。それは結局、EU二七ヵ国の妥協に終った。ルモンド紙の社説がいみじくも論じたように、それは根本的改革を示すものでは全くなかったのだ[52]。これでもってＥＵは、不平等問題やエコ社会への移行問題に十分対応できるであろうか。この点こそが問われねばならない。

他方でコロナパンデミックは、もう一つの画期的な対策をもたらした。それは共同債の発行である。これまで、この債券はどれほど拒絶されてきたことか。それは債務を相互に負担することになるため、ドイツを中心に財政均衡主義国により強硬に反対されてきたのだ。しかし欧州の復興資金を賄うため、ついにドイツもフランスと共に賛同して同債はＥＵで承認された。それによってえた資金を、必要とする加盟国に再分配するという点で、この共同債は欧州域内での財政資金移転を意味する。したがってそれは、欧州が財政連邦制に向けて大きな一歩を踏み出したものとして高く評価できる[53]。しかし、そうした資金移転には構造改革を含めた様々なコンディショナリティが付けられる一方、そのような共同債の発行が恒常的になる保証はない。もしもそれがコロナパンデミックによる例外的で一時的なものにすぎないとすれば、財政連邦制への道はなお遠いと言わねばならない。

ここで問題とされるべき点は、公的赤字や公的債務の大きさではない。そうではなく、それらを補償する資金をいかに調達するかという問題である。その原資として当然税収が考えられる。そして累進税こそがその中心とならなければならないのだ。ＥＵも、共同債発行による債務の返済に対し、環境税やデジタル税などの新しい租税を設定している[54]。ところが、そこには肝心の累進税に対する言及が一切ない。この点は、ＩＭＦがポストコロナの復興のために「一時的なコロナ復興税」と呼ばれる累進税を提唱したことと対照的である[55]。

こうした中で、欧州において連邦制の動きが全く見られないわけではない。それは、二〇二一年に表明された、新しい精神に基づく欧州政治共同体として示されている。ピケティもこの点に注目する[56]。

それは、EUを離脱したイギリスやウクライナ、さらにはセルビアまでも含めた四七ヵ国から成る壮大な共同体構想である。ピケティは、欧州のまとまりをEU二七ヵ国に留めるべきでないとする。彼は、欧州全体の協力関係を構築すべきであると訴える。しかし、それはあまりに大きすぎるため、当面はそうした共同体の建設を推進するための核となる、より小さな政治同盟が必要ではないか。そこで彼は、ドイツとフランスを中心にイタリアとスペインを含めた四ヵ国から成る、欧州議会同盟なるものを提唱する。この四ヵ国でユーロ圏の人口とGDPの七〇%を占めるからだ。欧州議会同盟は、新しい社会的かつ連邦的な同盟であると同時に民主的な同盟である。その目的は何か。ピケティはここで、この同盟が先に見た欧州の民主化のためのマニフェストに基づくことを表明する。欧州議会同盟は、社会的かつ環境的な発展と租税の公正に対する一層の前進をめざす。それゆえこの同盟の目的は、第二次世界大戦後に社会国家を建設する上で欧州が歴史的に大成功したことをさらに深めることにある。そこでは累進税や多国籍企業に対する税、さらには環境税などが共通に設定される一方、共通予算の下に教育や保健医療などの公共サービスへの投資が展開される。

このようにピケティの欧州議会同盟案は、真の民主化をめざした欧州建設を進めるためのものであり、それは、マーストリヒト条約を成立させて単一通貨ユーロを生み出した欧州のターニングポイントを批判的に総括するものでもある[(57)]。マーストリヒト条約からリスボン条約までの間にフランスは、ドイツの保守派の主張する資本移動の完全自由化を、共通の租税を何も設けることなしに受け入れた。それがその後に欧州の不安定要因になったことは疑いない。富の集中が増大する一方、低所得者はインフレーションに苦しめられた。他方で法人税は下がると共にタクスヘイブン（租税回避地）が発展し、それらは多国籍企業をきわめて有利にした。こうした中で生活にあえぐ低所得者としての庶民は、かれらに寄り添う姿勢を示した右派のポピュリスト政党を支持し、その結果欧州の民主主義は危機に陥った。そうだとすれば、EUは予算や租税、並びに環境に関する決定をスムーズに行えるような機関をできるだけ早くつくり出し、そうした危機に対処しなければならない。そのための機関が欧州議会同盟に他ならない。ピケティはこうして、新しい社会的かつ民主的なビジョンに基づく欧州プロジェクトが進められることを切に訴える。それはまた後に見るように（終章）、彼の連邦的な社会主義構想につながるものである。

【注】

（1）トマ・ピケティ『不平等と再分配の経済学』、尾上修悟訳、明石書店、二〇二〇年、三一～三二ページ。
（2）トマ・ピケティ『21世紀の資本』、山形浩生、守岡桜、森本正史訳、みすず書房、二〇一四年、二九一ページ。
（3）同前書、三八七～三八九ページ。
（4）ポール・クルーグマン「なぜ新たな金ぴか時代がやってきたのだろう？」、ヘザー・ブーシェイ、J・ブラッドフォード・デロング、マーシャル・スタインバイム編『ピケティ以後』、山形浩生、守岡桜、森本正史訳、青土社、二〇一九年、八三～八五ページ。
（5）この点についてくわしくは拙稿「不平等体制と累進税―トマ・ピケティ『資本とイデオロギー』をめぐって」、西南学院大学経済学論、第五五巻、第四号、二〇二一年三月、二一～二二ページを参照。
（6）トマ・ピケティ『資本とイデオロギー』、山形浩生、森本正史訳、みすず書房、二〇二三年、四〇五～四〇六ページ。
（7）前掲拙稿、一三～一五ページ。
（8）前掲拙稿、二二ページ。

（9）前掲拙稿、二三～二四ページ。
（10）Bihr, A., et Husson, M., *Thomas Piketty: Une critique illusoire du capital*, page2 et Syllepse, 2020, p.103.
（11）トマ・ピケティ『資本とイデオロギー』、前掲書、四三一～四三二ページ。
（12）トマ・ピケティ『平等についての小さな歴史』、広野和美訳、みすず書房、二〇二四年、三四～三五ページ。
（13）同前書、三七～三九ページ。
（14）同前書、一〇七～一〇八ページ。
（15）同前書、一一三～一一八ページ。
（16）トマ・ピケティ『不平等と再分配の経済学』、前掲書、三二ページ。
（17）トマ・ピケティ『21世紀の資本』、前掲書、五三一ページ。
（18）トマ・ピケティ『資本とイデオロギー』、前掲書、四九五～四九八ページ。
（19）トマ・ピケティ『不平等と再分配の経済学』、前掲書、五三ページ。
（20）前掲拙稿、五ページ。
（21）トマ・ピケティ『資本とイデオロギー』、前掲書、五二五～五二七ページ。
（22）同前書、五三一～五三五ページ。
（23）同前書、四四〇～四四二ページ。
（24）同前書、四四七～四四九ページ。
（25）同前書、四六五～四六六ページ。
（26）同前書、五三五～五四〇ページ。
（27）トマ・ピケティ『不平等と再分配の経済学』、前掲書、八一ページ。
（28）トマ・ピケティ『資本とイデオロギー』、前掲書、五〇〇～五〇四ページ。
（29）同前書、五一六～五一七ページ。
（30）同前書、五一七～五二〇ページ。
（31）拙著『BREXIT――「民衆の反逆」から見る英国のＥＵ離脱』、明石書店、二〇一八年。

(32) トマ・ピケティ『資本とイデオロギー』、前掲書、五一六〜五一七ページ。
(33) Bouju, M, Chancel, L, Delatte, A-L, Hennette, S., Piketty, T., Sacriste, G., Vauchez, A., *Changer l'Europe, c'est possible!*, Éditions Points, 2019.
(34) *ibid.*,p.3.
(35) *ibid.*, pp.4-6.
(36) この点についてくわしくは拙著『「黄色いベスト」と底辺からの社会運動』、明石書店、二〇一九年、一八〜二〇ページを参照。
(37) Bouju, M., et.al., *op.cit.*, pp.9-13.
(38) *ibid.*,pp.59-61.
(39) *ibid.*, pp.70-72.
(40) *ibid.*, pp.72-74.
(41) *ibid.*, pp.75-77.
(42) *ibid.*, pp.77-79.
(43) Leroy, M., *L'impôt, l'État et la société,—La sociologie fiscale de la démocratie interventionniste*, Economica, 2010, p. 333.
(44) Bouju, M., et al., *op.cit.*, pp.81-83.
(45) 拙著『コロナ危機と欧州・フランス』、明石書店、二〇二二年、二八八ページ。
(46) トマ・ピケティ『資本とイデオロギー』、前掲書、五二〇〜五二一ページ。
(47) この点については拙著『欧州財政統合論』、ミネルヴァ書房、二〇一四年、第五章参照。
(48) 同前書、一〇ページ。
(49) 拙著『コロナ危機と欧州・フランス』、前掲書、三〇ページ。
(50) Creel, J., et Saraceno, F., "Les enjeux de la réforme de cadre budgétaire européen", in OFCE, *L'économie européenne 2023-2024*, La Découverte, 2023, pp.117-118.

(51) *ibid.*, pp.114-120.
(52) Éditorial, “Réforme du pacte budgétaire européen : une occasion ratée”, *Le Monde*, 23, décembre, 2023.
(53) 拙著『コロナ危機と欧州・フランス』、前掲書、一九八～二〇〇ページ。
(54) 同前書、二〇八～二〇九ページ。
(55) IMF, *Fiscal Monitor, A fair shot*, IMF, 2021, p.xii. この点についてくわしくは拙著『コロナ危機と欧州・フランス』、前掲書、二九三ページを参照。
(56) Piketty, T., “Pour union parlementaire européenne”, *Le Monde*, 11-12, juin, 2023.
(57) Piketty, T., “Repenser l'Europe après Jacques Delors”, *Le Monde*, 14-15, janvier, 2023.

第二章　租税の公正と社会国家――フランスでの議論をめぐって

前章で検討したピケティの累進税論は、彼独自のものとして表されたものでは全くない。彼自身がつねに謙虚に認めているように、彼の議論は過去から学んだことの成果を示しているにすぎず、決してオリジナリティを打ち出したものではない。実際に累進税の問題はとくにフランスにおいて、一八世紀から今日まで財政学者の間でのみならず思想家や歴史家の間でも盛んに論じられてきた一大テーマであった。累進税論は言ってみれば、フランスの伝統的な考え方を示している。そこで本章では、フランスにおける累進税に関する伝統的な議論を検討する一方、現実にフランスの租税政策が歴史的にどのように展開されたかを明らかにすることにしたい。そうすることで、ピケティが我々に訴える主張点をよりはっきりとさせることができるであろう。そして最後に、現代フランスのマクロン政権において、租税政策をめぐっていかなる問題が生じているかを示しながら、租税国家と社会国家のあるべき姿を考察することにしたい。

一　ルソーの租税論と社会的公正

(一) 租税と市民の同意

民主主義的な市民社会において、市民の支払う租税は何を意味するであろうか。フランス革命から今日までのフランスにおける租税と市民の関係史を一冊の大著にまとめたドラランドは、その冒頭で次のように述べている[1]。租税を国家が市民に対して課す行為は、国民国家の特権の一つであり、その力を強化することによって近・現代国家の建設が開始された。そこでは、租税は間接税であれ直接税であれ、市民から公的当局への資金の一方的移転を示している。つまり、そこには直接的な見返りが本質的にない。したがってそれは、通常の経済取引と根本的に異なっている。そこで人々は、支払った租税の見返りを求めることになる。このことが税収に基づく再分配の仕方を決定する。しかもそれは、公正なものでなければならない。そうでなければ、個人は租税の支払いという集団的義務に対して抗議することができる。その自由は、民主主義の下で与えられている。言い換えるならば、人々が租税を国家に支払うのは、それが社会的公正を高めるからに他ならない。それを前提としてかれらは租税の支払いに同意する。人々の同意なくして租税を国家が設けることはありえないのだ。ドラランドはこのように論じる。そして実は、このような租税に対する市民の同意の必要という考えは、ドラランドも指摘するように、あのルソーが唱えたものであった。ルソーは『政治経済論』の中で、租税論の中心となるテーマについてすでに論じていたのである[2]。そこで最初に、租税と市民の関係はいかにあるべきかを、ルソーの議論をとおして検討することにしたい。

ルソーの『政治経済論』は確かに、経済学の体系を示したものではない。したがってそれは、これまで大して注目されることはなかった(3)。しかし彼の『政治経済論』は、『社会契約論』ともつながりをもつものであり、とりわけ租税の問題が個人の所有権との関連で論じられたことは再評価される必要があるのではないか。実際にフランスでも、ルソーの租税論をテーマとした研究が示されている(4)。以下では、そうした研究を踏まえながらルソーの考えを把握することにしよう。

ルソーは、租税に対して人々の同意が必要であるという考えをどうして示したのか。まずこの点を見ることにしたい。彼は租税の問題を論じる際に、経済の公共領域を表す公経済なるものを想定する(5)。そしてそれは、人民の合法的な統治による経済でなければならない。そこでの統治は、人民の利益が第一の目的となるものである。では、そうした前提の下で租税はいかなるものとして表されるか。公共の必要と利益のために、すなわち公共支出のために人々は資金の拠出を強要されるべきか。それはまた、かれらの私有財産を損なわずに済ますことができるか。ルソーはこう問いかける。そこには、ルソーの租税論を展開したスペクトールが指摘するように、租税の支払いをめぐって二つの根本的なパラドックスが見出せる(6)。一つは、租税の支払いによりいかにして人間の自由を守らせられるかという点であり、もう一つは、公的な必要を個人の所有を変更することなしに満たせるかという点である。これらのパラドックスに対し、ルソーは租税と財政のあるべき姿を考えることで解決しようとする。ルソーは、一国の租税と財政の関係について次のように論じる。「人民から一方の手で取り上げたものをもう一方の手で与えることによって人民をいっそう厳密な依存関係のもとにおく(7)」。これは、税収に基づく財政的再分配を示している。ルソーはこうして財政の真の秘訣を、貨幣や商品を必要に応じて公正な割合で再分配することに求める。

このようにルソーはひとまず、租税と財政の関係を機能面から捉えた上で、さらに一歩踏み込んで租税の問題を根本的に考える。彼によれば、「各人は公共の必要に拠金することを少なくとも暗黙のうちに義務づけられている(8)」。しかし、この義務は圧制的に課されるのではない。それは納税者が、税支払いの必要は明らかだと認めることを前提としている。つまり、その際の租税が合法的であるためには、それが自発的なものでなければならない。そこで租税が自発的であるためには、各市民の同意をえる必要がある。租税は、人民の同意によってのみ合法とされるのだ。

以上に見られるように、ルソーの租税論を支える一つの思想的原理は「市民の同意」にある。そして、この同意を促すものが彼の唱える社会契約である。ルソーは『社会契約論』の中で次のように述べる(9)。「人間が生き残っていくためには、皆が集まって諸力をまとめ、これらの力をただ一つの原動力で動かして共同の活動に向けるしかない。そしてこの力の総和は、多くの人達の協力によってしかえられない」。この人々の協力を成立させるのが社会契約に他ならない。そこでは社会の構成員の各々が、自分のもっているすべての権利と共に自分を共同体全体に完全に譲渡する。租税はこの契約に組み込まれる。こうしてルソーにとり、租税という国民負担は市民の同意を必要条件とすることで正当化される。それはまた、租税国家の正当性を物語っている。

（二）租税の公正と不平等

ところで、ルソーの租税論を支えるもう一つの思想的原理がある。それは公正である。この点は、彼の唱える公経済のあるべき姿に関連している。ルソーは、国家の統治に最も必要であるのに最も困難なことは、すべての人間に対して公正を保つことであると唱える(10)。そのためには、金持ちの圧制から貧乏人を保護しなければならない。法は金持ちの財産に対しても、また貧乏人の貧乏に対しても無力である。前者は法をくぐり抜け、後者は法から見落とされるからだ。それゆえ政府の最も重要な仕事の一つは、財産の極端な不平等を防ぐことであると同時に、市民が貧しくならないことを保障することである。ではどうすればよいか。それは、租税と財政的再分配の仕方を、そうした不平等を是正する形にすればよい。ルソーの強調点はこの点に尽きる。彼は、税徴収について注意すべき点を次のように指摘する(11)。第一に、他人の一〇倍もの財産をもつ人は一〇倍多く支払うべきであり、第二に、生活に必要な物と余分な物とを区別し、たんなる必要物しかもっていない人は何も支払うことはない一方、余分な物をもつ人に課税されねばならない。

ルソーはこのように、金持ちが貧乏人よりも一層多くの租税を支払うのは当然であると共に、物に対しても金持ちがもっている、生活に不必要と思われる物により多くの租税を課すべきと唱える。ここには租税の累進性が強く謳われている。実際に社会のあらゆる財産は有力者と金持ちのためのものであり、またあらゆる恩恵や義務の免除もかれらのために取っておかれる。これに対して貧乏人は、社会がかれらに負うところが大きければ大きいほど社会から排除されてしまう。ルソーはこのように認識する。そこで彼は税徴収について、租税を公正で「真に比例的」な仕方で課すべきであり、たんに納税者の財産に比例して行われるべきでないと主張する(12)。たんなる比例税では、金持ちに有利な社会を変えることはできない。それゆえ彼は、財産の不平等が継続的に増大し、多数の労働者が金持ちに隷属している中で、租税は貧乏人の負担を軽くする一方、金持ちにより多く負担させるようなものでなければならないと唱える(13)。

こうしたルソーの租税論には、紛れもなく租税の累進化が謳われている。しかも彼は、この累進的な租税を人に対してだけでなく物やサービスに対してもあてはめる。奢侈や娯楽、あるいは暇つぶしのための対象に重い租税を課すべきであると彼は主張する。こうしたルソーの累進的な租税論は、実は現実の世界が全く逆になっていることを踏まえ、そこでの悪業を糾弾する形で打ち出された。この点を忘れるべきでない。実際に当時の租税は、金持ち階級によって考え出され、また課されたものであり、貧乏人の負担を軽くするためのものでは全くなかったのだ⒁。このようにして見ると、ルソーの累進的租税論は、人々の間の不平等という悪業を正すという正義感に根ざしていることがわかる。同時にそれは、彼の不平等論につながる。そこでは、不平等は人間の精神の向上でむしろ増大し、それは法によって正当化されてしまう⒂。それだから租税は、そうした不平等の減少さらには解消のために必要とされるのだ。租税の累進化が求められるのはそのためである。それは確かに富のより公正な分配に寄与する⒃。こうしたルソーの考えは、先に見たピケティのそれと全く変わらないと言ってよい。

したがってルソーにとり、財政は経済の核となる機能をもつとみなされる⒄。財政は「再分配」の機能を果たすものであり、それは社会的公正を政治的に基礎づけるものとなるからだ。つまり、租税の公正は財政の公正を生み、その結果社会の公正が保たれる。先に見たようにルソーは、金持ちに対し累進的な割合で租税を課す一方、ぜいたく品により大きな租税を課すべきであると主張した。そこには、租税面での公正に向けた改革を行うことによって、社会的公正を実現させるという意思が強く働いていたに違いない。

ルソーはこうして、直接税と間接税の両者を累進性の観点から結びつけて考える⒅。彼にとって累進的な租税は、社会的公正を実現させるための武器となる。それゆえ彼は、租税をたんに国家の収入を増やす手段とは考えない。それはあくまでも、貧困者の負担を減らして富裕者の負担を増やすために、またより多くの人々を服従させるような財産の継続的な増大を阻止するために用いられる有力な手段とみなされるのだ。そこには、財政と経済の間で優位性の逆転が見られる。一国経済は財政にしたがうのではない。税収の再分配こそが、すべての人の生存を保障する上で重要となる。逆に経済が財政にしたがえば、経済は政治的目的にしたがい続けてしまう。それは不平等を正当化するに違いない。先に示したようにルソーは、一国の政府がすべての人に対して公正となるような統一を図ることは困難であると認めつつも、やはり社会的公正は租税によって正されるべき点を強調する。そこでの統一は、富裕者の横暴に対して貧困者を保護することを表している。こうしてルソーは、フランスの著名な財政学者のルロワが正しく指摘したように、所有権とりわけ金持ちのそれを正当化するための租税という考え方を乗り越えようとしたのである(19)。

以上、我々はルソーの租税論を様々な視点から検討した。それによって彼の考えは、実にピケティのそれにつうじていることがわかる。ピケティの著作の中で、ルソーの租税論に触れている箇所は見当たらない。しかし冒頭で述べたように、累進税はフランスにおいて古くからルソーを始めとした社会思想家の間で注目されてきた一大テーマであり、それはまさしく現代の論者に引き継がれている。ピケティもその代表的な後継者の一人であると言ってよい。では、このフランスでの累進税論は、ルソー以降にどのように展開されたであろうか。

二　連帯主義と累進税

前節で見たようにルソーはフランス革命の起こる前に、租税の累進化によって富裕者と貧困者の間の巨大な富の格差を縮小させるべきと主張していた。では、フランス革命を経て累進税はフランスで実現したかと言えばそうではない。フランス革命後に租税システムはむしろ保守的なままであり、それは一九世紀まで変わらなかった。そして二〇世紀に入りピケティが指摘したように、累進税がついに発明されたのだ。それはまさしく租税革命とも称すべきものであった。くり返しになるが、そうした発明の背後に不平等を是正するための政治的な運動が確かに見られた。他方で、そのような政治運動を支えるべき思想が新たに生まれたことも忘れるべきでない。ベルエポックに出現した天文学的規模の富の集中に直面し、社会主義者を含めた思想家は租税の累進化という考えを押し進めたのだ。それはドランドが語るように、まさしく知的革命を表すものであった(20)。以下ではそうした租税に関する思想の変化を、フランスに即してくわしく論じたドランドの議論を追いながら確認することにしたい。

（一）累進税の正当化

一九世紀末まで人々は、所得に比例した租税の支払いにしたがっていた。それは、公共サービスを受けるための代価とみなされた。その点で租税の公正は、まずもって比例的な国民負担に求められた。ところが二〇世紀に入り、欧米を中心に租税の意義と機能が少しずつ転換し始める。これを押し進めたのは、個人間の相互依存の推進という考えであった。ドラランドに言わせれば、人々はそれによって「社会を発見」したのだ(21)。そこでは、租税はもはやたんなる国家との交換関係を示すものではない。それは、各市民の連帯的な社会への編入を意味する。つまり、租税の支払い義務は社会的集団全体と契約する義務に他ならない。したがって租税が公正であるかどうかは、各人の同意に基づく税支払いという犠牲によって評価されねばならない。そうだとすれば、問題とされるべきは犠牲の不平等であろう。この不平等を是正・解消するにはどうすればよいか。それは租税の累進化以外にない。これにより税率は、個人の富裕さにしたがって一層引き上げられる。

このように、二〇世紀に入って累進税が発見された背景に、人々の租税に対する考え方の変化を見ることができる。そしてこの変化は、租税による相互依存社会をめざすものであった。ドラランドは、その原動力として人々の間の信頼を据える(22)。ルソーは先に見たように、租税を課す際の必要条件として人々の同意を主張した。この同意は結局、行政当局に対する個人の信頼によって成り立つ。この信頼をドラランドは垂直的信頼と呼ぶ。しかし、租税が公正であるためにはそれだけでは十分でない。さらに、個人と社会的グループの間の信頼が必要とされる。この信頼が水平的信頼となる。租税の累進化はまさに、こうした水平的信頼に基づくと言ってよい。富裕者に対する税が優遇されたり脱税が行われたりすることは、そうした水平的信頼を断ち切ってしまうのである。

このように二〇世紀に入って実現した租税革命は実は知的革命に支えられていたのだ(23)。租税の累進化という考え方は、経済学や社会学の間で大いに広まった。実際に一九世紀末まで、租税の比例性の主張者と租税の累進性の主張者との間で議論されることはなかった。フランスにおいてもフランス革命による共和制の租税は中立性に基づくものであった。それは、富裕者や資産家との妥協の産物を意味した。そして一九世紀の主流派であった自由主義経済学者は、租税の累進性を嫌悪した。かれらは、累進税が資産の没収をもたらすとみなしたからだ。実際に一九世紀半ばまで、自由主義の伝統の下に租税の累進化という考えは排除された。オーソドックスな自由主義経済学者は、累進税の価値そのものを否定したのである。

ところが一八九〇年代に入ると、経済学者の間で租税の累進性が正当化され始めた。租税の経済理論は刷新された。それはまずもって経済効果の観点からなされた。租税の累進性は、イギリスやドイツの経済学者を中心に、犠牲の平等という考えと結びつきながら擁護されたのである(24)。こうして租税の累進化が、野心的かつ社会的な政治的プロジェクトとみなされることはもはやなくなる。それは不平等を減少させるものとしてだけではなく、財政的にもより合理的な、またより公正な、そしてより効果的なものとしてみなされたのだ。実際にこのような経済理論の変化に合わせて、累進税は欧州の様々な国で一九世紀末から設けられることになる。それらの国はドイツ（一八九一年）、オランダ（一八九三年）、並びにイタリア（一八九四年）などに及ぶ。

（二）累進税のイデオロギー

では、租税の累進性は一九世紀末以降に、たんに経済効果の観点からのみで促されたのかと言えば決してそうではない。租税の公正は、人々の同意する犠牲の平等に光を当てて理解され始めた。租税の累進化という考えは哲学的かつまた道徳的にも正当化されたのだ(25)。かつての比例性のモデルは、国民負担の平等性が一層期待できるような公正のモデルに置き換わる。これにより租税システムは、公正に関する社会的基準を考慮したものとなる。そしてこのような租税の累進化を正当化する考えは、フランスで連帯主義者と呼ばれる思想家によって推進されたのである。

フランスにおけるそうした連帯主義者は哲学者、法学者、社会学者、並びに政治家などを含めて多岐にわたっていた。かれらは個人、社会、並びに国家の間の関係について省察しながら租税改革と社会改革の両者を具体的に提案した。それらの中には累進税のみならず、労働者と農民に対する年金などが含まれていた。そしてこのような連帯主義は、一九〇〇年代に入ると急進的な政党や社会主義政党における公式の哲学となる。それは、累進的所得税のイデオロギー的土台となったのである。我々はこの点を忘れるべきでない。

こうした中でフランスでは、新たな社会的教義を発展させる動きが現れた。その際に連帯がキーとなる。連帯主義者は、人間は相互依存と連帯の中で互いに債務を負うと唱える(26)。問題はそうした債務の相違にある。富裕者も貧困者も、確かに社会に対して債務をもつ。しかしかれらの債務は同じでない。かれらの間で社会的優位性が異なっているからだ。そこで問われるのは、各人が社会に対して支払う租税をいかに公正なものとして決定するかという点であろう。この点について連帯主義者は、人々が租税を支払うということは、かれらが自由に同意した義務であり、それは集団的に承認された公正の規則にしたがうものであると考える。この考えは、個人の存在の社会的性格を守る観点から生まれる。そこでは、純粋に個人的な所有権は存在しない。すべての個人の活動と所有権は、一面で社会に由来しているからである。それゆえ租税による徴収は、社会的メンバーの所得や資産に対する集団性に基づいて行われねばならない。それは、社会が提供するサービスの公正な再分配を考慮したものとなる。ここには社会の発明がある。言ってみれば、連帯=累進税=社会は三位一体的に成立する。その支柱が相互依存の原則であることは言うまでもない。

ところで、このようなフランスにおける連帯主義の発展は、二〇世紀に入って累進税を現実のものとすることになる。それらは、相続財産に対する累進税（一九〇一年）や所得に対する累進税（一九一四年）となって現れた。こうして相続財産に対する累進税は、世帯間の連帯の名の下で正当化された。ここにも連帯主義が反映されている。そこで唱えられる相互依存の原則は、過去と将来の世代を結びつけたのである。

租税に関する連帯主義の理論はこのようにして、フランスの急進的な政党の租税プログラムに対し、知的かつまた道徳的な基盤を与えた。かれらの社会改革は、所得と相続財産に対する累進税という租税改革として現れたのだ(27)。それはまた、国民負担に対する市民の同意の下に、富を公正に再分配するという原則に支えられていた。

では、こうした連帯主義はフランスの社会主義者の間で直ちに受け入れられたかと言えば決してそうではなかった。かれらが租税による富の再分配という原則を受け入れるには時間を要した。社会主義者もやはり二〇世紀に入って初めて連帯主義の理論を擁護したのである(28)。かれらがこのように遅れたのは、実はフランスの社会主義の左派が、一九世紀半ば過ぎのプルードンによる累進税批判に引きずられたからであった。そこでは、資本主義の改革主義が唱える累進税は人々に幻想を与えるにすぎないとみなされる。租税が真に公正であるためには、租税を最終的に消滅させる以外にない。それゆえ累進税は、富の不平等に対して決定的な影響力を与えるものではない。かれらはこのように主張した。その背後には、国家と租税に対する強い不信感がある。

一九世紀末までの社会主義者とりわけ急進左派にとって、累進税による租税改革は、公共支出の増大に伴う近代ブルジョア国家の危機から脱出する上で取るに足らないものとみなされた(29)。かれらはあくまで私的所有権の優位性を問題にする。そこでは租税改革はプライオリティをもたない。社会主義者は専ら資本主義社会の崩壊を期待する。それは、租税改革によって資本主義を修正するよりもはるかによい。要するにかれらは、資本主義を革命で転覆させるか、あるいはそれを改革するかという、社会変革に関する二つの選択肢の中で前者を選好したのである。確かにルソーの考えを始めとして、富の不平等を是正する手段として租税の累進化を唱える議論は私的所有権そのものをなくすわけではない。また富裕者の存在を否定するものでもない。したがって累進税論は、決してラディカルなものではない。この点は、前章で論じたピケティの議論にも当然あてはまる。

それでは、どうして社会主義者の間で累進税による租税改革が認められたのか。そこには、かれら自身の変革が見られる[30]。一八九〇年代にフランスで修正主義的社会主義者が出現したのだ。かれらは、社会変革をめざすためには、まずもって国家がたとえブルジョア国家であったとしても、それに対してより公正な租税基盤を与える必要があると唱えた。そのプログラムの中に、すべての間接税を廃止する一方、直接税については一定以上の所得に対して累進税を設けるという租税改革が盛り込まれた。こうした新たな社会主義者により、所得税の累進化に向けた闘いが二〇世紀初めにフランス革命を継続させる上での大きな課題として掲げられる。租税改革は、社会変革のための根本的な必要条件とみなされたのである。

このようにして一九〇〇年代に、フランスの社会主義者は累進税に賛同した。かれらはそれを、社会的公正と租税の公正を達成するための手段とみなす一方、真に社会的なフランス共和国を建設する上で必要不可決なものと主張した。ここには明らかに、フランス社会主義思想の転換が見られる。そこではもはや観念的な革命論はない。租税は現実の社会変革を支える原資となる。かれらはこう捉えたのだ。実際に、所得に対する累進税によって失業者や高齢者のための、さらには社会的保護のための資金をえることができるとみなされた。この点で、二〇世紀初めに相続財産に対して累進税が導入されたことは、そうした社会変革を進める上で決定的な役割を果たした。一九世紀末まで、フランスの政治家やエコノミスト、さらには官僚の大半が依然として累進税に対して敵対的であったことを考えると、同税の採択はまさに画期的であった。一九世紀末から二〇世紀の世紀転換期に、租税に関する信条は明らかに大きく変わったのだ。それは、一般市民の犠牲（国民負担）を平等にしながら富を再分配するという考えに基づくものであった。

もちろん、フランスの社会主義者のすべてが租税改革に賛同したわけではない。かれらの一部の間には、国家と租税に対する不信感が根強くある。そうした反対者は、累進税による租税改革を修正資本主義者と批判した。そしてこの傾向は、現代のフランスの社会主義者とりわけマルクス主義者の間で続いているのだ。この点については後に（終章）くわしく論じることにしたい。

しかしここで留意すべき点は、一九世紀末から世紀転換期において租税をめぐる新しい思想が登場し、それが現実に累進税となって不平等を是正する改革をもたらしたという歴史的事実であろう。しかもそれは、ベルエポックのすさまじいほどの富の不平等を減少させる上で大いに有効であった。それだからピケティは先に見たように、二〇世紀の累進税の発見を歴史的教訓としてとりわけ注目したのである。累進税は、人々の水平的信頼に基づく連帯の意思表示であると同時に、人々の同意による義務を示すものとして現れたのだ。それはまさに租税革命である一方、同革命をイデオロギー的に支える知的革命をも意味した。そしてそのような累進税が、人々の社会的保護のための財源になるとすれば、それはまた社会国家の建設をめざすものでもあった。租税の累進化は、社会的公正を押し進める上でも大きな役割を果たしたのだ。

三　財政社会学と租税・社会国家

（一）フランスの財政社会学

前節で明らかにしたように二〇世紀初めに発明された累進税は、租税の公正をめざした租税革命であり、また連帯主義に基づく知的革命を示した。さらにそれは、社会的公正を実現させるための国家すなわち租税国家＝社会国家を建設するためのものでもあった。ここに租税＝国家＝社会の三位一体的な姿を見ることができる。その下で租税とりわけ累進税により富の集中をなくし、またその税収を財源として公正な再分配による社会保障が実現される。租税は、こうした社会的プロセスの一環として捉えられるのだ。

このような租税の社会との関係が注目される中で、学問分野における一つの新しい動きが現れた。一九世紀末から二〇世紀初めにかけて唱えられたフランスの連帯主義が累進税を実現させてからまもなくの第一次世界大戦後に、今度はオーストリアとドイツで租税を社会学の視点から捉えようとする学派が登場したのである。それは財政社会学と呼ばれるものであった[31]。租税はそもそも経済学の中で古くから研究対象とされてきた。しかしそれは、欧州における近代財政国家の出現と共に、狭い範囲で考察することができなくなる。そこでは、国家の介入に基づく民主主義のあり方が問われた。なぜなら租税は、国家による公共政策の手段になるものであり、それが納税者である市民に真に有利になるかどうかが問題とされるからである。こうして財政問題は、経済、社会、並びに政治を含めた全般的な社会科学の対象として位置付けられねばならない。財政社会学という学問的アプローチはまさにこのことを目的とするものであり、それはドイツを中心に精力的に展開された(32)。

こうした中で、実はフランスでも財政社会学の考えが古くから示されてきた。公正な租税の必要条件として市民の同意を求め、その累進化による不平等の減少を訴えたルソーの主張に、我々はそれこそフランスの財政社会学の源流を見ることができる。また一九世紀末から現れた連帯主義者による累進税論も、それが社会的公正を追究する点でやはり財政社会学として位置付けられるであろう。そして何よりも、近年のフランスの財政社会学研究にはめざましい進展が見られる。先に見たルロワやドラランドの研究を始めとして、多くの貴重な研究が打ち出された。財政の領域は、経済学者のみならず社会学者や政治学者を含めた社会科学者の新たな研究対象となったのである(33)。そうした中でフランスの財政学研究の第一人者であるルロワは、従来の財政社会学とは別に一つの新しい学問のカテゴリーを示した。それは租税社会学と称される(34)。彼によれば、租税社会学は租税の現象を一般的な社会と政治の問題として把握するものであり、それは社会的公正を考察するものと規定される。実際に租税改革は社会的変化と結びつく。租税を社会が受け入れることは、それを設ける国家による公共政策の正当性の問題に帰趨する。それゆえ租税の重みは、社会的公正の観点から評価されねばならない。租税社会学で明らかにすべき点はこの点にある。そこで以下ではこのルロワの租税社会学を検討しながら、租税の公正と租税国家=社会国家のあり方を考えることにしたい。

（二）租税国家＝社会国家の機能

租税の問題を考えるときに二つの視点が必要とされる。一つは租税を支払う人々（納税者）の視点であり、もう一つは租税を課す国家の視点である。まず納税者の側から見るとどうであろうか。ルロワに言わせれば、租税問題は古くから考えられているのに納税者に対して十分な検討がなされていない[35]。歴史的に見れば、納税者は租税の支払いに対してしばしば反対する運動を起こしてきた。この点はフランスでとりわけ顕著であった。それは、納税者が租税に同意していないことを如実に示している。ここで我々は、先に見たルソーの公正な租税の必要条件としての市民の同意という考えを再び思い起こす必要がある。それゆえルロワの租税社会学は、市民が正当な公的活動を租税で賄うことに賛同することを前提として成り立つ[36]。納税者は、租税国家の公共政策を正当なものと認めれば利他主義になりえる。かれらはそれゆえ、社会的保護のための支出を租税で賄うことに同意する。人々は、租税を根本的に嫌悪するのでは決してない。新自由主義の唱える反租税というイデオロギーには、こうした租税による社会国家の建設という視点が完全に抜け落ちているのだ[37]。このようなルロワの納税者に関する考えは、先に見た租税に関する同意論と連帯主義論につうじると言ってよい。それは、フランスの伝統的な考え方をベースにしているのである。

他方で、租税を課す国家に対してはどうであろうか。国家の租税政策には経済、社会、並びに政治に関連した三つの機能が備わっていると考えられる。まず経済的機能について見てみよう。租税が基本的に国家の公共支出の財源となることは先に指摘したとおりである。とりわけ第二次世界大戦後に社会保障の増大に伴って一層の財源が求められたことは言うまでもない。一方、租税政策によって景気を調整することも図られる。例えばインフレーションに対して国民負担を増やして通貨総量を減少させる試みがなされた。しかしこの調整手段は、一九八〇年代以降に用いられなくなった。新自由主義が横行する中で、むしろ租税低減の政策がとられたからだ(38)。実際に先進諸国で、租税の控除と軽減が一般的になされた。ここでとくに注視すべき点は税制優遇措置である。これは、一定のセクターや活動に対し、企業全体に適用される租税よりも有利な租税を課すことを意味する。典型的な例は、失業に対決するために雇用創出のための優遇税率に見られる。あるいはまた、研究・開発の促進や中小企業に対して有利な租税が課される。これらの優遇措置は、租税の公正の面で評価されてよい。しかしこれと反対に、問題とすべきは大企業を誘致するための租税の優遇である。この優遇措置は、グローバル資本主義で租税競争を煽ることになる。それは結局、税収を減らして公共支出を削減するに至る。前章で見たように、ピケティが強く批判したのはこの点であった。さらに一層問題となるのは、富裕者に利益をもたらすような租税の優遇であろう。基本的には租税政策によって社会国家の建設をめざすのであれば、大企業や富裕者に対する租税の低減を廃止すべきだ。これによって取り戻された税収を社会的支出に回すことで不平等を減少させ、より恵まれない人々が恩恵を受けることはまちがいない。

次に租税政策の社会的機能について考えてみよう。ここで社会的機能は、租税による収入の再分配機能を組み込むものであり、これこそがまさに租税社会学の中核に据えられる(39)。税収に基づく再分配は、これまでピケティの議論でくり返し指摘したように、富裕者と貧困者との格差を縮小させることができる。そしてそれは一般に、累進所得税や累進財産税によって保証される。ところが一九八〇年代以降に、多くの国で所得税の限界税率が低下した。このことは当然、富裕者から貧困

表2-1　先進諸国[1]における再分配と不平等、1980～2000年

租税的再分配	社会的再分配	再分配全体	可処分所得の不平等[2]	
1.ベルギー	1.スウェーデン	1.ベルギー	1.米国	0.345
2.オーストラリア	2.ベルギー	2.スウェーデン	2.イギリス	0.323
3.フィンランド	3.オランダ	3.オランダ	3.スイス	0.299
4.ドイツ	4.フランス	4.フィンランド	4.オーストラリア	0.297
5.米国	5.フィンランド	5.フランス	5.フランス	0.292
6.オランダ	6.デンマーク	6.デンマーク	6.カナダ	0.29
7.ノルウェー	7.イギリス	7.ドイツ	7.オランダ	0.257
8.スウェーデン	8.ドイツ	8.イギリス	8.ドイツ	0.254
9.カナダ	9.ノルウェー	9.ノルウェー	9.デンマーク	0.245
10.デンマーク	10.スイス	10.オーストラリア	10.ベルギー	0.242
11.イギリス	11.カナダ	11.カナダ	11.ノルウェー	0.235
12.フランス	12.オーストラリア	12.米国	12.フィンランド	0.223
13.スイス	13.米国	13.スイス	13.スウェーデン	0.223

（注）（1）OECD の中の 13ヵ国。国名の左の数は順位を表す。
（2）1980年、1985年、1990年、1995年、並びに 2000年におけるジニ係数（0 と 1 の間の数値で 1 に近づくほど不平等が大きい）の平均値。
（出所）Leroy, M., *L'impôt, l'Etat et la société*, Economica, 2010, p.292 より作成。

者への社会的資金移転による再分配効果を弱める。そもそも累進所得税を設けたことは、社会国家＝福祉国家の建設と結びついていた。それは、様々な社会問題に対応するためであった。この累進税は所得の不平等を減少させると同時に、国家の社会的支出に融資することを目的としていたのだ。実際に、そうした租税による税収の再分配と不平等の間には負の相関、すなわち再分配が増大すると不平等が減少するという効果が先進諸国で確認できる。表2−1は、一九八〇～二〇〇〇年の期間で、OECDの一三ヵ国の不平等に対する租税的かつまた社会的な再分配のインパクトを示したものである。見られるように、不平等がより小さい国は北欧諸国（スウェーデン、フィ

ンランド、ノルウェー）であり、それらの国の再分配は非常に大きい。これと正反対に、それほど再分配を行っていない国（スイス、米国、カナダ、オーストラリアなど）で不平等が大きいことがわかる。一九八〇年代以降の租税の低減政策は明らかに、納税者を階層化させると共に富裕者の優位を高めたと言ってよい。

最後に、租税政策の政治機能について見てみよう。租税は、国家の公共政策が正当であることを示す基本的指標である。それは、民主主義的政治体制の下に議会で採択されるからだ。先進諸国では確かに長期にわたって産業社会の民主化が謳われ、それによってかれらは公共支出を拡大してきた。このような社会的・財政的民主主義は一九世紀から開始された。それは、租税国家により融資された公共活動の拡大に基づいている。そこでは、一般市民の租税とかれらの社会的権利が結びつく。そしてこのことが、租税国家を社会国家＝福祉国家に導くと想定される。このような政府と有権者との間の政治的契約により、租税と社会的支出の大きさが決定されるのである。

こうした租税国家は第二次世界大戦後に、社会的な公共活動の発展を伴いながら確立された(40)。戦後から一九七〇年代半ばまでの栄光の三〇年と呼ばれる期間に、租税は確かに広い意味での社会的支出の資金を賄うと共に、マクロ経済的調整による介入主義的機能を果たし、さらには所得の再分配機能をも満たした。こうした介入主義的民主主義は租税の政治的機能をつくり上げ、それは租税国家の調整力を正当化した。これにより租税の引上げは、社会的保護を強化するものとして正当化された。実際に保健医療支出や教育支出は飛躍的に増大した。租税システムの近代化は、論理的に大きな税収を前提としたのである。

では、このような租税国家＝社会国家＝福祉国家の建設を押し進めたのは何であったか。それは北欧モデルと呼ばれる社会民主主義であった。しかし、そうした国家の建設は他方で妥協の産物であった点も否定できない。例えばスウェーデンの場合、租税は社会的保護の財源になる一方、それは企業の競争力を阻むものでないことを保証したのだ。このことは、租税による再分配にそれほどのプライオリティを与えていないことを示している(41)。そこで、もしも北欧型の社会民主主義が、エリートや大企業を優先して一般市民を排除するようなことになれば、福祉国家は当然実現されなくなってしまう。

以上のような社会民主主義の課題がある中で、一九八〇年代に入ると新自由主義に基づくグローバリゼーションの時代を迎えることになる。ここに至って先に見た妥協は様々な形で現れた。市場モデルの優位の下に、租税を低下させる圧力が高まったのだ。これにより、租税の社会的性格は見捨てられる。租税国家によって保障された社会的保護の土台は、あっという間に掘り崩されてしまった。市場と社会の間の妥協は政治と経済の間の関係を逆転させ、経済が政治に指令を下すようになる。租税と国家の関係も批判の対象とされたのである。

このように新自由主義による政策が遂行される中で、租税と社会的支出の関係も完全に見直される。数多くの国で直接税としての所得税が低下する一方、逆に間接税としての消費税あるいは社会保険料が引き上げられた。そしてこの逆進税すなわち低所得者に不利な税としての間接税が社会的支出と結びつく。市場と競争のモデルを優先する政府は、資本よりも労働に対して一層の税を課した。こうして妥協に基づく租税国家は、不平等に対する闘いを犠牲にして成立したのだ。このような財政的再編が民主的であるはずがない。それは疑いなく貧困者への支援を考慮しない。新自由主義に基づく租税政策は、社会国家=福祉国家の建設を目的とするロジックと正反対のものである。こうした社会的に不公正な租税政策は、ぜひとも変更されねばならない。そのためには、社会民主主義が本来めざした租税の累進化が政治イデオロギーとして強く求められる。ピケティが一貫して主張することも、この点に尽きると言ってよい。

四　租税政策と国民負担

前節で見たように、第二次世界大戦後に市民の社会的保護を求める声が高まり、それを実現するための財源として租税と社会保険料が設定された。では、そうした国民負担の下で租税の公正と社会的公正は果たして達成されたであろうか。本節では、戦後のフランスの租税政策の歴史を振り返りながらこの問題を検討することにしたい。

（一）栄光の三〇年の租税政策

確かに第二次世界大戦後に租税の力は増大し、それによる再分配の役割も高まった。直接税としての所得税が一般化されると同時に、間接税についてもフランスでは付加価値税（ＶＡＴ）が一九五四年につくり出された。また社会的保護を打ち出すために、その財源として社会保険料も設定された。こうして税収と社会的支出を結びつけることにより、租税の正当性が認められた。では、納税者の負担に対する同意はそこでえられたであろうか。人々の租税に対する同意の歴史分析を行ったドランドもこの点を問う(42)。

フランスは戦後直ちに「国民的連帯税」なるものを設けた。この税は非常に累進的であった。ピケティが、戦後のフランスの累進税を示すものとして同税に注目したのはそのためである。それは、国民的連合を強化するために用いられた。この点で同税はまさしく、フランス伝統の連帯主義に基づく累進税を意味した(43)。ところが、この資産没収に近い形の累進税は例外的かつ一時的なものに終わってしまった。

他方で戦後のフランスの租税政策を大きく転換させたのは、所得税の大衆化であった。これは、納税者が急速に増大したことによる。賃金労働者を中心とする中流階級の社会が出現し、所得税を支払うべき人々の数が著しく増えたのだ(44)。この納税者の増大はまた、栄光の三〇年における経済発展による賃金労働者の購買力の増大に支えられた。フランスの著名な財政学研究者のスピールが指摘するように、所得税はそもそも少数の富裕な世帯を対象とするものであった(45)。しかし二〇世紀後半になると、そうした所得税を支払う世帯の数は飛躍的に増大する(46)。フランスでその数は一九五一年に二五〇万であったが、それは一九六〇年に五四〇〇万、そして一九七九年に一五〇〇万に達した。一九七九年にフランスの世帯の六〇％以上が所得税を支払うという状況に至ったのだ。

このようにして直接税としての所得税は大衆化した。個人の生活の中で、同税は大きな地位を占めるようになる。納税者は所得税のシステムを受け入れたのである。実際に二〇世紀後半に人々は所得税に満足していた。では、その後もかれらは所得税に不満をもたなかったのか、あるいはまた所得税の大衆化によって、富裕者に対する累進税への関心は保たれたのか。問われるべきはこれらの点であろう。まず、フランスで中流階級と賃金労働者に対する所得税が増大した点に留意しなければならない(47)。これにより賃金労働者の間で租税に対する不公正感が高まった。かれらにとって、所得税は日常生活で大きな重みをもつ一方、それを公に免れる手段をわずかしかもっていないからだ。

さらにもう一つの大きな不安材料が現れた。それは間接税としての消費税であった。これは言うまでもなく、高所得者よりも低所得者に一層負担を与える。この消費税は二〇世紀半ばに、間接税を近代化する中で設けられた(48)。付加価値税の創出はその典型であった。これは、公共支出の大きな財源になるとみなされた。実際に、租税と社会保険料から成る国民負担の中で、間接税は個人と法人の所得税よりも大きな割合を占めたのだ。フランスに即して見れば、一九七〇年に財とサービスに対する租税の国民負担に占める割合は三七％であり、これは所得税のそれ（約一八％）の二倍以上の大きさであった。こうして一九七〇年代初めに、付加価値税はフランス財政における財源のトップになり、それは国家の税収の半分を占めるに至る。もちろん、これを負担するのは消費者である。そこでの租税の逆進性は明らかであろう。一方、個人所得税は税収の五番目であり、低位に位置付けられる。

このようにして見ると、租税政策の近代化の中で納税者は所得税の大衆化による負担を被ると同時に、逆進的な間接税による負担をも次第に高めた。そしてこの傾向はフランスに限られなかった。実際にすべての欧州諸国は、間接税に重点を置く政策を行った。フランスはその中心であった。フランスが再分配システムで評価されたものの、それは間接税で支えられていたのである(49)。この間接税は財・サービスの価格に統合される一方、富の不平等を考慮するものでは一切ない。そしてルソーが唱えたように、間接税にも累進性が備えられてよいはずなのに、それが実現されることはない。こうして納税者は間接税の支払いによって国家の財政にかなり貢献しているにもかかわらず、それは気づかれないままである。

さらに憂慮すべき点は、低所得者よりも高所得者に一層有利な税制が現れた点であろう。それは一九六〇年代の高い経済成長の下で進められた。そこでは株式やその他の証券を表す流動資産の運用が促され、この運用に対する租税の減免と特別な租税対策がそうした傾向に拍車をかけたのである(50)。フランスは一九六五年に、流動資産の所有者に対する所得税を固定することで、かれらに累進税を免れさせたのだ。これによりかれらは、税制上明らかに優位に立った。そうした所有者の大半が富裕者であることはまちがいない。そしてこのような租税政策が他方で、企業に対して株式の発行による資金調達（直接金融）を促進させた。このようにして税制上の優遇措置が、一定の経済アクターに与えられた。富裕者は、租税の支払いをいかに減少させるかを考える機会をもったのだ。しかもこうした事実は、一九七〇年代初めまでほとんど知られていなかった。これは明らかに租税の公正に反する。そしてそのことが明るみに出るや否や、納税者としての低所得者が租税政策に不満を高めたのは言うまでもなかった。先に示したドラランドの説く「垂直的信頼」は、脆くも崩れ去ったのだ。

このようにして見ると、栄光の三〇年にフォード主義に基づく経済成長の下で、確かに社会保障の進展が見られたものの、その背後には富裕者を優遇する税制措置がすでに図られていた。そしてそれは、次の一九八〇年代に新自由主義が展開される中で一層激しさを増したのだ。ピケティはその間のフランスの所得税の推移についてきわめて詳細な分析を示して、以上の点を論証している(51)。

（二）新自由主義と租税政策の転換

一九八〇年代に入ると、アングロサクソン諸国を主導者とした保守主義的革命が進行した。その下でかれらの租税政策は大きく転換した。それは所得税を中心とする租税の低下となって現れた。この新政策はまた、新しいエコノミストにより推奨された(52)。かれらを代表する論者が、米国の供給学派の旗手であるラッファーであった。彼は納税者の国民負担に対する闘いを展開する。そこでは、あまりに高い租税は租税を殺すとして有名なラッファー曲線が示された。同曲線はきわめて単純である。すなわち税率がある限界を超えて引き上げられると、それは労働者と富裕者の双方を落胆させ、最終的に税逃れを引き起こして税収を減らすことになる。ただし、その限界点がどこに決まるかは定かでない。

このラッファーの考えはフランスでもフィガロ誌などで紹介されて大いに広まった。そこで彼はパリを訪れ、当時の社会党政権の租税政策を糾弾した。というのもフランスでは一九八一年にミッテランの率いる社会党が政権を握り、かれらは国有化を始めとする社会主義的政策を遂行する一方、租税政策では富裕者に対して一層多くの税金を支払わせ、それを社会的支出の財源とする改革を行ったからである。その改革はモーロワ首相の下で、一九八一年末に「大きな富に対する租税（ＩＧＦ）」として実現した(53)。それはまた、一層の社会的公正をめざすものであった。

こうした社会党政権下の租税政策に対し、ラッファーの影響を受けたフランスの右派の論者は、その政策を厳しく批判した。かれらは、富裕者の租税の支払いを減少させることで貧困者の生活がより改善されると主張する。この考えはまさに、供給派経済学者の説くトリックルダウン理論に基づくものであった。これにより、累進税の廃止が強く求められた。右派の政党はこうして明らかに新自由主義を受け入れる。その代表である共和国連合は租税のアレルギーを訴えた。リーダーのシラクは、国民負担の重みはフランスの自由を脅かすと同時に、我々の経済に苦しくて危険なハンディキャップをつくると主張した(54)。ここには、租税に対する明白な反抗が見られる。この反租税論が、シラクを首相とする右派の政府をつくり出した。これにより、前代未聞の租税の減少プログラムが提示されたのだ。しかしここで注意すべき点は、当時の社会党も国民負担の減少に賛同したという点であろう。

その結果は言うまでもなく社会国家の後退である。これは社会主義政権の意図に反する。そこでかれらは、社会的保護を維持するために新たな租税をつくり出す。フランスにおいて、租税問題は社会的保護のシステムとますます切り離せなくなったのだ。

フランスではそもそも第二次世界大戦後に、社会保障の財源を社会保険料の徴収で確保することが決定されている。社会的保護は、人々の納税の見返りに行われる。かれらはそれゆえ、他者のために社会保険料を支払わねばならない。そこで、この社会保険料に対する人々の同意が必要とされる(55)。一九七〇年代半ばのアンケートによれば、人々の四〇％以上がそうした保険料の支払いに同意していた。もちろんそれは、社会保障の確保が前提とされる。社会的保護の租税化は、租税政策の一つの重要な柱とみなされたのである。

こうした中で、第二次ミッテラン政権におけるロカール首相は、一九九〇年に新たな租税として「一般社会保障負担税（ＣＳＧ）」をつくり出す(56)。その背景に、ミッテランの進める欧州建設と国際競争力の増大という方針があったことは疑いない。そこでは欧州全体での法人税と付加価値税の低下が求められた。それによる税収の減少が社会保障の維持に圧力を加えたことは言うまでもない。他方でロカールは、野心的な社会的保護の政策を打ち出した(57)。それは、「社会復帰最低所得保障（ＲＭＩ）」と呼ばれるものを含めた、大きな社会変革を示すものであった。このための支出は、富裕者に対する税すなわち「連帯富裕税（ＩＳＦ）」で賄われることが予定された。ところが、この富裕税のみで社会的保護のための財源をつくることはとうていできなかった。ロカールが一般社会保障負担税を設けたのは、そうした財源を埋め合わせるためであったのだ。

しかし、この一般社会保障負担税には大きな問題があると言わねばならない(58)。それは確かに、人々の社会的負担を労働所得だけに求めるものではない点で根本的に新しい租税である。ところがそれは、一般の人々の所得に対して一律の税率を課す比例税を示している。しかも同税は源泉徴収である一方、年金受給者や失業者からも徴収される。それゆえ同税が、より低い所得の人々の購買力を一層減少させる点で逆進税であることはまちがいないのだ。一般社会保障負担税は、一九九〇年代に他の税収が減少する中で、税率の引上げに合わせて大きく増大した(59)。その結果、同税による税収は所得税によるそれを上回る。実際に同税による収入は二〇一六年に、一九九一年のそれの二五倍以上に膨れ上がった(60)。このように社会的保護の租税化は確かに、一般社会保障負担税によって達成することができた。しかしそれは、租税システムの全体的な逆進化を著しく高めたのだ。ここにフランスの社会的保護の矛盾を見ることができよう。

一九八〇年代以降のグローバル規模で展開された新自由主義は、諸国に対して租税の減少を余儀なくさせた。市場原理に基づく自由競争を促すからには、企業にとってコストとなる法人所得税は減少せざるをえないからだ。これによる税収減は、社会的支出の財源確保に困難を来たした。この点は、社会主義政権下のフランスでも変わらなかった。かれらが一般社会保障負担税を設けたのも、その点を考慮したからに他ならない。しかしそれは、先に論じたように逆進的な比例税であるがゆえに貧困者に不利な税であった。その意味で同税は両刃の剣である。それは低所得者の社会的保護を維持するためにつくられたにもかかわらず、結果的に追加的な税を支払わせることでかれらを苦しめたからだ。このようにして租税の累進化は、新自由主義の下で抑制されたと言わねばならない。

では、フランスの国民負担は第二次世界大戦後にどのように推移したであろうか。最後にこの点を概観しておこう。図2-1は、一九六〇年から二〇一八年までのフランスの国民負担（租税と社会保険

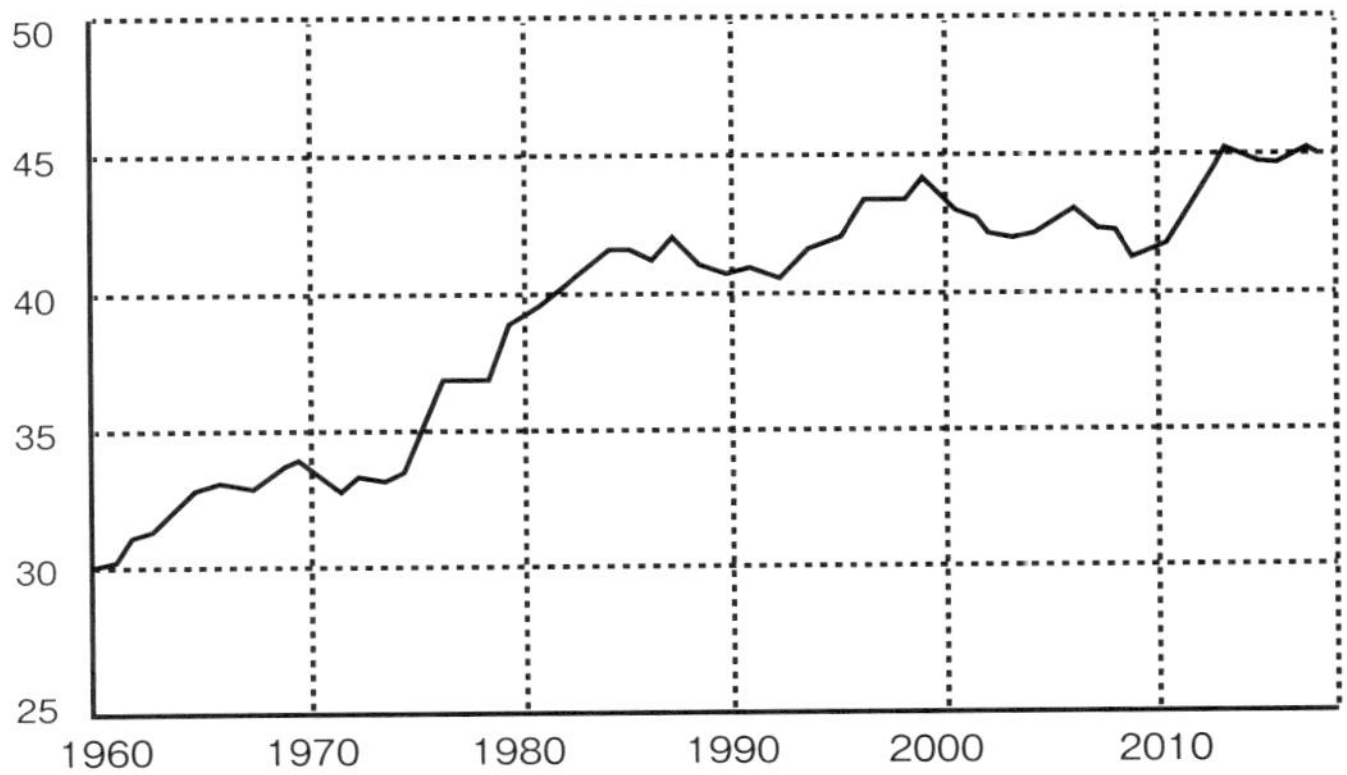

図2-1　フランスの国民負担[(1)]、1960〜2018年（対GDP比、%）

（注）（1）社会保険料と租税の減免を除く。
（出所）Insee, *Tableaux de l'économie française*, Insee, 2020, p.125 より作成。

表2-2　EU とフランスの国民負担[(1)]、2017年（対GDP比、%）

国名	国民負担
フランス	48.4
ベルギー	47.3
デンマーク	46.5
スウェーデン	44.9
フィンランド	43.4
オーストリア	42.4
イタリア	42.4
ギリシャ	41.8
ユーロ圏	41.4
ドイツ	40.5
EU	40.1
オランダ	39.2

（注）（1）社会保険料を含む。
（出所）Insee, *Tableaux de l'économie française*, Insee, 2020, p.125 より作成。

料の支払い）の変化を対ＧＤＰ比で示したものである。見られるように、それは一九七〇年代から次第に上昇し、一九八〇年代には四〇％を超えた。この傾向はその後も維持され、一般社会保障負担税が設けられた一九九〇年代以降にそれは四五％に迫るほどに高まった。このようにして見ると、戦後のフランスは確かに社会保障の優等生であったものの、そのための財源は次第に一般市民の国民負担に負うところが大きくなったと言ってよい。実際にフランスの国民負担は表2-2に示されているように、欧州の中では北欧諸国のそれを上回ってトップに位置付けられる。そうした中で、フランスの国民とりわけ低所得の庶民は、国民負担の増大に対していかに反応したか。考えねばならないのはこの点であろう。

五　租税に対する市民の反抗

（一）租税に対する抵抗運動

第二次世界大戦後のフランスにおける租税の近代化が進む中で、すべての納税者がそれを受け入れたわけでは決してなかった。そこでは商人、職人、農民、並びに賃金労働者による租税に対する抵抗運動が展開されたのである(61)。租税に対する市民の十分な同意が達成されることはなかった。租税に対する抵抗は、かれらの死活問題であった。そこで行われた市民の反租税運動は、確かな社会運動の様相を呈したのだ。以下でその歴史的展開を概観しておこう。

まず一九五〇年代半ばに、フランスの賃金労働者は租税に対するストライキを呼びかけた。かれらは「租税のバスティーユ」を訴える。そして一九六〇年代末には、真の社会的保護体制をつくり上げるための運動が労働者の間で展開された。その後、労働組合相互の連合と独立事業者の国民連合が、租税に対する抵抗運動の中核を成す。かれらは、賃金労働者と非賃金労働者の間の租税の不平等、並びに付加価値税の反社会的性格に対して抗議した。付加価値税に代表される間接税が下流階級に不利な逆進性を示す一方、上流階級の脱税による租税の不公正がまかりとおっていることが問題にされたのだ。したがってこうした抵抗運動の社会的基盤は、やはり低所得の人々によりつくられた。しかもかれらの抗議は次第に過激になる。一九六〇年代までに成し遂げられた経済成長の成果をめぐり、低所得者は十分な再分配が行われていないと感じた。他方で国民負担が増大したことに対し、かれらは不満と怒りを強めたのである。一九六八年のあの五月革命は、それを象徴する出来事であった。

こうした中でフランスの左派は一九七〇年代に、租税の不公正を社会運動の一つの大きなテーマに掲げた(62)。労働組合と左派の政党は、賃金労働者に対する租税の不公正をなくすための改革を訴えた。それは、間接税に関しては消費税を減少させる一方、直接税に関しては高所得者の納税を増大させる、つまり租税の累進化を求めるものであった。一九七〇年代初めに、社会党、共産党、並びに急進左派は連合して共通のプログラムを作成する。それは現行の租税システムを、租税によって一層公正な再分配ができるようなシステムに大きく転換することを意味した。そこでは、非常に高い所得に対する累進税の促進と企業の税負担の増大が強く要求された。かれらはまた、流動資産に与えられた税制上の優遇措置を批判した。しかし、こうした労働組合と左派政党の租税政策批判にもかかわらず、政府はむしろ消費税の設定を加速したのである。

では、フランスにおける左派の租税の公正をめざす運動はその後も強められたかと言えば、必ずし

表2-3　フランスの３つの主たる税収とメディア、2015年

	税収（10億ユーロ）	税収の分布（%）	テレビでの表出の割合（%）
付加価値税	141.5	46	34
一般社会保障負担税	94.5	31	8
所得税	69.6	23	58
合計[(1)]	305.6		100

（注）(1) これは３つの税収を合わせたものであり、税収の総計（地方税その他の税を加えたもの）を示すものではない。
（出所）Spire, A, *Résistances à l'impôt attachement à l'État*, Seuil, 2018, p.33 より作成。

もそうではなかった。一九八〇年代に入って社会党政権が成立すると、かれらは確かに富裕者に対する累進税を設けた。ところが第二次社会党政権の下で、社会的保護の租税化が前面に出されて租税の逆進化が進んだ。それだから一般社会保障負担税は当初、労働組合（フランス民主主義労働同盟を除く）の強い反対に見舞われたのだ(63)。かれらは、社会保障の租税化という考えを拒絶したのである。同税をめぐり、労働組合はデモによって反対の意思を明確に示した。この点を忘れるべきでない。

この一般社会保障負担税をめぐる基本的問題点についてはすでに指摘したが、同税に関してさらに留意すべき問題がある。それは、同税がメディアで取り上げられることが少なく、そのためその内容が一般の市民に十分伝わっていないという点である(64)。租税はメディアで扱われるべき対象であり、したがってメディアは租税に関する知識の普及に大きな力をもっている。一般社会保障負担税はその中で、どのように位置付けられたであろうか。表２-３は、二〇一五年のフランスにおける付加価値税、一般社会保障負担税、並びに所得税の税収、及びそれらの租税のテレビでの表出の割合を示したものである。まず税収を見ると、一般社会保障負担税による収入は所得税によるそれ

をはるかに上回り、付加価値税による収入に次ぐ大きさを示している。ところがテレビでの表出の割合を見ると、一般社会保障負担税の割合は三つの租税の中で最低であり一〇%以下である。これと反対に、今度は所得税の割合が六〇%近くを占めて最大を示している。

このように、一般社会保障負担税の内容がフランス国民にメディアをとおして伝わる度合はかなり低い。この点は他の租税の場合と対照的である。つまり、租税に関する知識は納税者の間で十分に共有されていないのだ(65)。アンケートによれば、一般社会保障負担税が比例税であることを理解しているのは回答者の四〇%ほどにすぎない。賃金労働者の多くは、同税の内容を知らずに源泉徴収として自動的に支払わされている。ここには当然市民の同意はない。政府しかも社会主義に基づく政府は、社会保障を盾にして、市民から追加的な税を徴収したのである。これは租税の公正を示すものでは全然ない。こうした中で、一般の人々とりわけ庶民の間に国民負担の大きさに対する不満が高まった。かれらは租税に「うんざり」し始める。この「うんざり」という言葉はそもそも、かつての極右派である「国民戦線」により、一九八〇年代に社会党政権に対する批判として用いられた。その後、この言葉は、租税に対する抗議運動で毎回掲げられたのだ。

しかしここで忘れてならないのは、フランスの庶民階級が本来租税に対してポジティブなビジョンをもっているという点であろう。かれらは、高いレベルの租税が再分配の一般的なシステムを維持するための条件になるとみなしたのである(66)。実際に家族手当、住宅支援、並びに社会的最低保障のような社会手当は、貧困世帯の可処分所得の四〇%を占めている。ところが、付加価値税や源泉徴収の一般社会保障負担税の増大は庶民階級の購買力を圧迫した。さらに雇用の不安定や失業により、賃金労働者はそれらの租税や所得税を受け入れるのを拒んだ。こうして社会階層の低位にある庶民階級は、租税を社会的不公正のシンボルと考え始めた。かれらの眼に、租税は不公正と同義であると映ったのだ。

このような庶民階級の不満は、かれらの階層分化によって一層高まった。度重なる経済・金融危機によって労働市場が停滞する中で、庶民階級は階層化を強めた。スピールはそれを大きく三つに分類する(67)。それらは第一に、比較的安定した雇用のポジションをもつ賃金労働者、第二に、所得が不規則な雇用不安を抱える労働者、そして第三に、最低社会保障で暮している職のない人や年金受給者である。言うまでもなく、第二と第三のグループが租税の不公正感を一層高めた。それは第一に、税額の大きさに対して、そして第二に、税金の使われ方に対して現れた。低所得の人々は、報酬が税徴収によって削減されることを強く感じたのである。ここで租税はもはや、公共サービスに見合うものとしては現れない。それはかれらにとり、むしろ支出の増大となって現れる。これにより、租税に対する人々の信頼は失われたと言わねばならない。

さらに、そうした傾向を一層強めるような現象が一九八〇年代以降にグローバリゼーションの進展する中で生じた。それは、資本の自由化の下で促進された生産拠点の海外移転である。そもそも新自由主義は、企業に対してコストの削減による競争力の強化という圧力をかける。このコストの低下は一方で賃金を抑制し、他方では政府による法人税の減少を導いた。これにより賃金労働者は二重に不利な状況に追い込まれる。かれらは賃金の低下や雇用不安、さらには解雇に晒されると同等に、税収の減少による社会的保護の削減を被るからだ。そして企業が低いコストを求めて生産拠点を海外に移すことによって、本国での雇用が失われる。いわゆる産業の空洞化が高まることになる。このようなグローバリゼーションが進む中で、最大の犠牲者が社会的地位の低い庶民階級であることは疑いない。こうしてかそれゆえ雇用不安を抱える労働者は、政府に対して保護を訴えるもののそれは叶わない。

れらは、国家に対して恨み（ルサンチマン）を抱くようになる。庶民階級のこうした感情は、一方で大企業や富裕者が平然と脱税を行い、しかもそれを取り締まれないことを目の当りにして一層強まったのだ。

脱税は、グローバリゼーションを規制する上で決定的な問題である。多国籍企業は、利潤を移転価格による操作（低税率国での輸出価格を引き上げて利潤を移転させる）をつうじて税を逃れる。タクスヘイブン（租税回避地）の存在は、かれらの脱税行為を一層煽る。今日タクスヘイブンはまさに、グローバル資本主義を促進するのに不可欠な要素と化している。これによって国民国家が、その租税力を奪われることは言うまでもない。それによる税収の低下は著しい。フランスを例にすれば、二〇〇七年に脱税額は実に二九〇～四〇〇億ユーロを記録し、それはGDPの二％にも達する(68)。この脱税はもちろん、多国籍企業だけでなく富裕者によっても行われる。かれらは例えば、スイスの銀行勘定に資本を逃避させる。こうした脱税行為によって、一般の人々とりわけ低所得の庶民が税支払いの不公平感を強く感じることはまちがいない。これほど理不尽な話はないからだ。

(二) マクロン政権の租税政策の不公正

現代資本主義における所得格差は極めて大きい。それにもかかわらず、富裕者に対して有利な租税システムが設けられてきた。かれらの所得の大部分を占める資本所得に対する税率は依然として低いままだ。そこで、所得の巨大な不平等を是正するには累進的な所得税を引き上げるしかない。しかしそれは今日、低所得者を満足させるほどには行われていない。否、むしろその役割はますます小さくなっている。フランスはその典型であろう。一九八〇年代の社会党政権で設けられた累進税としての連帯富裕税は、その後のシラクとサルコジの右派政権により廃止されてしまった。そして社会党のオランド政権で連帯富裕税が復活したものの、それはマクロン政権下で再び撤廃されたのである。

マクロンは二〇一七年に大統領に就任すると、様々な租税改革を打ち出した(69)。まず企業に対して税制の優遇が強化された。オランド前大統領が雇用促進のためにつくり出した「競争力と雇用のための課説の減免（CICE）」策をさらに強化することを目的に、かれらの社会保険料が引き下げられた。しかし、この改革は雇用促進の面ですでに失敗したものであり、それにもかかわらずこれを一層強めるのはやはり、マクロンが企業の利益を優先する方針を示したかったからに他ならない。

一方、富裕者に対しても税制上の優遇措置がとられた。まず、連帯富裕税は廃止され、それは不動産所有の富裕者に対する「不動産資産税（IFI）」にとって代わられた。さらに資本に対する租税改革が行われる。これにより、利子や配当などに対して一律三〇％の税率（フラット税）が設けられた。つまり、資本所得に対する租税の累進化という考えは排除された。こうした一連の租税改革は、いずれも富裕者を有利とするものであった。それだからマクロンは、「金持ちのための大統領」と呼ばれたのだ。またそうした政策の背後に、供給学派の唱えるトリックルダウン効果を信じる姿勢が窺える。

ところで、マクロンによる連帯富裕税の廃止に対し、ピケティは直ちに厳しく批判した(70)。マクロンの決定は歴史的な誤りである。それによりグローバリゼーションによる不平等に対決できなくなる。ピケティはこのように批判しながら、同税の廃止は富裕な資産家に対する贈り物にすぎないとして、そうした政策を指弾した。彼はそこで、アンケートによれば非常に多くのフランス人が連帯富裕税の復活に賛同しているにもかかわらず、政府がそれを撤廃したことを非難する。ピケティは、今日のフランスの富裕者が保有する資産のうち最大のものは金融資産であることから、それに対する同税の廃止を批判する一方、かれらの金融資産の増大が雇用を何も生み出さないとしてトリックルダウン効果を否定した。同時に、金融資産が連帯富裕税によって国外に流出するという考えには根拠がないし、また仮に流出する恐れがあるとすれば政府はそれを食い止めねばならない。彼はこのように論じる。

他方でマクロンは、社会的な租税改革にも着手した。それは、大半の世帯に対する住民税の減免や社会的最低保障額の増大などで示された。しかし、それでもって直ちに社会的公正が果たされるかと言えば、それは早計である。実は、ここには大きなからくりが見られる。一連の租税の減免政策により税収は大幅に減少する。これによってフランスが継続的に示してきた財政赤字はさらに悪化し、それが欧州の定めた規律を違反することは目に見えている。そこでマクロンは、その赤字分をカバーするために一般社会保障負担税の引上げを図った。同税は先に見たように比例的で逆進的な税であり、それは年金受給者にも課される。そうだとすれば、一連の社会的保護の改善効果は同税の増大によって相殺されてしまうに違いない。

表2-4は、二〇一七～二〇一八年における主たる租税の内訳を示している。見られるように、所得税の中で大きく増大したのは一般社会保障負担税である。他方で法人所得税の減少は、個人所得税の減少よりもはるかに大きい。また付加価値税も増えている。他方で連帯富裕税は極端に減少した。それは住民税の減少の比ではない。そして資本に対する税はほとんど変わらない。このようにマクロンの租税改革は、決して低所得の庶民階級に有利なものではなかった。それは全く逆に企業や富裕者を優遇するものであったのだ。

こうした中で、庶民階級の生活に打撃を与える税の引上げが提案された。それが燃料税の引上げであった(71)。同税は環境税に相当するものであり、それはエコ社会への移行に効果を発揮すると説明

表2-4　フランスの主たる租税、2017〜2018年（10億ユーロ）

		2017	2018
所得税[(1)]		237	254.5
	一般社会保障負担税	99.4	125.3
	個人所得税	74.1	73.8
	法人所得税	35.3	28.5
付加価値税[(2)]		161.9	168.9
連帯富裕税		5.1	1.8
住民税		19.3	16.9
資本に対する租税		14.3	14.4

（注）(1) 租税の減免を差し引いたネットのもの。
(2) 付加価値税の総額はこれを若干上回る。

（出所）Insee, *Tableaux de l'économie française*, Insee, 2020, p.125 より作成。

された。しかし、その話は全くのまやかしであった。同税による税収のうち、実際にエコ社会への移行（再生可能エネルギーの開発支援）に用いられるのは全体の二〇％にすぎないことが明らかにされたからだ。実はこの燃料税の引上げ分は、連帯富裕税の廃止に伴う税収減を補うものであった。燃料税が低所得者の生活にとくに大きな重みであることは疑いない。この点は、安価な住宅のある郊外に住むかれらが、通勤のために車を使わざるをえないことを考えれば明白であろう。

富裕者を優遇することで生じる一国の財政赤字を、どうして貧困者がカバーしなければならないのか。この不条理に庶民は一挙に怒りを爆発させた。それがあの「黄色いベスト運動」であった(72)。かれらは二〇一八年に、作業服の黄色いベストを身に着けながら円形交差点を封鎖し、月末のやりくりに苦しむ生活の実態を強く訴えた。かれらの中にはシングルマザーを筆頭に、低い年金の生活者や失業者が多く見られた。そして同運動は、一九六八年の五月革命を思い起こさせるようなフランス全土にわたる社会的大暴動を引き起こしたのだ(73)。これにより政府は、燃料税を凍結せざるをえなかった。他方で黄色いベスト運動の支持者は、マクロンの行った他の租税改革に対しても抗議する意思を表した。かれらは、一般社会保障負担税の引上げの阻止と連帯富裕税の復活を声高に叫んだのである(74)。要するに、かれらが訴えたのは租税の公正に尽きる。

しかし、こうした庶民の要求に対するマクロンの反応はきわめて冷ややかであった。彼はあくまで連帯富裕税の撤廃を唱える。果たして、これでもってフランスの庶民階級を始めとする一般の人々の租税に対する不満を一掃することができるであろうか。二〇一八年一一月に行われたアンケートによれば、回答者の七割以上が、「政府は特権的な社会階層に対して租税の支払いをそれほど求めていない」とみなしていることがわかる(75)。さらに回答者の六五％が連帯富裕税の廃止を批判する一方、約四分の三の回答者が資本所得に対する租税の低下に反対している。また他のアンケートによっても、フランス人の七〇％以上が連帯富裕税の復活に賛成している。同税の復活は、黄色いベスト運動で求められただけでは決してない。要するにフランスの人々は、マクロンの租税政策が不公正なものと考えているのだ。

実際に近年のフランスで、連帯富裕税の対象となる世帯は確実に増大している。一九九〇～二〇一〇年に、連帯富裕税の支払いにしたがった世帯の数は一九九〇年の一五万から二〇一〇年の六〇万へと四倍にも増えた。これにより同税の収入も、一九九〇年の一〇億ユーロから二〇一〇年に四五億ユーロ、そして二〇一四～二〇一七年に五〇億ユーロに上昇した。この点で、黄色いベスト運動の掲げた連帯富裕税の要求は当然であろう。このような租税の原則と方法に対する抗議運動は、実はフランスで歴史的にフランス革命を筆頭として頻繁に現れた。租税に対する人民の反逆はまさしく、フランスの伝統を表す一つの文化であると言ってもよい(76)。黄色いベスト運動もこの一環に組み込まれる。

マクロンは黄色いベスト運動が一段落した二〇一九年に大討論会を開き、フランスの人々の要求を聞き入れる姿勢を示した(77)。実は、そこには庶民のつくった請願書が残されている。最近、それは貴重な資料として明らかにされた(78)。この請願書の中には、シングルマザーや年金受給者を含めた様々な人々の願いが収められている。そこでは、保健医療などの公共サービスへのアクセスと並んで租税の公正が強く求められていたのだ。そしてこれらの要求は討論会でも示されていた。ところがそれは政府にきちんと伝えられていない。しかも政府は、この討論会の総括を国民に対して一切行っていない。これでもって庶民階級の租税に対する不満が解消されるはずはない。

一方、そうした租税政策に対する不満は低所得の庶民階級だけに見られたかと言えばそうではない。第一次マクロン政権の租税政策を批判的に検討したフランスの財政社会学研究者であるボーシャールは、実は中流階級とりわけその上層部の間に租税に対する不満が強いことを指摘する(79)。中流階級の上層部の所得は、全体の八〇％に当る人々のそれを上回るものの、全体の一％に相当する最富裕者のそれ以下である。したがってかれらは、連帯富裕税の廃止から利益をえることがない。上級の中流階級は、むしろ租税改革の犠牲者という意識を抱いている。かれらは、より一層の再分配の対象からほど遠い。フランスの公共政策研究所の報告によると、可処分所得の一〇〇分位における八〇〜九九番目の人々、すなわち中流階級の上層部の所得はネットで減少している。だからかれらは、所得税の減少を求める。他方で下級の中流階級の不満ももちろん大きい。かれらはそれこそ租税にうんざりしている。

このようにして見ると、マクロンの行った租税政策は租税の公正どころか、それと正反対にその不公正を庶民階級から中流階級の人々の感情に植え付けたと言ってよい。では、そうした感情は二〇二二年から始まった第二次マクロン政権の下で消え去ったであろうか。実は同政権で最も注目すべき対象となった社会階層が中流階級であった。というのも、かれらが自身の賃金でまともな生活を送るのに困難を来たしているからだ。この階級を正確に規定するのは難しいが、フランスでは一九八〇年代半ばから一応、社会階層分類の八〇%近くを占める人々として中流階級を定めている。要するにかれらはフランス人の大多数を占め、社会階層の中で「大きな中間ブロック」を成す。そこで、この中間に位置付けられる広範な人々が弱体化し、社会から脱落した想いを募らせている。この傾向が、最近のアンケート（二〇二三年）で明らかにされた(80)。そこでの回答者の三分の二は、この中流階級に属している。かれらの回答結果から判明したことをまとめると次のようである。まず、中流階級の下層に入る人々の数が二〇一〇年のアンケート時と比べて九ポイント上昇した。その結果、フランス人の七〇%が社会的に不利な立場にある。かれらの中で貯金できる人々の割合は、二〇一〇年時の五四%から四四%に低下した。そうした人々の多くが、「何とか切り抜ける生活」を日々送っている。かれらは安売りに頼る生活をし、外食を避け、バカンスに出かけることも控える。また死活問題となる食料品への支出も、インフレーションが進む中で調整せざるをえない。かれらは食料不安に晒されている。これは、この一〇年間で前代未聞な状態である。まさに反消費のツナミが起こっているのだ。実際にフランスやユーロ圏で、ウクライナ危機以降インフレーションが猛威を振っている(81)。フランスでは二〇二三年一二月に物価上昇率が四・一%に達した。これはEUの目標の二倍であり、ドイツでも同様の傾向にある。とりわけ食料品価格の上昇が著しい。これによって世帯の購買力は、言うまでもなく非常に下落した。そこでかれらは当然賃金の引上げを求め、二〇二三年の第三四半期にユーロ圏全体で賃金は平均四・七％増大した。しかし、問題はそれで解決されるわけではない。賃金の上昇は企業に対し、かれらの利益を維持するために販売価格を押し上げる要因となるからだ。こうして物価上昇→賃金上昇→物価再上昇→購買力低下という悪循環が引き起こされてしまう。つまり、実質賃金は名目賃金に連動しない。フランスの人々はこれにより、政府に対してますます不信感を強めた。それは二〇二四年一月のアンケートからわかる(82)。

このような中で中流階級は、十分に国民負担を負っているのに国家からそれに見合う支援を受けていないと感じる。かれらは、「大いに忘れられた存在」という思いを募らせている。ここには、ドランドが示した国家と市民の間の垂直的信頼はもはやない。このことは疑いなくかれらの租税に対する同意を低める一方、政府に対する不信感と恨みを高める。ポピュリストの政党が近年、右派と左派を含めてフランスで勢いを増しているのは、かれらがそうした人々の不満の受け皿になっているからに他ならない。そこで、こうした傾向をいくつかのアンケート結果から見てみよう。

表2-5は、公的支援が十分かどうかについて社会階層別に見たものである。これにより、中流階級の上層部の人々が公的支援の不十分さを訴えていることがわかる。この点は、低所得の人々や社会的に不利な立場にある人々の場合と対照的だ。では最下層の人々の、公的支援の十分さという思いが加速されているかと言えばそうではない。例えば社会的に不利な立場の人々に関して、その思いは二〇一〇年から二〇二三年にかけて逆に低下している。これと反対に上流階級の人々は、そうした思いを次第に高めていることがわかる。他方で表2-6より所得税に対する思いを社会階層別に見ると、

表2-5　フランスの公的支援に対する満足感、2010~2023年（アンケートの全回答者に対する割合、%）

	2010	2013	2023
社会的に不利な立場の人々	89	85	80
低所得の人々	66	72	80
中流階級の下層部	47	63	71
中流階級の上層部	21	27	47
社会的に有利な立場の人々と富裕者	12	20	42

（出所）De Royer, S., "Classes moyennes: le grand déclassement", *Le Monde*, 26-27, novembre, 2023 より作成。

表2-6　フランス人の所得税支払いに対する思い 、2013~2023年（アンケートの全回答者に対する割合、%）

	高すぎる	十分高い	不払い	まあまあ受入れる	非常に受入れる
社会的に不利な立場の人々					
2013	9	8	82	1	
2023	8	6	84	1	
低所得の人々					
2013	9	16	66	7	2
2023	5	13	72	10	
中流階級の下層					
2013	10	26	48	15	1
2023	9	22	48	19	2
中流階級の上層					
2013	11	36	26	23	4
2023	13	38	16	29	4
社会的に有利な立場の人々と富裕者					
2013	15	44	14	22	5
2023	27	37	4	19	13

（出所）De Royer, S., "Classes moyennes: le grand déclassement", *Le Monde*, 26-27, novembre, 2023 より作成。

中流階級の上層部の人々の間で、所得税が高いと思う人は全体の半分を占める。この点は、中流階級の下層部の人々の場合よりも明白である。このようにして見れば、ボーシャールが指摘したように、フランスで中流階級の上層部の人々は確かに租税の犠牲者であるという思いを強く抱いている。これに対して少数の上流階級の人々の間で、租税を受け入れる割合は二〇一三年から二〇二三年にかけてむしろ高まっている。フランスにおける租税の不公正は、この両者の思いの違いにはっきり現れていると言わねばならない。

それでは、第二次マクロン政権下の租税政策は下流階級や中流階級に有利となるように変わるであろうか。ルメール財務相は、二〇二三年九月から租税の減少をマクロンに要求した(83)。マクロンも中流階級に対する減税を約束した。しかし、これらの案が真に実現されるかは定かでない。一方ルメールは、企業に対する社会保険料の減免を考える。この点は、第一次マクロン政権から変わっていない。また資産税に関しても、議論はされるがそれはきわめて表面的なものに終っている。

他方で、富裕者に対する累進税についてはどうであろうか。パリ経済学院付属の公共政策研究所は二〇二三年六月に、フランスの億万長者がどれほどの税を支払っているかについて調査報告を発表した(84)。そこでは、非常に富裕な人々に対する租税は逆進的であると結論づけている。全体の〇・一％に相当する最富裕者が支払う実効税率は、所得が上昇するにつれてむしろ低下しているのだ。そうした人々の最下部で同税率が四六％であるのに、ピラミッドの頂点に立つ世帯でそれは二六％にすぎない。なぜそうなのか。実は、富裕者の課税対象となる所得は、かれらの全所得を反映するものでは全くないのだ。そこには、企業が分配しない利益が含まれており、それは今日所得として勘定されない。そうした所得を、公共政策研究所は税支払いを免れる点で「安あがりの所得」とみなす。かれらは、この安あがりの所得と課税対象所得との間に大きな差があることを明らかにした。例えば最も富裕な三万八〇〇〇世帯の申告した課税対象所得は平均で八九万五〇〇〇ユーロである。ところが、かれらの安あがりの所得は平均で三三〇万ユーロに上る。両者の差は三・五倍を上回る。さらに頂点に立つ超富裕な七五世帯の課税対象所得の申告は、平均で三五八〇万ユーロであるのに対し、安あがりの所得は実に一〇億ユーロ以上に達する。その差は信じられないほど大きい。このように、超富裕者の所得が上昇するにつれて安あがりの所得も増える。こうして所得税の強い逆進性が生まれる。最も富裕な人々の多くは企業の経営をコントロールできるほどの株主であり、したがってかれらの所得の大部分が、かれらの支配する企業の所得の中に埋め込まれているのだ。企業の分配されない利益は、配当金としての課税対象にはならない。では法人所得税としてその分を徴収できるかと言えばそうではない。同税は、個人所得税ほどに引き上げられていないからである。

租税システムの累進性は確かに、所得税に対して保証されている。しかしそれは、富裕者の本来取得する所得全体に対してでは決してない。以上に見たような安あがりの所得が増えるにつれて、むしろ反対に租税の逆進性が色濃くなる。公共政策研究所によれば、こうした富裕者に対する逆進的な租税メカニズムはフランスに限らず、欧州の大多数の国で見られる。パリ経済学院は、ピケティがその創設に携わった学院である。したがってその付属機関である公共政策研究所に、彼の考えが反映されていることは疑いない。その点で同研究所による今回の調査報告も、ピケティの累進税に基づく租税の公正という主張を実証的に裏づけるものである。

こうした調査報告に対して、フランス政府はどのような反応を示したであろうか。かれらは、その結果に真っ向から反論した。ルメール財務相は、個人の所得と企業の所得を同一視するのは危険であるとみなす。彼は、分配されない利益を配当と考えることはできないとする一方、そうした利益は企業に再投資を促して新たな富をもたらすと主張する。ここには、租税の公正という発想は全然見られない。このような政府の富裕者と企業を優遇する姿勢に対し、批判の声も当然大きい。マクロンはこれまで連帯富裕税を廃止する一方、資本所得にフラット税を設けることで租税の累進化を拒んできた。しかし、高い所得と資産に対する累進税の問題は、公の場で事ある毎に議論されてきたのだ(85)。したがって今回の公共政策研究所による調査に対しても、与党であるルネッサンス（前「共和国前進」）は政治的に対応しなければならないはずである。同調査の結果を見てルモンド紙の社説は、租税の累進性を改めて正当化している(86)。そこでは、累進税はフランスにおける社会契約の一つの柱であり、最も富裕な人々は当然最大の国民負担を負うべきとされる。公共政策研究所による調査の最大の貢献は、フランスの租税の累進化に対する制約を明らかにした点にこそある。

このようにして見るとフランスでは、累進税による再分配効果の下に不平等を解消することは依然として遠い。否、それどころか逆に不平等を一層増大させる傾向さえ見られる。貧困者に対する社会的保護に関して、かれらを差別する方針が打ち出されているからだ(87)。フランスで家族手当、積極的連帯所得手当、並びに住宅支援などの社会手当の支給方法は、各人の個人情報に基づいている。しかしそこには、誤りがあると共に最も脆弱な人々に対する差別が見られる。それは偏見とステレオタイプの見方に満ちあふれている。この点は、元サルコジ政権以来の社会的詐欺行為を取り締まるという考えから生まれた。行政当局は詐欺のリスクを把握するため、世帯の構成や職業に関する基準でリスクのスコアを計算する。そこでかれらは、高齢者、離婚者、さらには成人身障者手当受給者などに対し、そのスコアを引き上げる。これは明らかに差別的な方法であり、法的に禁じられている。それなのに政府がこうしたスコアの差別的な計算を行うのは、かれらが社会的保護のための支出を最大限抑えようと試みているからに他ならない。

こうした政府のやり方に対し、ピケティは厳しく批判した(88)。政府は、家族手当などを支払う家族手当金庫に対してつねにコスト削減の圧力をかけて貧困者を痛めつける一方、同金庫の財源をつくるための累進税を富裕者に課そうとしない。そこには貧困者嫌悪のイデオロギーがある。右派の戦略は、貧困者と被支援者を非難しながら最低所得者を一層弱める。ピケティはこのように、フランス政府の右寄りに傾いた社会政策を糾弾した。そこにはやはり、彼の租税の公正に基づく公正な社会の建設という主張が貫かれている。マクロン政権の租税政策はまさに、そうしたピケティの考えと真逆の方向を示していると言わねばならない。

【注】

(1) Delalande, N., *Les batailles de l'impôt— Consentement et résistences de 1789 à nos jours*, Seuil, 2011, pp.8-12.

(2) Bernandi, B., dir., *Rousseau, Discours sur l'économie politique*, Librarie philosophique J.Vrin, 2002.

(3) *ibid*.,p.7.

(4) Spector, C., "Théorie de l'impôt", in Bernandi, B., dir., *op.cit*.

(5) ジャン＝ジャック・ルソー『政治経済論』、阪上孝訳、白水社、一九八六年、二〇八〜二〇九ページ。

(6) Spector, C., *op.cit*., p.195.

(7) ジャン＝ジャック・ルソー、前掲書、二三三ページ。

(8) 同前書、二三六ページ。

（9）ジャン＝ジャック・ルソー『社会契約論』、作田啓一訳、白水社、一九八六年、一八ページ。
（10）ジャン＝ジャック・ルソー『政治経済論』、前掲書、二二二～二二三ページ。
（11）同前書、二三七～二三八ページ。
（12）同前書、二四〇ページ。
（13）同前書、二四四ページ。
（14）同前書、二四七ページ。
（15）Bouvignies, I., " Droit de propriété et domaine public ", in Bernandi, B., dir., *op.cit.*, p.177.
（16）*ibid.*,p.181.
（17）Spector,C.,*op.cit.*,p.197.
（18）*ibid.*,pp.215-216.
（19）Leroy, M., *L'impôt, l'État et la société—La sociologie fiscale de la démocratie interventionniste*, Economica, 2010, p.116.
（20）Delalande. N.,*op.cit.*,pp.160-161.
（21）*ibid.*,p.159.
（22）*ibid.*,pp.16-17.
（23）*ibid.*,pp.160-161.
（24）*ibid.*,pp.167-168.
（25）*ibid.*,p.170-171.
（26）*ibid.*,pp.172-173.
（27）*ibid.*,pp.174-175.
（28）*ibid.*,pp.178-179.
（29）*ibid.*,pp.181-182.
（30）*ibid.*,pp.182-184.
（31）Leroy, M., *op.cit.*, pp.1-3.

（32）ドイツを中心とした財政社会学の展開についてくわしくは、井出英策、倉地真太郎、佐藤滋、古市将人、村松怜、茂住政一郎『財政社会学とは何か』、有斐閣、二〇二二年、第一章と第二章を参照。

（33）Bauchard, M., *Emmanuel Macron et l'imposition de la richesse, La politique fiscale des hauts revenus et patrimoines entre 2017 et 2019*, L'Harmattan, 2020, p.7.

（34）Leroy,M.,*op.cit.*,pp.3-4.

（35）*ibid.*, pp.232-235.

（36）*ibid.*, pp.250-255.

（37）*ibid.*, p.260.

（38）*ibid.*, pp.287-289.

（39）*ibid.*, 290-291.

（40）*ibid.*,pp.299-300.

（41）*ibid.*,p.302.

（42）Delalande,N., *op.cit.*, p.377.

（43）*ibid.*,pp.379-380.

（44）*ibid.*,pp.383-384.

（45）Spire, A., *Résistances à l'impôt — Attachement à l'État*, Seuil, 2018, p.22.

（46）Delalande, N., *op.cit.*, p.384.

（47）*ibid.*, p.386.

（48）*ibid.*, pp.386-389.

（49）Spire, A., *op.cit.*, pp.26-28.

（50）Delalande, N., *op.cit.*, pp.388-389.

（51）トマ・ピケティ『格差と再分配——20世紀フランスの資本』、山本和子、山田美明、岩澤雅利、相川千尋訳、早川書房、二〇一六年、第四章参照。

(52) Delalande,N.,*op.cit.*,p.400.
(53) Gélédan, A., dir., *Le bilan économique des années Mitterrand 1981-1993*, Le Monde, 1993, p.47.
(54) Delalande,N.,*op.cit.*,pp.401-403.
(55) *ibid.*,p.405-406.
(56) Gélédan, A., dir., *op.cit.*, pp.121-122.
(57) *ibid.*,pp.132-134.
(58) *ibid.*,pp.136-137.
(59) Delalande,N.,*op.cit.*,p.408.
(60) Spire,A.,*op.cit.*,p.29.
(61) Delalande,N.,*op.cit.*,pp.390-394.
(62) *ibid.*,pp.396-397.
(63) *ibid.*,pp.407-408.
(64) Spire,A.,*op.cit.*,pp.30-33.
(65) Spire,A., *op.cit.*, pp.34-39.
(66) *ibid.*, pp.52-53.
(67) *ibid.*, p.68.
(68) Delalande, N., *op.cit.*, p.400.
(69) 拙著『「社会分裂」に向かうフランス――政権交替と階層対立』、明石書店、二〇一八年、二五三～二六〇ページ。
(70) Piketty, T., "ISF:une faute historique", *Le Monde*, 9, octobre, 2017.
(71) 拙著『「黄色いベスト」と底辺からの社会運動――フランス庶民の怒りはどこに向かっているのか』、明石書店、二〇一九年、一八～二〇ページ。
(72) 同前書、二二～二七ページ。
(73) 同前書、四三～四六ページ。

（74）同前書、五七ページ。
（75）Bauchard, M., *op.cit.*,p.171.
（76）*ibid.*, pp.177-178.
（77）拙著『「黄色いベスト」と底辺からの社会運動』、前掲書、六〇～六一ページ。
（78）Bordenet, C., "<<Gilets jaunes>>: les cahiers de doléances, mine d'informations", *Le Monde*, 19, janvier, 2024.
（79）Bauchard, M., *op.cit.*, pp.178-181.
（80）De Royer, S., "Classes moyennes: le grand déclassement", *Le Monde*, 26-27, novembre, 2023.
（81）Albert, É., et Madeline, B., "La zone euro face à la résurgence de l'inflation", *Le Monde*, 7-8, janvier, 2024.
（82）Conesa, E., "La confiance dans la politique minée par l'inflation", *Le Monde*, 14, février, 2024.
（83）Conesa, E., "Budget: la baisse des impôts en débat", *Le Monde*, 11, juillet, 2023.
（84）Conesa, E., "Les ultrariches contribuent moins à l'impôt", *Le Monde* , 7, juin, 2023.
（85）Conesa, E., "La fiscalité fait toujours débat au sein du camp macroniste", *Le Monde*, 7, juin, 2023.
（86）Éditorial, "Rendre l'impôt plus progressif pour les très riches", *Le Monde*, 7, juin, 2023.
（87）Geiger, G., Pénicaud, S., Romain, M., et Sénécat, A., "Le dérives de l'algorithme des CAF", *Le Monde*, 5, décembre, 2023.
（88）Piketty, T., "Sortir de la pauvrophobie", *Le Monde*, 10-11, décembre, 2023.

第二部　不平等体制と社会・グローバル問題

第三章　教育と保健医療の不平等体制

前章で論じたように人々が租税を支払うことに同意するのは、かれらが、それによって収入をえた国家が公共サービスを中心とする社会的支出を行うことで、かれらの福祉を向上させると期待するからに他ならない。それだからピケティも、この社会的支出による再分配効果に注目する。そうした社会的支出は、現代において二つの主たる支出となって現れる。それらは教育支出と保健医療支出である(1)。それらの支出によって、すべての人々のための教育と保健医療のサービスが与えられ、人類はこれまで平等に向けた歩みを着実に進めてきた。この点は、一九世紀から今日までの歴史を振り返って見ると疑う余地がない(2)。それでは現代社会において、人々が教育と保健医療のサービスを真に平等に受けているかと言えば決してそうではない。そこで本章では、そうした社会的不平等として教育と保健医療における不平等を取り上げ、それがいかなる体制の下で生じているか、またそれを解消するにはどうすればよいかなどの問題について論じることにしたい。

一　教育機会の不均等と社会的不平等

（一）教育サービスへのアクセスの不均等

人々が租税を国家に支払う以上、かれらは公共サービスを等しく受ける権利をもっている。ではこのサービスを代表する教育の面で、人々はそれにアクセスする機会を等しく与えられているであろうか。確かに人々が教育のサービスにアクセスする機会は、ピケティが示すように一九世紀以降めざましく増大した(3)。一九世紀初めに一五歳以上の人々で読み書きできる人は、全体の一〇%足らずであった。しかし今日、その割合は八五%にも達している。また学校教育を受ける期間も飛躍的に伸びた。二世紀前にその期間は一年足らずであったのに、今では全体で八年以上である。先進諸国に限れば、それは一二年以上となる。二〇二〇年に富裕国の若者の半分以上が大学に通っている。そうした人々は、かつての特権階級から大衆一般に広がっているのだ。このような歴史的変化を見れば、教育の平等化が着実に進んできたことは否定できない。

他方で、こうした一般的指標から直ちに教育の不平等が消え去ることになるかと言えば、全くそうではない。教育にアクセスする機会の不均等は依然として根強く残っている。それが社会的不平等を引き起こすことはまちがいない。この点はとりわけ発展途上諸国で明白である一方、先進諸国でもそれは高等教育の面ではっきりと示されている。そこでは機会均等の原則が貫かれているはずなのに、よりよくアクセスできる人々を勝者として称賛する教育システムがつくられているのだ。

国家の提供する教育サービスの一つの重要な目的は、富裕者も貧困者も出自や性別と無関係にそのサービスを等しく受けられることにより、社会階層の固定化をなくすこと、つまり社会的流動性を高めることにある。だからこそ教育は、公正な社会づくりに大いに貢献できる。ルソーが国家の最も重要な仕事は教育であるとみなしたのも、教育のそうした貢献を考慮したからに違いない(4)。そこで問われるべきは、国家による教育支出であろう。その目的は言うまでもなく、社会的出自を問わずに万人に対して教育のサービスを提供することにある。

ピケティも、この教育支出をとくに重視する(5)。それは、社会の平等化と経済発展を担う動力となる。そして、そうした支出を可能としたのがまさしく、二〇世紀に現れた社会国家であった。実際に例えば、一九世紀末から二〇世紀初めにかけての欧州の学校教育システムは、きわめてエリート主義的かつヒエラルキー的であり、初等教育でさえそれを受けられるのは全人口のほんのわずかな部分でしかなかった。ところが、教育投資は二〇世紀に入って著しく増大する。これにより教育サービスを提供する範囲はめざましく拡大した。この点はとくに米国で鮮明であった。そこでは、一九五〇年代に一二～一七歳の男女の間で中等教育を受けた割合がほぼ八〇％に達した。この割合は欧州の場合よりはるかに高い。それは例えばイギリスとフランスで二〇～三〇％、またドイツとスウェーデンで四〇％であった。この米国における教育の先進性が、その後の経済発展の一因になったことは疑いない。

ところが一九八〇年代以降に事態は一変する。米国は先進諸国の中で最も不平等な国に転化した。その一つの要因として、教育とりわけ高等教育を受ける機会の不均等化を挙げることができる。米国では最高学府である大学の学費は異常なほどに高い。それゆえ大学に入学できる社会階層は当然限られてしまう。さらに、大学への入学が保護者の寄付によって左右されることにより、富裕者が圧倒的に優位に立つ。高等教育を受けたことが、将来のよい職をえるための非常に有利な条件になることはまちがいない。そうだとすれば、米国における社会的流動性が非常に低下することは明らかであろう。

こうした高等教育へのアクセスに見られる不平等は、米国に限らずフランスやその他の欧州諸国でも生じている。欧州ではイギリスを除いて大学の学費は確かに低い。しかし、それでもって問題が解決されることには全然ならない。エリート養成大学へのアクセスは、とくにフランスで見られるように特定の社会階層に限られている。したがって欧州でも、社会的流動性は決して高くない。では国家による教育支出が、そうした社会的流動性を促すものとなっているかと言えば全くそうではない。そもそも国家の教育支出は一九八〇年以降停滞した。それはまた保守主義的革命の下で推進された新自由主義により、国家の役割が縮小されたことに基づいている。公共支出は大幅に削減された。現代の教育支出はこうして本来の目的を果たしていないのだ。

ところで、ピケティの不平等論をマルクス主義の立場から批判したビールとユソンは、彼の教育論についてもその欠陥を指摘する(6)。かれらは、教育機会の不均等の背後には社会的分業、すなわち知的労働と肉体的労働という分業の固定化があり、ピケティはこの点を考えていないとして彼の教育論を批判する。果たしてこの批判は妥当であろうか。かれらの論理は、社会的分業の固定化=社会的流動性の低さ→教育機会の不均等というものである。これに対してピケティは、教育機会の均等→社会的流動性の高さという論理を示す。要するに両者の言わんとすることは同じ論理に支えられているのだ。

（二）学校教育の不平等

問題とされるべき点はむしろ違う点にある。それは、教育へのアクセスの平等化によって社会的不平等は真に解消されるであろうかという点である。社会学者のデュベは、最近の不平等に関する書物の中でこの問題をくわしく論じている(7)。以下では彼の議論によりながらこの問題を考えることにしたい。確かに第二次世界大戦後に、学校教育は大衆化され民主化された。そこでは同等の学校における教育の機会均等の規律が設けられ、それは社会的公正の規準にもなった。学校は社会的不平等を中立化すると思われたのだ。学校の大衆化が、教育の不平等を減少させるのに大いに貢献したことはまちがいない。それはまた、女子の解放にも役立った。ところが、ここでゆゆしき問題が現れる。それは学校の不平等という問題である。この問題は、教育機会の均等化が進んでも依然として消えていない。そしてその背後に、社会階層間の不平等問題が潜んでいることも疑いない。

学校はそもそも、教育の中で生徒を区別するような選別のシステムを多かれ少なかれ設けている。さらに学校間の競争も実際に生じる。それらは数多くの競争試験でもたらされる。そこで、この競争による影響が強まるにつれて学校の不平等も一層増大する。そこには、子供の社会的将来が学校のレベルで決定されてしまうという一般的な認識がある。それだから子供の両親は、最も有効な戦略として学校の選別を図るようになる。こうして学校間の大きな格差がつくり出されてしまう。さらに、そうした学校の不平等を好んでそれを煽るのは中・上流階級の家庭であるという点に留意すべきであろう。それゆえデュベは、社会における平等の原則が家庭において崩される領域があるとすれば、それは学校教育であると断じる(8)。学校は本来、社会的不平等の体制を転換させる力をもっているはずなのに、それは逆に社会的不平等を加速してしまうのだ。

他方で、もう一つの難しい問題がある(9)。それは、各人は能力に応じてすべての社会的地位にアクセスできるという考えに関するものである。これにしたがえば、最も能力のある人々が他の人々より勝利するのは当然であって、それは決して不公正なものではないとする主張がなされるに違いない。しかし社会的公正の観点からすれば、これと全く異なる考えが浮かぶ。公正な社会は、各人が出自とアイデンティティによって妨げられることの決してないような機会を与えられた社会であるはずだ。ところが実際には、女性やマイノリティのメンバー、ハンディキャップを負った人、社会的に不遇な子供達に関して、かれらの能力が正しく評価される機会は、そうでない人達に比べてより少ない。これは明らかに不公正である。

ここで再び留意すべき点がある。それは、能力主義的な機会均等の原則を公正なものとみなすことに賛同する人々は、上流の社会階層の間でより多いという点である(10)。かれらは、能力は不平等を正当化すると共に、それによって最も高い社会的地位にアクセスできることを正当化する。そしてこの考えは、伝統的な右派の人々に強く支持される。かれらは、能力を発揮できるかどうかは個人的責任であるとみなす。このような能力主義的な機会均等論でもって公正な社会はつくり出せるであろうか。

二　能力主義と知識資本主義

（一）能力主義と人的資本

教育の機会均等を問題にするとき、能力主義的な観点からすれば、個人の能力を発展させる機会を教育が与えることは正当化される。そしてそうした能力を身に付けた人々を評価することが、ビジネスの世界で一般化している。そこでは、そのような人々は人的資本とみなされる。問題は、この人的資本という考えが社会的公正の点で正当化できるかという点にある。

ピケティは、この人的資本の問題について早い段階から議論している(11)。彼はそこで、人的資本の不平等という点を注視する。人的資本の理論によれば、賃金の不平等は賃金労働者による企業への貢献の相違に基づく。労働はそもそも同等ではない。異なる個人は異なるレベルの人的資本をもつ。したがって、そうした人的資本に対する要求の違いが賃金の違いに即結びつく。それが賃金の不平等を決定するのだ。人的資本の理論はこのように説明する。では、賃金の不平等はほんとうに人的資本の不平等のみで理解できるであろうか。

確かに技術的能力が個人の特性を評価させる側面は否定できない。それが賃金に反映されることも事実であろう。そこにはスキルに対するバイアスが見られる。では、同一のスキルをもっていれば同一の賃金や雇用がえられるかと問えば、答えは明らかにノーだ。同じ職能をもつ賃金労働者の間で賃金は決して同じでないし、雇用さえもえられないケースがある。ピケティが問題にしたのはこの点である(12)。人的資本の理論はこの現象を説明できない。他方で、労働者の取得した教育レベルをベースに雇用や賃金を決定する仕方はどうか。ここでも問題がある。一般にそこでは、学校教育を受けた年数が問題とされる。しかし、その中身は問われない。教育のレベルを人的資本に即結びつける根拠は乏しい。大卒者の賃金は、高卒者のそれよりなぜ高いのか、また同じ大卒者なのに同じ雇用をえられないのはなぜなのか。これらの問いに対し、人的資本の理論は説得力のある答えを示せるであろうか。先に論じたように教育機会の不均等を前提とすれば、教育レベルのみで個人の特性を測ることは明らかに社会的公正に反する。人的資本の理論がそれに加担することはまちがいない。ところが現実には、人的資本の考えが社会でますます定着しつつある。それはまた、現代資本主義の性格の変化を如実に映し出している。その性格とは一体何か。次にこの点を考えてみよう。

(二) 知識資本主義の出現

現代の技術システムが、情報とコミュニケーションの新しいテクノロジーに支えられていることは疑いない。このシステムが新しい資本主義をつくり出す。それは、サローが称したように知識資本主義と呼ばれる(13)。一体、この知識資本主義は何を意味しているであろうか。

まず確認しておくべきは、情報やコミュニケーションに関するテクノロジーで生み出される財は無形であり、それに対する物理的な制限は存在しない点である(14)。したがってそうした財は無限に供給できる。そこでは顧客の数が最大の利益の源となる。こうして、それらの財は企業の非物質的な資本を成す。この無形資産の総体が知識資本主義の核となる。現代資本主義の蓄積を促す資本として、この新テクノロジーによる無形資産が金融資産と並んで重要視される。それだからサローは、企業にとっても国家にとっても、そうした知識に基づく資産の形成を将来の成功にとっての一つの重要な条件に掲げたのだ(15)。

それでは企業は、そのような資産を増やすためにどうすればよいか。かれらは、コンピューターに関する専門教育や研究・開発、さらにはソフトウェアの制作に取り組む以外にない。しかしそれは、不確実性とつねに隣り合わせの仕事となる。成功と失敗の差は甚だしい。そこで企業は、専門教育や研究開発などの目に見えない資本のストックをできる限り大きくしようとする。今やそうした非物質的なストックは、設備などの物質的なストックよりも大きいとさえ言われる(16)。現代の資本主義企業にとって、その成長を促す本質的な変数はまさに知識の集約度に現れる。この集約度は、知識をもった労働者の占める割合とみなされ、その割合はこの数十年間に非常に高まってきた。それはまた、知識の高度に集約した活動が著しく発展したことを物語っている。そしてそうした活動は、学校教育や専門教育によって支えられる。それゆえ企業はライバルと対決するために、つねに目に見えない財の差別化を図る必要があり、そのためには労働者の情報コミュニケーションに関する教育レベルを引き上げねばならないのだ。

一方、この知識資本主義の進展のスピードは恐ろしいほど速い。しかもそれは、グローバルな規模で展開される。そこでは、新製品の寿命が極端に短い。そのライフサイクルは極度に短縮されてしまう。その結果企業は、短期での利益確保に躍起になる。こうした超競争的市場が現れることにより、経済は時間に支配される。知識経済はまさに時間経済と化すのだ。

では、このような現代資本主義を特徴づける知識資本主義はいかに評価されるであろうか。まず米国を中心にそれを称賛する派がある(17)。かれらは、知識資本主義が地球上の距離をなくすことによって地球を「フラットな世界」に転換する一方、社会や企業をネットワークで結びつけることにより新しい組織をつくり出すとしてそれを高く評価する。そうした転換は人類に多大な恩恵をもたらすというのである。また、知識資本主義を資本主義の歴史的進展における新しくて究極の段階とみなす考えもある。そこでは、知識資本主義は資本主義の限界を乗り越えるものとして評価される。こうした知識資本主義に対する積極的評価は、果たして妥当であろうか。そこには何の問題もないと言えるであろうか。

(三) デジタル分断と社会的不平等

知識資本主義の到来を宣言したサローは、企業と国家がそこで勝利するための戦略を示した。企業においては最高知識責任者を設け、また国家においては知識省をつくり出すことで新しいテクノロジーの開発が急務とされる(18)。そしてこのようにして獲得されたテクノロジーは、知的所有権の法的整備によって守られねばならない。サローはこのように、資本主義の歴史における新たな知識独占の時代を告げたのだ。この知識独占主義を容認することで、これまでの社会関係はいかに変化するか、またその下で社会的公正を保つことができるのか。これらの問題が現代資本主義において喫緊の課題になることはまちがいない。

まず検討されねばならない点は、情報に関するネットワーク社会の出現の意味であろう。このネットワークで形成される社会で最も問題とされるべき点は、「社会的排除」の考えを正当化することにある(19)。この排除は、新しい情報社会の中で「デジタル分断」と称される。つまり、新しい情報とテクノロジーにアクセスできる人々とそうでない人々が明白に分断されてしまうのだ。これが新たな社会的不平等を生み出すことは言うまでもない。

このようなデジタル分断による不平等は、労働の世界で直ちに現れる。先に論じたように、そこではスキルバイアスがはっきり示される。これにより労働契約は大きな差別化を強いられる一方、賃金はスキルに応じて個別化されてしまう。個人のもつ新しい技能は、経済的成功の基本的要因になるとみなされるからだ。それゆえ雇用する側は、この点を最重視しなければならない。こうして賃金労働者はますます差別化され、労働者として一般化することができなくなってしまう。このことは他方で、個人主義を強めて社会階層間の連帯意識を弱めることになる。新自由主義を支える競争の原理は、労働市場に非情な形で押し寄せるのだ。こうした中で、賃金労働者と雇用者の間の賃金交渉は正常に機能するであろうか。そこでは報酬の集団的決定が根本から揺るがされるに決まっている。所得格差を解消するための直接的な分配効果は、情報とコミュニケーションの新テクノロジーが発揮されるネットワーク社会の中で明らかに低下するであろう。

さらに留意すべき重要な点がある。それは、そうしたデジタル分断が教育によって解消されるどころか、むしろ逆にそれを促進してしまうという点だ。高等教育機関で情報とコミュニケーションの新テクノロジーに関する知識を取得した学生は、スキルバイアスの下で他の学生よりも雇用と賃金の面ではっきりと優位に立つ。そこで問題とされるべき点は、そのような高等教育にアクセスする機会は均等に与えられていないという点にある。これにより教育の面で、かつまた企業を含めた社会の面で、新テクノロジーに精通する人とそうでない人との間で二極分解が進んでしまう。デジタル分断はまさに、人間関係の相互性と連帯性を掘り崩すことになるのだ。

実際に今日のネットワーク社会の中で、社会的再編が新たに企てられている(20)。そこでの原則は次の四点に整理できる。第一に、労働契約の個別化。これによりその集団性は排除される。第二に、集団交渉での企業の優位化。労働組合の力はこれによって弱められる。第三に、個人の能力と雇用の関係の強化。スキルバイアスがこれで高まる。そして第四に、社会的保護の個人的管理。これにより社会的リスクを連帯的にカバーするシステムは消滅する。これらの原則はまさしく、社会的公正の進展と逆行するものであると言ってよい。そしてそれらが、新自由主義のイデオロギーにヒントをえて設定されたことは明らかであろう。そこでは集団よりも個人、社会よりも経済が優先されるのだ。

一方、デジタル分断はもう一つの重要な問題を投げかける。それはグローバル規模での不平等問題である。情報とコミュニケーションの新テクノロジーは、それへのアクセスをめぐって先進諸国内でも不平等を生むと同時に、先進諸国と発展途上諸国の間で大きな不平等を引き起こす。知識独占主義がまかり通れば、そうした新テクノロジーは富裕国である先進国の専有物になってしまうからだ。もちろん一定の発展途上諸国とりわけ新興諸国（中国やインドなど）は、そうした知識をもつことに非常に大きな成功を収めた。しかし大半の発展途上諸国はそうでない。実際にインターネットの接続に関して、先進諸国と発展途上諸国の間で大きな格差が依然として見られる。それは例えば、最先端の生成ＡＩの登場ではっきりと表される(21)。生成ＡＩとりわけ大言語モデル（チャットＧＰＴ）は、将来の社会で中心的な役割をもつとみなされている。しかしその恩恵は、先進諸国や富裕者の間に留まると考えられる。事実、貧しい地域でそうした先進テクノロジーを担うのに必要なインフラストラクチャーは備わっていない。発展途上諸国の人々や貧困者にとって、生成ＡＩは蜃気楼でしかないのだ。

さらに憂慮すべき点は、言語の不平等という問題である。チャットＧＰＴのような大言語モデルは、主としてウェブ上で大いに流布している言語に対してのみ導入できる。そこではメジャーである世界的言語によるテキストが一般化されている。そうだとすれば、発展途上諸国で使用されている世界的にマイナーな言語が排除されるのは当然であろう。このようにしてデジタル分断は、北と南の間で一層深められてしまうのだ。

こうした事態に対決するためにはどうすればよいか。ここで再び教育機会の均等化という課題が浮かんでくる。新しい知識を提供する教育にアクセスする機会が、グローバルレベルで与えられなければならない。知識はグローバルな公共財であるはずではないか。人々の潜在能力が、地理的かつまた経済的な出自でもって制限されては決してならない。同時に、テクノロジーのイノベーションは、言語の壁を乗り越えなければならない。そこでは、普遍性と特殊性の両立が求められるのである。

三　教育体制の不平等――フランスをめぐって

では、実際に現代の教育体制において不平等はいかに現れているか。この点についてフランスを例にしながら検討することにしたい。

（一）教育支出の不公正

フランスでは教育投資が停滞した一方、高等教育にアクセスする学生の数は社会的需要が高まる中で増大している。表3-1は、フランスの二〇〇〇年代以降の教育支出の推移を示したものである。見られるように、支出額は二〇〇〇年以降確かに増大しているものの、その伸び率は大して高くない。二〇一八年の教育支出は二〇〇〇年のそれの一・五倍にも満たない。さらに注目すべきは、教育

表3-1　フランスの教育支出、2000~2018年

	2000	2010	2017	2018
教育支出（10億ユーロ）	108.2	139.3	154.2	157.2
対GDP比（%）	7.3	7	6.7	6.7
学生１人当りの平均支出（ユーロ）	7940	8600	8730	8810
初等教育	5650	5970	6670	6820
中等教育	9410	10200	9900	9930
高等教育	10820	12260	11560	11470

（出所）Insee,*Tableaux de l'économie française*, Insee, 2020, p.101 より作成。

表3-2　フランスの高等教育機関に登録した学生数、1990~2018年（1000人）

	1990	2000	2010	2018
大学	1159.9	1396.8	1420.6	1614.9
技術系短期大学準備校	72.3	116.1	115.7	119.7
グランド・ゼコール準備校	64.4	70.3	79.9	85.1
高等技術専門校	199.3	238.9	242.2	262.6
エンジニア専門校	47.1	73.3	101.6	133.2
ビジネス専門校	46.1	63.4	121.3	187.4

（出所）Insee,*Tableaux de l'économie française*, Insee, 2020, p.99 より作成。

支出のGDPに占める割合である。それは二〇〇〇年以降停滞・減少の傾向を表している。こうした教育支出の停滞・減少は、学生一人当りの平均支出を見てもよくわかる。二〇〇〇年以降、それは全体的にほんのわずかしか増えていない。しかも高等教育機関の学生一人当りの平均支出は、二〇一〇年以降にむしろ減少している。この点は、高等教育を望む学生の増大傾向に完全に逆行していると言わねばならない。

次に表3-2を見てみよう。それはフランスの高等教育機関に登録した学生数の、一九九〇～二〇一八年に

おける推移を示したものである。見られるように、大学生の数は一九九〇年以降一貫して増大している。この点は、技術系や商業系の専門学校に関しても同様である。さらに注目すべきは、フランスのエリートを養成するグランド・ゼコールに入学するための準備学校の学生も、一九九〇年以降とりわけ二〇一〇年以降に著しく増えている点であろう。フランス社会では、グランド・ゼコールの卒業生が雇用や賃金の面で依然として圧倒的に優位に立っている状況を踏まえれば、若者のエリート志向が強まるのは当然と言えよう。

以上からわかるように、フランスでは確かに二〇世紀末から今日まで教育支出が停滞・減少した。しかしこうした傾向は、高等教育機関に所属する学生が増大する現象に対応するものでは全くない。また教育支出の停滞・減少が、新自由主義の下で国家の介入を示す公共支出が極力抑えられてきたことを反映しているのは疑いない。では、すべての教育機関において、あるいはまたすべての地域において教育支出が一様にそうした傾向を表していたかと言えば決してそうではない。そこには教育支出の差別化が生じているのだ。ピケティは差別に関する小冊子の中で教育格差の問題を論じている(22)。そこではまず、初等教育から中等教育の機関で教える教員の報酬に格差のあることが指摘される。小学校から高等学校までの教員の平均報酬を調査したところ、それは学校における恵まれた社会階層出身の生徒の割合が高くなるにつれて上昇していることが判明した。しかもこの傾向は、先進諸国の大部分で見ることができる。そこで積極的差別是正措置と呼ばれる対策で設けられた特別手当が、そうした格差をなくすのに足りるかと言えば全くそうではない。このような教員の報酬格差は当然、教育格差を生み出す。より経験豊富な質の高い教員は、より高い報酬のえられる学校に集中するからだ。これによって社会的により恵まれた階層の居住する地区の学校教育は、その質を一層高めることができる。こうして社会階層をベースとした教育の不平等体制が現れる。

一方、高等教育機関においても教育支出の面で歴然とした格差が見られる。ピケティはこの点を明らかにしている。エリート養成校のグランド・ゼコールに進んだ学生一人当りに支出される公的資金は、その他の大学の学生一人当りに支出されるそれよりも三〜四倍多い。しかもそこには、社会階層の違いもはっきりと現れている。エリート校の学生の社会的出自は、そうでない学生のそれよりもはるかに恵まれた地位にある。そうだとすれば、恵まれた社会階層出身の生徒は初等教育から高等教育に至るまで、他の生徒よりも一層高い質の教育を受ける機会を一貫してもつことができる。フランスで教育機関の卒業資格が社会的地位にそのまま反映される点を踏まえれば、そうした教育格差は紛れもなく社会的不平等を増すと言わねばならない。

そこでピケティは、グランド・ゼコールのような選別制の高等教育機関に所属する学生とそうでない学生との間で、一人当りの教育支出を同額にすべきと提唱する。そうすることで、すべての地域における低所得層出身の若者に対し、教育機会を一層広げることができる。フランスではそもそも高等教育を受ける機会は、人々の間で不平等なままである。表3-3は、二〇一八年のフランスの大学生を社会的出自別に示している。これを見ると人文系及び自然系を問わず、管理職や上級の知的職業に従事する人を親とする大学生が最大であることが直ちにわかる。これに対して、農民、職人、並びに商人などを親とする大学生は最も少ない。また労働者を親とする大学生もそれに次いで少ない。このように高等教育を受ける機会は、実は社会階層の出自によって大きく左右されてしまうのだ。ここに社会的流動性の高まりを期待することはとうていできない。農民や労働者の子供達は、高等教育を受ける道を閉ざされてしまっている。教育格差の問題はまさに、社会的不平等の問題に直結する。こう

表3-3　フランスの大学生の社会的出自、2018年（%）

	大学全体	人文科学系大学	自然科学系大学
農民、職人、商人、自営業者	9.4	8.1	9.4
管理職と上級の知的職業	33.3	27.1	34.3
従業員	16.7	18.8	16.3
労働者	11.3	12.2	11.9

（出所）Insee, *Tableaux de l'économie française*, Insee, 2020, p.99 より作成。

した中で、教育格差を是正する動きは現代のフランス社会で現れているであろうか。

（二）教育体制の差別化

フランスは実は、先進諸国の中で社会的に最も不平等な国の一つに位置付けられている。そして、この社会的不平等を促す根本的要因の一つが学校教育の不平等に他ならない。生徒の学校での成功が、かれらの将来の社会的地位を決定してしまうからだ。それにもかかわらず、近年のフランスで学校教育の不平等はますます深刻になっている。この現状をいかに打開したらよいか。これは現代フランス社会における喫緊の課題である。マクロン政権はそれに応じることができるであろうか。

フランスでは二〇二〇年の大統領選挙キャンペーンの中で、実は学校教育の問題が大きく取り上げられた。その中でマクロンは教育を国家プロジェクトの核とみなし、学校教育予算の引上げを表明した(23)。一方、大統領選挙後の総選挙で与党が敗北するとマクロンは社会的マイノリティに寄り添う姿勢を示す。そのため彼はエヌディアイを教育相に任命した(24)。エヌディアイはセネガル出身の父をもつアフリカ系フランス人であり、人種差別の歴史に関する研究者である。この人事は衝撃的であった。教育相としてアフリカ系移民の子孫が選ばれたこと自体異例であると同時に、彼がつねにマイノリティの権利を強調する知識人であったからだ。エヌディアイ教育相はこうして、学校教育における差別化の解消を訴えた。彼は学校の社会的混成を教育方針として掲げる(25)。これによって、移民を中心とする社会的マイノリティの子供達の教育の改善が図られることは疑いない。実際に、あらゆる生徒に平等でなければならないはずの学校教育施設の中で、フランスでは社会的差別が歴然として存在する。エヌディアイはこの点を是正しようと試みたのだ。では、その後に学校の社会的混成による教育体制の平等化は進んだであろうか。事態に全く逆に動いていると言わざるをえない。

エヌディアイは案の定、極右派や保守派から激しく非難された。彼は教育相就任から二年も経たないうちに、前政府スポークスマンのアタルに交替させられた。アタルはマクロンの側近の一人であり、大統領の考えに沿った学校教育改革を就任早々に打ち出す。それは「知のショック」と称されるものであった(26)。その基本的内容は、学校教育における能力主義の復権とその徹底である。それは例えば、学校内でのテストの重視に見られる。それでなくても今日のフランスにおける教育システムの中で、点数で表されるテスト結果に重みが置かれている。このことが生徒のみならず、親に対しても超プレッシャーを与えていることは疑いない(27)。テストの低い評価は、子供達の将来を崩しかねないからだ。それなのにそうしたシステムをさらに加速し、学校内かつまた学級内で評価による選別制を設ければどうなるか。テスト評価は、教育本来の手段を明らかに失うであろう。それはたんに選別のためのフィルターと化してしまうに違いない。また選別が重要視されると、富裕な親は子供達への教育投資を惜しまずに行い、将来に向けた周到な準備を始めることも明らかであろう。こうして社会階層に基づく学校教育の差別化が一段と進むことになる。マクロン政権は、この傾向を教育改革と称して後押しする。ここに、マクロンの富裕者の支配する壮大なエリート主義国家の建設という野望を見ることができる。

こうした中でフランスの一部の教育研究者は、同質のクラスの中で能力別のグループをつくり出すことは誤りであるとして、そうした改革を次のように強く批判した(28)。第一に、低いレベルの生徒の数を減らすことは、かれらを犠牲にして高いレベルの生徒に益を与える。第二に、二〇一九年の共同研究は、社会的混成による学校教育が最高レベルの生徒を害することなく全体で効果を引き上げることを明らかにしている。逆に低レベルの生徒を分離させることは、かれらの学習困難を一層増してしまう。そして第三に、フランスで実行された社会的混成の教育は、人種的かつ社会的な問題から生じる困難を減少させて社会的動機を高める。要するに学校の施設とクラスは一つの小さな社会であり、能力別のグループではなく統一された教育体制をつくり出す必要がある。このために前教育相のエヌディアイは、社会的混成の学校教育を試みたのではないか。

他方で留年制の問題もある。学校教育におけるテスト評価の厳格化により、学習困難な生徒に対して留年を課すことが正当化される。しかし教育研究者によれば、留年は逆効果を生む。それは、モチベーションの点でネガティブ効果を引き起こしてしまうからだ。さらに、レベルの低い生徒の社会的背景を考えねばならない。かれらの大半は社会的に不遇な人々の子供達である。そうだとすれば、留年制の徹底は教育における社会的差別を一層深めるに決まっている。そうした恵まれない子供達は、幼少のころから社会的・経済的不平等の世界で育っており、かれらの言語能力は著しく低い。この点は移民の子供達にはっきりと現れている。この状況の中で能力主義を前面に打ち出せば、移民社会で育った子供達を社会的に排除することになるのは言を俟たない。

現実にフランスの学校の中身は単一のものでは全くない。二〇二二年に公立の中学校において、社会的に不遇な世帯の生徒は全体の約四〇％を占める。これに対し、私立の中学校ではその割合は一六％にすぎない。さらに庶民階級出身の生徒の占める割合を見ると、それは公立の中学校で七〇％を超えるのに対し、大都市の私立の中学校では一〇％以下である。ここには、学校教育における明白な社会的差別がある。それによって生徒全体の能力は学校間で大きく異なる。まさに学校の不平等が鮮明に現れているのだ。アタル教育相が提示した改革案は、こうした社会現象を完全に見逃していると言わねばならない。彼の「知のショック」案はその点で「無知のショック」を表している。要するにアタルの案は、伝統的に保守派が唱えてきたものを代弁しているにすぎない。それは能力別グループの創出や留年制の導入、さらには教員の権威の強化などに端的に見られる。それらが、フランスの抱える学校教育危機に対応するものとはとうてい考えられない。デュベが正しく指摘したように、それによって学校の不平等がなくなることは決してない。

さらにアタルの教育改革で問題とされるべきは、中学校における最終試験の導入であろう。彼は、二〇二五年六月から中等教育の真の修了証を求める案を提示した(29)。それは最終試験の導入を意味する。アタルは同試験で六〇％の理解力を求め、それに達しない生徒は一年間高校で新しいクラスに入れられることを提案した。これまでフランスにおける義務教育の歴史の中で、大学入学資格試験（バカロレア）に匹敵するような障壁が高校の入学に設けられたことはなかった。それゆえアタルの案は歴史的転換を示している。この最終試験が、生徒と親の間で大きな不安を引き起こすことは疑いない。教育関係者は、合格の成功率が一定の地域や学校で低下する恐れがあると予想する。なぜなら教育レベルと生徒の能力レベルについて、地域と学校の間で大きな格差が見られるからだ。それゆえ中学校教員の労働組合は、この最終試験は能力の低い生徒に烙印を押し、かれらの教育の存続を断ち切るものだとしてそれに強く反対した。しかも同試験は、中学校のバカロレアを意味するものであり学校を試験準備機関に向かわせる。これにより、教育の本来の目的から外れてしまう。それはまさに能力主義社会を促す契機となる。アタルの教育改革案はしたがって、平等な社会のために有効であるどころかむしろ逆に社会的不平等を再生産するに違いない。エヌディアイが去った後に、マクロンの教育戦略に対する批判が強まっているのだ(30)。

こうした中でアタルは新首相に就任したため、再び教育相が代わった。二〇二四年一月より新教育相としてウデア・カステラが任命されると彼女は、アタルの方針を引き継ぐと共に生徒による学校の選択を認める決定を下した(31)。この決定は公立学校に対する尊重と同時に、フランス社会の定めた原則であるライシテ（政教分離）の維持を問題にする。そうした決定によりカトリック教理に基づく私立学校は、宗教上の差別に基づいて生徒を選別することができる。このことは当然、公正な政治的かつ社会的な判断に反する。それだから教員の労働組合は、アタルの案からウデア・カステラの決定に至るまでの一連の教育改革に対して、とりわけそれによる公立学校の軽視に対して強く抗議したのだ。

フランスで公立学校と私立学校の選択がなぜ問題になるのか。ここで再び、学校教育の背後に潜む社会的不平等に注目する必要がある。現在、例えばパリで私立学校の教育を受ける生徒の割合が高まっている(32)。留意すべき点は、かれらが恵まれた家庭の出身者であるという点だ。二〇〇〇年代初めに私立中学校の生徒は全体の三一％であったのに対し、その割合は二〇二二年には三七％を超えた。高校について見ると、私立学校の生徒の割合は四〇％に上る。こうして二〇三三年には、私立学校の生徒は全体の半分近くになると予想されている。そしてこのように私立学校を選択する傾向は、恵まれた社会階層に集中して現れる。かれらの子供の二人に一人が私立学校を選択している。二〇三三年には実にかれらの七〇%が私立学校を選択するとみなされる。パリの名門私立学校は、教育の質と量を独自に高めている。かれらは公立学校に比べてはるかに多くの補習を行う。パリではまさに金持ちの子供が通う私立学校と、貧乏人の子供が通う公立学校という、学校の完全な二極分解が起こっている。学校の不平等は、社会的不平等をそのまま反映しているのだ。

今日、フランスの私立学校は社会的なつ人種的な差別を明らかに強めている。かれらは教育経費の観点と社会的公正に対する配慮の欠如から、一定の低所得の世帯の子供達を排除する。実際に私立中学校は、社会的に非常に恵まれた世帯の生徒を、公立中学校よりも倍以上集めている(33)。逆に私立中学校における社会的に恵まれない世帯の生徒の占める割合は、公立中学校におけるそれの半分以下である。

一方、ここで重要な事実に注目しなければならない。それは、私立学校教育に必要な資金の七〇%以上が国家と地方自治体によって賄われているという点である。これは何と理不尽な話であろう。富裕者は前章で見たように税制上の優遇を受けると同時に、税の使い途として公正でなければならないはずの教育支出の面でもやはり恩恵を授かっているのだ。社会的混成の目標と現実との間には大きな落差がある。社会的混成はそもそも、教育という公共サービスをすべての人に等しく提供する上で必要な要素であるに違いない。そうだとすれば、そのような落差はとうてい正当化できない。公的資金に基づいて財源を確保している私立学校が、社会的差別を歴然として行っているというパラドックスを容認するわけにはいかない。かれらは暗黙のうちに、社会的出自にしたがって生徒を選別しているのである。

このようにして見れば、フランスの私立学校と国家との関係を今ほど刷新すべきときはない。私立中学校の生徒の社会的出自を公立学校におけるそれに近づける必要がある。国家は、ここで傍観者になっては絶対にならない。生徒の社会的出自が直接反映されるような学校教育が許されてはならないのだ。それはまた、社会的混成の目的に対する尊重を意味すると言ってよい。マクロンは、学校の社会的混成なしに市民の武装はありえないと宣言したではないか。これが口先だけで終わってはならないであろう。

実際に社会的に恵まれない世帯の子供達には、マクロン政権下の教育体制に対する絶望感と怒りの気持が満ちあふれている。黄色いベスト運動が勃発したときに、社会的に不遇な地区の高校生は、バカロレアの能力主義に基づく改変による将来不安を強く感じ、一部で過激な暴動に走った(34)。それはまた、社会運動と連動するものであった。そして二〇二三年六月に、貧困者が多く住むセーヌ・サンドニの地区で移民出身の青年ナエル（ファーストネーム）・Mが、警察官による尋問の際に射殺されると若者による大暴動が発生し、かれらは学校を焼き打ちにした(35)。なぜ学校が標的にされたのか。そこには、移民に基づく社会的差別がそのまま教育差別に結びつく社会に対する激しい憤りがある。それだからかれらは学校を破壊して国家に反逆したのだ。またその暴動には、高校生のみならず中学生も多く参加していたことが判明した。この点にも留意すべきであろう。この一大事件こそがまさに、フランスの教育体制の失敗を如実に物語るものだと言わねばならない。

マクロンは第一次政権以来ずっと「金持ちのための大統領」と揶揄されてきた。この点は教育政策にもはっきりと現れている。先に見たように、彼は学校の社会的混成を重視する姿勢を示しているものの、それは結局偽善でしかなかった。実際に富裕者に有利な教育行政がなされてきたのだ。この点は高等教育について見てもよくわかる。コロナ危機以降今日まで、フランスの裕福でない世帯出身の大学生は生活に困窮している[36]。とくに二〇二三年の大インフレーションの中で、かれらの日常生活費は著しく増大した。それは食事を十分に満たせないほどであった。そのため学生組合は大学レストランの日曜開放を求めた。とりわけ大きな不安は住居の確保にある。政府は大学生向けの住宅建設を約束したものの、それは依然として果たされていない。学生に対する社会的支出も全く進んでいない。奨学金は一向に改善されていないのだ。

このような貧乏学生と正反対に、超上流家庭の出身者でパリのエリート校に自宅から通う学生は、何不自由なく勉学に励むことができる[37]。そしてかれらは、将来の成功への道を着実に歩む。例えば、パリのシアンスポリティークにアクセスするチャンスは、パリのたった五地区の住民に限られると言われる。パリの不動産価格は極端に高いからだ。それにもかかわらずフランスのエリートのリクルートで、シアンスポリティークが依然として支配的地位にある。マクロンももちろんその出身者である。このような富裕者を優先した能力主義に基づくエリート養成型の教育体制が、庶民階級にほど遠いものであることは明らかであろう。教育格差はまさしく社会的不平等を再生産しているのだ。

こうした中で二〇二四年二月に、先に見たデュベやゴティエらのフランスの名だたる研究者が、共同で教育システムの改革に関するマニフェストをルモンド紙上で表した[38]。そこでかれらは、知識の獲得は社会的平等の視点で行われなければならないとし、集権的な教育体制を厳しく批判した。かれらが唱えるのは「地域による地域のための教育」であり、それは生活に根ざしたものである。それによって今日の若者、とりわけ生活困難な移民出身の若者の教育に対する不満に応えることができる。実際に現代フランスの教育体制は、断絶のかたまりのようなものだ。それらは学校の内外やクラス間などの断絶となって現れている。これらの断絶は、集権化された体制の下では決してなくならない。生活の基盤に根ざした地域のための分権化された教育体制をつくり上げることにより、出自などで表される断絶を解消する必要がある。

このようなデュベらの唱えるマニフェストは全く正当である。教育格差の是正は、民主主義の根幹に係る一大プロジェクトだ。それは政治プロジェクトの中で最優先されねばならない。すべての子供や若者に対し、かれらの社会的出自とは無関係に教育の機会を均等に与えることが、社会的不平等を解消するための第一歩になるに違いない。そのためにも学校教育の場で完全な社会的混成を実現させる必要がある。それはまた、生活に根ざした教育をめざす。ところがフランス政府の教育方針は、教育格差を逆に拡大する向きを表しているのだ。

他方で、そうした真の教育改革を進めるためにも、政府による教育支出を増やさなければならない。ところが二〇二四年の教育予算は、アタル首相の下で一〇〇億ユーロも削減された(39)。これにより、教員のポストが維持されるかどうかは全く定かでない。二〇二三年一二月に当時の教育相であったアタルは教員ポストの創出を宣言したはずなのに、その約束を反故にしてしまうのか。この宣言からたった一年後に、創出どころか逆に二五〇〇人の雇用に圧力がかかっている。しかもアタルは、そうした雇用に必要な原資を教育省の予算から捻出するように指示した。公共サービスのための資金は当然、財務省から調達されねばならない。それゆえそうした指示はとうてい正当化できない。このような教育支出の削減は、二〇二四年の財政緊縮政策に基づいている。これでもって納税者である市民に対し、公共の教育サービスを十分に提供できるであろうか。人々の教育行政に対する不満が高まるのは目に見えている。

四　保健医療体制と社会国家

保健医療は、教育と並んで公共サービスの一大支柱である。したがって一国の保健医療体制の充実が、社会国家を建設する上で重要なファクターになることは言うまでもない。実際に二〇世紀に入って社会国家への道が急速に開かれ、それによって保健医療サービスが非常に進展した。人間の平均寿命がこれまで大きく延びたのもそのためであった。この点についてピケティは次のように指摘する(40)。世界の新生児期待寿命は、一八二〇年に約二六歳であったのに二〇二〇年には七二歳に達した。また、生まれて一年以内の幼児死亡率も一九世紀初めに二〇％であったのが、今日では一％に満たない。二世紀前に五〇～六〇歳まで生きられる人はほんのわずかであった。しかし現在、それは当り前のこととなっている。確かに人類は、社会国家の建設に合わせて優れた保健医療体制をつくり上げてきたと言ってよい。

ではこうした保健医療体制の充実ぶりが、今日まで右肩上りのように進められてきたであろうか。問われるのはこの点であろう。後にくわしく論じるように、ごく最近のコロナパンデミックは全世界での保健医療体制の脆さを露呈したと言わねばならない。そこでまず、コロナの大感染が起こる以前に世界の保健医療体制がどのようなものであったかを見ることにしたい。

最初にフランスの一九六〇～二〇〇五年における、保健医療費用に占める社会保障手当の割合の推移を見ると、その割合は一九六〇年から一九八〇年まで着実に増大し、一九八〇年には八〇％近くに達していることがわかる(41)。このことは、その間にフランスが社会国家の建設を図って社会的支出を増やしたことを物語っている。ところがそれは一九八〇年をピークとして、その後一九九〇年まで低下し以後二〇〇五年まで停滞した。社会国家の構成要素である社会保障のレベルは、一九八〇年以降の新自由主義が進行する中で低下した。社会国家の質の悪化は、公共の保健医療サービスの面にも現れたのである。

このように、保健医療に対する社会的支出が一九八〇年以降減少し二一世紀に入っても停滞したことは、公共の保健医療体制の充実が阻まれていることをはっきり表している。しかもこのことは、フランスに限って見られるものではない。それは先進諸国全体にあてはまる。表3-4は、主要先進諸国の一九九〇~二〇〇四年における保健医療に対する国民的支出の変化を対GDP比で示したものである。見られるように、そうした支出は先進諸国全体でそれほど伸びていない。とくに社会国家の建設を標傍する北欧諸国で、その伸びの鈍化が目立つ。逆にスペイン、ポルトガル、並びにギリシャらの南欧諸国でそのような国民的支出が大きく増大している。つまり、二〇〇〇年代前半までは南欧諸国の保健医療体制は、北欧諸国のそれよりも充実した傾向を表していたのだ。実際に世界保健機関が二〇〇〇年に発表した調査報告書によれば、南欧諸国の保健医療の質は北欧諸国のそれより高いものであった(42)。しかしそうした傾向は、二〇〇八年の大金融危機に伴うユーロ危機を境に逆転してしまう。南欧諸国は債務危機に見舞われ、厳しい財政緊縮を余儀なくされた。これはギリシャに典型的に現れた(43)。かれらはそれによって保健医療に対する社会的支出を減らさざるをえなくなったのだ。

他方で、二〇〇〇年代から世界全体で保健医療の質と量の進展がストップしたことも確かであった。表3-5は世界の国々における、住民一〇〇〇人当りの医師、看護師、並びに病床の数の変化を、二〇〇〇年と二〇一七年を対比して示したものである。見られるように、医師と看護師については全

表3-4　主要先進諸国の保健医療に対する国民的支出[1]、1990~2004年（対GDP比、%）

国名	1990	1995	2000	2004
ドイツ	8.5	10.3	10.3	10.9
ベルギー	7.2	8.2	8.6	10.1
オランダ	7.7	8.1	7.9	9.2
デンマーク	8.3	8.1	8.3	8.9
フィンランド	7.8	7.4	6.7	7.5
スウェーデン	8.3	8.1	8.4	9.1
イギリス	6	7	7.3	8.3
フランス	8.4	9.4	9.2	10.5
イタリア	7.7	7.1	8.1	8.4
スペイン	6.5	7.4	7.2	8.1
ポルトガル	6.2	8.2	9.4	10
ギリシャ	7.4	9.6	9.9	10
米国	11.9	13.3	13.3	15.3
日本	5.9	6.8	7.6	8

（注）(1) 日々の補償を除く経常支出、医療の研究と教育の支出、並びに公立病院の粗固定資本形成を加えたもの。
（出所）Insee, *Tableaux de l'économie française*, Insee, 2007, p.69 より作成。

体的に増大しているものの、その伸び率はわずかにすぎない。とりわけ医師の数はそれほど増えていない。一方、最も目立つのは、病床数が同期間にほぼすべての国で減少している点である。この点はとくに、フランスやスペインなどの欧州諸国ではっきりと現れている。欧州はユーロ危機に見舞われたことから、財政規律を遵守することで公共支出を一段と減少させた。これが保健医療の面に反映されたのだ。

そこで欧州において、保健医療体制の充実度が停滞している点についてフランスを例にしながら見ておこう。表3-6は、二〇一六～二〇一八年における

表3-5　世界主要国の医師、看護師、並びに病床数、2000~2017年（住民1000人に対する数）

国名	医師		看護師		病床数	
	2000	2017	2000	2017	2000	2017
ドイツ	3.3	4.2	10	12.9	9.1	8
フランス	3.3	3.4	6.7	10.5	8	6
スペイン	3.1	3.9	3.5	5.7	3.7	3
オーストラリア	2.5	3.7	10.1	11.7	4	3.8(1)
カナダ	2.1(2)	2.7(2)	8.5(3)	10	3.8	2.5
米国	2.3	2.6	10.2(4)	11.7(4)	3.5	2.8(1)
メキシコ	1.6	2.4	2.2	2.9	1.8	1.4
トルコ	1.3	1.9	1.1	2.1	2.5	2.8

（注）（1）2016年の数値。
（2）医療セクターで働く医師（教員、研究者など）を含む。
（3）2003年の数値。
（4）医療セクターで働く看護師を含む。
（出所）Insee, *Tableaux de l'économie française*, Insee, 2020, p.89 より作成。

表3-6　フランスの保健医療体制、2016~2018年

		2016	2017	2018
保健医療従事者				
	看護師	660611	681459	700988
	医師	223571	224875	226219
	薬剤師	74489	74399	73818
病院				
	公立セクター	250104	246395	243326
	民間セクター	154144	153470	152367
	合計	404248	399865	395693

（出所）Insee, *Tableaux de d'économie française*, Insee, 2020, p.89 より作成。

フランスの保健医療従事者と病院の数の推移を示している。まず保健医療従事者数を見ると、看護師と医師は増えているものの、その伸びは大きくない。一方、薬剤師は減少し続けている。他方で病院の設立数は、公立病院と私立病院のいずれもほぼ同じ割合で減少していることがわかる。マクロン政権が成立した中で、保健医療体制が充実することはなかったと言わねばならない。

このようにして見ると、先進諸国において租税国家=社会国家を建設するという大望の下で、とりわけ一九六〇年代以降に保健医療体制が発展してきたのに、それは一九八〇年代以降に停滞ないし悪化する傾向を表した。国家の社会的支出に基づく積極的介入という考えは、新自由主義の下で明らかに排除されたのだ。これは、人々の納税に基づく収入を国家が社会に還元するというシステムが崩壊したことを意味する。保健医療は最も重要な社会保障の一つであるに違いない。このサービスを一層向上させることなしに社会国家を建設することはとうてい考えられない。しかも、以上に見たような保健医療支出の減少による最大の犠牲者は、やはり低所得の庶民階級であるという点を忘れてはならない。

フーコーは、「生政治」というテーマをコレージュ・ド・フランスの講義で取り上げた(44)。ここで生政治とは、人々が生きる上の固有の現象である健康や衛生などに対して政治が統治する仕方を示している。その中で彼は社会政策について、それは人々の消費財へのアクセスを相対的に均等化することを目標とした政策と定めている(45)。そこで社会政策の手段として考えられるのは、保健医療などに対する消費として表されるようなものの社会化である。筆者は、こうしたフーコーの捉え方を支持したい。この考えに基づけば、保健医療サービスの偏りが新自由主義の下で生じたことはまさしく、社会政策の欠如を如実に物語るものであろう。

五　感染症と保健医療の不平等――コロナパンデミックをめぐって

（一）コロナパンデミックと保健医療のグローバル不平等

一九八〇年代以降に保健医療サービスが質量共に世界的な規模で悪化したことは、近年のコロナパンデミックによって完全に目に見える形となって表に現れた。実は、コロナパンデミックが起こる直前（二〇一九年一〇月）に、そうした悪化に対して警鐘を鳴らす調査書が、ジョンズホプキンズ大学の健康安全保障センターから公表されていた[46]。それは『グローバル健康安全保障指標』と題された。この調査書について筆者は先に拙著で論じているが、ここで再び同書を取り上げるのは、保健医療体制の不平等が世界的規模で顕著であることを知る上で、そこで示された調査結果の検討が必要不可決と考えられるからである[47]。

ジョンズホプキンズ大学の健康安全保障センターは、世界の一九五ヵ国の保健医療体制を独自に調査し、その結果を点数化して公表した。そこでの調査項目は第一に、病原菌を阻止する力、第二に、病気の流行の発見と報告、第三に、流行拡大に対する迅速な対応、第四に、患者と医療従事者を守るための十分で堅固なシステム、第五に、国際的な規律のコンプライアンス、そして第六に、生物的脅威に対するリスクである。かれらがそうした調査を行ったのは、感染症のパンデミックが迫っていると同時に、それに対する保健医療体制がグローバル規模で不十分であると感じられたからに他ならない。そしてその結果は案の定惨たんたるものであった。総合力を見ると、全世界でそれは四〇点

（一〇〇点満点）ていどであったのだ。とりわけ患者と医療従事者を守るための十分で堅固なシステム（保健医療システム）について、その評価は全世界で三〇点にも満たない。そしてかれらの大きな不安は、調査結果の公表後まもなくしてコロナパンデミックにより現実のものとなる。

ここで、『グローバル健康安全保障指標』から作成した表3-7を見てみよう。それは総合力と保健医療システムについて、先進諸国と発展途上諸国の中から主な国を選んでその評点と順位を表したものである。同表からいくつかの特徴を見ることができる。第一に、先進諸国に対する評点は、総合力と保健医療システムのいずれにおいても南欧諸国を除いて他の地域の国々より高い。先に示したように、南欧諸国とりわけイタリアやギリシャは医療支出の削減に伴って保健医療体制を大きく悪化させた。また総じてアングロサクソン諸国の評点が欧州諸国のそれよりも高い。これは、欧州の財政規律による財政赤字の制限を反映している。そして日本に対する評点が、一部のアジア諸国よりも低いことに留意すべきであろう。また保健医療システムに関しては、先進諸国でも評価が低い点に注意する必要がある。第二に、新興諸国と呼ばれる国々は経済力の発展とは対照的に、ブラジルを除き総じて低い評点を示している。とくにロシア、インド、並びに中国の保健医療システムの悪さが目立つ。第三に、アジア諸国やラテンアメリカ諸国は全体的によい評点を表している。とりわけタイやマレーシア、さらにはアルゼンチンなどの総合力は欧州諸国に匹敵するほどである。保健医療システムに関しても、先進諸国と比べてそれほど見劣りするものではない。そして第四に、アフリカ諸国の評点が他の発展途上諸国に比べて圧倒的に低い。これは四ヵ国を例にしてもよくわかる。とくに保健医療システムの評点はすさまじいほど低い。中には一〇点台の国もある。総合力で一五〇位から最下位（一九五位）までのボトムに位置付けられる国のうち、アフリカ諸国がそのほとんどを占めているのだ。

表3-7　グローバル健康安全保障指標（百点満点中の評点）

国名		総合力		保健医療システム (1)	
		評点	順位	評点	順位
先進諸国					
	米国	83.5	1	73.8	1
	イギリス	77.9	2	59.8	11
	カナダ	75.3	5	67.7	4
	オーストラリア	75.5	4	63.5	6
	デンマーク	70.4	8	63.8	5
	フランス	68.2	11	60.9	8
	ドイツ	66	14	48.2	22
	スペイン	65.9	15	59.6	12
	イタリア	56.2	31	36.8	54
	ギリシャ	53.8	37	37.6	50
	日本	59.8	21	46.6	25
発展途上諸国					
新興諸国					
	ブラジル	59.7	22	45	33
	ロシア	44.3	63	37.6	50
	インド	46.5	57	42.7	36
	中国	48.2	51	45.7	30
	南アフリカ	54.8	34	33	65
アジア・中東					
	タイ	73.2	6	70.5	2
	マレーシア	62.2	18	57.1	15
	インドネシア	56.6	30	39.4	42
	サウジアラビア	49.3	47	44.8	35
ラテンアメリカ					
	アルゼンチン	58.6	25	54.9	18
	メキシコ	57.6	28	46.9	24
	ペルー	49.2	49	45	33
アフリカ					
	エジプト	39.9	87	15.7	128
	ウガンダ	44.3	63	11.6	152
	ナイジェリア	37.8	96	19.9	107
	ガーナ	35.5	105	23.4	96

（注）（1）患者と医療従事者を守るための十分で堅固なシステム。

（出所）Johns Hopkins Center for health security, *Global Health Security Index*, Johns Hopkins, October, 2019, pp.20-25 より作成。

以上から直ちにわかることは、世界各国の間で保健医療の能力が極めて不平等であるという点であろう。とりわけアフリカ諸国のその能力は際立って低い。もちろん、ジョンズホプキンズ大学の調査のみで正しい判断を下すことはできない。しかし、同調査によって今日の世界の国々における保健医療体制のおおよその姿をつかんでも的外れではないであろう。同大学の健康安全保障センターは調査書の中で、生物的脅威に対する防御能力の不平等と注意力の欠如が、感染症に対する準備のギャップを広げていると指摘する(48)。かれらは『グローバル健康安全保障指標』を作成することで、そうしたギャップを示した。それは、政治的な意思と保健医療のための資金調達を国内外で促すためであった。不幸にも、それらはこの二〇年間に全世界で一丸となって行われることはなかった。ところが実際には、二一世紀に入って人類はすでに様々なウイルスにより脅かされてきたのだ。かれらが警鐘を鳴らしたのもそのためであった。そして同調査書が公表されて一ヵ月後にコロナウイルスによる全世界的な感染（パンデミック）が始まったのである。

今回の前代未聞とも言うべきコロナパンデミックは、保健医療体制の面でいくつもの教訓を与えた。以下で主要なものを列挙しておこう。

第一に、グローバル資本主義の進展により資本、財・サービス、並びに人の国際移動が急速に高まった一方、生物的脅威に対する保健医療体制は逆に全世界的に強化されてこなかったことがコロナ感染を一挙にグローバルな規模で拡大させた。保健医療の状況が悪い中国で感染が始まり、そして中国とビジネス交流が盛んに行われ、また中国と同じく質の悪い保健医療の行われるイタリアが欧州で最初の大感染国になり、さらにその欧州で人の自由移動原則の下に感染がまたたく間に広がったことは、以上の点を象徴的に物語っている。

第二に、保健医療サービスは人類にとって共通の公共サービスであり、それは第二次世界大戦後にとりわけ先進諸国を中心に著しく進歩してきたと思われたはずなのに、そうしたサービスが国を超えて真に連帯的なものとなるにはほど遠かった。この点はとくに欧州で明らかであった(49)。イタリアで感染が始まったとき、欧州はそれをイタリア独自のものと捉え、保健医療体制の悪いイタリアを当初救済することがなかった。欧州における保健医療の不平等体制は是正されなかったのである。

第三に、保健医療のグローバルな不平等体制という状況の中で、コロナパンデミックはそうした体制を是正する契機にはならなかった。コロナ感染を食い止めるためのワクチンは、米国や欧州の先進諸国で開発・生産され、それは当初かれらの間でのみ配布された。これに対して世界保健機関は、コロナパンデミックを防ぐために最も貧しい国々に対するワクチンの供与を訴え、米国はそれに応じると共に、ワクチン特許の一時的な取外しを宣言した(50)。一方、欧州もワクチンの発展途上諸国への供給に賛同したものの、その特許の取外しには反対した。そもそもワクチンを含めたすべての薬品は、人類共通のグローバル公共財にならなければならないはずだ。それはまた、国際的連帯を示すものである。ピケティもこの観点から、ワクチンの特許に基づく所有権を取り去ることを強調した(51)。彼は、発展途上諸国の一部でそうしたワクチンの生産が可能である以上、かれらが世界保健機関に対してその所有権の削除を求めるのは当然であるとみなす。このピケティの考えに筆者も全く賛同する。国連のグテーレス事務総長もワクチンの知的所有権を取り除く必要があると主張した。

コロナパンデミックは、ワクチンを始めとする薬品をグローバル公共財と認識しながら、保健医療体制のグローバル不平等を是正する契機となるべきであった。この絶好の機会は失われたのである。富裕な先進資本主義諸国は、これまで富を集中させると同時に薬品などの知的所有権を独占してきた。

かれらが貧困国に真に支援する姿勢は一向に見えない。米国と欧州が発展途上諸国へのワクチン供与を認めたのも、ロシアと中国のワクチン外交に対する地政学的反応であるとしか思えない。とりわけアフリカ諸国の保健医療の状況は極端に悪い。そうした中でロシアと中国のかれらに対する支援が高まる一方、先進資本主義諸国の支援が遅れることに対し、アフリカを中心とする最貧国が西側に対して恨みと怒りを強く抱くのは当然であろう。この点は後にくわしく見ることにしたい（第五章）。

第四に、コロナパンデミックは結局、これまでに積み重ねられてきた社会的・経済的不平等を一層増大させることになった。まず医師や看護師を中心とする医療関係者が真っ先に犠牲者となった。かれらは例えば欧州で、過酷な労働に見合う報酬をえていない(52)。しかもかれらは、医療支出の削減のため労働負担を一層強いられ、あげくは感染による病死の被害を受けたのだ。何という悲劇であろう。ヒーローと呼んで済ます話ではとうていない。一方、賃金労働者の間でも不平等が露呈した。外出制限により、かれらはテレワークのできる職能の高い労働者と、現場で働かざるをえない労働者に二極分解された(53)。後者のコロナに感染する割合が一層高まるのは言うまでもない。とりわけホームヘルパーのようなソーシャルワーカーが、深刻な影響を受けたと言われる(54)。

さらに一層深刻な問題は貧困者の増大である。外出制限による経済状況の悪化は、社会的に最も脆弱な人々にさらなる打撃を与えてかれらを一層貧困に追いやった。そうした貧困者は、毎日の食料供給にも困難を来たすほどであった(55)。実際に世界的規模でフードバンクによる食料支援が高まった。こうした事態に対し、政府とりわけ欧州各国の政府による貧困者への支援が十分であったかと言えば決してそうではない。かれらはまさに社会から脱落し見捨てられた人々と化したのだ(56)。コロナパンデミックは明らかに社会的不平等を深めた。これによって社会分裂が進んだことは疑いない。富裕者は貯蓄を高める一方、ワクチン開発会社などへの投資によってますます富を蓄積した。これと正反対に貧困者は、質の悪い住宅環境の下でコロナ感染を受けやすくなると共に、生活のための資金繰りを急速に悪化させたのだ。

一方、そうした社会的・経済的不平等は教育の面にも如実に現れた(57)。外出制限による学校の閉鎖は、社会的に恵まれない家庭の子供に深刻な影響を及ぼした。かれらが唯一教育を受ける場は学校であったからだ。さらにオンライン授業が開始されると、そこでも貧困家庭の子供達は教育差別を受けた。かれらがコンピューターをもってネットワークに接続できる割合は非常に小さいからであった。先に論じたように、学校教育はそもそも子供の社会的出自による格差をなくすことができない。オンライン授業はまさに、その格差を一層拡大させたと言わざるをえない。ＩＭＦも貧困家庭の子供達が学校教育から遮断されることで教育の機会均等が失われ、グローバル規模で教育分裂が引き起こされたと指摘している(58)。

コロナパンデミックによって生じた分裂は教育の面に限られない。それは地域の面でも現れた。貧困者の多く住む地区で人々は、健康危機に脅かされると同時に雇用危機に晒された。コロナによる病はまた、社会による病を映し出しているのだ。このように社会的不平等は、コロナパンデミックにより言わば「社会的ツナミ」となって貧困者を襲った。社会危機から不安が高まる中で、かれらの怒りは社会的怒りとなって現れる。その結果、社会的抗議運動が展開された。それは全世界で共通に見られた。この事態を放置すれば、人々の政治不信がますます高まるに違いない。

そして最後に、コロナパンデミックによりもたらされた一大経済・社会危機から脱出するための資金は決して十分なものではなかった。その際の資金調達方法として二つ考えられる。一つは債券の発行であり、もう一つは特別税の徴収である。この点についてピケティは、早くから欧州の場合に共同債券の発行を提唱した(59)。それは欧州でやっと実現され、欧州が財政連邦制への道に第一歩を踏み出したと評価された。この共同債は債務を相互化し、それによって財政権限を共有することができるからである。それはまた欧州の連帯の意思表示でもあった。

しかし他方で、もう一つの資金調達方式である特別税について欧州で合意されることはなかった。ピケティは富裕者や大企業に対する累進税を、コロナ危機から脱出する手段として用いるように訴える(60)。彼は、多国籍企業や億万長者から累進税を徴収し、その税収を世界的規模で再分配することによって国際的連帯の強化を図るように提唱した。累進税を決して観念的なものに止めてはならないとするピケティの熱い思いを、ここにもはっきりと感じることができる。そして実は、このピケティ案が出されてからまもなくしてＩＭＦも同様のプランを提示した。くり返しになるがＩＭＦは、コロナパンデミックにより膨らんだ各国の財政赤字を埋めるために、「一時的なコロナ復興税」と呼ばれる税を富裕税（累進税）として設定するように推奨したのだ(61)。この富裕税は、高い所得層とコロナ感染によって巨大な利益をえた薬品やデジタル関連の巨大企業に対する特別税を意味する。それは、各国のポストコロナの復興資金として位置付けられる。こうしたＩＭＦの提案はピケティのそれにつうじている。しかし、富裕税としての累進税が実現されることはなかった。ただし、ここで絶対に忘れてはならない点がある。それは米国でも欧州でも、人々が今ほど累進税を導入すべきときはないと感じている点だ。各国の為政者はこの点を肝に銘じなければならない。

にしたい。

（二）ポストコロナの保健医療体制――フランスをめぐって

それでは、コロナパンデミックによる大きな影響を受けた世界は、その後にそれを教訓として保健医療体制を建て直すことに努めているであろうか。この点についてフランスを例としながら見ることにしたい。

フランスの保健医療体制は、コロナパンデミック以降新たな危機に晒されている(62)。医療従事者の労働は限界に達する一方、保健相はこの二年間に何度も交替した。マクロンは、教育と同様に保健医療は基本的テーマであると謳う。彼は二〇二七年までに、数多くのフランス人が医療に容易にアクセスできるようになることを約束する。しかし、それは口先だけである。実際に政府は、保健医療をフランス人が心配するセクターとして認識していないのだ。この点はコロナ危機以前から何も変わっていない。かれらは、医師の不足などの問題に何の関心もない。薬品や保健医療関係者の不足、及び保健医療支出の不足から生じる危機から脱出する道は依然として開けていない。医師の育成に一〇年は要することを踏まえれば、保健医療体制の再建を早急に手がける必要がある。政策の序列の中で、保健医療にプライオリティが与えられるのは当然でないか。この点は、コロナパンデミックによって否というほどにわかったはずだ。それなのに保健医療のための予算プログラムが十分に組まれることがない。この予算の制約は、保健医療危機を一層深めるに違いない。保健医療体制に対するフランスの政策ビジョンは一向に目に見えてこないのである。

このようなフランスの保健医療危機は、緊急医療や病院経営の危機となって現れた。まず緊急医療危機について見てみよう。これは明らかに政策の失敗を意味した(63)。緊急患者数の多さに比べ、医療従事者、薬局、並びに病床の数が少ないことから医療危機が生じる。実際にフランスではこの五〇年間に薬局の数は制限され、病床も何千という規模で削減された。医師の数も一九七一年に限られた。毎年生まれる医師は一九七七年の九一七〇人から一九九三年に三五〇〇人に減少し、しかもかれらは五七歳で退職した。これにより医学生は医療の仕事から排除されてしまった。まさに教育の殺りくが始まったのだ。こうした医療事情とは逆に、今日の医療需要は人々の高齢化による慢性的疾患のため著しく高まっている。このように医療の供給と需要の間で大きなギャップが生じたことによって、医師と看護師の労働条件は急激に悪化した。かれらは、相対的に低い報酬と夜勤を含む長時間労働を強いられたのである。

こうした危機的状況にもかかわらず、フランス政府は医療困難や医療従事者の労働を全く考慮していない。医療困難は、都会と田舎の双方を含めた全地域に及んでいる。実際に高齢者は緊急入院後に長期の入院が必要であるのに、それに応じる病床数が不足している。また医師も構造的な不足に直面している。緊急医療が必要なとき、患者は医師を見つけることができなければ一体どこに行けばよいのか。生命の看護こそが急務であるはずなのに、それが果たせないでいる。コロナパンデミックは、この点を露呈するものであった。その後も救急患者は基本的にリスクの最中にある。かれらの死の宣言は、医療手段の不足そのものを表している。コロナ危機が一段落してからマクロンは、病床の不足問題に着手すると語った(64)。しかし状況は全然変わっていない。そうした患者の死はまさしく、社会政策の欠如を如実に物語っている。

他方で今日のフランスにおける病院経営は、大きな赤字に見舞われて危機的状況にある。この点はとくに私立病院にはっきりと現れている。フランスの私立病院連合総裁のガルビはルモンド紙とのインタビューで、私立病院の赤字は前代未聞の大きさであり、その補塡の必要を国家に訴えた(65)。事実、二〇二三年に私立の一〇〇〇を超える病院の四〇%は赤字経営である。何もしなければ半分の病院は赤字による経営危機に陥ると言われる。そこでかれらは、公立病院連合と共同で一五億ユーロの支援を国家に求めた。しかし、保健省の回答はその三分の一にすぎなかった。私立病院は、公立病院で医療できない患者(緊急患者を含む)を受け入れており、両者は完全に補完的関係にある。ところが政府は、これまで公立病院に偏った政策を行ってきた。一方、私立病院の収益性は決して高くない。したがってそれは、民間資金を引き付けることができるようなものではない。

こうした中で、フランスにおける公立と私立の病院連合は、二〇二四年二月に政府が示した例外的支援(五億ユーロ)が、必要とされる額にはほど遠いと批判した(66)。要するに政府は、継ぎはぎ的な支援策を打ち出しているにすぎない。これに対して新首相のアタルは、これからの五年間に医療体制に対する補完的支出を約束した(67)。しかし、それはたんなるアナウンス効果に終わるかもしれない。その約束が反故にされることもある。医療関係者の間で懐疑心は高まる一方であった。例えば病院の一般医師は、もともとフリーの医師よりもかなり低い報酬しかえられない。ところがかれらは平気で残業を強いられる。ここには、医師の不平等がはっきり見られる。それだから一般医師の労働組合は、そうした労働条件の改善がなされるか不安視したのだ。実際にコロナパンデミックのとき、かれらの行った残業はすさまじいものであった。

コロナパンデミックが始まったとき、マクロンは医療に関する財とサービスを市場法則外のものとすることを謳った。他方で、保健医療に関する公共支出は著しく増大した。そこで国家がそうした支出を賄えなくなったときにどうするか。ここに目を付けたのが民間の金融セクターであった(68)。国家の保健医療に対する関心が薄れる一方、保健医療の質の改善が求められる中で民間の投資ファンドは保健医療事業に注目したのである。かれらは医療セクターを金融化することで、それを近代化してビジネス化しようとする。そこでは組織がコントロールされ、より利益の上がるように活動が合理化される。それはまた、新しいガバナンスの下で労働を再編する。これによって雇われた医師や看護師は、かれらの労働手段を自ら管理することができなくなってしまう。さらにそうしたファンドが、保健医療組織を年金ファンドなどの他のファンドに売却することも当然ありえる。それゆえ、投資ファンドのこうした有害な行動を規制する法がすでに一九七〇年代半ばに設けられたのだ。これによって医療組織を統治できるのは専門職の人々のみと定められた。ところが金融グループは、資本出資者が医療をコントロールできるように法の改正を求め、フランスでそれは二〇一〇年に決定された。その結果どうなるか。医療の金融化が、医療へのアクセスの面で不平等を増大させることは明らかだ。資本は利益の上がるところにしか投資されないため、例えば人口の少ない田舎の地域の医療の質が劣化することは目に見えている。ではどうすればよいか。やはり国家が、すべての人が均等にアクセスできることを保証するような保健医療体制を再建する以外にない。それはまた社会国家の建設をめざすものである。

ところが今日、そうした国家の保健医療に対して積極的に介入する姿勢が一向に見られない。否、むしろその逆の動きさえ起こっている。この傾向は、フランスに限らず欧州全体に現れているのだ。その背後に、ポストコロナの欧州における財政緊縮の復活の動きがある(69)。コロナパンデミックの期間に、欧州各国とりわけフランスは「どんなにお金がかかっても」支援を行う政策を進め、それは二〇二三年のインフレーション危機の下で継続された。しかし、そうした政策はあくまでも例外的なものにすぎなかった。先に見たように（第一章）、欧州は二〇二四年から財政規律を元通りにすることを決定した。そこでは多少の弾力化が認められたものの、公的赤字と公的債務に関する原則は守られた。実際に二〇二三年における欧州諸国の公的赤字は、ドイツを除いて三％（対ＧＤＰ比）を上回っていた。この点は表3-8に見られるとおりである。とくにフランスとイタリアの公的赤字は規準の三％（対ＧＤＰ比）を大きく上回っている。こうした中でフランスは、二〇二四年に一〇〇億ユーロの削減を、またイタリアも民党化プランの進行によって二〇二六年までに二〇〇億ユーロの削減を各々宣言した。

このように欧州は、やはり財政緊縮に執着する。利子率の引上げによって債務返済が増大する一方、コロナパンデミックとインフレーションにより財政支出が拡大して債務が膨らみ、その結果、欧州では返済の重みが大きな圧力となったことは疑いない。しかし他方で、欧州における資金需要がポストコロナでも加速していることはまちがいない。その一つの要因として、人口の高齢化に伴う保健医療支出の増大を挙げることができる。しかもこの資金需要は、人間の生命を維持する上で当然生じるものである。そうだとすれば、そのような公共支出とそれに伴う債務の増大そのものが問題になるわけではない。問題とされるべきはむしろ、そうした支出の財源をいかに確保するかという点にある。

表3-8　主要先進諸国の公的赤字、2023年（対GDP比、%）

国名	公的赤字
ドイツ	2.9
スペイン	3.9
フランス	4.9
イタリア	5
米国	8.2

（出所）Albert, É, “A travers l'Europe, le grand retour des restrictions budgétaires”, *Le Monde*, 21, février, 2024より作成。

それはやはり、ピケティやIMFが強調するように、富裕者と大企業に対して累進税としての特別税を設けることによって税収の増大を図ることに求められるべきではないか。

ＥＵは「次世代ＥＵ」プログラムを立ち上げ、将来のあるべき社会のビジョンを示した。しかし、折角社会的に有益なプログラムを作成したにもかかわらず、人間の生命維持にとって最優先されるべき保健医療体制の再建に対して大きな予算を割当てることは全然なかった(70)。その根幹に共通の財政資金の不足があることは明白だ。このことはまた、各国の財政についてもあてはまる。フランスは確かに、コロナパンデミックの期間に公的債務をユーロ圏の中で最も膨らませた国である。二〇二三年に、その対GDP比は一一〇％にも及んでいる。これは欧州規準（六〇％）の二倍近い。それだからルメール財務相は、「財政に関して我々の前に最も厳しい緊縮が立ちはだかっている」と語った。果たして、この発言は正当であろうか。公共支出を減らすことで赤字を改善することが正しい政策と言えるであろうか。この点が問われねばならない。最大の問題はむしろマクロン政権の下で、連帯富裕税を廃止すると共に法人税の引上げを阻止することで税収を大きく減らしてきた点にこそある。そうした租税政策を維持するために公共支出の削減を押し進めることにより、人々の公共サービスとりわけ保健医療サービスへのアクセスに支障を来たすことは明らかであろう。このような租税政策と社会政策が、公正な社会の建設に導かないことは言を俟たない。

【注】

(1) トマ・ピケティ『不平等と再分配の経済学』、尾上修悟訳、明石書店、二〇二〇年、一八九〜一九〇ページ。

（2）トマ・ピケティ『平等についての小さな歴史』、広野和美訳、みすず書房、二〇二四年、一五ページ。
（3）同前書、一六～一七ページ。
（4）ジャン＝ジャック・ルソー『政治経済論』、阪上孝訳、白水社、一九八六年、二二六ページ。
（5）トマ・ピケティ『平等についての小さな歴史』、前掲書、一〇九～一一〇ページ。
（6）Bihr, A., et Husson, M., *Thomas Piketty : Une critique illusoire du capital* , page 2 et Syllepse, 2020, pp.154-155.
（7）Dubet, F., *Tous inégaux, tous singuliers — Repenser la solidarité*, Seuil, 2022, chap.4, pp.115-119.
（8）*ibid*.,p.120.
（9）*ibid*.,pp.121-125.
（10）*ibid*.,p.124.
（11）トマ・ピケティ『不平等と再分配の経済学』、前掲書、一〇六～一一一ページ。
（12）同前書、一一三～一一六ページ。
（13）レスター・サロー『知識資本主義』、三上義一訳、ダイヤモンド社、二〇〇四年、第八章。
（14）Plihon, D., *Le nouveau capitalisme*, La Découverte, 2016, pp.11-12.
（15）レスター・サロー、前掲書、二五五～二五八ページ。
（16）Plihon,D., *op.cit.*, p.13.
（17）*ibid*.,pp.18-19.
（18）レスター・サロー、前掲書、第七章。
（19）Plihon, D., *op.cit.*, p.68. またこの点については本山美彦『人工知能と21世紀の資本主義』、明石書店、二〇一五年、第二章を参照されたい。
（20）Plihon, D., *op.cit.*, p.75.
（21）Lachal, J., Langlais, P.-C., et Stasenko, A., "L'intelligence artificielle risque de devenir un luxe hors de portée pour les moins bien lotis", *Le Monde*, 27, décembre, 2023.
（22）トマ・ピケティ「人種差別の測定と差別の解消」、尾上修悟訳、トマ・ピケティ、ロール・ミュラ、セシル・アルデュイ、リュディヴィーヌ・バンティニ『差別と資本主義』、尾上修悟、伊藤未来、眞下弘子、北垣徹訳、明石書店、二〇二三年、二〇～二三ページ。

(23) Faye, O., Royer, S., et Trippenbach, I., "L'éducation, mère des batailles de l'élection présidentielle", *Le Monde*, 15, janvier, 2022.

(24) Truong, N., "Pap Ndiaye, Reconcilier la nation", *Le Monde*, 25, juin, 2022.

(25) Chol, É., Hiron, A., et Rusencher, A., entretien avec Pap Ndiaye, "Laïcité, mixité sociale, associations … Pap Ndiaye, la grande explication", *L'Express*, 25, mai, pp.34-35.

(26) "Les mesures du << choc des savoirs >> du ministre de l'éducation effacent tout espoir de démocratisation scolaire", *Le Monde*, 13, décembre, 2023.

(27) Raybaud, A., "Avec parcousup, un climat de tention entre professeurs et parents", *Le Monde*, 18, janvier, 2024.

(28) Merle, P., "Loin de créer un <<choc des saviors>>, Gabriel Attal va produire un choc d'ignorance", *Le Monde*, 20, décembre, 2023.

(29) Pommiers, É., "Brevet : la réforme d'Attal, le choix d'une rupture", *Le Monde*, 9, janvier, 2024.

(30) Lecherbonnier, S., "L'éducation nationale, tremplin politique pour Attal", *Le Monde*, 23, décembre, 2023.

(31) Morin, V., et Pommiers, É., "A l'éducation, une ministre fragilisée", *Le Monde*, 30, janvier, 2024.

(32) Morin, V., "Une ministre face aux accusations de séparatisme scolaire", *Le Monde*, 17, janvier, 2024.

(33) Vallaud-Balkacen, N., "Rien ne justifie que l'école privée tolère le tri des élèves", *Le Monde*, 26, janvier, 2024.

(34) 拙著『「黄色いベスト」と底辺からの社会運動』、明石書店、二〇一九年、二二四～二二五ページ。

(35) "Quartiers : quarante ans de désastre", *L'Express*, 6, juillet, 2023, pp.19-20.

(36) Dréan, M., "Une étude dénonce les conditions de vie dégradées des étudiants", *Le Monde*, 12, janvier, 2024.

(37) Morin, V., "L'école des enfants du ministre de l'éducation, jauge de sa légitimité", *Le Monde*, 13, février, 2014.

(38) Dubet, F., Gautier, R.F., Kahn, P., Robbes, B., et.al., "Le système éducatif mérite de profondes transformations, mais pas en regardant dans le rétroviseur", *Le Monde*, 7, février, 2024.

(39) Pommiers, É., "Questions autour des coupes de crédit à l'éducation", *Le Monde*, 24, février, 2024.
(40) トマ・ピケティ『平等についての小さな歴史』、前掲書、一五～一七ページ。
(41) Insee, *Tableaux de l'économie française*, Insee, 2006, p.69.
(42) 拙著『コロナ危機と欧州・フランス』、明石書店、二〇二二年、二四ページ。
(43) 拙著『ギリシャ危機と揺らぐ欧州民主主義』、明石書店、二〇一七年、二七～三四ページ。
(44) ミシェル・フーコー『生政治の誕生』、慎改康之訳、筑摩書房、二〇〇八年。
(45) 同前書、一七五ページ。
(46) Johns Hopkins Center for health security, *Global health security index*, Johns Hopkins, October, 2019.
(47) 拙著『コロナ危機と欧州・フランス』、前掲書、二一～二四ページ。
(48) Johns Hopkins Center for health security, *op.cit.* , p.6.
(49) 拙著『コロナ危機と欧州・フランス』、前掲書、二五～二九ページ。
(50) 同前書、二八九～二九〇ページ。
(51) Piketty, T., "Après la crise, le temps de la monnaie verte", *Le Monde*, 11, mars, 2020.
(52) 拙著『コロナ危機と欧州・フランス』、前掲書、一五〇ページ。
(53) 同前書、九四～九五ページ。
(54) Le Goaziou, V., *Démunis — Les travailleurs sociaux et la grande précarité* , Sciences Po., 2022, chap.4.
(55) 拙著『コロナ危機と欧州・フランス』、前掲書、一五七～一六三ページ。
(56) Porcher, T., *Les Délaissés* , fayard , 2020, pp.91-105.
(57) 拙著『コロナ危機と欧州・フランス』、前掲書、一六九～一七一ページ。
(58) IMF., *Fiscal Monitor ,A fair shot*, IMF., April, 2021, p.32.
(59) Piketty, T., *op.cit.*
(60) *ibid.*
(61) IMF.,*op.cit.*,p.xii.

(62) Battaglia, M., et Stromboni, C., "Santé: une valse des ministres qui inquiète", *Le Monde*, 23, décembre, 2023.

(63) Loiseau, D., "La première urgence de santé reste les urgences ", *Le Monde*, 2, février, 2024.

(64) Battaglia, M., et Stromboni, C., "Urgences: les soignants face aux incidents graves", *Le Monde*, 15, février, 2024.

(65) Stromboni, C., entretien avec Lamine Gharbi, "<< 40% de nos cliniques se retrouvent dans le rouge en 2023, c'est du jamais-vu >>", *Le Monde*, 20, février, 2024.

(66) Stromboni, C., "500 millions d'euros pour le public et le privé", *Le Monde*, 20, février, 2024.

(67) Battagalia, M., et Stromboni, C., "Santé : Attal critique sur sa << communication trompeuse >> ", *Le Monde* , 17, janvier, 2024.

(68) Boudillon, F., Grimaldi, A., et Naiditch, M., "La financiarisation du système des soins n'est pas inéluctable", *Le Monde*, 9, janvier, 2024.

(69) Albert, É., "A travers l'Europe, le grand retour des restrictions budgétaires", *Le Monde*, 21, février, 2014.

(70) 拙著『コロナ危機と欧州・フランス』、前掲書、二二三～二二六ページ。

第四章　人種差別とジェンダー差別

我々が人々の社会的・経済的不平等の要因とその解消を考えるとき、たんに所得や資産などの富の不平等を取り上げるだけで済ますことは決してできない。そこにはより深くて複雑な、そして歴史的な不平等が目に見える形でも、また目に見えない形でも存在する。それは人々の間の差別である。その一つが人種差別であることは言うまでもない。二〇二〇年五月に米国で起こった、あの警察官による忌まわしい黒人（フロイド）殺害事件は、全世界の人々にまたたく間に人種差別の実態を知らせるものであった。しかし、こうした黒人差別は今に始まったことでは全くない。またフロイド事件は例外的なものでもない。さらに人種差別は黒人に対してのみ現れているものでも全然ない。肌の色とは無関係に出自による差別も歴然として行われている。そして絶対に忘れてならない点は、そうした人種差別をはるかに超えて今日まで歴史貫通的に続いている差別がある点だ。それがジェンダー差別に他ならない。しかも人種差別とジェンダー差別は決して切り離されているわけではない。本章ではこれらの差別をめぐる諸問題を、社会的・経済的不平等の観点から、かつまた歴史的な観点から論じることで、その解消に向けた糸口を探ることにしたい。

一　人種差別の歴史認識

（一）人種差別と奴隷制

人種（race）という言葉はフランス語の辞書によれば、第一に代々続く家族のことを意味する。そして我々が今日一般に理解している、共通の肌の色をもった人間の種類としての人種という概念は、科学的に認められないと規定されている。つまり、そうした人種の概念はそもそも生物学的に存在しないのだ。そうであるにもかかわらず、この人種概念は人間の種類を表すものとして歴史的に登場した。それは紛れもなく人為的につくり出されたのである。一体、誰によって何のためにそうされたのか。欧州の植民地支配者が植民地の行政管理のために、人間の肌の色を基準に種別化を行ったのだ。かれらはこれによって人種の概念を定着させた。それはとくに、黒人奴隷に基づく奴隷制と深く関係していた。そこではまさに、白人と黒人という区別が植民地主義の下でなされた。しかも最重要な点は、そうした人種のカテゴリーを設けることにより、人種の間でヒエラルキーが生まれたという点である。人種主義イデオロギーによる差別意識は、このようにして植え付けられた。資本主義と奴隷制の歴史に関して画期的な研究を行ったウィリアムズが、人種差別は奴隷制に由来すると断じたのも、そうした歴史的事実に基づいていると言わねばならない(1)。

人種という言葉について批判的に詳細な分析を行ったフランスの社会学者マズーは、人種的なヒエラルキーの考え、すなわち、ある人間のグループが他のグループより劣っている（あるいは逆に優れている）という考えは、人種主義の理論では当然のものとみなされるが、それは歴史的に生まれたものであると主張する(2)。そしてピケティも同様の見解を示している。彼は最近、人種差別やその他の差別に関する小冊子を著した(3)。その中でピケティは、奴隷貿易の発展と近代植民地帝国の建設によって設けられた、白人と黒人という新たな人種のカテゴリーは、奴隷制と植民地主義を正当化することと結びついていたと論じる(4)。

世界の奴隷制の歴史を詳細に分析したパターソンは、奴隷制の要素を三つの観点から捉えている(5)。第一に、奴隷制は人間の間の支配関係を極端な形で表した。しかもその関係を維持するために暴力が特別な役割を果たした。第二に、奴隷は生まれながらに疎外されている。奴隷は社会的に死んだのも同然である。そして第三に、奴隷はつねに名誉を奪われている。これらの要素を踏まえてみれば、奴隷が極度の差別を受けた人間であることは明らかであろう。またパターソンが指摘したように、奴隷制は人間の最も原始的な社会から最も文明化した社会に至るまでの、あらゆる歴史の中に現れていた点にも留意すべきであろう。そしてそうした奴隷制をシステムとして固定させたのが、欧米の資本主義を発展させる動力となった植民地主義に他ならない。植民地では大量の安価な労働力が必要とされ、それは奴隷貿易に基づく黒人奴隷によって供給されたのである(6)。これによって黒人はまさしく人種差別化されたのだ。先進諸国の資本主義はこの点で、奴隷貿易という人類史上最大の犯罪行為に支えられて発展したと言ってよい。ポメランツらのワールドヒストリー研究は近年、この点に関して詳細な実証分析を表している(7)。我々は、そうした研究から多くを学ぶ必要がある。

（二）ポスト奴隷制の人種差別

人類の残した最大の歴史的汚点である奴隷制は、欧米で確かに一九世紀半ば前後に廃止された。それはまた、奴隷の反乱と植民地支配国内での批判に応じるものであった(8)。では、それでもって奴隷制に由来する人種差別が消え去ったかと言えば決してそうではない。この点についてピケティは、ポスト奴隷制の問題として論じている(9)。ポスト奴隷制の植民地社会は、今度は法的、社会的、租税的、並びに教育的な面での根深い差別的なシステムをつうじて不平等のメカニズムをつくり上げた。例えばフランス帝国の中では、二〇世紀半ばまで民族的・人種的なカテゴリーを法的に設けていた。そうしたカテゴリーは、奴隷制の廃止後も排除されなかったのだ。また南アフリカでは極端に激しい人種差別が見られた。第一次世界大戦以前から黒人の居住地は限定され、この人種隔離（アパルトヘイト）政策は第二次世界大戦後に公式に認められて一九九〇年まで続けられたのである。

他方で、かつての厳しい奴隷労働は奴隷制廃止後に確かに姿を消した。しかしそれは、実質的な過酷さではそれほど変わらない形に変えられて存続したのだ(10)。例えばモーリシャスのケースはその典型であった。そこでは外国人労働者、とりわけインドからの労働者が雇用主に有利な形で長期労働契約を結ばせられた。それは奴隷労働と同じ搾取を導いた。あるいはまた一九世紀末から欧州は、アフリカ大陸の天然・鉱物資源を採取し、そこで黒人労働者は強制労働に追いやられた。とくにベルギー領コンゴにおけるゴム・プランテーションでの非常にむごたらしい労働は有名である。さらに、ただ働きの話さえある。フランス領アフリカの行政は、すべての人による納税で成り立っていた。そこで十分にお金をもっていない原住民の黒人は、無報酬の労働を強いられた。しかもそうした賦役は何と法制化されたのだ。

一方、植民地では原住民に対し、政治的、社会的、並びに経済的にひどい差別的扱いが行われた。この点はとりわけ教育の面にはっきり現れた(11)。この教育における差別は、最も狡猾で最も偽善的な形をとる。例えば米国南部の黒人の子供達は、白人の子供達と同じ学校に通うことが禁じられた。それは人種差別制度の中核を成したのである。これに対して欧州では、米国流の人種差別を行わない姿勢を示した。ところが、現実は全く逆であった。フランス領のアルジェリアにおいて、人種差別や民族的・宗教的な差別が独立まで明白に行われたのだ。「アルジェリアのイスラム人」は異なる人種として扱われ、植民地支配者と同じ権利をもつことが許されなかった。とくに学校教育のシステムは米国南部とは異なった仕方で、原住民の子供達と植民地支配者の子供達を深く分断させたのである。また、植民地の原住民の子供達の小学校就学率も極端に低かった。フランス領西アフリカで、それは二%以下にすぎない。そして教育支出の不平等は目に余るほど酷いものであった。アルジェリアにおける植民地支配者のための教育施設は、一九二五～一九五五年の期間に教育支出全体の約八割もの支出を受けていたのだ。では、こうした不平等な植民地の社会体制を租税システムで変えられたかと言えばそうではなかった。そこでの租税システムは極めて逆進的であり、あくまでも植民地支配者を有利とするものであったからである。原住民は重い租税を支払う見返りを一切受けることがなかったのだ。

ところで、奴隷制に関連してあまり知られていないが、ゆゆしき問題がもう一つある。それはピケティが指摘するように、奴隷制を廃止する代わりに植民地支配国の奴隷所有者に対して賠償金を支払うという問題である(12)。この問題は実はフランスでは、今日まで続く一大社会問題となっている。例えば旧フランス領のハイチは、それを象徴している(13)。ハイチは、奴隷反乱の勝利によって黒人が欧州の宗主国から独立した最初のケースであった。しかし、それですべてが解決されたわけでは全くない。ハイチ政府はフランスに対し、奴隷所有者への損害賠償として巨額のお金の支払いを命じられたからだ。それは、短期で償還するのが不可能なほどの額であった。こうした損害賠償はもちろん、ハイチのみに対するものではない。フランスは一八四八年に奴隷制を廃止した一方、奴隷所有者に対する賠償の原則はすべての地域に適用された(14)。それはまた、当時のフランスのリベラルなエリート達の考えを反映していた。しかし、これほど理不尽な話はない。植民地支配者は黒人奴隷の労働力を使って莫大な利益をえたと同時に、奴隷が解放されると今度はその見返りとして巨額の賠償金を請求したのだ。このようにして見ればフランスは、奴隷制と植民地主義の犯した罪を償うという姿勢を真底示すことがなかった。同じく、旧植民地に対する積極的差別是正措置に関する議論も十分に行われなかったのである(15)。

以上に見たような奴隷制に関連した極度に不公正な社会に対し、欧州の旧列強が反省する姿勢を表したのはずっと後のことであった。それゆえ人種差別をこれまでさんざん受けてきた人々が、激しい怒りと恨みを抱くのは当然であろう。この点は、長い奴隷制の歴史をもつ米国ではっきり現れた。米国では確かに、一九六〇年代のジョンソン政権のときに人種差別が法的に廃止された(16)。しかしそれは、実質的には何の意味ももたなかった。大学や公的機関の雇用、さらには公選による役職などへのアクセスに対し、人種によるクォータ（割当）は何も設けられなかった。そこでは積極的差別是正措置が全く欠如していた。このことはまた、米国での非常に根強い人種的不平等を物語っている。一定の州で一九七〇〜一九八〇年代にクォータ制が導入されたものの、それは法的に廃止されることが見られた。さらに二〇二三年七月初めに、実にゆゆしき出来事が起こった。米国の最高裁判所は、大学入学におけるすべての人種に基づく選別の禁止を命じたのだ(17)。米国での積極的差別是正措置は、これによって終りを告げた。この廃止措置に賛同する人達は、教育の場では自由競争しか存在しないと主張する。しかし他方でかれらは、エリート大学における家族的特権を表す世襲制を全く問題にしない。これは明らかに矛盾している。米国の市民は実際に、保健医療、福祉、並びに教育の面で人種的に深く分断されている。だからこそ、少なくとも教育の場でマイノリティを優先的に割当てるクォータ制の導入が必要とされるのだ。ところが今回の最高裁判所の決定は、人種を基準とすることで引き起こされる逆差別と闘うことを明らかにした。しかし、現実に人種差別が大学の入学の際に行われている。この点はまちがいない。白人以外の学生が、いくら優秀であってもエリート大学に入学する確率は低い。アジア人、黒人、並びにヒスパニック系の人などのマイノリティが大学に占める割合は依然として低いままである。最高裁判所の判断はまさしく、米国社会の人種差別に対して全く理解を示していない。人種差別を回避する手段として用いることができる積極的差別是正措置は進められていないのだ。

一方、米国では歴史的に国民に対して民族・人種のカテゴリーによる区分けを指示してきた(18)。そうした民族・人種に関する区分けのシステムは、歴史的には白人と黒人の二つのカテゴリーから成る。それはピケティが指摘したように、長い間の奴隷制と人種差別の法制度で支えられてきた。この二つのカテゴリーはその後「ヒスパニック／ラテンアメリカの人々」などの新たなカテゴリーをいくつも加える一方、複数のカテゴリーを宣告することも可能となった。他方でこの区分けは、人種差別と闘うためにも用いられてきた。この点は、同じようなカテゴリーによる区分けを行っているイギリスで一層明らかであった。しかしそうであっても、そうした民族・人種のカテゴリーによる区分けが、非白人の人々の心情に戸惑いや苦しみを植え付けていることはまちがいない。かれらは、そうした区分けによって人種差別がなくなるとは全然思っていないのだ。実際に米国やイギリスで人種差別は根強く残っている。

他方で、アングロサクソン諸国の採用している民族・人種による区分けを批判するフランスが、人種差別を解消するための手段を具体的に示しているわけでは全然ない。フランスにおける人種差別は依然として消えていないどころか、逆に強まっているとさえ言うことができる。二〇二〇年のアンケートによると、例えばパリのセーヌ・サンドニ地区の人々の七〇％以上が差別を受けている(19)。しかも、そのうちの四〇％以上が差別の増大を意識していることがわかる。同地区の住民の七五％が貧しく、またその多くが移民である。かれらは肉体的外見や宗教などの理由で差別されているのだ。さらに留意すべき点は、フランスにおける人種差別が欧州全体の中で一層強く現れているという点であろう。フランス人の六〇％以上が人種差別を感じているのに対し、欧州の人々全体では五〇％がそう感じているにすぎない。他方で、フランスが人種差別に対する闘いに十分努めていると感じている人は全体の四〇％弱である。これは、欧州の人々全体がそう感じている割合よりも一〇％も低い。フランスはよく知られているように、平等と博愛に基づく人権の尊重を欧州で最初に謳った国だ。ところが現実にはフランスで人種差別がことの他強く、しかもその解消に向けた対策が十分でない。それはまた、フランスの植民地主義と奴隷制の長い歴史と深く関連していると言わねばならない。

二　人種差別と社会的不平等

（一）人種差別と社会的ヒエラルキー

科学的に人種などは存在しないことが明らかにされているのに、人種という言葉は依然として至るところで使われている。そしてそれに基づく差別も存在する。なぜなのか。そこには、奴隷制に由来するような歴史的要因以外に何か理由があるのか。まず、この点をやや一般的な観点から検討することにしたい。

人種主義の理論にしたがえば、人種は人種間のヒエラルキーとして語られる。しかし、そうした優劣を表す人種なるものは科学的に全く根拠をもたない。ところが現実には、そのような意味をもつ人種が存在する。しかもそれは、グループ間の不平等を生み出す源となっている。つまり、人種間のヒエラルキーは社会的次元にまで広げられているのだ(20)。そこでは、地理的、文化的、並びに宗教的な出自が社会的ヒエラルキーをつくり出すための要因となる。このようにして人種の概念とそれに基づく差別は、社会的かつまた政治的な効果を発揮する。それだから人種は、社会的に生み出される力関係として現実に存在するのである。

このようにして見れば、人種という概念に潜む問題は、それが科学的に誤っている点にあるだけでない。より重要な問題は、それが生み出す社会的効果と危険性にこそある。それゆえ人種の概念を否定することは、そうした社会的効果を否定すること、すなわち多様な人間を人種差別化する社会的プロセスを否定することを意味している。人種差別によって生み出されるヒエラルキーにおいて、一定のグループのメンバーは他より劣った人種として位置付けられる。マイノリティ化のプロセスは、一定の出自のメンバーを他と根本的に異なるものとみなす、また他よりも劣っているとみなすプロセスとして現れる。こうした一定の人種を劣等化する姿勢が人種主義の根底に据えられているのだ。そして危険なことは、そうした考えが社会関係を規定するように展開されてしまうという点であろう。

こうした中で、白人や黒人（非白人の代表）などの表現は、実は互いの社会的地位を指すことにつながる(21)。さらにここで留意すべき点は、そうした地位が同じ肌の色をもつ人間の間でも異なることがあるという点だ。例えば、たとえ肌が白色であっても非白人としてグループ化されることが見られた。米国に移住したスウェーデン人やアイルランド人がそうであった。かれらが白人化するには、政治的かつまた社会的なプロセスを必要としたのである。それゆえ、人種問題をたんに肌の色の問題に還元するわけにはいかない。その問題はまさしく、社会的地位の問題として捉える必要がある。肌の色は実際には社会的条件を指し示しているにすぎない。その条件は例えば、黒人としてカテゴリー化された人々が従っているものを表している。それだから黒人を語ることは、かれらの社会的条件を語ること、それはまたかれらの差別された経験を語ることにつながると言ってよい。

さらにここで考慮すべき点がある。それは異人種間の結婚が進むことによって、肉体的外見がそれほど違わないケースが現れるという点だ。この点はピケティが指摘するように、地中海沿岸地域の人々の場合に見られる(22)。ところが、それにもかかわらず人種差別が行われる。どうしてであろうか。それは、一定の個人に対して人々が烙印を押すからに他ならない(23)。この烙印は、そうした個人に対する侮辱、妨害、回避、並びにからかいなどで表される。そしてそのような烙印を押す行為は、その対象となる人々を分離させてしまうことになる。例えばパリ郊外の生活困難な人々が住む地区では、そうした烙印と分離がいっしょになって現れる。そこでの人々はフランスで生まれたフランス人であるにもかかわらず、フランス人として認められないのだ。

目に見える形の肉体的外見や目に見えない形の烙印によって差別される人々は、当然ながら生活していく上で苦しみを受ける。しかもそうした人々の割合は決して小さくない。マイノリティという表現は、量的なものとして規定されてはならないのだ。それはあくまでも社会的地位の問題として理解されねばならない。フランスを例にしても二〇二〇年のアンケートによれば、就業人口の二〇％以上の人々が差別による苦しみを受けたと答えている(24)。そして、この差別の要因として肉体的外見が四〇％を占める。こうした人種差別の現実は、ロザンバロンの唱えるように大きな社会的事実として受け止められねばならない。実際にフランス人全体で、人種差別は強く意識されている。アルジェリア出身の人々は、スペインやポルトガルの出身の人々よりも三倍以上も差別されていることがわかる。フランス人の八〇％は、肌の色と結びついた人種差別が行われている国であると考えている。人種差別問題はまさしく、フランス社会問題の中核を成すと言ってよい。

そこで問題とされるべきは、差別を受けたマイノリティの人々と逆にマジョリティの人々のえた利益である(25)。例えば白人の特権という考えがある。事実、白人の社会的地位は歴史的に優位性を保ってきた。かれらは、職業やその他の部分で社会的利益を享受してきたのだ。逆に言えば、それは非白人として規定されたグループの社会的劣位化の歴史的プロセスを表している。それはまた、人種主義イデオロギーの産物であった。

ロザンバロンは、人々の多様性こそが平等の基準になるとみなす(26)。そうだとすれば個人のもつ特異性は、社会に対する断絶を意味するものでは決してない。ところが現実には、そうした人々の特異性に基づく不公正が社会的に生み出される。それはまさに、社会的平等を否定するものとして現れるのだ。人種差別は、この特異性が民族的出自に還元されるケースである。そして差別された人々は社会から排除される一方、差別する意識が社会的に植え付けられる。これこそ社会的烙印を意味するものに他ならない。

では、このような社会的排除＝社会的暴力としての人種差別に対し、政府が何も対策を講じてないかと言えばそうではない。例えばフランスでは、人種差別は違法行為として認められ法的処罰の対象となる(27)。人種差別によって経済活動を妨害したり、雇用を拒否したり、あるいはまた解雇したりすることは法的に禁じられている。ところが実際には、人々の出自が雇用や住宅提供を拒否する要因となっているのだ。そこでは数多くの違法行為が見られる。また人種差別発言などに対する法的制裁も、罰金で済まされるにすぎない。つまり、人種差別が法的処罰の対象になるといくら謳っても、それでもって差別が一挙に解消されるほど話は単純ではないのだ。その意味で、政府の人種差別に対する法的措置は偽善であると言ってよい。

理想主義者は、人種という言葉の廃絶を訴える。しかし人種の概念をくわしく分析したマズーによれば、それでもって人種差別がなくなるわけでは全くない(28)。なぜなら、人種主義者にとって人種という言葉は必ずしも必要としないからだ。かれらは劣等化のねらいをつけた人々に対し、人種ではなく例えば民族という表現を用いる。それによってかれらは、人種という言葉を使わずに人種差別化を明らかにする。したがって問題とされるべきは、人種という概念にいかなる意味をもたせるかという点にある。マズーは、人種の概念を批判的なものとして用いるように訴える(29)。しかもそれは、階級や性別と結びつけるものではない。人種を反人種差別という批判的概念として用いることで、人種主義者のたくらみに対決できる。筆者は、こうしたマズーの考えに全く賛同する。マイノリティの人々は、社会的烙印による差別から免れることができない。社会的ヒエラルキーを解体することなしに、公正な社会が実現されることはないのだ。

(二) 人種差別の「見える」化

では、歴史的に延々と続く人種差別はこれまで、一般の人々の間に目に見える形でどれほど知らされてきたであろうか。次に問題とすべき点はこの点である。

ロザンバロンは、差別一般を測定するには三つの方法があることを示している[30]。第一に、計量的な方法。これは、賃金や雇用などに関する格差を統計的に表すものである。第二に、経験的な方法。これはテスト鑑定を軸としたものであり、比較的信頼のおける方法として用いられる。それは、とりわけ雇用の面接を受ける際の人種差別を測定する上で有効である。この方法は例えば、雇用の応募に対して何千もの偽りの履歴書をつくることによって行われる。そして第三に、単純に大規模な標本をベースとして個人に直接問う方法。これは標本に限界があるものの、それからえられる結果は信頼のおけるものである。

これらの測定方法の中で、人種差別に関しては第二と第三の方法が適していると考えられる。実はピケティも、人種差別を客観的に把握するものとして、とくに第二のテスト鑑定の方法に注目する[31]。労働する権利は、すべての人に対して平等に与えられなければならない。ところが実際には、特定の地域を出自とする人々あるいはまた特定の宗教や文化をもつ人々に対し、明白な差別が存在する。この点はとくに、就職の面接を受ける機会や昇進の機会の面ではっきり現れる。そしてこのような差別は、同一の資格や職業的経験をもっている人々の間でも見られる。そこでピケティは、近年のフランスで行われたテスト鑑定による調査を基にしてその点を確かめる。例えば二〇一四年にパリ第一大学とパリ経済学院の主導で行われた調査は、そうした差別を明確にした。それは、六〇〇〇件以上の求人に対して偽りの履歴書を作成し、それに対する雇用者の反応を測定するものであった。その結果、名前からアラブ系のイスラム教徒であり、かつまた男性であることが判明すると、かれらが企業面接を受ける機会は極端に減少したことが明らかにされた。しかも留意すべきは、そうした男性が最良の資格をもち最良の研修を受けていても、面接の機会が増えることはないという点であろう。雇用のアクセスに対する機会均等の原則は、ここでは通用しないのだ。こうした調査は二〇二一年にも公的機関の研究者により同様の方法で行われた。それは地域的な出自に関するものである。その結果やはり、北アフリカのマグレブ地方（アルジェリア、リビア、モロッコ、チュニジアなどの国から成る）を出自とすることが名前から判明すると、かれらが雇用者と連絡をとれる割合はそうでない人々の場合よりも大きく低下したことがわかった。フランスの雇用者の間で、アラブ系でイスラム教徒の人々に対して明らかに不信感がある。それはまた、かれらに対する差別につながると言わねばならない。

しかし今や、イスラム教徒であることを公言する人はフランスで大きく増えている。また外国を出自とする人々の半分は、欧州以外の地域の出身者である。ところがそうした人々、とりわけアラブ人や黒人などの非ヨーロッパ出身者は、雇用の面だけでなく様々な社会的差別を受けているのだ。それは例えば、肉体的外見をめぐる警察官の検査にはっきりと現れている(32)。二〇一二年にフランスの公的機関は、パリの主要な駅でいかにそうした検査が行われているかを明らかにした。それによると、とくに黒人とアラブ人に対する検査が白人に対するものよりもはるかに高い確率で行われていることがわかった。

一方、イスラム教徒に対する差別は宗教的差別となって現れる。フランスでは、宗教と政治を分離させるとするライシテの原則によって宗教的中立が主張されてきたはずだ。ところがピケティが暴いたように、宗教上の差別が歴然として存在する(33)。しかもそれは、一般の人々には目に見えない。公的支援や政府の財政的補助金の面でそうした差別が現れているからである。例えばカトリック宗派に基づく教育を行う学校機関に対し、非常に大きな資金が政府から供与されている。また宗教団体の受ける公的補助金に関し、イスラム教団体はキリスト教団体よりも不利な扱いを受けている。こうした事実は、目に見える形で一層明らかにされねばならない。

このようにして見るとフランスに限って見ても、人種差別を目に見える形で人々に知らせることは確かに近年進められてきた。しかしそれは依然として十分ではない。とくに雇用や住宅の面における人種差別が、人々に対して日常と社会の生活を送る上で困難をもたらすことは言うまでもない。それゆえそうした差別を解消するためにも、まずはその実態が目に見える形で明らかにされねばならない。人種差別の問題はこれまで、社会的不平等を表す典型として、どちらかと言えば定性的に論じられてきた。今や、それだけで済ますわけにはいかない。人種差別は、すべての人に公に知らされる必要がある。それは全体的認知の問題である。この認知が、人種差別を解消するための第一歩となることはまちがいない。

三　人種差別と移民問題——フランスをめぐって

（一）人種差別とグレートリプレースメント論

フランスでは、アラブ系のイスラム教徒に対する人種差別がことの他強い。それは、過激なイスラム原理主義による度重なるテロ行為によって一層煽られた。そして忘れてならないのは、かれらが移民であるという点だ。それだから反イスラムの感情はそのまま反移民のそれと結びつく。こうした反移民の感情がフランスで大きな社会的リスクを引き起こすことは疑いない。現に、そのリスクは今日ますます高まっている。

こうした中で、「移民がフランスの人口の大半を占めることになる」という主張がフランスで流布し始めた。それはグレートリプレースメント論と呼ばれ、フランスの人々に恐怖心を植え付けたのである。この傾向は二〇二二年の大統領選挙で明らかになった。フランスのテレビニュース番組であるCNewsのキャスターを務めるゼムールという人物が、大統領選挙の候補者として名乗りを挙げ、このグレートリプレースメント論を大々的に唱えたからだ。彼はCNewsでアラブ系イスラム教徒に対する人種差別的発言をくり返し行い法的制裁を度々受けたほどの、極右派の政治評論家であった。彼は、もう一人の極右派の候補者であるM・ルペンを上回るほどに過激な人種主義者である。驚くべきことは、その彼の人気がフランスで急激に高まった点にこそある。二〇二一年八月末のアンケートによれば、ゼムールの支持率は七％にすぎなかったのに、それからわずか一ヵ月後のアンケートでその支持率は倍以上（一六％）にはね上がったのだ(34)。このような極端な人種差別主義者であるゼムールの人気が非常に高まり、場合によって大統領選挙の本選挙に残るかもしれないという事態に、良識のあるフランス人は脅威を感じたに違いない。ゼムールを支持する有権者の大半は過激な保守派であり、かれらが最も心配したのは移民の大量の流入であった。それゆえかれらは、移民を締め出す必要があると強く訴えたゼムールを支持したのだ。同時にかれらは、CNewsの熱烈なファンでもあった。

ゼムールの主義主張のキーワードは移民とイスラム教である(35)。彼は移民の侵入が国家を脅かす、すなわち移民がフランス共和国を支配すると唱える。しかも移民はイスラム教と密接に結びついているから、イスラム文明はキリスト教を崩壊させてしまう。それだから白人はフランスを守るために文明の戦いを始める必要がある。ゼムールの主張をごく簡単に示せばこのようになる。そこには、非白人に対抗する強い外国人嫌悪の思いがある。こうして彼は、イスラム教徒を「再征服」（この言葉は後に彼の政党名となる）すべきと訴える。これはまさに、かつてスペインが行ったことに等しい。

そもそもゼムールの信奉するグレートリプレースメント論は、あの「9・11」（二〇〇一年九月一一日）のテロ事件以降、ユダヤ人がイスラム人に対決するための論拠となったものだ(36)。そしてこの理論は、欧州がイスラム人によって逆に植民地化されることを吹聴した。これにより、白人の伝統的なナショナリズムと極右派のポピュリズムが結びつく。ゼムールの出現はこの点を明白に示した。それはゼムール現象という、一つの社会現象と化したのである。

ところで、ここで一つの重要な点を指摘しなければならない。それはマスメディアの絶大な力である。ゼムールが白人の超保守主義者から急速に圧倒的な支持をえた背後に、CNewsというテレビ番組における宣伝効果があった。その放映を支配するフランスのメディア王ボロレは、特定の政治プロジェクトのみを視聴者に提供して反移民と反イスラムの考えをくり返し伝えた[37]。ゼムールの超人気は、実は同番組と強く結びついていたのだ。そこでは、表現の自由を盾として厳しい法的規制を免れることができる。彼の極端な人種差別発言に対しても、ボロレにとっては取るに足らないほどの罰金で済まされた。人種差別という違法行為に対する法的処罰は、それを取り除くのに大した効果を発揮しなかった。極右派のためのメディア帝国をつくったボロレの掲げるテーマは三つのi、すなわち移民（immigration）、アイデンティティ（identité）、並びにイスラム（islam）であった。

実際にフランスのCNewsは米国のFox Newsに匹敵するものと化した[38]。フランスの国務院は、二〇二四年二月にCNewsに対して多様性の尊重を強く求めたが、CNewsのディレクターはそれを拒否した。こうしてCNewsの視聴者は、極右派の人々に固定された。この点は米国のFox Newsと変わらない。かれらはくり返し同じプログラムを見ることで、それを是認するように強いられる。まさにテレビをとおしてすり込みが行われるのだ。これはマスメディアの暴力に他ならない。そしてこの横暴さを法的に取り締まることができないでいる。

では、ゼムールともう一人の極右派のナショナリストであるルペンはいかなる関係にあるか。結論を先取りすれば、両者はジェンダー差別の問題を除いて基本的に変わらない。確かにルペンは脱悪魔化を推進し、過激な極右のイメージをこれまで払拭してきた[39]。実際に彼女はもはや、外国人嫌悪の極右ナショナリストを代表する政治家ではない。その地位はゼムールにとっくに譲られている。しかしルペンは、ゼムールの考えに反対するわけでは全くない。事実、ルペンはアイデンティティに関してゼムールと同じく、それを守るのは大統領の役割であり、それゆえフランスに居住する外国人はフランスの生活様式と社会に同化すべきであると主張する[40]。一方、ルペンの率いる国民連合（RN）

も「フランス人のフランス」あるいは「フランス人ファースト」という表現を用いながら、極めて人種差別的な言動を示した。このようにして見れば、ゼムールとルペンは対立的な関係どころか、逆に親密な関係を保っていることがわかる。要するに両者は同じ穴のムジナである。

ところで、フランスとその他の欧州諸国における極右ナショナリストに関して、ぜひとも留意すべき点がある。それは、かれらとロシアのプーチン大統領との関係である。プーチンのウクライナに対する軍事侵攻が、ウクライナにおける親ロシア者による領土の独立を目的とする以上、ゼムールもルペンもプーチンの言動に賛同する。しかもそうした姿勢は、今回の戦争以前から示されていた。極右ナショナリストにとってプーチンのロシアは、かれらが望むべきもう一つの欧州を象徴していたからだ(41)。実際にルペンとゼムールは以前からプーチンを深く称賛していた。プーチンもルペンをパートナーとして扱ったし、ゼムールも「フランスのプーチン」になる夢をCNewsで語り、ロシアとの同盟を謳ったのだ。このようにかれらは、ロシアの権利を擁護し続けた。どうしてであろうか。そこには実は、かれらのみならず欧州全体の極右ナショナリストの大望がある。それはもう一つの欧州建設である。その基底には、超保守主義と単一民族主義、並びに男性中心主義の価値観が据えられる。かれらはそれによって、社会的多様性に対抗しえると考えたのだ。

事実、欧州の極右ナショナリストはこぞってプーチンを称えている。例えばイギリスの極右派ファラージは、二〇一四年の段階ですでに「プーチンは最も称賛されるべきリーダー」と語っている。彼が当初から反移民の考えを強く打ち出したことは明白である(42)。またドイツの極右政党「ドイツのための選択肢（ＡｆＤ）」も、ロシアの超ナショナリストの思想家でプーチンの政治的決定の拠り所となっているドゥーギンのテーゼを掲げている。オランダの極右政党「民主主義のためのフォーラム」

やスペインの極右政党「ボックス」も、プーチンから融資を受けていると言われる。以上ざっと取り上げただけでも、欧州の多くの極右政党がいかにプーチンの言動を支持しているかがよくわかる。このことが、欧州の人種差別問題と移民問題を解消していく際に大きな障害になることはまちがいない。外国人嫌悪の超ナショナリストが欧州で増大し拡散することによって、多様で平等な欧州社会の建設を阻むリスクが一層高まると言わざるをえない。フランスのゼムール現象は、それを予感させるものだ。我々はそうした傾向を遮断する必要がある。

（二）移民と社会的混成

では、フランスでグレートリプレースメント論が主張するような現象はほんとうに起こっているであろうか。まずは実態を明らかにする必要がある。

フランスの国立統計経済研究所と国立人口統計研究所は二〇二二年七月初めに、フランスにおける移民の調査結果を発表した[43]。それは二〇一九～二〇二〇年に関して、三世代にわたる移民出身者の人口に占める割合を調べたものである。表4-1はその結果を示している。これを見るとわかるように、一八歳から六〇歳未満の三世代にわたる移民の数は、人口全体の三二％ほどである。つまり、フランスの移民出身者は全人口の三分の一弱にすぎない。また移民の子供の半分は、移民でない親をもっていることも明らかにされた。この点は第三世代に関して一層真実である。

このような人々の出身の分散は、ピケティが指摘するように異人種間結婚が増大したことによる[44]。移民の子孫の六六％は、移民の先祖をもっていない人と結婚しているのだ。これにより、フランス社会における人々の移民との関係はますますぼやけたものとなる。以上の事実を踏まえると、グレート

表4-1　フランスの三世代をめぐる移民出身者（年齢別構成、%）

年齢	移民	移民の子供	移民の孫
18-24	6.4	14	9
25-29	10.6	13.1	10.8
30-34	13.8	11.8	11.2
35-39	14.4	10.8	6.9
40-44	15.2	10.5	7.8
45-49	12.7	9	7.4
50-54	12.2	8	9.8
55-59	11.5	7.3	11.2
平均	12.1	10.6	9.3

（出所）Pascual, J., "Un tiers des moins de 60 ans a des origines immigrées", *Le Monde*, 7, juillet, 2022 より作成。

表4-2　フランスにおける移民の高等教育の卒業資格（%）

	両親	子供
移民の子供	5	33
異人種と結婚した移民の子供	19	41
移民の孫	20	44
その他の人々	20	43

（出所）Pascual, J, "Un tiers des moins de 60 ans a des origines immigrées", *Le Monde*, 7, juillet, 2022 より作成。

リプレースメント論という人種主義理論はとうてい容認できない。ゼムールは人々を扇動するために、いかに事実を歪曲して移民の姿を誇張しているかがよくわかる。そもそもこの理論は、新規の移民とは何ら関係しない。では過去の移民についてはどうかと言えば、その家系はますます混ざり合っているのである。

一方、そうした移民の社会的地位はどうか。表4-2は、移民の子供達における高等教育の卒業資格を示したものである。見られるように、移民の子供の両親による卒業資格の取得比率は確かに小さい。しかし、かれらの子供のその比率は両親のそれの数倍である。また異人種と結婚した移民の子供に関して、その比率はフランスのその他の人々が取得したものと全然変わらない。さらに、かれらの子供達のそうした比率は両親のそれの倍以上であり、それもその他の人々の子供達の場合とほとんど同じである。この傾向は移民の孫についても見られる。このようにして見ると、移民の社会的地位は確実に上昇している。とくに異人種間の結婚を行った移民に関して、そうした傾向が非常に強く現れている。移民はすでにフランスの社会に完全に同化していると言ってよい。ルペンやゼムールらの極右ナショナリストが主張するような、移民が社会に同化しないとする懸念は全くないのだ。

他方で、移民出身者の間で社会的流動性が一様に高まっているかと言えば決してそうではない。そこには地理的な出身による差が歴然として存在する。この差は以下の三つのプロフィールをもつ。第一に、ヨーロッパ人とマグレブ人の移民の家族。ここでは、両親が高等教育の卒業資格をもっている割合は三％以下にすぎない。その子供達のそうした割合は三分の一以上であるが、それはフランス出身者の子供達のそれよりもつねに低い。第二に、サハラ以南のアフリカ人とアジア人の移民の家族。この家族の両親は、実はフランス出身の両親よりも一層高等教育の卒業資格をもっている。また、その子供達のそうした比率も、フランス出身の子供達のそれよりも高い。そして第三に、トルコと中東の出身による移民の家族。ここでの両親の同比率は低いと共に、子供達のそれも最も低い。このように、社会的流動性に関して移民の出身地域により大きな差のあることがわかる。

さらにもう一つの問題が思い浮かぶ。それは、以上のような高等教育の卒業資格の取得が果たしてストレートに社会的評価に結びついているかという問題である。そこで表4‐3を見てみよう。それは、高等教育の卒業資格をもつ人々の中・上級職をえる比率を、移民出身者と本国出身者に分けて見たものである。これを見ると直ちにわかるように、マグレブ、アジア、並びにアフリカを出自とする移民の子供達が中・上級職をえる割合は、フランスやヨーロッパを出自とする子供達のそれよりも明らかに低い。とくにマグレブ出身の移民の子供達のそうした割合は最低である。これは明らかに、フランスの労働市場における人種差別を表している。マグレブ出身の移民の子供達は、先に見たように就職面接の段階から明白な差別を受けているのだ。

実際に今日、フランスで人種差別は全然消えていない。否、それどころか人種差別がむしろ強まっている。先に見た移民に関する二〇一九～二〇二〇年の調査において、過去五年間に不平等あるいは差別的な扱いを受けたことがあるかという質問に対し、一九～四一歳の人の一九%がイエスと答えている。この値は二〇〇八～二〇〇九年の調査時におけるもの（一四%）を大きく上回る。フランスは古くから移民国家として存立し、それは米国と同じく人種のるつぼと化してきた。それゆえフランスの非移民の人々は、統合された社会の実現を願う。かれらは外国人を社会に溶け込まそうと試みる。それは文化、言語、並びに国民的価値の同化というプロセスで表される(45)。しかし、こうした統合の仕方はすべての場面で適用できるわけでは決してない。例えば経済危機が起これば移民は真っ先に排除されてしま

表4-3　フランスの高等教育卒業資格保有者による中・上級職へのアクセス、（出自別構成、%）

出自	比率
フランス出身者の子孫	77
ヨーロッパ出身の移民の子孫	75
アフリカ出身の移民の子供	71
アジア出身の移民の子供	67
マグレブ出身の移民の子供	63

（出所）Pascual,J., “Un tiers des moins de 60 ans a des origines immigrées”, *Le Monde*, 7, juillet, 2022 より作成。

う。かれらの多くは予備としての労働者（労働予備軍）のままなのだ。移民はこうして必ずしもつねに社会に同化・統合されることはなかった。この点を忘れるべきでない。

一九八〇年代にフランスの大部分の移民は、失業や人種差別などによって社会に統合されないと考えていた。かれらはフランスで生まれ、フランスに住んでいても真にフランス人としては認められない。例えば移民としてのイスラムの人々は、フランスの社会に生活をとおして加入しているにもかかわらず、かれらは社会的に排除されていると感じる。またサハラ以南のアフリカを出自とする移民の大部分は都市の郊外（バンリュー）の劣悪なアパートで暮し、生活困難に陥ることがしばしばある。こうした移民の人々は、依然としてフランス社会に同化・統合される機会を奪われているのだ。

（三）移民と社会秩序

先に示したように、フランスで黒人とアラブ系の移民に対する警察官の取締りが他の人々よりも一層厳しく行われている。その際の警察力は、テロの勃発によりますます強化されてきた。それは、フランスの社会秩序を守るという名目で正当化される。しかし、そうした警察力はときに行き過ぎ、それによってフランス社会は逆に大危機に陥ってしまう。このことがフランスでくり返されてきた。それは二〇二三年六月に、移民の若者（第二世代と第三世代）による大暴動となって再び現れたのである。

今回の大暴動は、二〇二三年六月二三日にパリの郊外で一七歳の北アフリカ系移民の子供であるナエル・Mが、警察官による取締りの際に射殺された事件をきっかけとするものであった(46)。警察側は当初、それは正当防衛であると主張した。しかし通行人によるビデオ撮影で、それは虚偽であることがわかると同時に、そのビデオが社会ネットワークをつうじて全土に知れわたった。この点は米国での黒人フロイドの殺害の場合と同じであった。これにより若者を中心に、パリ郊外などの地区で怒りによる放火などの激しい暴動が引き起こされたのだ。実は、このような警察官の尋問に対する回答拒否によって、アラブ系やアフリカ系の若者が射殺されるケースは今回のナエルの事件に限られない。オランド政権のときにテロ対策として条件付きで警察官に銃使用を認めたことが裏目に出たと言わねばならない。

さらに留意すべき点は、フランスの歴代政権が右派も左派も含めて、両親が北アフリカ（マグレブ）やその他のアフリカの出身である若者に対し、かれらをフランス社会に編入させる対策を怠ってきたという点である(47)。この政府の無作為こそが問題とされねばならない。実際に同様の事件は、すでにミッテラン政権下の一九八〇年代初めに起こっていた。そのとき、フランスの市民は平等と反人種差別のための「無言の行進」を行った。またサルコジ政権のときにも、二〇〇五年に警察官に追い詰められた青年（移民の子供）が死亡する事件が起きている。こうした中で、警察官と市民とりわけ郊外の庶民街の住民との間で緊張が高まり続けてきた。そこで右派や極右派の政治家は、警察官による取締りの一層の強化を主張する。しかしそうした緊張関係が、フランスの本国と旧植民地との間の歴史的関係に由来している点を決して忘れてはならない。フランス政府はこれまで、この点を直視するのを避けてきたのだ。旧植民地出身の人々は差別の対象とされ、自動的に「不審人物」という烙印を押される。実際にフランスの警察官の間で明白な人種差別がある(48)。しかもそのことは一般市民に知らされるべきなのに、それは全く行われていない。歴代の政権は警察の圧力に屈してきたのだ。さらに銘記すべき点は、警察官の移民に対する不法な暴力行為が、一九六〇年代の植民地の独立によっても終わっていないという点であろう。旧植民地からの移民が正当に認知されていないことこそが、そうした警察官の行為を促す根本的要因になるのである。

教育の不平等を論じたデュベは、今回の事件に関してルモンド紙とのインタビューで次のように語る[49]。この事件で問題とされるべきはゲットー（貧民街）と移民との関係である。ゲットーで学校教育は完全に失敗していると同時に、そこでの住民は大きな不平等をつねに感じている。人種差別は決して幻想ではない。しかしそうした差別は一層巧妙に仕かけられており、目に見える形で現れていない。そうした中でゲットーの若者はすべて、人種に囚われていると感じる。それは社会的運命として定められる。この点でかれらは、女性やマイノリティの人々と全く変わらない。今回のような暴動が起こるのは、ゲットーの地区が政治的に空白の場になっているからに他ならない。実際に政治家は、そこでの人々の怒りを抑えるどころか第三者的な評論をくり返しているにすぎない。郊外（バンリュー）の若者による暴動はまさしく社会問題であり、それは社会危機を示している。これに対して無力であることは民主主義の危機を意味する。このようにデュベは、今回の前代未聞の若者による大暴動を、人種差別と社会的不平等の観点から論じる。こうした捉え方に筆者は全く賛同する。

フランスで最も貧しい地区としてのゲットーでは、あまりに長い間社会的不公正が積み重ねられてきた。この点はずい分前から多くの社会学者によって指摘されてきた[50]。今日、そうした地区では依然として人々のえる機会は教育や雇用の面で失われている。それだからゲットー出身の若者は行き場を失い、不安を取り去ることができない。かれらは、低家賃住宅を建設して貧困者を集合させた政策の第一の犠牲者なのだ。フランス共和国は、平等の政策をベースにつくられたはずである。しかし周縁部としてのバンリューにそうした政策は生かされていない。そこではバンリューの住民の声を伝えるべき人達と機関が決定的に不足しているのだ。

このバンリュー問題に対し、歴代の大統領は次のように語った(51)。シラクは「キーとなるのはフランス人のすべての連合」と語り、サルコジは「生活困難な地区の住民に対し、真の行動プランを設ける」と謳い、オランドは「社会的に困難な地区に出資する」と約束し、マクロンは「構造化された闘いを終りにする」と断じた。しかし、かれらの行った法制的な対策は全く不適切なものであった。そこで左派の役割が問われるに違いない。なぜなら、ゲットーの有権者は左派に一票を投じ続けてきたからである。ところが社会党のオランド政権は、かれらを見事に裏切ったのだ(52)。反人種差別のテーマを前面に掲げてバンリューの将来を約束したのは、唯一メランションの率いる極左派の「不服従のフランス」だけであった。

ところでピケティも大暴動が起こると直ちにル・モンド紙に投稿し、それは地域の被る社会的・経済的不平等に根ざしていると論じた(53)。そもそも彼は差別問題を論じる中で、地域間の不平等が依然として解消されていないことを指摘する(54)。実際に地方の公共サービスに対する公的資金の注入について見ても、それはきわめて不平等なものである。住民一人当りの財政基盤の格差は、最も貧しい地区と最も富裕な地区との間で非常に大きい。ここにフランスの地域に根ざした病理の源がある。貧しい地区としてのバンリューの住民は、この数十年間に政府によって見捨てられてきたのだ。ピケティはこのように論じて、かれらの生活条件を早急に改善するように政府に求めた。

このようにして見るとフランスにおける根深い人種差別問題は、歴史的には植民地主義の傷跡として現れていると同時に、国内の社会的・経済的不平等と密接に結びついている。今回のナエルの警官による殺害と、それを引金として引き起こされたバンリューの若者による大暴動は、そのことを象徴的に物語るものである。

四　ジェンダー差別の歴史・社会認識

（一）ジェンダー差別の歴史認識

一方、女性差別の問題は人種差別と並んで歴史的かつ普遍的に存在する問題であり、今日その解消に向けた努力が世界的規模で求められていることは言うまでもない。人間の不平等が、これまで女性に対してあからさまに現れてきたにもかかわらず、この女性差別問題が社会思想家の間で十分に論じられてきたとはとうてい言い難い。

そうした中で、女性差別問題を一大テーマとしていち早く取り上げた思想家がいる。それはあのエンゲルスであった。彼はそうした差別の歴史的起源を探りながら、その社会的・経済的な要因と結果についてラディカルに論じたのだ。もちろん、彼の考えにはマルクスのそれが反映されている。それゆえ両者の共同作業としてのジェンダー差別論が展開されたと言ってよい。以下でエンゲルスの女性差別論の要点を概観しておこう。

エンゲルスは『家族、私有財産および国家の起源』における「家族」の章で、男性が歴史的にいかにして女性を支配してきたかを詳細に論じる(55)。そこではまず、先史時代の歴史的事実として母権制から父権制への移行が語られる。実は富が増大するにつれて、その富は家族内における男性に対して女性よりも一層重要な地位を与える一方、その強められた地位を利用して母権による血統に基づく相続順位を覆した(56)。これにより男系による血統と父親からの相続権がうち立てられる。エンゲルスは、この母権の転覆を女性の世界史的敗北と見る。女性は威厳のある地位から降ろされて男性の情欲の奴隷となり、子供を産むたんなる道具と化した。そして大事な点は、このような女性の屈辱的な地位がむしろ次第に美化されたという点であろう。こうして古代に、すでに男性による専制の最初の結果として家父長制家族が登場したのである。

さらにエンゲルスは、マルクスの考えを共有しながらジェンダー差別の問題を階級対立の問題とみなす(57)。両者は、歴史に現れた最初の階級対立を一夫一婦制における男女の敵対的発展と一致するものとして、また最初の階級抑圧を男性による女性の抑圧と一致するものとして捉える。家庭内で男性が支配する一方、女性は社会の外に追放されてのけものにされる。それは、女性に対する男性の無条件の支配を社会の根本原則として宣言するものであった(58)。実際に男女間の法的不平等は、女性の経済的抑圧の結果を示している。家父長制家族の中で、妻は社会的生産への参加から排除された。女性が家庭での私的労役の義務を果たせば、かれらが公的生産から閉め出されたのは当然であろう。近代の大工業時代における家父長的な個別の家族は、まさに妻の公然たる家内奴隷労働の下に築かれたのだ。そこでは夫が稼ぎ手であり家族の扶養者として、また支配者として君臨する。エンゲルスはこのような状況について、家族の中では夫がブルジョアであり妻がプロレタリアになると表現している。しかもその際のプロレタリアが一般の労働者とは異なって無償であることも決して忘れてはならない。その点で妻の労働は、工場労働者以下のものとなる。こうしてエンゲルスは、夫婦間での男性の優越は、男性の経済的優越の単純な結果にすぎないと断じる。

エンゲルスのこのような歴史分析に基づく大胆な女性差別論は、今日においても全く色褪せない。それどころか、彼の議論の見直しが迫られている。その証拠に現代のジェンダー差別問題を論じる論者の考えを見ると、それはエンゲルス（マルクスを含めた）の考えと基本的に変わらないことがわかる。そうした論者の一人が、フランスの代表的な社会学者のブルデューである。彼は二一世紀に入る直前に男性支配論を展開し、女性差別がいかに歴史的かつ社会的に規定されてきたかを論じた(59)。以下ではブルデューの女性差別論を、エンゲルスのそれと比較しながら検討することにしたい。

ブルデューは、男女がこの世に存在して以来男性による支配が絶えず行われ、それにより男性のつくる秩序がいかなる時代でも再生産され続けてきたとみなす(60)。こうして長い歴史の中で、男女間の支配関係は構造的に永続した。この支配関係はまさに歴史貫通的なものとして成立する。こうした歴史認識はエンゲルスのそれを受け継ぐものである。そしてブルデューは、やはりエンゲルスと同じく、そのような支配関係の歴史的段階性に注目する。それは、産業資本主義の到来による男女間の特定の支配関係を示す。産業革命後に女性は労働から排除され、労働と家庭が切り離された。このことはエンゲルスも論じたように、産業資本主義の再生産構造と結びついていた。そこではジェンダー間の分業が社会的分業として機械的に導入されると同時に、男性支配の考えも再生産される。このプロセスの中心的な役割を担ったのが家庭に他ならない。家庭こそがまさに、ジェンダーによる分業を正当なものとして認める場であったのだ。このように捉えるブルデューの考え方には、彼自身は言及していないもののエンゲルスの主張がそのまま反映されていると言ってよい。では、ブルデューの女性差別論はすべてエンゲルスと同じ視点で論じられているかと言えばそうではない。そこには二つの違いが見られる。その一つは国家の介入という視点であり、もう一つは女性の反逆という視点である。

ブルデューは、男性支配の家父長的な考えは国家によって強化されたとみなす(61)。家父長制は公的なものとして据えられ、それが家庭での日常生活をコントロールした。家父長主義国家はそれゆえ専制主義国家として現れ、為政者としての男性は家父長的な家族を社会秩序の原理とする。その際の秩序の基盤となるものは何かと言えば、それは女性に対する男性の絶対的優位であった。戸籍上の身分に関して男性支配的な見方が組み込まれたのもそのためであった。こうした家父長主義国家が、社会を長い間規定してきたのだ。このような男性支配的専制主義国家によって、ジェンダー差別が一層強められたとするブルデューの考えは全く正当なものである。

しかし、この家父長主義的な社会秩序が永遠に続くはずはない。それは二〇世紀末から二一世紀にかけて明らかに変化した。ジェンダーの歴史は新たな段階を迎える。フェミニズム運動の高揚がこの新段階をもたらした。ここにブルデューのエンゲルスと異なるもう一つの視点が表される。エンゲルスの時代に、そうした運動が起こることはなかった。女性の反逆がいよいよ開始されたのだ。男性支配の秩序はもはやつうじない。実際に教育や労働の面で女性の地位は根本的に変わった。ブルデューが指摘するように、女性は家事労働と生殖の役割に距離を置き始めた(62)。同時に、社会で働く女性の増大が、従来の男性中心的な家族の分業のあり方に大きな影響を与えたことはまちがいない。女性のみが家事労働を行うという社会モデルは完全に覆されたのだ。フェミニストの運動は明らかに伝統的なジェンダー社会を大きく変えた。もちろんロザンバロンが論じるように、そうした運動がその目的を完全に達成したわけではない(63)。依然として男性側に強い偏見があることも否定できない。しかし今日、#MeToo運動を含めた反女性差別運動は疑いなくジェンダーに関する秩序を大きく変容させたのである。この点を認めないわけにはいかない。

ところでピケティも女性差別の現象に敏感に反応し、その解消に向けて積極的に議論を展開している。彼はまず、歴史的に女性こそが最も大規模に、かつまた最もシステマチックに差別されてきたグループであるとみなす(64)。さらに女性差別に関する彼の歴史認識は、エンゲルスやブルデューのそれと共通している。一八世紀から一九世紀にかけて発展した中央集権的国家は家父長制の体系化を伴うものであった。フランスに即して見ると、例えばナポレオン法典の中で夫婦の権利の非対称性や選挙権のジェンダー差別が示された。ピケティはこのように論じながら、政治、経済、社会のすべての面における女性差別の解消を訴える。

ブルデューにしてもピケティにしても、かれらの女性差別論でエンゲルスの議論に触れている箇所はないものの、かれらの主張がエンゲルスの考え方を基本的に踏襲していることは疑いない。その意味で、エンゲルスの女性差別論は今日でも生き続けている。

(二) ジェンダー差別の社会認識

では、そうした女性差別の意識はどうして男性の側に植え付けられてきたのであろうか。そこにはいかなる社会認識が定着してきたのか。

女性差別は明らかに一つの社会的暴力である。この点は人種差別の場合と何ら変わらない。否、むしろ前者の方がより根深い。というのも女性差別を取り締まる仕方が依然として定まっていないからだ。なぜであろうか。ブルデューは、その背後に男性による秩序の力があるとみなす(65)。大事な点はそうした力が、正当化される必要のない形で発揮されるという点であろう。男性中心主義の考えは、当然のものとして社会で受け入られているのだ。それだから社会秩序は、男性支配を公然と認めるメカニズムを内に含むものとなる。そこでは男性支配の下に、ジェンダーによる分業が厳密に定められてしまう。自然的性別は、社会的性別に転化される。その際の原理は言うまでもなく男性中心の原理である。しかも留意すべき点は、そのようにして形成されるジェンダー関係が支配関係となって現れる点であろう。この支配関係が、自然的な性別関係の中にあたかも本来的に備わっているかのように組み込まれてしまうのだ。

ブルデューは、そのようなジェンダー間の支配関係をつくり出す力を象徴的な力と捉える。この力は、身体を拘束することなしに行使される権力の一形式を示す。彼は、それをより一般的に象徴的暴力という概念で表した(66)。それは被害者に感じとられないようなものであり、認識などの純粋に象徴的な手段で実行される。人種差別のところで論じた烙印などはその典型であろう。人々はジェンダーに対しても、実は基本的な烙印を押している。このことが、男性と女性はこうあるべきとする認識を、さらには男性が女性よりも優れているとする認識を生み出す。しかも、そうした社会認識がこれまで正当化されてきた点を忘れてはならない。これはまさに、ピケティがつねに主張する不平等の正当化を意味する。

この点に関してフランスの著名な歴史学者であるジャブロンカは最近、歴史分析に基づきながら男性支配の問題を、家父長制を正当化する男性性の問題として捉える大著を著した(67)。彼はそこで、覇権的な男性性こそがジェンダーの序列を支配すると共に家父長制を正当化したとみなす(68)。それは、支配する男性性の勝利を意味する。その結果女性は劣った性と見下される(69)。この点は言葉にもはっきり現れている。フランス語で美徳は男性に由来し、女性の性器を表す言葉は愚か者を意味する。そもそもフランス語でも英語でも、人間は男性と同じ言葉である。ジャブロンカによれば、紀元前四千年前のメソポタミア文明時代に、すでに男性の女性に対する優位性が示されていた。そこでは男性が人間を意味して権力を与えられ、家父長制国家が建設されたのだ(70)。この支配する男性性が家父長制の下で一層発展し、世界は男たちの間で再創造される。家父長制は、男性が優位に立った普遍的なシステムを表している。ジェンダー差別は、男性の優越性という社会認識の下で制度化されたのだ。ジャブロンカの言う支配する男性性は、一つの強力な社会・文化システムを定着させたと言ってよい。そうだとすれば、ジェンダーをめぐる社会認識は根本から変えられねばならない。女性の地位と権利の上昇は、そうした認識の転換なしには達成されないのではないか。

ところが実際には、そのようなジェンダーに対する認識の転換はそれほどかんたんではない。先進諸国を含めた世界のいたるところで、依然として女性差別を正当化する考えが男性により公然と表明されているのだ。この点は例えば、極右ナショナリストの間で明白である。先に見たフランスの極端な人種主義者のゼムールは、それを代表する人物の一人であろう。彼は移民がフランス社会を支配するというグレートリプレースメント論を唱えて人々に恐怖心を煽ったが、今度はそれと同じロジックをそのままジェンダーにもあてはめる。つまり、被支配者であった者がついには支配者になるという論理でもって、第一の性である男性に対してゼムールは警告を発したのだ(71)。ゼムールは、今日女性たちがいたるところで幅をきかせ、それによって女性的価値が社会を支配していると唱える。ここで明らかな点は、彼の頭の中に、男性による女性の支配を正当なものとする考えが定まっている点であろう。それだからゼムールは、現代社会が母権性と反人種差別によって新たに秩序づけられていると訴える。ここでは男性支配と白人支配の社会秩序が正しいとみなされるのだ。

このようにして見れば、極右ナショナリストによる女性差別は、家父長主義的な専制国家の建設というビジョンにビルトインされている。そこでは女性差別が人種差別とぴったり結びつく。こうした差別論が極めて危険なのは、それがたんに人権を脅すからだけではない。同時に、この差別論が公正な社会をめざすための秩序づくりを阻んでしまうからである。その意味で女性差別を解消する問題は、社会変革を果たす際の最も重要な問題の一つとして位置付けられねばならない。

五　ジェンダー差別と女性の解放

(一)ジェンダー差別の社会的・経済的実態――フランスを中心として

現代の女性は実際に、依然として社会的・経済的な差別を様々な形で被っている。それは例えば、女性が従事する職種に典型的に見られる。表4-4は、OECDがジェンダー差別の解消に向けた調査報告書の中で、二〇一〇年における部門別・地域別・男女別の雇用分布を示したものである。見られるように、女性がえる職業の中でサービス業の割合が圧倒的に高い。この点はとりわけ先進諸国で明らかである。これに対して工業での女性の雇用は二〇%以下にすぎない。そこで表4-5より、先進諸国のサービス業における女性の割合を職種別に見ると、それは保健医療、社会事業、並びに教育の面で七〇%以上を占めていることがわかる。これに対して輸送サービスの雇用では女性の割合が極端に低い。このような傾向は、先進諸国の中でフランスのケースにはっきり見ることができる。二〇一八年におけるジェンダー別・就業別の雇用人口において、女性の九〇%近くがサービス業に従事しているのだ(72)。

女性の職業別の雇用に見られるこうした特徴は、一体何を意味しているであろうか。ブルデューは、女性に適した職業が健康ケアや教育、並びにその他のサービス業(飲食業など)に予め想定されてい

表4-4　男女別雇用分布の産業部門別・地域別構成、2010年（%）

地域名	女性				男性			
	農業	工業	サービス業	全産業	農業	工業	サービス業	全産業
OECD諸国	5	12	83	100	6	34	60	100
東ヨーロッパ・中央アジア	23	14	63	100	23	30	47	100
東アジア・太平洋諸国	31	12	56	100	33	20	46	100
南アジア	51	19	28	100	35	20	41	100
中東・北アフリカ	21	7	72	100	12	29	58	100
東・中部アフリカ	58	8	34	100	52	14	34	100
西アフリカ	53	7	36	100	60	11	27	100
南部アフリカ	12	11	77	100	21	26	53	100
カリブ海諸国	3	9	88	100	11	29	60	100
中央アメリカ	8	16	76	100	34	23	42	100
南アメリカ	12	2	76	100	20	28	52	100

（出所）OECD編著『ジェンダー白書』、濱田久美子訳、明石書店、2014年、179ページより作成。

表4-5　OECD諸国におけるサービス業での女性雇用（%）

サービス業	女性の占める割合
保健・医療・社会事業	78
教育	70
その他の社会サービス業	58
卸売・小売業・ホテル・レストラン業	50
公務員	46
金融・不動産・その他のサービス業	45
運輸・倉庫・通信業	25

（出所）OECD編著『ジェンダー白書』、濱田久美子訳、明石書店、2014年、179ページより作成。

ることを指摘した(73)。それらの職業は言わば女性の家庭での役割の延長として位置付けられる。これは、伝統的なジェンダーによる分業の構造をそのまま反映している。機械や道具を操るのは男性の権利であり、かれらはそれを女性の進出から守ろうとする。そうした分業はまさしく、男性の自己防衛であると言わざるをえない。

さらに留意すべき点は、女性の雇用が依然として男性の場合よりも一層不安定な状況にあるという点であろう。この点はフランスのケースを見てもはっきりしている。表4-6は、二〇一八年のフランスの賃金労働者における性別による労働時間別の構成を示したものである。見られるように、男性のフルタイムの労働者が全体に占める割合は、女性のそれより圧倒的に高い。一方、女性のパートタイムの労働者を見ると、それが全体に占める割合は逆に男性のそれを大きく上回っている。要するに、女性がフルタイムの雇用をえる機会は男性の場合よりも依然としてはるかに少ないのだ。この傾向はフランスのケースに限られないのではないか。

こうした女性の雇用不安は、失業の点からも確認できる。図4-1は、一九八五～二〇一八年のフランスにおける失業率の推移をジェンダー別に示したものである。見られるように、二〇〇〇年代半ばまで女性の失業率は男性のそれを明らかに上回っている。とりわけ新自由主義時代に突入した一九八〇年代後半の両者の差は著しく大きい。また、失業率の傾向は男女共に変わらない。経済の好不況とは無関係に、女性の失業率は男性のそれより高いのだ。女性はつねに失業の不安に晒されてきたと言わねばならない。この点もフランスに限られないであろう。

では、女性が賃金労働者として雇用された場合に、かれらの報酬は男性のそれと比べてどうであろうか。そもそも先進諸国では、法律により同一労働同一賃金が保障されている。しかし実際には、O

表4-6　フランスの賃金労働者の男女別構成、2018年

	女性	男性	全体
就業人口（1000人）	11,687	11,831	23,517
フルタイムの賃金労働者（%）	70.2	92.1	81.1
パートタイムの賃金労働者（%）	29.8	7.9	18.9

（出所）　Insee, *Tableaux de l'économie française*, Insee, 2020, p.47 より作成。

表4-7　フランスの平均月給の男女格差、2015~2016年（ユーロ）

	2015	2016
女性（F）	1950	1969
男性（H）	2418	2431
全体	2223	2238
男女格差（F－H）/H（%）	-19.4	-19

（出所）Insee, *Tableaux de l'économie française*, Insee, 2020,p.55 より作成。

表4-8　フランスの平均月給の男女格差、職業カテゴリー別構成、2016年（ユーロ）

職業カテゴリー	女性（F）	男性.（H）	全体	男女格差（F－H）/H（%）
執行部	3477	4377	4060	-20.6
中間職	2055	2396	2241	-14.2
従業員	1549	1681	1590	-7.9
労働者	1441	1731	1681	-16.8
全体	1969	2431	2238	-19

（出所）Insee, *Tableaux de l'économie française*, Insee, 2020,　p.55 より作成。

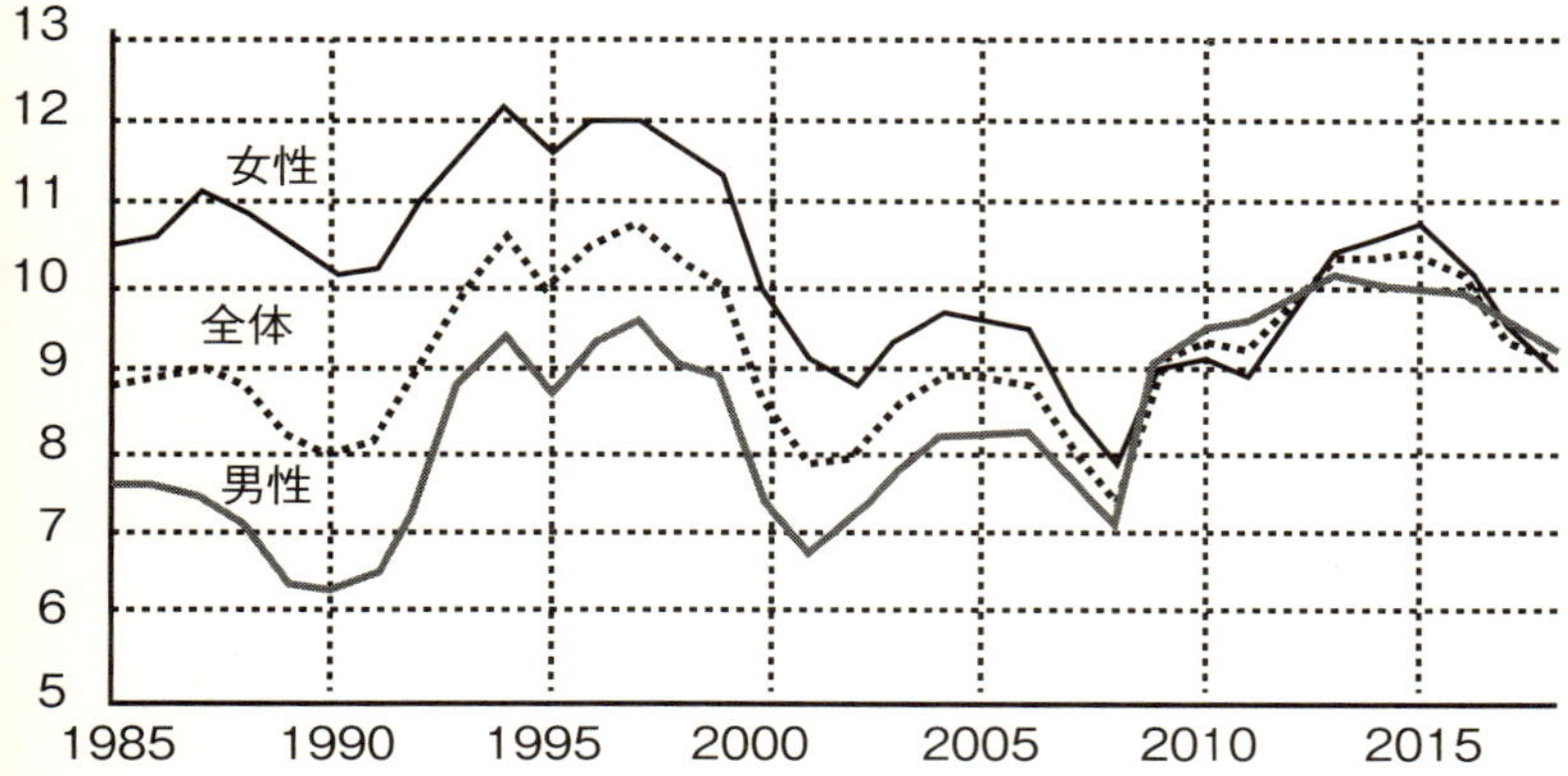

図4-1　フランスの失業率、1985〜2018年（%）

（出所）Insee, *Tableaux de l'économie française*, Insee, 2020, p.43 より作成。

ＥＣＤの調査が明らかにしているように賃金のジェンダー不平等が歴然として存在する(74)。とくに日本と韓国で賃金の男女格差が非常に大きい点に留意すべきであろう。もちろん、そうした格差には労働時間、年齢、並びに職種などの様々な要因が絡んでいるため、その理由を単純に規定するわけにはいかない。しかしここで忘れてならないのは、先進諸国において法律を無視する形で女性に対して報酬の差別が設けられているという点だ。この点についてフランスを例にしながら見ておこう。

表4-7は、二〇一〇年代半ばのフランスにおける平均月給の男女格差を示したものである。見られるように、女性の平均月給は男性のそれより二〇%近くも低い。しかも注目すべき点は、二〇一五〜二〇一六年に女性の平均月給が上昇したにもかかわらず、男女格差は依然としてそれほど変わっていない点で

ある。さらに表4-8を見てみよう。それは同じく、二〇一〇年代半ばのフランスにおける職業カテゴリー別の平均月給の男女格差を表している。これにより、上層のカテゴリーから下層のカテゴリーにいたるまでの男女の賃金格差を確認できる。しかも注目すべきは、むしろ上層の執行部において男女格差は下層の労働者におけるそれを上回っているという点であろう。同一労働同一賃金という原則は、職業カテゴリーとは無関係に守られていないのだ。

ところで、そもそも女性の受け取る賃金の総賃金に占める割合は、ピケティが指摘するように低い(75)。フランスでその割合は、一九七〇年に二〇%にすぎなかった。それから半世紀経た二〇二〇年に同割合は上昇したものの、それは依然として四〇%に満たないほど低い。つまり、男性が賃金の面で半分以上の力を行使しているのだ。また、最も高い報酬をえる人々（全体の一%）のうち女性の占める割合は一九九五年にようやく一〇%を超えた一方、それは二〇二〇年に二〇%弱ほどで低いままである。執行部として巨額の報酬をえている人々の八〇%以上が依然として男性で占められている。この格差の縮小するテンポはあまりに遅いと言わねばならない。

これらの事実からわかるように、フランスでのジェンダー差別は労働条件のレベルでかなり目立つ(76)。フランスで五〇人以上の賃金労働者を抱える企業は、男女格差の数値を公表しなければならないところがその六〇%以上がその義務を果たしていない。またフランスは、パートタイムでの雇用における女性の比率が最も高い国の一つである。さらに女性の雇用はつねに男性のそれの四分の一以下であり、したがって女性の年金も男性のそれより四〇%も低い。そして女性が働くところは、報酬のそれほどよくないセクターに集中している。それにもかかわらず、社会的パートナーの交渉で女性の雇用を改善する協議は全く行われていないのだ。このことは、労働組合においても女性差別がまかり通っていることを示している。

以上に見たように、女性は雇用の面でもまた賃金の面でも差別されている。その結果、女性が貧困に陥る機会は男性の場合よりも大きくなる。この点はフランスを例にしてもわかる。表4-9は、最近のフランスにおける貧困の男女格差を表している。見られるように、貧困の規定を所得のメディアン（中央値）の六〇％以下としても、またそれの五〇％以下としても、いずれの場合も女性の貧困率と貧困者数は男性のそれらを上回っている。とくに貧困者数に関して男女の格差がより大きい。その差は一〇％を超えている。要するに、女性が日常生活を送る上で男性よりも一層困難になる可能性が高いのだ。

（二）ジェンダー差別の解消

ジェンダー差別は今日にいたるまで依然として解消されていない。女性差別は通奏低音の如く、それこそ人間の文明発生時から続いている。それはまずもって家庭内で存在する。実際に家庭内での女性の労働は過重であり、それは長期にわたる。それにもかかわらず、そうした女性労働が社会問題として取り上げられることはほとんどない。ジェンダー差別の解消は現代社

表4-9　フランスにおける貧困の男女格差、2017年

	所得のメディアンの 60%		所得のメディアンの 50%	
	貧困率（%）	貧困者数（1000人）	貧困率（%）	貧困者数（1000人）
全体	14.1	8849	8	5010
女性（F）	14.5	4717	8.1	2639
男性（H）	13.7	4172	7.8	2371
男女格差（F－H）/H（%）	0.06	13.1	0.3	11.3

（出所）Insee, *Tableaux de l'économie française*, Insee, 2020, p.63 より作成。

会における不可避の課題である。

二〇一九〜二〇二〇年にフランスの国立統計経済研究所の行ったアンケートによれば、女性の回答者の二一%が差別の犠牲になったと答えている(77)。さらにそのうちの半分近くの女性が、そうした差別はジェンダー差別によるものとしている。この割合は、二〇〇八〜二〇〇九年の調査におけるものよりも二〇%近くも高い。ジェンダー差別は、二〇〇八年以降の一〇年間に減少するどころか逆に増大したのだ。

このようにして見るとフランスに限って言えば、これまでのフェミニストによる闘いの効果が問われるかもしれない。しかしだからと言って、フェミニスト運動の意義を過小評価することがあっては絶対にならない。それは必ずや実を結ぶときが来る。むしろ問題とされるべきは、男性支配という偏見が現代社会でなぜまかり通ったままなのかという点にこそある。最重要な課題はつねに男性側の意識にある点を決して忘れてはならない。では女性差別を解消するにはどうすればよいであろうか。

ジェンダー差別を解消するための一つの手段として、女性を有利とするクォータ制が導入されてきたことはよく知られている。それは政治と経済の両面で推進された。確かに女性の地位を向上させる上でクォータ制が一定の役割を果たしたことは否定できない。しかし、それは万能薬ではない。女性差別を論じるピケティも、このクォータ制に対して強く反対しないと述べるに止め、それを積極的に支持する姿勢を示していない。どうしてであろうか。フランスを例にしてこの点をまず政治的な側面から考えてみよう。フランスは一九八二年に、ミッテランの率いる社会党政権の下で女性議員の増大を図るためのクォータ制を導入した。それは、男女のいずれも七五%以上の議席を占めることはできないとするものであった(78)。したがってこの規定は、男女の議席を同数にするというようなラディカルなものでは全然ない。そうとは言え、社会党政権の採択した法が女性の地位向上に大きな進歩を示すことは疑いない。当時のフランスで、女性の議員は全体の一〇％以下にすぎなかったからだ。ところがそうした控え目な法でさえ、それは憲法院により平等の原則に反するものとして破棄された。その後もフランスで議会選挙をめぐるジェンダー差別を是正するために、クォータ制が試されてきた。二〇〇〇年の法で、選挙候補リストの男女平等が謳われた。そして女性の候補があまりに少ない政党に対して金銭的制裁も加えられた(79)。しかし、それでもって女性の議席が一挙に増えることはなかった。

他方で経済の側面でも、やはりクォータ制による女性の地位向上がフランスでめざされた。二〇〇八年の第二次憲法改正により、職業の管理責任へのアクセスに対してクォータ制が適用された。また二〇一一～二〇一五年の一連の法で、会社の取締役会における女性の議席を二〇％にするという割当が設けられた。このように女性の取締役を増やす試みがなされたのは、実際に世界で女性の取締役が圧倒的に少ないためであった。図4-2を見てみよう。それは先に見たOECDの調査結果で、二〇〇九年における世界の上場企業の取締役に占める女性の割合を示したものである。見られるように、唯一高い割合を表しているノルウェーでさえ、それは四〇％に満たない。フランスはノルウェーとスウェーデンに次いで高いものの、その割合は二〇％弱に止まっている。そこでフランスは、その目標値を二〇％に定めたのだ。一方、最も経済的に発展した先進国であるはずの日本とドイツにおけるそうした割合は何と五％以下にすぎない。その値は、その他の先進諸国どころか発展途上諸国におけるものよりも低い。このことはまた、先に論じた男女間分業と経済発展の関係を問うことになる。

以上の事実から、企業経営管理の面でいかに女性差別が行われているかがよくわかる。では、クォータ制の導入でそうした差別を根本的に解消できるかと言えば必ずしもそうではない。もちろん、クォー

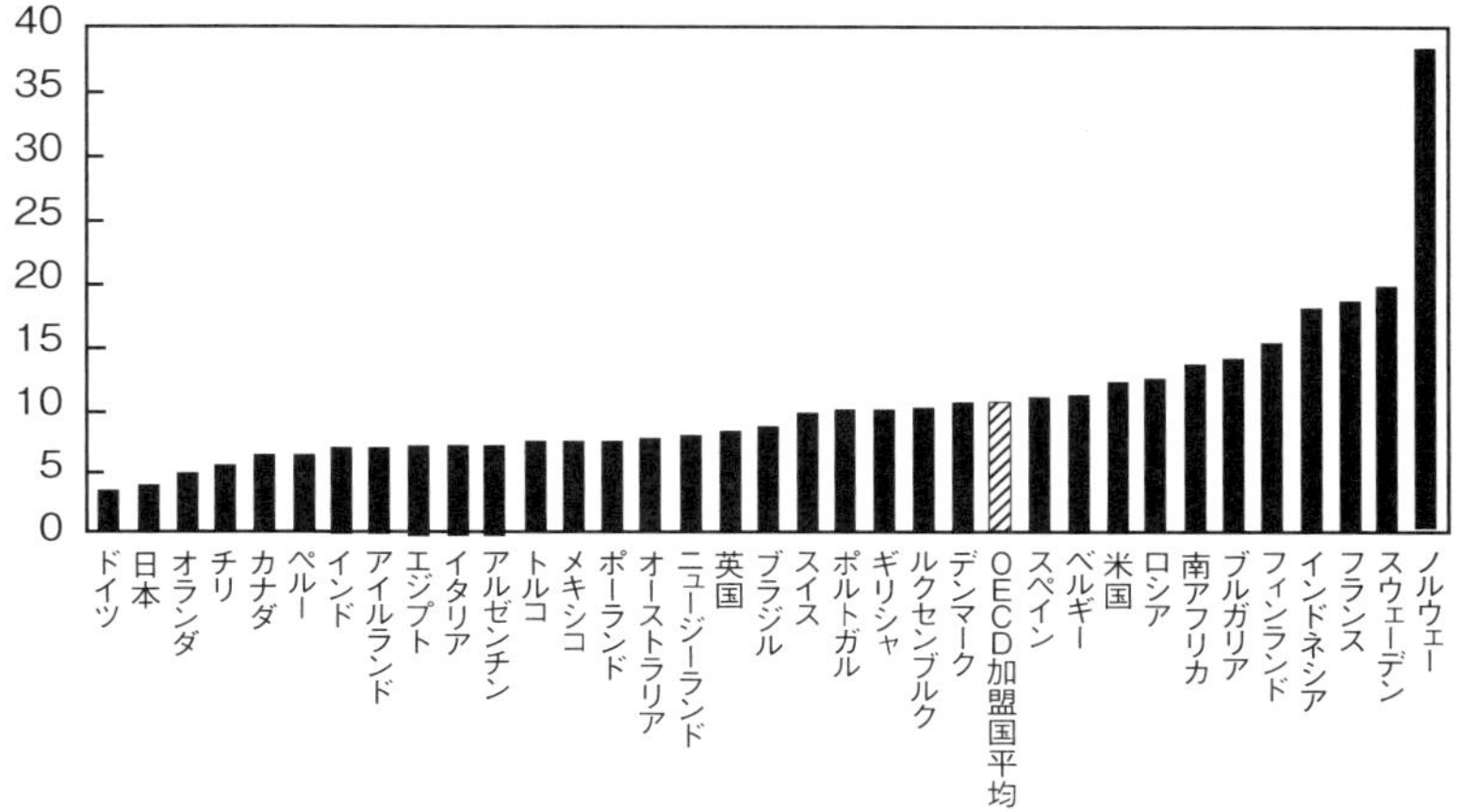

図4-2　上場企業の取締役に占める女性の割合、2009年（%）

（出所）ＯＥＣＤ編『ジェンダー白書』、濱田久美子訳、明石書店、2014年、216ページより作成。

タ制によって女性に対する管理職への道が一層開放されることの意義は非常に大きい。それが積極的差別是正措置の一環として位置付けられることもまちがいない。しかし気をつけるべき点は、そうしたクォータ制が偽善の形で設けられてはならないという点である。つまりクォータ制の導入が、男性支配の社会秩序を維持するためのアリバイづくりになってはならないのだ。フェミニスト運動もそれゆえ、そうした形式の闘いに止まるのではなく、さらなる進歩に向けて展開されねばならない。

このようにして見るとジェンダー差別を解消するには、やはり男性支配に基づく社会秩序を根底から覆す以外にない。ピケティはその点を、例えば報酬制度のあり方に見出す[80]。先に論じたように、女性はお金の面で依然として男性に完全に支配されている。しかし女性の労働は、家庭でのそれを含めれば総労働時間の半分以上を提供していると推計される。それだからピケティは、所得を労働時間に応じて分配すべきと主張する。これによって所得分配は根本的に転換される。ジェンダー間の力関係において、男性が優位に立つことはもはやない。

実際に家父長制的な社会秩序から脱出するには、ジェンダーによる分業すなわち資本主義的再生産における家庭と社会の間の分業という構造を打ち壊す以外にない。確かにクォータ制の導入は、そうしたプロセスを押し進めるための一つの必要条件にはなりえる。しかしそれは十分条件を示すものではない。フェミニスト運動も、そのような社会秩序の転換をめざすものでなければならない。そして何よりも最も大事な点として、男性の意識変革が求められることは言うまでもない。

(三) 女性解放の進展

そうした中で、女性解放に向けた一つの飛躍的な出来事がフランスで起こった。それは、女性の妊娠中絶の自由が認められたことである。フランスは二〇二四年二月二八日に、それこそ「女性の権利の新しいページ」を開いた(81)。上院で、女性の妊娠中絶の自由を保証することが採択されたのだ。フランスはまさに、妊娠中絶を憲法に盛り込んだ世界最初の国となった。欧州の妊娠中絶団体も、この女性の権利の歴史的前進を宣言した。もともとこの権利は極左派の「不服従のフランス」が提起したものであり、左派の議員はそれにこぞって賛同した。しかし、極右派の国民連合の議員の間で妊娠中絶に依然として反対があったことに留意すべきであろう。

実はフランスで妊娠中絶に反対する運動は、一九七〇年以降継続的に行われてきた(82)。したがってこの運動の支持者が、今回の妊娠中絶の憲法化という動きに挑発的な行為を示したのは当然であった。それを主導したのはキリスト教主義の保守的右派である。こうした反妊娠中絶運動は、すべての西側諸国で広がりを示した。しかも同運動が訴えたのは、反妊娠中絶だけでない。それは反ジェンダー平等や反ＬＧＢＴに及ぶ。

他方で、このような反妊娠中絶運動は理論武装も備える。二〇〇〇年代初めにかれらは、「ジェンダーのイデオロギー」をつくり上げた。それは、フェミニストやＬＧＢＴのグループに対抗するためであった。同様にかれらは、政界と接点をもつようになる。伝統的な右派や極右派、並びに右派のポピュリストは、そうした運動の支持者と関係を結んだのだ。ポピュリストが政権を握ったハンガリーやイタリアのような国で、反妊娠中絶運動のプログラムが取り上げられた。フランスでも、女性差別論者のゼムールや極右派がかれらの考えを支持した。そして今回の妊娠中絶の権利に対して、同運動が反対する意向を示したことは言うまでもなかった。では、そうした反対論は世間でつうじたであろうか。半世紀にわたる反妊娠中絶運動に対し、フランスの決定は逆の運動の明白な勝利を示した。実は決定から一年前の段階で、妊娠中絶に関する国民投票を行うことのリスクは大きいと判断されていたのだ(83)。事実、下院と上院の議会でも投票結果は最後までわからなかった。ところが最終的に、上院でも圧倒的多数の賛成票をえることができた。そこには公衆のオピニオンが強く反映されていたのである。反妊振中絶運動はこれに屈したのだ。それはまた、これまでのフェミニストの闘いのきわめて大きな成果を表すものであったと言ってよい。

フランスにおけるフェミニスト運動の歴史は長い。それは一九七四年のヴェーユ法から開始された(84)。それからちょうど半世紀経った節目に、妊娠中絶法が制定されたのである。これはまさに歴史的瞬間であった。一九七〇年代に妊娠中絶という言葉は、フランスでもあるいはまた世界でもラディカルな言葉として使われていた。その中で妊娠中絶は、フェミニスト運動にとって中核を成したのだ。

もちろん、この法でもって女性の権利が完全に保障されたかと言えばそうではない。同法は、女性に対して妊娠中絶の選択自由を与えたにすぎず、その権利までは謳っていないからだ。この点で、今回の妊娠中絶に関する法的措置は妥協の産物と言えるかもしれない。それゆえ今後、フェミニスト運動はその権利の獲得をめざす必要がある。ジャブロンカによれば、妊娠中絶をめぐる闘いは二〇世紀のフェミニストの最も大きな闘争の一つを表す(85)。女性は、生殖の役割と家父長制から解放されねばならない。そのためには、妊娠・出産を自らコントロールできる必要があるのだ。

マクロン大統領は国際婦人デーである三月八日に、妊娠中絶法を公式に発令した(86)。アタル首相は、この決定がジェンダー平等の要因になると宣言した。同法が女性の保護と解放を謳うものであることは疑いない。左派は、妊娠中絶なしにフランスは共和国でないとさえ言い切る。しかしここで注意すべき点は、同法の成立が決して一夜で出来上がったものではない点、またそこには、一九七〇年代に果たしたジスカール・デスタン元大統領の大きな役割があった点であろう(87)。実際に彼は、将来の女性の地位は完全な平等の中でしか保障されないとして、女性に有利な様々な政策を遂行した。ジスカール・デスタンこそが、女性の職業への参入や育児休暇を初めて認めた大統領であった。彼は女性の権利に著しい変化をもたらした。フェミニストが彼を称賛するのもそのためである。

一方マクロンは、確かに妊娠中絶を憲法化した世界最初の人物である。しかし彼は他方で、不妊に対する闘いを宣言しているのだ(88)。それは、フランスにおける近年の出生率の低下に応じたものである。この傾向は先進諸国一般に見られる。この不妊の増大には様々な要因が考えられる。環境や生活習慣などの要因も含まれるであろう。しかし忘れてならないのは、その一つの重要な要因として社会的要因があるという点だ。それは、女性の育児と仕事を両立させることの困難さに求められる。女性はすでに論じたように、ジェンダーによる分業から離脱して社会で仕事をする権利をもっている。それはとくに一九七〇年代以降に保障されてきた。そうであれば、その権利を保ちながら出産と育児を可能とするような社会システムをつくり上げねばならない。マクロンが不妊に反対するのであれば、そのようなシステムを女性に提供する必要があるのだ。一方的な反不妊宣言は、女性の解放に逆行すると言わねばならない。

では、そうした女性の権利を最大限尊重するような社会システムをいかにつくり上げるべきか。これは、現代社会における最大の課題の一つである。女性の生活条件を改善する問題は今日、まちがいなく大きな社会問題となっている。この点は例えば年金問題にも現れる。年金の原資を維持・拡大するためには就業人口の増大が求められる。それだからマクロンは出産を奨励した。しかしそれは、女性の家庭の外で仕事をするという望みを叶えるものでなければ何の意味もない。そうした政策は逆に、これまでの男性支配型の社会秩序を強めることになってしまう。そこで必要とされる改善策は例えば、両親の育児休暇に関するものであろう。これは、欧州で二〇一八年にすでに指令されている。ところがマクロンは、育児休暇に反対してそれを出産休暇にすり変えてしまった。彼が妊娠中絶の法制化を称賛する一方、女性に有利な社会政策のないまま出産を奨励するのであれば、女性の権利と解放に対してこれほど矛盾した姿勢はない。

女性の生活上の困難は、育児と仕事の両立に関してだけでない。実は地域的な不平等も女性の負担を一層大きくさせている(89)。とりわけ田舎では、依然として男性中心の世界が支配的である。そこでは女性は家庭に閉じ込められると共に、子供と両親の世話に多大なエネルギーを費やさざるをえない。しかもそれらの仕事は無報酬なのだ。他方で、そうした地域で女性が雇用にアクセスすることは容易でない。ところがフランスで三人に一人の女性（一一〇〇万人）は田舎で生活している。それなのに、そこでの女性の生活条件を改善する政策は何も打ち出されていない。かれらはまさに、国家に見捨てられているのだ。ジェンダー差別は地域的不平等を伴う。この点を決して忘れてはならない。女性の解放を進めるための一歩を記した妊娠中絶の法制化にしても、医療へのアクセスを考えるとそれは田舎の女性に対して必ずしも保障されていないのである[90]。

このようにして見ると、女性の真の解放に向けた道は依然として遠いと言わねばならない。そうした解放は、今やフェミニスト運動のみに頼るわけにはいかない。極右派や右派ポピュリストの反ジェンダー平等と対決するためにも、一般の人々とりわけ男性のオピニオンによる支持がぜひとも必要とされる。フランスのフェミニズム研究者で哲学者のストルティが指摘するように、ジェンダー間の自由と平等のための闘いは、マイノリティのための闘いでは決してない。それは人類一般のための闘いである[91]。なぜなら、その闘いはすべての人に影響を与えるからだ。それゆえ変えるべきは社会そのものである。そしてその対象となる社会こそが家父長制社会に他ならない。ジャブロンカは、フェミニズムは女性が家父長制社会から離れる権利の獲得を目的とすると唱える[92]。そのことが、女性の解放を真に導くに違いない。人権宣言よりもまずは男女平等宣言を謳う必要がある。家父長制新世とも言える人類史は、明らかに塗り変えられねばならないのだ。

【注】

（1）エリック・ウィリアムズ『資本主義と奴隷制』、中山毅訳、ちくま学芸文庫、二〇二〇年、二〇ページ。

（2）Mazouz, S., *Race*, Anamosa, 2020, p.19.

（3）トマ・ピケティ「人種差別の測定と差別の解消」、尾上修悟訳、トマ・ピケティ、ロール・ミュラ、セシル・アルデュイ、リュディヴィーヌ・バンティニ『差別と資本主義』、尾上修悟、伊藤未来、眞下弘子、北垣徹訳、明石書店、二〇二三年に所収。

（4）同前書、一八～一九ページ。

（5）オルランド・パターソン『世界の奴隷制の歴史』、奥田暁子訳、明石書店、二〇〇一年、二五～三二ページ。

（6）エリック・ウィリアムズ、前掲書、三九～四〇ページ。

（7）ケネス・ポメランツ、スティーヴン・トピック『グローバル経済の誕生——貿易が作り変えたこの世界』、福田邦夫・吉田敦訳、筑摩書房、二〇一三年、二二六～二三〇ページ。

（8）トマ・ピケティ『平等についての小さな歴史』、広野和美訳、みすず書房、二〇二四年、六一～六五ページ。

（9）同前書、七五～七九ページ。

（10）同前書、七五～七八ページ。

（11）同前書、八一～八二ページ。

（12）同前書、第四章。

（13）同前書、六五～六七ページ。

（14）同前書、六九～七一ページ。

（15）Dubet, F., *Tous inégaux , tous singuliers*, Seuil, 2022,p.174.

（16）トマ・ピケティ『平等についての小さな歴史』、前掲書、一六八～一六九ページ。

（17）Fassin, E., "En supprimant la discrimination positive à l'université , la Cour suprême s'aveugle au racisme de la société" , *Le Monde* , 5, juillet, 2023.

（18）トマ・ピケティ「人種差別の測定と差別の解消」、前掲書、三八～四〇ページ。

（19）Dubet, F.,*op.cit.*, p.157.

（20）Mazouz, S., *op.cit.*, pp.26-27.

（21）*ibid.*, pp.36-41.
（22）トマ・ピケティ「人種差別の測定と差別の解消」、前掲書、四一ページ。
（23）Dubet, F., *op.cit.*, pp.158-160.
（24）Rosanvallon, P., *Les épreuves de la vie — Comprendre autrement les Français*, Seuil, 2021, p. 97.
（25）Mazouz,S., *op.cit.*,pp.45-47.
（26）Rosanvallon, P., *op.cit.*, pp.99-100.
（27）*ibid.*, pp.89-90.
（28）Mazouz, S., *op.cit.*, p.57.
（29）*ibid.*, pp.88-89.
（30）Rosanvallon, P., *op.cit.*, pp.92-93.
（31）トマ・ピケティ「人種差別の測定と差別の解消」、前掲書、二六〜二九ページ。
（32）同前書、三〇〜三一ページ。
（33）同前書、四八〜五一ページ。
（34）Trippenbach, I., “L’hypothèse d’une candidature de Zemmour inquète et irrite le RN”, *Le Monde*, 4, septembre, 2021. Finchelstein , G., et Teinturier , B., “Éric Zemmour, une percée , malgré des traits d’image mauvais”, *Le Monde* , 23, octobre , 2021.
（35）Johnnès, F., “Islam, immigration, place des femmes…obsessions du politiste”, *Le Monde*, 21, septembre, 2021. Trippenbach, I., “Quand Zemmour prêche sa <<vraie histoire>>de France”, *Le Monde*, 21, septembre, 2021.
（36）Trippenbach, I., “Zemmour galvanise les identitaires radicaux” , *Le Monde*, 4, novembre, 2021.
（37）Cajé, J., *Pour une télé libre contre Bolloré* , Seuil, 2022, pp.15-18.
（38）Labarre, J., “Les fidèles de Cnews confient volontiers leurs sympathies pour l’extrême droite” , *Le Monde*, 7, mars, 2024.
（39）拙著『「社会分裂」に向かうフランス』、明石書店、二〇一八年、一六三〜一六六ページ。

(40) Johannès, F., et Trippenbach, I., "Marine Le Pen veut sacraliser la << priorité nationale >>" , *Le Monde*, 30, septembre, 2021.

(41) Service Politique, "La crise ukrainienne bouscule la campagne présidentielle", *Le Monde*, 23, février, 2022. Kaval, A., "En Europe , l'extrême droite ajuste son discourt" , *Le Monde*, 11, mars, 2022.

(42) 拙著『BREXIT「民衆の反逆」から見る英国のEU離脱』、明石書店、二〇一八年、七〇ページ。

(43) Pascual, J., "Un tiers des moins de 60 ans a des origines immigrés", *Le Monde*, 7, juillet, 2022.

(44) トマ・ピケティ「人種差別の測定と差別の解消」、前掲書、四一ページ。

(45) Dubet, F., *op.cit.*, pp.163-165.

(46) Herzog, C., "<< J'ai mal à ma France >> émotion et colère après la mort de Nahel", *Le Monde*, 29, juin, 2023. Albertini, A., "Un ado tué par un policier, des heurts à Nanterre", *Le Monde*, 29, juin, 2023.

(47) Benjin, R.,"La seule question après la peine face au décès d'un adolescent, c'est celle des raisons de l'inaction", *Le Monde*, 2-3, juillet, 2023.

(48) Gatinois, C., et Trippenbach, I., "Macron et la réforme de la police, l'impossible débat", *Le Monde*, 9-10, juillet, 2023.

(49) Chemin, A., entretien avec François Dubet," << Tout se passe comme si les rages et les révoltes ne débouchaient sur aucun processus politique >>", *Le Monde*, 4, juillet, 2023.

(50) Bronner, L., "Les leçons d'émutes sans précédent" , *Le Monde*, 8, juillet, 2023.

(51) "Quartiers: quarante ans de désastre", *L'Express*, 6, juillet, 2023, p.17.

(52) 拙著『「社会分裂」に向かうフランス』、前掲書、六九～七六ページ。

(53) Piketty, T., "La France face à ses fractures territoriales", *Le Monde*, 9-10, juillet, 2023.

(54) トマ・ピケティ「人種差別の測定と差別の解消」、前掲書、二四～二五ページ。

(55) フリードリヒ・エンゲルス『家族、私有財産および国家の起源』、村井康男、村田陽一訳、大月書店、一九五四年。

(56) 同前書、七一～七三ページ。

(57) 同前書、八四～八五ページ。
(58) 同前書、九四～九五ページ。
(59) ピエール・ブルデュー『男性支配』、坂本さやか・坂本浩也訳、藤原書店、二〇一七年。
(60) 同前書、一二四～一二六ページ。
(61) 同前書、二八ページ。
(62) 同前書、一二九～一三〇ページ。
(63) Rosanvallon, P., *op.cit.*, p.104.
(64) トマ・ピケティ『平等についての小さな歴史』、前掲書、一五九～一六三ページ。
(65) ピエール・ブルデュー、前掲書、二四～二五ページ。
(66) 同前書、一二ページ。
(67) イヴァン・ジャブロンカ『マチズモの人類史――家父長制から「新しい男性性」へ』、村上良太訳、明石書店、二〇二四年。
(68) 同前書、八四ページ。
(69) 同前書、九四～九八ページ。
(70) 同前書、三八ページ。
(71) セシル・アルデュイ「ゼムールの言語」、眞下弘子訳、トマ・ピケティ、ロール・ミュラ、セシル・アルデュイ、リュディヴィーヌ・バンティニ『差別と資本主義』、前掲書、一〇八ページ。
(72) Insee , *Tableaux de l'économie française* , Insee, 2020,p.53.
(73) ピエール・ブルデュー、前掲書、一三六ページ。
(74) ＯＥＣＤ編『ジェンダー白書』、濱田久美子訳、明石書店、二〇一四年、一九四ページ。
(75) トマ・ピケティ『平等についての小さな歴史』、前掲書、一五九～一六〇ページ。
(76) Marty, C., et Silvera, R., "En France, les inégalités salariales entre femmes et hommes persistent", *Le Monde*, 8, mars, 2024.

(77) Couvelaire, L., “Le << sentiment de discrimination >> en hausse”, *Le Monde*, 7, juillet, 2022.
(78) トマ・ピケティ「人種差別の測定と差別の解消」、前掲書、五八ページ。
(79) トマ・ピケティ『平等についての小さな歴史』、前掲書、一六一～一六二ページ。
(80) 同前書、一六〇ページ。
(81) Cordier, S., et Darame, M., “TVG dans la Constitution : le Sénat ouvre la voie”, *Le Monde*,1, mars, 2024.
(82) Codier, S., entretien avec Neil Datta, “<< Les anti-IVG savent que leur cause est plus ou moins perdue >>”, *Le Monde*, 29, février, 2024.
(83) Darame, M., “Le long parcours pour faire entrer l'IVG dans la Constitution”, *Le Monde*, 5, mars, 2024.
(84) Cordier, S., “Un << moment historique >> pour les droits des femmes”, *Le Monde*, 5, mars, 2024.
(85) イヴァン・ジャブロンカ、前掲書、一四八～一四九ページ。
(86) Darame, M., “TVG dans la Constitution: << Quelle fierté>>”, *Le Monde*, 6, mars, 2024.
(87) Méaux, A., “L'inscription de l'IVG dans la Constitution doit beaucoup aux réformes de Valéry Giscard d'Estaing”, *Le Monde*, 8, mars, 2024.
(88) Lopez, J., entretien avec Samir Hammah, “Infertilité : << notre santé reproductive est en danger >.>”, *Le Monde*, 19, janvier, 2024.
(89) Bordenet, C., “Les femmes , angle mort des politiques rurales”, *Le Monde*, 9, mars, 2024.
(90) Cordier, S., “Même inscrite dans la Constitution, L'IVG reste une autre d'obstacles”, *Le Monde* , 20 , mars, 2024.
(91) Storti, M., *Pour un féminisme universel*, Seuil, 2020, p.102.
(92) イヴァン・ジャブロンカ、前掲書、一六七ページ。

第五章　グローバルサウスと不平等体制

今日、グローバルサウスという言葉は書物やメディアなどで盛んに登場する。それは一般に南あるいは発展途上国を指すものとして用いられている。しかしその現代的な意味合いは、たんなる地理的な範囲に限られない。南の諸国は現在、明らかに一つの大きなまとまりのある存在とパワーを示している。かれらの多くはアフリカを中心に、かつての北側の列強の植民地であった。この旧植民地が旧宗主国に反逆し始めたのだ。さらにそれだけでない。南の諸国は、これまで北の諸国により引き起こされた金融危機、健康危機、並びに気候危機によって甚大な被害を受けてきた。これにより南は怒りと恨みを抱きながら、北に猛烈に反発してまとまった抗議の姿勢を露にした。かれらは、グローバルサウスとして一つの勢力を世界的に発揮するにいたる。それはちょうど半世紀前（一九七〇年代半ば）に現れた、南の資源ナショナリズムに基づく新国際経済秩序（ＮＩＥＯ）を求める運動を彷彿させる。否、それどころか今日のグローバルサウスの動きには、自らの手で新たに公正な国際秩序をつくろうとする意思さえ見られる。かれらは確かに、経済の面で新興諸国を中心に明らかに大きな存在感を表している。実際にかれらの経済力はすでに、北のＧ７のそれを上回っているのだ。それゆえ北は、否が応でもグローバルサウスを認めざるをえない。本章の目的は、このようなグローバルサウスのパワーの増大によって変化しつつある南北関係の問題を論じながら、現代のグローバル不平等体制を解消するべき方向を見出すことである。

一　ポスト植民地主義とグローバルサウス

（一）植民地主義と賠償責任

前章で論じたように、人種差別は歴史的に奴隷制に由来する。そして今日の南北格差の歴史的起源も、やはりかつての奴隷制と植民地体制に求められる。そこで受けた植民地の莫大な損害は奴隷制の解放後も、また植民地の独立後も一掃されることはない。例えば、やはり前章ですでに示したように、奴隷制が廃止されたことによって奴隷所有者に対して旧植民地が巨大な賠償金の支払いを命じられたことは、その代表的なエピソードであろう。

奴隷制と植民地主義が残した傷跡は依然として深く残されている。そうした中で今日、一つの大きな変化が見られる。旧宗主国に対し、奴隷制を設けたことに対する謝罪と賠償が求められているのだ。この点はフランスのケースで明らかにされた(1)。フランスは奴隷制が「人類に対する犯罪」であったことを認めたものの、それは、純粋にモラルの面からの話にすぎなかった。奴隷制に対して金銭の面で賠償する可能性は否定されたのである。ところがこれを契機に、旧フランス領においてそうした賠償請求が一挙に高まった。フランス海外県の一つであるマルティニークで「賠償のための人の列」という組織が、かつての黒人奴隷売買と奴隷制に対する賠償を求めた。それは、「賠償のための国際運動」に展開され、フランスと汎アフリカの様々な団体により支持された。西インド諸島のフランス海外県であるグアドループも同運動に二〇一七年に加わっている。一方、二〇一三年に「黒人連合の代表理事会（CRAN）」がフランスの預金供託公庫に訴え出た。それは、ハイチの奴隷制廃止後の新しい財産づくりをめざすものであった。その翌年にCRANは、一九二〇年代の鉄道建設における黒人に対する非人道的強制労働を訴える動きを示したのである。

では、これらのフランスの旧植民地が起こした賠償請求の運動に対し、フランス政府はいかなる反応を示したか。かれらは、その種の要求をつねに斥けると同時に、フランスに反抗するすべての活動に対しても同様の姿勢を表したのだ。ただし、二〇一七年に事態を打開するために二つの提案が出された。一つは物質的な賠償への道を開くことであり、もう一つは強制労働をめぐる犯罪の対象を拡げることであった。しかし、これらの案は、いずれも実を結んでいない。他方で、奴隷制と結びついた賠償の要求は増大し多様化する。そうした要求は国民的状況に応じるものとなる。例えばキューバでは、奴隷の子孫に対する最良の賃金が、またブラジルでは土地の再分配と積極的差別是正措置が各々求められたのである。

ところが今日、それらの旧宗主国に対する賠償が即座に認められるような状況ではない。この点はとりわけフランスについて明らかだ。フランスが、この賠償に対して過度に慎重な態度を示していることは否めない。これに対しドイツは二〇二一年に、二〇世紀初めのナミビアにおける大虐殺に対し一〇億ユーロ以上の賠償を決定した。またオランダも二〇二二年一二月に、奴隷制に対して謝罪すると共に二億ユーロを賠償する。他方でフランスでは旧植民地に対する賠償が、たんなる歴史的記憶の問題として倫理的に処理されているにすぎない。そこでは、物質的な賠償でさえ行われていないのだ。この点は、左派政権においても変わらない。社会党政権下のオランド大統領は二〇一三年五月に、フランスが犯した歴史的犯罪のすべてを必ずしも清算しないことを表明したのである。一方、中立を装うマクロン大統領も、二〇二三年の段階でハイチの奴隷制廃止に伴う賠償問題に言及することはなかった。彼は、一八二五年にハイチに対してフランスが課した巨大な債務について触れようとはしなかったのだ。フランスのこうした姿勢は現代の変化する南北関係の中で保てるであろうか。それに対して旧植民地の国々が猛烈に反発することはまちがいない。

このような、かつての奴隷制と植民地主義に対して旧宗主国が金銭の面でも物質の面でも相応な賠償を行うべきとする主張は、理念的にもまた実践的にも今日急速にその重みを増している。旧宗主国は、この動きにきちんと対応しなければならない。なぜなのか。旧宗主国を中心とした資本主義諸国は、そもそも奴隷制と植民地主義のおかげで発展の動力を与えられてきたからだ。そこでは二重の搾取が行われた。一つは奴隷労働という極限的な人間の肉体と精神の搾取であり、もう一つは莫大な天然資源の搾取である。先に見たウィリアムズの研究は、それらの搾取と資本主義の発展が連結された歴史的構造を初めて我々に暴いて見せてくれたのだ。それはまさに目から鱗が落ちるほどのものであった。それから半世紀以上を経て、ウィリアムズの研究を一層深める動きがとりわけ米国で見られる。ポメランツらを中心としたワールドヒストリー研究が、奴隷制と植民地主義が産業資本主義の発展に果たした歴史的役割を実証的に詳細に分析しているのはその証左である。

奴隷制と植民地主義は疑いなく、人類史上最も極端な不平等をつくり出した歴史的事例だ。人種差別が奴隷制に由来するのと同じく、富の世界的格差として示されるグローバル不平等もこの事例に端を発している。現代における先進諸国と発展途上諸国との経済格差の歴史的起源もここにあると言ってよい。それゆえピケティも、そうしたグローバル不平等を歴史的実証的に明らかにするワールドヒストリー研究を高く評価する。彼は、ポメランツらの研究を「資本主義の新しい歴史」を描くものとしてそれを支持している(2)。西側の産業資本主義の発展は国際分業システム、天然資源の過度の採取、並びに欧州列強と他の世界との間で実行された軍事的・植民地的支配と密接に結びついていた。彼はこのように、ウィリアムズから始まりポメランツに至るまでの研究成果を、グローバル不平等を考える上で必要不可欠なものとして捉える。実は最近のルモンド紙上でピケティとポメランツの研究が取り上げられ、かれらの研究が、現代世界の不平等を説明する歴史的要因を奴隷制と植民地主義に求める点で補完的なものであるとみなされている(3)。

このようにして見れば、旧宗主国が旧植民地に対するかつての犯罪的行為に対して賠償するのは当然のことではないか。ピケティが論じるように、過去を知ることは現行の経済システムの起源と不公正をよく理解させるのだ(4)。もちろん旧植民地に対する賠償責任の問題は複雑であり、それは一朝一夕に片付く問題ではない。しかしここで銘記すべき点は、植民地主義によって受けた被支配国の被害に対し、旧宗主国が金銭的にも物質的にも賠償責任を果たすことは、旧植民地の被った不平等をシステミックに解消する上で必須の条件になるという点であろう。もしも旧宗主国がそのことに気づかないのであれば、あるいはそのことがわかっていてもそれを無視するのであれば、旧植民地のかれらに対する恨みと反発が高まることはまちがいない。

(二)ポスト植民地主義と植民地性

以上に見たように、旧植民地は資本主義の発展を歴史的に支えると同時に、奴隷制を中心とする不平等体制を強いられてきた。そこで問題とされるべきは、今日のグローバルサウスの一翼を担ってい

郵便はがき

料金受取人払郵便

神田局
承認

2420

差出有効期間
2025年10月
31日まで

切手を貼らずに
お出し下さい。

101-8796

5 3 7

【受 取 人】

東京都千代田区外神田6-9-5

株式会社 **明石書店** 読者通信係 行

お買い上げ、ありがとうございました。
今後の出版物の参考といたしたく、ご記入、ご投函いただければ幸いに存じます。

ふりがな お 名 前	年齢	性別

ご 住 所 〒 -

TEL ( ) FAX ( )

メールアドレス	ご職業（または学校名）

＊図書目録のご希望 □ある □ない	＊ジャンル別などのご案内（不定期）のご希望 □ある：ジャンル（ □ない

書籍のタイトル

◆本書を何でお知りになりましたか？
□新聞・雑誌の広告…掲載紙誌名[ ]
□書評・紹介記事……掲載紙誌名[ ]
□店頭で □知人のすすめ □弊社からの案内 □弊社ホームページ
□ネット書店 [ ] □その他[ ]

◆本書についてのご意見・ご感想
■定　価 □安い（満足） □ほどほど □高い（不満）
■カバーデザイン □良い □ふつう □悪い・ふさわしくない
■内　容 □良い □ふつう □期待はずれ
■その他お気づきの点、ご質問、ご感想など、ご自由にお書き下さい。

◆本書をお買い上げの書店
[市・区・町・村 書店 店]

◆今後どのような書籍をお望みですか？
今関心をお持ちのテーマ・人・ジャンル、また翻訳希望の本など、何でもお書き下さい。

ご購読紙 (1)朝日 (2)読売 (3)毎日 (4)日経 (5)その他[新聞]
定期ご購読の雑誌 [ ]

協力ありがとうございました。
意見などを弊社ホームページなどでご紹介させていただくことがあります。 □諾 □否

ご 注 文 書◆ このハガキで弊社刊行物をご注文いただけます。
□ご指定の書店でお受取り……下欄に書店名と所在地域、わかれば電話番号をご記入下さい。
□代金引換郵便にてお受取り…送料+手数料として500円かかります(表記ご住所宛のみ)。

	冊
	冊

定の書店・支店名

書店の所在地域
都・道 府・県 市・区 町・村

書店の電話番号 ( )

る旧植民地が、依然として植民地主義の痕跡を抱えて不平等な扱いを受けている状況をどのように捉えたらよいかという点である。

この点について我々はすでに「新植民地主義」という分析概念をもっている。この概念は、植民地が仮に独立をかちえたとしても、かれらはやはり旧宗主国から様々な形で支配を受けている点で、かつての植民地主義が新たに生まれ変わったにすぎないとするものである。したがってそれは、植民地の独立を明らかに過小評価する。ここに問題がある。アフリカの年と言われる一九六〇年に、数多くの植民地が政治的に独立したことは歴史的事実だ。それにもかかわらず、政治的支配を伴う植民地主義という概念を相変わらず用いるのは、歴史を無視した誤った考えではないか。こうした新植民地主義論に対する批判は、政治的な観点から見て全く正当であろう。それだから一九六〇年代以降、新植民地主義論に対する批判が高まった。これにより、新植民地主義という用語はあたかも死語の如く扱われたのである。

それでは、これでもって植民地主義をめぐる議論が終りを告げたかと言えば決してそうではない。確かに今日の旧植民地において、植民地主義の痕跡は依然として根強く残されている。それはまた、かれらを様々な面で支配する形をなお示している。つまり、政治的に独立して新しく生まれ変わったはずの旧植民地の中に旧宗主国の姿をはっきり見ることができる。そこでこのような状況を把握する考え方として、新たに「ポスト植民地主義」なる概念が登場する(5)。この概念はポスト植民地に関する研究が進む中で、とりわけ米国の研究者の間で一九八〇年代に盛んに用いられるようになる。それはまた、植民地化された国々が被っている様々な不平等を解消するための、そしてそうした不平等体制を強いる旧宗主国の世界を批判するための概念装置として考えられたのだ。

　このポスト植民地主義を唱える論者は、欧州が世界の中心ではない、つまり欧州のアイデンティティがその他の地域のそれより上に位置することはないとみなす。したがってそこでは、欧州が最終目標であるような単線的歴史観が排除される。そしてそうしたアプローチは、植民地化が被支配社会に与えた根本的影響を考察する。かれらは、植民地時代の痕跡は銅像や通りの名前に見られるだけでなく、実は旧植民地の社会関係にも明確に刻み込まれていると唱える。そうした関係には経済、文化、並びに政治のすべての側面が含まれる。そうだとすれば植民地主義が終焉したからと言って、旧植民地が直ちに自立的な道を歩むことは難しい。そこには依然として「植民地性（コロニアリテ）」とも呼ぶべきものが消え去っていないからである。

　植民地性という言葉は一九九〇年代につくられたと言われる。それは、旧植民地における経済的、文化的、並びに政治的な面での旧宗主国による支配体制の継続を意味する。これこそまさに、北と南の間の関係を支配している不公正な国際秩序そのものを示しているのではないか。したがってこの植民地性という概念は、政治的な支配力の消滅によってその意義を失った新植民地主義とは異なる。それは民族的、ジェンダー的、文化的、並びに社会心理的な支配関係をも表している。しかもそれは、歴史的に植民地化の過程で生み出された。植民地性に基づくポスト植民地主義はこうして、仮に政治的に脱植民地化した世界においても、旧宗主国と旧植民地の間の支配関係が存続している姿を暴く概念として現れたのだ。

　旧植民地の数多くは現代においてさえ、脱植民地化を完全に達成していない。それゆえ我々は、そのような旧態依然とした不公正な国際秩序を変える必要がある。そのための分析視点として、「脱植民地化アプローチ」なるものが植民地性の概念と同じく一九九〇年代につくられた。このアプローチは、あくまでもグローバルサウスの側から考える視点を意味している。それはまた、これまで語られてきた旧宗主国側からの、すなわち北側からの歴史を塗り替えるものである。

このようにして見ると、ポスト植民地主義、植民地性、並びに脱植民地化アプローチなどの概念はいずれも、これまで正当なものとみなされてきた、いわゆる北側のユニバーサリズムに根ざした国際秩序に反旗を翻すものであると言ってよい。他方で北の保守主義者の間では、そうしたグローバルサウスの被る不平等の是正を強く拒む姿勢が依然として欧米を中心に根強く見られる。しかしこうした北の考えは、もはやグローバル社会で通用しない。事実、現行の国際秩序に対してグローバルサウスは猛烈に反発し始めた。この点は例えば、アフリカの旧フランス植民地における軍事クーデターとして劇的に現れたのだ。そこで次に、そうした事件を取り上げてその意味を考えることにしたい。

二　旧植民地の反逆——アフリカの旧フランス領をめぐって

サハラ以南の西アフリカにおける旧フランス領では二〇二三年に、ニジェールとガボンが立て続けに軍事クーデターを引き起こした。これらの旧植民地の反逆はどうして生まれたのか、またそのことは何を意味するかを以下で検討することにしたい。

（一）ニジェールの軍事クーデター

ニジェールは、アフリカのサヘルに位置する。サヘルは、サハラ砂漠南部の西アフリカ（セネガル）から東アフリカ（スーダン）に至る半乾燥地帯であり、ニジェールはこのサヘルと北アフリカ及び西アフリカの交差するところにある。そして歴史的にニジェールは一九世紀末よりフランス植民地であり、一九六〇年にニジェール共和国として独立した。では、かれらは即座にフランスとの関係を断ち切れたかと言えばそうではない。まず問題とされるべきは、ニジェールにおけるフランス軍の存在である。フランスはこれまで、ニジェールのイスラム過激派のテロリズムに対抗するために軍事的に対応してきた。こうしたフランスのアフリカにおける軍事的展開はニジェールに限られない。それは隣国のマリやブルキナファソでも見られる。この軍事的対応は、ジハード（聖戦）主義に対抗するものとして正当化されてきたのだ。フランスの国防相は二〇二二年一一月に、「アフリカは我々の戦略の一部を成す」と表明している[6]。そこで問われるのは、フランスのそうした軍事行動によってアフリカの旧フランス領の国々がほんとうに安全保障をかちえたかという点であろう。もしそうでなければ、かれらがフランスに反発することは疑いない。そして実際にフランス軍は、ジハード主義との闘いで失敗したのである。

一方、経済的にもフランスはこれまでニジェールと深

表5-1　世界のウラン生産の国別構成、2016～2020年（トン）

国名	2016	2017	2018	2019	2020
ロシア	3005	2917	2904	2911	2846
ナミビア	3657	4529	5882	5622	4204
ニジェール	3478	3485	2910	2863	2991
カナダ	14037	12433	7320	6871	4085
カザフスタン	24586	23321	21705	22808	19477
ウズベキスタン	3325	3400	3450	3500	3500
オーストラリア	6235	5713	6562	6553	6168
世界全体	62900	60100	54700	54500	46300

（出所）Idoine, N.E., Raycraft, E.R., Shaw, R.A., et.al., *World mineral production, 2016-2020*, British geological survey, 2022, p.75 より作成。

く関係してきた。それは、ニジェールに埋蔵される鉱物のウラン生産と結びついている。表5-1は、最近の世界のウラン生産を国別に示したものだが、見られるようにニジエールはナミビアと並んでアフリカ最大のウラン生産国であることがわかる。ニジェールは、ウランの世界七大生産国の一つに数えられる。それゆえフランスは、このニジェールのウラン鉱山に早い段階から注目してきたのだ。フランス国有の多国籍企業オラノは、約五〇年間にわたってニジェールの三つのウラン鉱山を支配してきた[(7)]。オラノは原子力燃料に特化した多国籍企業である。その戦略にはフランス政府の意向が強く働いている。かれらの執行部はニジェール政府との間で、二〇四〇年までウランを採掘することに合意した。こうしてニジェールは、欧州に対するウランの最大の供給元となる。オラノはその後、ジハード主義者による攻撃の脅威からウランの調達先を多様化した。それでもニジェールのウラン供給に占めるシェアは、二〇二二年にカザフスタン（約二七％）に次ぐ地位（約二五％）を誇っている。このようにして見れば旧宗主国であるフランスの、旧植民地における鉱物資源の支配は依然として行われていると言わねばならない。

ところで、ニジェールに対して軍事的、政治的、並びに経済的な関係を密にする先進諸国はフランスに限られない[(8)]。例えば米国は、ニジェールの首都ニアメに軍事基地を設けている。またドイツも二〇一八～二〇二二年に、ニジェールに特別な軍隊を結成した。一方、ニジェールに対する西側諸国の投資も古くから盛んに行われてきた。とくに二〇〇一年のイスラム過激派のテロ行為後に、それは非常に増大した。この点は当然米国の場合にはっきりと現れた。

こうしてニジェールは、フランスとドイツが推進する対テロ戦略の最大の恩恵国となる。それはサヘル同盟の創出に基づく。この同盟はサヘルＧ５（モリタニア、マリ、ブルキナファソ、ニジェール、並びにチャド）の安定と発展のための国際協力の土台となるものである。サヘル同盟は、その主たる資金供給元であるEU、米国、並びに世界銀行に対してより迅速な出資を求めた。これにより二〇一七～二〇二一年に、サヘルG5に行われた二国間支援は約六〇％増大し二九億ドル（二六億ユーロ）にも達する。ニジェールの受取り額も倍になり、かれらは最大の恩恵国となった。

では、そうした金融支援によってニジェールの困難が一掃されたかと言えばそうではない。そこには経済困難に加えてもう一つの困難が現れたのだ。それは人口の記録的増大である。このことは、ニジェールが移民の流出国になる可能性を示した。実際に二〇一五年の段階でニジェールは、欧州への移民の最大の送り出し国であった。そもそもジハード主義者による圧力は、サヘルでとくに強い。そのためサヘルはつねに政治的に不安定な地域に置かれる。このことに貧困が加わればどうなるか。ニジェールから大量の移民が欧州に押しかけたのは当然であろう。事実、ニジェールは安全保障の危機に強く晒されていた。サヘル同盟と結びついた国際的共同体は、ニジェールをフォローサポートすることに失敗したのだ。実は国連事務総長のグテーレスは二〇二二年九月に、サヘルにおける「集団的失敗」をすでに指摘していたのである。

このような中でサヘルでは、二〇二〇年のマリを筆頭に、チャドやブルキナファソにおいて軍事クーデターがなだれのごとく引き起こされた。表5-2は、その概略を示したものである。こうした状況を踏まえれば、ニジェールにも軍事クーデターが起こるのは時間の問題であった。バズム大統領が二〇二一年に選出され、彼は一応、ロシアのプリゴジンが率いるワグネル軍事会社と隣国のクーデター支持者に対抗することを宣言した。西側諸国も、ニジェールをジハード主義とロシアの進出に対決するためのモデルとみなした。しかし、それは幻想にすぎなかった。バズム政権は三年ももたず

表5-2　西アフリカ諸国の軍事クーデター

国名	年月	クーデターの内容
マリ	2020年５月	・2013年以来政権を握るケイタ政府の転覆。 ・2021年５月に新たなクーデターが起こり、ゴイタ大佐が政権を掌握。
チャド	2021年４月	・2021年４月にデビー大統領の戦死後、軍事顧問が政権掌握。それは大統領の息子により統治される。
ブルキナファソ	2022年１月	・2015年以来政権を握るカボレ大統領の政府が転覆。 ・ダミバ大佐が政府のトップになるが、彼自身も2022年９月に失脚し、トラオレ大尉が代わって政権掌握。

（出所）Ricard,P. et Vincent, É, “Paris bousculé dans son ancien pré carré africain”, *Le Monde*, 1, septembre, 2023 より作成。

に転覆されたのだ。二〇二三年七月二六日に軍事クーデターが起こり、大統領防衛長のティアニ将軍が政権を握ったのである(9)。このクーデターに対してフランスは、バズム大統領の再任を要求する一方、駐留するフランス軍の撤退を表明した。マリ、ブルキナファソ、並びにニジェールは、もはやフランス軍の駐留を認めなかった。他方でフランスは、革命政権と関係することを拒否した。この点は米国の姿勢と対照的であった。フランスも米国も、サヘルのジハード主義グループの拡大を阻止することで、また軍事クーデターを非難することで共通している。そして革命政権が、サヘルの安全保障を何も提供しないという認識で両国は一致を見る。ところが米国のバイデン政権は、マリの場合と同じくニジェールの革命政権とも対話する必要を示した。かれらはクーデター後に、ニジェールに対する軍事支援を直ちに減らす一方、人道支援の継続を約束した。米国のブリンケン国務長官は、軍事力の行使はありえないとし、西アフリカ諸国経済共同体による軍事介入も認めなかった。米国は外交の路線を貫いたのである。

サヘルにおける米国とフランスの軍事協力は、一般的には補完的とみなされる。しかし両国の間で、戦略的利害は必ずしも一致していない。ニジェールにおける米国軍の駐留は、Ｇ・Ｗ・ブッシュ大統領時代の遺産にすぎないのだ。米国にとっての唯一の利害は、ニジェールで存在感を増すロシアの力を排除することにある。これに対してフランスを始めとする欧州にとっての最大の問題は、ニジェールの安全保障と同時に、そこからの欧州への大量移民である。

一方、旧宗主国のフランスにおいては、旧植民地に対する継続的な政治的・経済的支配を断たれることへの憤慨が見え隠れする。この点は否定できない。しかし、フランスのニジェールに対するそうした姿勢はもはや通用しないのだ。ニジェールはこれまで長い間、二つの闘い、すなわちジハード主義に対する闘いとアフリカへのロシアの影響に対する闘いの軸として位置付けられてきた(10)。さらに追加すべき闘いがある。それは貧困との闘いである。ニジェールは世界で最も貧しい国の一つであることを忘れてはならない。これらの闘いの中でニジェールの人々は疲れ切っていると同時に、フラストレーションも極度に高まっている。それらが、かれらの反フランス感情と結びつくことは言うまでもない。フランス政府は大統領を始めとして、こうしたニジェールの悲惨な状況をきちんと理解してきたであろうか。そうであれば人々のフランスに対する怒りと恨みは生まれなかったはずだ。大量の人々の流出が起こる以前に、それを起こさせないことに努めるべきではなかったのか。今回のニジェールのクーデターは、このことを問いかけている。

(二) ガボンの軍事クーデター

ニジェールでの軍事クーデターが発生してからわずか一ヵ月後に、今度はニジェールと同じくフランスの旧植民地であったガボンで同様のクーデターが起こった。それは、大統領選挙の結果を受けてまもなくの出来事であった。三期目の七年任期の大統領として選出されたA・ボンゴは、「アフリカでは負けるための選挙を組織したことはない」と豪語するほどの絶大な権力者であった(11)。しかし彼の政権は、クーデターによってあっという間に転覆した。このクーデターは、旧宗主国のフランスにとってきわめて衝撃的であった。ガボンは一九六〇年に政治的に独立して共和国になったものの、フランスとの関係は他の旧植民地のどこよりも親密さを維持してきたからである。

ガボンの独立後の歴史をざっと振り返って見ても、フランスとの他に例がないほどの関係がよくわかる。この点はギニアと対照的であった。ギニアは一九五八年に、旧宗主国のフランスに反旗を翻した最初の国である。これに対してガボンは、一九六七年のO・ボンゴ大統領以来五〇年以上にわたり、政治、経済、並びに軍事の面でフランスと戦略を共にしてきた。なぜそうであったのか。そこにはやはり、フランスの明白な経済的利害が存在した。ガボンの保有する天然資源は鉱物資源を始めとしてきわめて豊富であり、フランスはその供給を保ちたかったのだ。ドゴール大統領がフランスの原子力プログラムを開始すると、ガボンはフランスにウランを提供する最初の国となる。そうしたウラン供給は、鉱脈が枯渇する一九九九年まで続いた。これと並行してフランスの軍隊もガボンにつねに駐留する。それは、ガボンの政治体制を保障するためであった。フランスがガボンで採取した天然資源はウランだけでない。かれらは大量の木材を伐採すると同時に、マンガンを採掘した。鉱物資源について見れば、ガボンは世界で有数のマンガン生産国である。表5-3は、最近の世界の主要なマンガン生産国を示している。見られるようにガボンは、マンガンの世界七大生産国の一つであり、アフリカでは南アフリカに次ぐ生産量を誇っている。しかも注目すべきは、マンガンが電池生産に必要不可決な原料となることから、その需要が近年著しく増大している点であろう。そうした中でガボンのマンガン生産は継続的に増大し、二〇二〇年には世界第二位の生産国となったのだ。

表5-3　世界のマンガン生産の国別構成、2016〜2020年（1000トン）

国名	2016	2017	2018	2019	2020
ガボン	3423	5079	6542	7186	8147
ガーナ	2018	3004	4552	5383	2358
南アフリカ	13736	14144	14919	17009	16020
ブラジル	2881	3273	3189	3726	2385
中国	15484	11333	7977	6650	6500
インド	2395	2600	2820	2956	2457
オーストラリア	5328	6172	7217	6649	4752
世界全体	50800	52400	54800	57400	49600

（出所）Idoine, N.E., Raycraft, E.R., Shaw, R.A., et.al., *World mineral production, 2016-2020*, British geological survey, 2022, p.47 より作成。

一方、フランスはガボンの石油にも注目した。一九九〇年代までフランスの石油会社エルフアキテーヌはガボンの石油に大きく依存する。その際にかれらは「汚い金庫」をもつと言われた。それは、O・ボンゴ大統領によって請求書が水増しされたためである。この不正な行為こそ、旧宗主国と旧植民地の経済的癒着を如実に物語るものだ。その後エルフアキテーヌを吸収したトタルエネルジーは、ガボンで石油を抽出し続けた(12)。また鉱物グループ企業のエラメは、マンガンとニッケルの採掘とそれらの輸出に特化した。かれらは、フランスで最も戦略的な鉱物資源企業であり、その賃金労働者のほとんどはガボン人である。エラメの子会社（コミログ）は、ガボンのマンガン生産の九〇%を占めており、それは世界最大の生産量を誇る。マンガンは今日、電気カーのバッテリーに使われるため、それは先進諸国にとって貴重な戦略物質である。それゆえ欧州委員会も、エネルギー移行のために決定的な一次産品の中にマンガンを入れているほどだ。その他、工業用天然ガスの抽出にフランスの大企業エールリキッドが参入している点も忘れてならない。

このようにして見ると、ガボンは政治的に独立したものの、天然資源とりわけ鉱物資源の産業に依然としてフランスの資本が深く係っている。植民地時代における宗主国による資源の収奪という構図は、独立後も全く変わらず見られる。これこそガボンの植民地性を如実に示している。さらにそうしたフランス資本の進出は、鉱物資源産業に対してだけでない。ガボンに拠点をもつフランス企業は八〇社を上回る。それらは、銀行以外のすべての大きな経済セクターに及ぶ。その中には公共事業、海上輸送、インフラストラクチャー、並びにメディアなどが含まれる。かれらの事業収入は二〇二二年に約三〇億ユーロにも達しているのだ。

以上に見られるように、ガボンに対するフランスの経済的利害は実に大きなものであった。同時にそこには政治的利害も絡んでいた。この点を決して忘れてはならない。O・ボンゴ大統領は、フランスの左派から極右派までのあらゆる政治家に対して金をばらまいていたからだ。フランスの政治家はまさに、ガボンからの贈り物に対し何の恥もなくそれを受け取っていたのである。O・ボンゴはこうして、ドゴール、ポンピドゥ、ジスカール・デスタン、ミッテラン、並びにシラクの各政権に見事に順応した[13]。要するにガボンは、フランスの政権にとって金づるでしかなかったのだ。

ところが、O・ボンゴの息子であるA・ボンゴが二〇〇九年に大統領になると事態は一変した。A・ボンゴは、これまでのフランス一辺倒の政策から中国やアングロサクソンの世界、さらにはインドやトルコなどをも視野に入れた多国間的な政策をとり始めたのである。そこでそれらの国々はフランスと同じく、木材や鉱物などの天然資源を始め、インフラストラクチャーに対しても投資を進めた。ただしマンガンの生産ではフランスが依然として支配的な地位を保っている。そうした中で中国の習国家主席は、とくにA・ボンゴを古い友人とみなし、ガボンを中国のグローバルな戦略的パートナーと位置付けた[14]。中国のガボンにおける地位が非常に高まっていることは疑いない。中国のガボンに対する輸出はフランスに次ぐ大きさであり、中国のガボンからの輸入は最大である。

このようにA・ボンゴ政権の下で多国間的な対外政策が進められたことにより、経済面でガボンとフランスとの利害関係は弱まった。つまり、クーデターが起こる以前からガボンのフランス離れはすでに始まっていたのだ。最終的にA・ボンゴは人民の無視と金権政治によって人々の反感を買い、クーデターにより政権を追われた。これによりフランスとガボンの関係は完全に断ち切れたと言ってよい。

歴史を振り返れば、ガボンはそもそも世界から分断された国であった[15]。そこではインターネットも外国人のジャーナリストも存在せず、反政府派はこれまで封じ込められてきた。それゆえ、エングエマ将軍の下で武力によりボンゴ政権が転覆されたことは、ガボンの人々の眼に自由の獲得として映ったに違いない。それは、首都リーブルヴィルにおける人々の喜びに満ち溢れた笑顔に端的に表されていた。

フランス政府はもちろん、ガボンの軍事クーデターを非難した。マクロンは、西アフリカ諸国経済共同体による軍事介入を必要であれば行うと宣言する一方、コロナ外相もクーデターに関与した人物の制裁を求めた[16]。フランスは直ちに、ガボンに対する公的支援と軍事協力を停止した。そしてフランス政府は、このクーデターが反フランスの考えで起こされたものではないことを強調した。しかしフランスがいくらそのような声明を発表しても、かれらが受けた一大ショックを隠せるものではない。フランス系のアフリカで最もフランスに忠実であったはずのガボンにおいて、まさかの軍事クーデターが起こったからだ。これによりフランスのアフリカにおける支配力が弱まることは疑いない。それは軍事的・政治的な側面のみならず、経済的側面でも現れる。ガボンのクーデター支持者は、これまで平然と行われてきたフランス資本による天然資源の収奪を阻止する構えを見せているからである。もちろん、革命政権も今後に多くの問題を抱えることになる。その行き着く先も不透明なままだ。軍部と市民との関係も明らかでない。しかし確実に言えることは、ガボンの人々が西アフリカの旧フランス領で広がった一連の軍事クーデターを目の当たりにして、今度はかれらがクーデターを起こすことにより、政治・経済面での旧宗主国の支配から解放されたという点であろう。そしてこのことが、ガボンの今後の自立への第一歩になることはまちがいない。

三　アフリカの反植民地主義の展開

（一）軍事クーデターの背景

それでは、以上に見たようなアフリカの旧フランス領における軍事クーデターはいかなる背景の下で起こったのか、またそのことは旧宗主国のフランスに対して何を意味するか。ここで、それらの問題を軍事、政治、社会・経済、並びにイデオロギーの四つの側面から検討しながらクーデターを総括しておきたい。

第一に軍事的側面。まず確認すべき点はくり返しになるが、フランスと旧植民地との軍事協力がジハード主義者との闘いで勝利しなかった点である。二〇一七年三月にフランスの国防相ルドリアンは、アフリカのパートナーと手を組みながらサヘルのテロリストグループに対決し、著しい成果を収めたと勝利宣言した(17)。ところがその後、マリに始まりニジェールとガボンに至るまで軍事クーデターが立て続けに引き起こされたことは、そうしたフランスと旧植民地との軍事協力が果たしてほんとうに成功したのかという点を問うに違いない。それはまた、フランスがアフリカのサヘルで軍事に従事することを現地の人々に説得したことは正しかったのかという点も問うことになる。

フランスの軍隊がサヘルに駐留し始めたのは、二〇一〇年代のマリにおいてである(18)。それはジハード主義者に対決するためであった。実際にマリの人々にとって、緊急に安全保障をえるためにはフランス軍の駐留以外に選択の道はなかった。ところがこのことが、サヘルの人々にフランス軍に対する幻想を与えてしまったのだ。フランス軍は結局、ジハード主義者を根絶できなかったのである。それゆえ軍事クーデターを起こした国が、フランス軍の即時国外退去を求めたのは当然であろう。そもそもフランスにとって、アフリカでの軍事基地を存続させることの必要が今日問われているのだ。すでに他の旧宗主国であるイギリスやドイツは、軍事基地をアフリカから外している(19)。フランスのサヘルでの軍事行動が失敗に終ったとすれば、その軍事計画は再検討されねばならない。

第二に政治的側面。フランスがアフリカの旧植民地に対する政策としてその正当性を強調したのは、ジハード主義に対抗する軍事的政策だけでない。憲法による秩序と選挙に基づく議会制民主主義の推進が、もう一つの正当性を与えた政策であった。

マクロン支持者は、クーデターを起こした人々を「気が狂った連中」と呼び、サハラ以南のアフリカにおけるフランスの存在を拒絶するとしてかれらを非難した(20)。マクロン自身も、フランスは民主主義を防衛することに努めるとして、クーデター支持者の独裁的な軍事政権の受入れを拒否したのである。ではフランスが強調するように、憲法による秩序と議会制民主主義の遂行が、旧植民地の政治体制を人々にとってよりよいものとしたであろうか。この点こそが問題とされねばならない。

確かにアフリカの旧植民地では、一九九〇年代から民主化が進展した。しかしそれから三〇年経って、民主主義はその約束を果たさなかった(21)。そこでは、民主主義は旧植民地の政治と社会を進歩させるものとして機能しなかったのだ。人々が期待した法治国家、根本的自由の尊重、並びに社会的・経済的条件の改善は見られなかった。否、むしろ事態はその真逆に動いてしまった。議会制民主主義の名の下で、専制主義体制が長い間旧植民地を支配したのである。それだからこそ人々は、そうした独裁体制を打破するためにたとえ武力による政権の転覆であっても、それに対して無上の喜びを露にしたのだ。クーデターこそが、専制主義に代わる唯一の手段として現れた。フランス語圏のアフリカにおける近年のクーデターの連続は、まさにそうした絶対的権力体制を崩すために公衆が武力に頼らざるをえないことを如実に示すと言ってよい。

ゆゆしきことは、旧宗主国であるフランスの政府がそのような旧植民地の人々の気持を依然として全く理解していないという点である。フランス語圏のアフリカでクーデターが連続して起こっているのに対し、英語圏のアフリカでクーデターはたった一件（スーダン）にすぎない。このことからも、アフリカの旧フランス領で人々がいかに反フランスの感情を抱いているかがよくわかる。これは、先に見たフランス政府の声明と正反対の現象だ。クーデター支持者が、そうした公衆の気持を利用したことは否定できない。フランス軍の駐留が、現地の人々の眼には国家干渉と映ったことも疑いない。ところがフランス政府は、そうしたクーデターが起こる毎に「アフリカ政治のアマチュアリズム」という軽蔑的な表現でそれを非難した。そこには、どうしてクーデターが起こるかを考える気配は全くない。こうしたフランスの旧態依然とした、言わばドン・キホーテ的な姿勢はいつまで保てるであろうか。

今日のアフリカ大陸では、明らかに地政学的変化が現れている。それはロシアと中国のプレゼンスの増大である。事実、ニジェールのクーデター後に人々は「独立万歳、ロシア万歳」と叫んで街頭行進した。サヘルでの国家権力が覆される毎に、アフリカの人々は反フランスのスローガンとロシアの国旗を掲げたのだ。ロシアのワグネル軍団はクーデターを称賛し、革命政権の保護を約束した。一方ロシアのフェイクニュースは、社会ネットワークをつうじてフランスに対する憎しみを増した。ロシアは確かにアフリカでカオスを煽ることで、フランスを中心とした欧州大陸を不安に晒している。他方で中国は、資金面でアフリカに多大な貢献を果たしつつある。中国は権力体制とは無関係にアフリカに出資しているのだ。中国はロシアと同じく、反フランスの波がアフリカに押し寄せていることを自国の利害に結びつける。実際にニジェールからフランスが完全に立ち去れば、そこでのウラン鉱脈が中国に支配されることもありえる。こうした中で、フランスがアフリカの旧植民地に対してこれまでと同じ政策で済ますわけにいかないことは明らかでないか。フランスが民主主義をあれほど強調するのであれば、それこそ旧植民地の人々を尊重してかれらに寄り添う姿勢をはっきりと示す必要がある。

第三に社会的・経済的側面。西アフリカの旧フランス領でクーデターが頻発した背後には、もちろん社会的・経済的要因もある。アフリカ諸国の中に最貧国が多く含まれていること、またかれらの経済が一般に困難に陥っていることは以前からよく知られた事実である。そうした中でコロナ危機が、アフリカの人々を一層貧困にさせると共に、その経済を激しく後退させて一大社会問題を引き起こしたことは疑いない。しかしコロナ危機のみがクーデターの要因であるはずはない。そこには、より深刻で構造的な社会的・経済的要因が潜んでいる。

アフリカ諸国は、二〇二〇年以降の激しいインフレーションによる一つの最大の犠牲者であった(22)。

それは物流の不足のためである。さらにウクライナ戦争による食料品価格の高騰はインフレーションの激化に拍車をかけた。それはアフリカの人々に多大な打撃を直接与えた。なぜなら、かれらの可処分所得の半分は食料品の購入に当てられるからだ。かれらのエンゲル係数はそれほどに高い。こうしてアフリカでは一大社会危機が襲った。それは人々の飢餓と若者の失職となって現れた。このような社会的・経済的条件の悪化が、一連のクーデターの引金になったに違いない。

とりわけ深刻なのは若者の失業であった(23)。そもそもアフリカで労働市場に若者がアクセスできる機会は少ない。アフリカ経済は、有能な若者を吸収できないのだ。この点は農業部門で雇用が多いことと対照的である。若者がかなり高いレベルの教育を受けても、その資格は雇用に全く反映されない。職能をもった若者の雇用機会はアフリカで失われている。それゆえ都市でかれらがしばしば暴動を起こすのは当然であろう。若者がクーデターを支持するのも、そうした行為の延長線上にあると言わねばならない。

では、フランス資本はそのようなアフリカの若者の雇用にどれほど貢献するであろうか。実はそれはアフリカからむしろ撤退する動きを示している。この点は、アフリカ全体におけるフランスの市場シェアの低下と結びつくものである(24)。実際にそのシェアは二〇〇二年の一〇％台から二〇二一年には四％台にまで落ち込んだ。これに対して中国は一九％弱、またインドも六％弱のシェアを占めている。しかもかれらのシェアはますます大きくなっている。こうした中でフランスの銀行はアフリカから離れつつある。例えばフランス最大の銀行であるＢＮＰパリバは、二〇一九年にガボン、ブルキナファソ、並びにギニアから撤退した。またソシエテジェネラルもチャドやモリタニアから去ることを決定した。これらの大銀行のアフリカ離れは当然、フランスの大企業の行動に合わせたものである。

そうした企業はアフリカでのリスクを嫌って、そこでの市場を断念したのだ。

　このようにして見るとフランスは、経済的にもアフリカの旧植民地における地位を急速に低下させていることがわかる。このことは他方でフランス資本による雇用力を喪失させ、旧フランス領の若者の期待を裏切ることになる。こうした若者の絶望感が、クーデターを支持する動力となることは疑いない。

　そして第四にイデオロギー的側面。そのような中でアフリカの旧植民地における若者はいかなるイデオロギーを抱くようになったか。最後にこの点を見ることにしたい。西アフリカの旧フランス領でのクーデターによる政治的爆発は、ポスト植民地体制の限界を露呈するものである。そこでの民主主義はうわべだけのものであり、専制主義の下で人々は依然として極度の貧困状態から抜け出ていない。中でも若者、とりわけきちんとした高等教育を受けた若者が何の恩恵も受けていない。それにもかかわらず旧宗主国のフランスは、この点を全く意に介さない。かれらはステレオタイプのパターナリズム、すなわちかつての被支配国に対する懐柔主義を依然として捨てていないのだ(25)。しかし、アフリカの人々はそうしたフランスの考えを受け入れないどころか、それがかれらを軽蔑するものとみなす。かれらのフランスに対する怒りと恨みはこの点に由来する。

　このような中で、若者を中心にアフリカに新世代が登場した。かれらは熱狂的なナショナリストであり国家主権主義者である。ブルキナファソの若い統治者であるトラオレは二〇二三年七月のロシア・アフリカサミットで、アフリカ大陸は豊富な資源に恵まれているのにどうして経済的に貧しいのかという問題を提起した(26)。同時に彼は、それに対して責任をとるべき西側と西側に協力するアフリカの統治者を非難した。そして彼は、今ほどアフリカが自らの手で運命を定めるときはないと訴えた。この宣言は、アフリカの多くの若者の間で共感を呼んだ。アフリカの人口の多くが若者であることを踏まえれば、かれらのそうした思いがあっという間に大きな集団をつくり上げて力を発揮することは目に見えている。クーデターを支持する若者による国家主権の要求は、かれらの深いフラストレーションと怒りを反映するものである。

フランスのコロナ外相は、アフリカの人々が国家主権を主張する一方でロシアの国家利益となるように動くのは明らかに矛盾していると批判した(27)。しかしこうした批判こそが、アフリカの旧フランス領の現状に対するフランス政府の無理解を露骨に表している。そこでは明らかに新しい国家主権主義が高まっており、それは言うまでもなく反植民地主義と結びつく。つまり、そうした考えに浸る人々とりわけ若者は、まずもって自国と旧宗主国を完全に切断したいのだ。さらに重要な点は、かれらが対外的な政治と経済の関係において、旧宗主国以外の国をパートナーとして選択する自由を与えられたという点であろう。コロナ外相の唱えるように、かれらがロシアに一方的に利益を与えてしまうと判断するのは早計である。アフリカの旧植民地の国々が、ロシアと中国に対しても自国に有利となるような関係を築くことは可能だからだ。しかもそうした国家主権主義＝反植民地主義という考えが、アフリカ全体に波及しつつある点に留意する必要がある。アフリカの諸国は確実に目覚めてきた。新たな「アフリカの年」が到来したと言わねばならない。

（二）旧植民地の民主主義革命――セネガルをめぐって

アフリカの旧フランス領の国家主権主義に基づく反逆は、実はクーデターのような劇的な武力行使としてのみ現れたのではなかった。それは、フランスや西側の主張する議会制民主主義の下でも生じたのである。セネガルはその代表例であった。

アフリカのサヘルの最西端に位置するセネガルは、言うまでもなくフランスの旧植民地である。特筆すべきことは、かれらが八〇年近くにわたって選挙に基づく議会制民主主義を守ってきた点であろう(28)。セネガルはその点で、アフリカにおける民主主義のモデルとみなされてきた。この議会制民主主義が遂行される中で、セネガルの有権者は二〇二四年三月二四日の大統領選挙の予備選挙でたいへんな決断を下した。ディオマイ・ファイというセネガルの反体制派で国家主権主義者の候補者が、西側とりわけフランスと親しいライバル候補者のバに大差で勝利したのである。セネガルは、武力によるクーデターではなく選挙による民主主義のルールに則って、旧宗主国と西側に対して明白な「ノー」を突き付けたのだ。このことが意味するところはきわめて大きい。

前大統領のサルが次期候補者となることを否定して以後、セネガルはサルの政策を引継ぐ体制派と、サル政権との断絶を訴える反体制派に二極分解した。そしてディオマイ・ファイは後者の立候補者として名乗り出た。彼は、「労働、倫理、並びに同胞愛のためのセネガルの汎アフリカ主義（パステフ）」という、ソンコの率いる政党の出身である。このパステフはそもそも二〇二三年七月に、セネガルの体制を不安定にするものとして政府により解散を命じられた。ところが、パステフに対する人々の人気は衰えることがなかった。サル政権の下で設けられた租税政策が、社会に何も還元されていないことに対して人々とりわけ若者の怒りは高まり、かれらはパステフの考えに共鳴したのだ。またディオマイ・ファイが公明正大で誠実なイメージを与えたのに対し、対立候補者のバはすでに汚職と租税の不正使用、さらには大統領選挙の人為的延期などで人々から反感を買っていた。

一方、経済面でもセネガルの人々は大失業により苦しんでいた。この失業は、西側とくにフランスの闇労働としての対外移民につながる。こうした中でサル政権はＩＭＦから二〇二三年六月に、財政赤字を埋めるために一八億ドル（一六億五〇〇〇万ユーロ）もの融資を受け入れる。それは他方でIMFのルールにしたがい、構造調整プログラムを強いるものであった。サル政権はこれにより、経済セクターへの補助金を劇的に減らす。このことが大失業をもたらしたことは疑いない。こうした政策に対しディオマイ・ファイらの国家主権主義者は、セネガルは国家主権をもっており、そのような補助金の問題は自分達で決めるものとして構造調整プログラムを強く批判したのである。

他方で対外的な面を見ると、体制派のバはあくまで「フランスの候補者」にすぎないのではないか。人々の眼にそう映ったに違いない。実際に彼は、フランスの経営者や議員らと密接な関係を築いている。それゆえバは、ディオマイ・ファイはフランスとの関係を断ち切るとして彼を非難した。しかしディオマイ・ファイ自身は、フランスとの関係を保つことに異存はない。彼は過去の奴隷制と植民地主義を考慮しても、いつまでも恨みを持ち続けるつもりはない。では、セネガルの現状を容認できるかと言えばそうではない。彼はセネガルのフランスに対する従属を維持させるシステムを排すべきと訴える。その際に彼は、そうしたシステムをあえて「新植民地主義」と呼ぶ。すでに死語と化した概念が、ここで改めて登場する。なぜなのか。歴史的に被支配国として位置付けられてきた国の反体制派の活動家にとって、支配のシステムとしての概念を意味する新植民地主義は、やはり捨てがたい概念であるに違いない。それはとくにフランスの旧植民地にあてはまると言ってよい。

この点を考慮してかどうかは不明だが、実はピケティも「新植民地主義からの脱却」というタイトルの論文で、新植民地主義を堂々と批判している(29)。植民地主義は確かに終結し、旧植民地の解放が進められたとみなされる。しかし現実に経済の局地的側面を見れば、そこではヒエラルキー的なメカニズムが色濃く残されている。それはまた、旧植民地の富裕な人々に有利となるシステムを示す。ピケティは、それを新植民地主義と称したのだ(30)。すでに論じたように、この新植民地主義なる概念を全面的に支持するわけにはいかない。またピケティ自身も同概念をきちんと規定しているわけではないので、彼がそれを用いる真意をつかむことはできない。おそらく彼は、概念規定にそれほどこだわってないかもしれない。ただ、新植民地主義という概念を用いるかどうかは別として、旧植民地は依然として旧宗主国との政治的かつ経済的な関係を強く保つと共に、それによるネガティブ効果を疑いなく受けている。したがって概念の問題にこだわることで、かえって現実の不平等体制を見逃すようなことがあってはならない。ピケティがあえて新植民地主義なる概念を用いたのもそうした思いからではなかったか。さらに留意すべき点は、彼はあくまでも新植民地主義という不平等体制から脱け出ることを問題にするのであって、被支配国の受ける不平等が定着することを描こうとするのではないという点であろう。

ところでディオマイ・ファイは国家主権主義＝反植民地主義を唱えながら、外交面では多国間化の方向を打ち出す。それはフランス一辺倒の外交政策から脱け出るためである。彼は、一般的な協力を提供する国はどこであっても排除しない。その中には当然ロシアも含まれる。ディオマイ・ファイは基本的に左派の汎アフリカ主義者だ。そこで彼は、西側とりわけフランスの主導でつくられた西アフリカ諸国経済共同体の欠陥を指摘する一方、アフリカ金融共同体フランからの脱却を提案する。こうした彼の真の脱植民地性という考えに、若者を中心としたセネガルの人々が一斉に支持を表明したのである。

二〇二四年三月二四日の大統領選挙の予備選挙でディオマイ・ファイが勝利したことにより、セネガルの政治体制に激震が走ったことはまちがいない(31)。彼は反システムを唱えながら、これまでの体制を破壊しようとする若き候補者である。もちろん彼が本選挙で絶対的過半数をとれるかは定かでない。しかし彼が予備選挙でトップに立つことはほとんど予想されていなかった。彼は二〇二三年四月に、国家の安全を脅かす罪で投獄されてから投票の一〇日前に出獄したばかりであったからだ。多くの若者と女性は、社会ネットワークをつうじて有権者に呼びかけ、彼を勝利に導いたのである。しかもそれは圧勝であった。現行体制を擁護するバは、ディオマイ・ファイの勝利をポピュリストによる蛮行と決めつけた。しかし、今回の予備選挙の結果はセネガルの歴史で大きな意味をもつと言わねばならない。現行のサル大統領は、大統領選挙を延期させるような非民主的な方法をとった。これに対して、これまで抑圧されてきた民衆は怒りの一票をディオマイ・ファイに投じたのである。

実際にこの間、サルは反体制派のデモ参加者を逮捕し投獄してきた。これこそまさに蛮行きわまりない行為である。こうした非民主的な政治の横行する中で、若者の多くがディオマイ・ファイの反植民地主義という断絶論に共鳴したのだ。それはまた、以上に見た旧フランス植民地における一連の軍事クーデターに連動するものであった。ここで強調すべき点は、セネガルが武力ではなく投票による民主的な力で現体制を覆したという点である。それはまさしく、民主主義に基づく革命を意味する。フランスのマクロン支持者がこの事態に、ディオマイ・ファイに投票した有権者を「気が狂った連中」と呼ぶことはもはやできない。それだからマクロン自身も、彼の勝利を称えざるをえなかったのだ(32)。

ルモンド紙は、セネガルの大統領選挙の予備選挙の結果を受けて直ちに社説で見解を表明した(33)。そこでは、ディオマイ・ファイの勝利は「民主主義の美しい驚き」と表現された。このセネガルの民主主義の強さが、他のアフリカ諸国の人々に意義深いメッセージを届けたことはまちがいない。同時に、このことがアフリカの状況の歴史的変化を物語ることも確かである。フランスを始めとする旧宗主国に対し、アフリカの旧植民地が真の脱植民地化へ向けた対応を迫ることは疑いない。それはまた、アフリカにおける植民地性の完全解消につながるものである。

四　グローバル資本主義とグローバルサウス

（一）新自由主義とグローバルサウス

ところで現代の先進諸国（北）と発展途上諸国（南）の間のグローバルな不平等体制は、かつての宗主国と植民地の関係を引きずった形としてのみ現れているのではない。それは一九八〇年代以降の新自由主義に基づくグローバル資本主義の下で、一般的な形で露呈したのである。

財や資本の国際移動に象徴される経済のグローバリゼーションはもちろん、現代に始まったものではない。それが最初に顕著に現れたのは多くの歴史家が認めるように一九世紀であった。そうした現象は同時に、資本主義列強による植民地主義と結びついていた。しかし一九八〇年代以降の経済と金融のグローバリゼーションは、それまでと全く異なる次元の下に展開された。ワールドヒストリー研究者のポメランツと不平等研究者のピケティはそれゆえ、そうしたグローバリゼーションを第二次グローバリゼーションと規定する(34)。確かに現代のグローバリゼーションは、新しい次元を表している。その一つは金融のグローバリゼーションである(35)。それは資本の自由な国際移動から成る。とくに外国直接投資の著しい増大がその大きな特徴を示している。そうした中で国民的規制はますます弱まり、国民経済の相互浸透が進んだのだ。

一方、そのような一九八〇年代以降のグローバリゼーションを押し進めるためのイデオロギーが登場する。それがよく知られているように、米国とイギリスで展開された保守主義的革命を支える新自由主義であった(36)。このイデオロギーは、国家がもはや経済を管理できる状態にないこと、したがって経済を発展させるためには個人のイニシアティブと企業のエスプリのすべてに自由を与えなければならないことを唱える。この考えにより、諸々の規制は有害と判断される。そしてこのようなイデオロギーは、アングロサクソン諸国のみならず、全世界にまたたく間に浸透した。それを可能にした要因の一つに、労働組合のような反体制勢力の明らかな衰退がある。実際に例えば、米国における労働者の組合加入率は一九五六年の三四・五％から一九九七年に一四・五％に大きく低下した。フランスでも同様の傾向を示している。また、ベルリンの壁崩壊後のマルクス主義の後退も、そのような自由主義イデオロギーの隆盛の一因になったことは否定できない。

こうした中で新自由主義の教義は、グローバル経済を主導する主要七ヵ国の先進諸国グループ（G7）により、ワシントンコンセンサスとして承認された。それは、そうしたイデオロギーの仕上げを示すものであった。このコンセンサスは、次のような一連の原則に基づく(37)。それらは第一に財政の均衡と租税の低減、第二に市場利子率に基づく金融の自由化、第三に関税の廃絶による貿易の自由化、第四に外国直接投資の開放による資本移動の自由化、第五に企業全体の民営化、第六に自由競争のための規制緩和、そして第七に多国籍企業の知的所有権の保護である。これらの原則はまた、世界銀行とＩＭＦの政策の基盤となった。したがってそれは、発展途上諸国に対してもそうした原則に基づくグローバリゼーションに門戸を開くように促した。これに対してグローバルサウスは、自ら要求を伝えることができなかった。こうして新自由主義＝ワシントンコンセンサス＝グローバリゼーションの三位一体的な原則は、あくまでも先進資本主義諸国（グローバルノース）の意向の下につくり上げられたのである。

このようにして見ればワシントンコンセンサスに基づくグローバリゼーションが決して対称的でないことは明らかであろう。とりわけ金融の自由化は非対称的な現象を示した。貧困国では人的資源は豊富であるのに金融資源は乏しい。逆に富裕国では人口はわずかしか増大していないのに、金融的な富はますます蓄積されている。そこで、資本の国際的な自由移動の下で、富裕国から貧困国に資金が大きく移転（トランスファー）したかと言えば全然そうではない。実際に発展途上諸国に流れる資本はそれほど多くない。この点は、かれらの人口の世界の人口に占める割合が大きいことと正反対である。国連の調査によれば、発展途上諸国に向かった外国直接投資は二〇一四年に全体の五五％ほどにすぎない[38]。しかもそうした外国直接投資のほとんど（四分の三）は、中国やブラジルを筆頭にした新興諸国に対して行われたものであり、最貧国が受け取る外国直接投資はほんのわずかでしかない。例えば最貧国の多くが含まれるアフリカに対する外国直接投資は、全体のたった四％にすぎないのだ。そうであれば、それらの国の発展には公的資本が必要になる。ところが富裕国による貧困国に対する公的支援は決して大きくない。むしろそれはごくわずかだ。富裕国が公式に約束したＧＤＰに対する公的支援の割合（〇・七％）は依然として達成されていない。二〇一四年にその割合は〇・四％を示すに止まった。このように貧困国とりわけ最貧国は、金融の自由化・グローバル化による恩恵を受けることはなかったと言わねばならない。

ところでピケティも、ワシントンコンセンサスによる経済の自由化が、北と南の間で非対称的な力関係を生み出したと論じる(39)。そこでは、両者の間で協議が行われることはなかった。その限りで彼は、植民地時代とは異なる形であることを十分に認めた上で、そうしたコンセンサスを新植民地主義とみなす。先に論じたように、この新植民地主義論はあくまでも南の側に立った考えであり、それは本質的にポスト植民地主義につうじる。さらにピケティは、ワシントンコンセンサスの下での規制緩和と貿易自由化が、グローバルサウスの国家建設のプロセスを弱めたと主張する。

実際に貧困国は、貿易自由化により財政面で困難な状態に陥った。かれらは、関税の権利が消滅することにより財政収入を崩落させたのだ。それによって、かれらのインフラストラクチャーの発展が遅れたことは言うまでもない。関税の廃止は加速的に行われ、しかもその代わりになる財政収入は何もなかった。もちろん、国際取引をめぐる租税の低減を一方的に責めるわけにはいかない。しかし、そうした減少は条件付きで行われる必要がある。それは、多国籍企業の巨額の利潤に対する直接税や最富裕者に対する累進税によって補われねばならない。ところが、ワシントンコンセンサスは累進税を拒絶する。ここで先に見た同コンセンサスの原則を振り返ってみよう。その第一原則は財政均衡であり租税の低減である。そうだとすれば、累進税がそこで認められるはずはない。それゆえ税収の減少を前提として財政均衡を図るとすれば、財政支出を減らす以外にない。その結果、先に論じた租税国家=社会国家の建設が目標とされることはないのだ。このことはしたがって、貧困国のみならず富裕国にもあてはまる。

ピケティに言わせれば、富裕国はそもそも財政国家としての力の上昇によって支えられてきたはずであり、この財政政策が貧困国の政策にも適用されねばならない(40)。ところが富裕国は、市場を開放して企業取引を自由化させる一方、貧困国を支援することに対して関心を示すことがほとんどなかった。これに対してグローバルサウスは過去何十年にもわたり、資本の自由移動やタクスヘイブン、さらには国際金融システムの不透明性や不確実性によって莫大な損害を受けてきた。とりわけ最貧国にとって、その打撃はきわめて大きなものであった。では、かれらは国際的支援を十分に受けたかと言えば全くそうではない。そうした支援はきわめて偽善的であり、グローバルサウスの発展に要する公的支援の世界全体のＧＤＰに占める割合は非常に小さい。緊急人道支援にいたっては、その割合は〇・一％以下にすぎないのだ。さらに、そうした支援を受けた貧困国の大部分とりわけアフリカや南アジアの国々で、それらの国から流出する多国籍企業の利潤は、公的支援により流入する資本を数倍も上回っている。我々はこの点を忘れてはならない。

(二) グローバルサウスと不平等体制

では、今日の北と南の間で経済体制はどのようなものとして現れているか。表5‐4を見てみよう。それは、二〇二二年における世界経済の主要指標を地域別に示したものである。それにより今日の南北間の経済的な力関係を概観できる。まず国内総生産（ＧＤＰ）を見ると、北米、ヨーロッパ（ＥＵとその他ヨーロッパ）、日本、並びにオーストラリアとニュージーランドのＧＤＰは、世界全体のＧＤＰの四三％以上を占めていることがわかる。一方、中国やその他のアジア諸国、並びに北アフリカと中東の諸国のＧＤＰも世界全体のＧＤＰの四三％弱を示して前者のケースに匹敵している。このことから一応、南北間の経済格差はＧＤＰで測る限りはもはや存在しないと言えるかもしれない。実際に後者のグループに中・南米やサハラ以南のアフリカを加えれば、それらのＧＤＰの合計は前者のそれを優に上回る。それゆえ世界のＧＤＰに関して言えば、南北間の経済体制を不平等体制とみなすこと

表5-4　世界経済の主要指標、地域別・国別構成、2022年

地域・国名	国内総生産[1]（10億ドル） A	人口（100万人） B	1人当り国内総生産（ドル）	Aの年平均成長率（%） 2022/2012	Bの年平均成長率（%） 2022/2012
世界全体	139580	7975	17502	2.9	1.1
北米	26099	508	51376	2	0.8
中・南米、カリブ諸国	8071	528	15286	1.2	0.9
EU27ヵ国	20570	450	45711	1.6	0.1
その他のヨーロッパ	7334	186	39430	2.9	0.8
北アフリカ・中東	8332	491	16969	2.3	1.8
サハラ以南のアフリカ	4848	1213	3997	2.7	2.7
日本	5197	124	41911	0.5	-0.3
中国	25684	1426	18011	6.2	0.4
他の北アジアと東南アジア	12626	708	17833	3.6	1
オーストラリア・ニュージーランド	1637	31	52806	2.5	1.5
南アジア・太平洋	13340	2018	6611	5.1	1.2

（注）（1）2017年をベースとした購買力平価による国内総生産。

（出所）CEPII, *L'économie mondiale 2024*, La Découverte, 2023, p.120より作成。

はできない。否、それどころか南北間の経済の力関係は、GDPをベースとすれば逆転してしまったとさえ言えよう。グローバルサウスは確かに、グローバリゼーションが進む中で、とりわけ二一世紀に入って急速に経済を発展させることができた。この点をまず認めないわけにはいかない。それは、GDPの年平均成長率を見てもよく理解できる。二〇一二～二〇二二年の間における同成長率は、北の諸国で軒並低いのに対し、南の諸国のそれは中国の六％超を筆頭に、全体的に前者よりもはるかに高いのだ。

一方世界の人口について見ると、そこには際立った特徴が現れる。それは、グローバルサウスの人口が圧倒的に多いという点である。サハラ以南のアフリカを含めたグローバルサウスの人口は、世界全体の実に八〇％を占めている。このグローバルサウスの人口をとりわけ押し上げているのがサハラ以南のアフリカであると言ってよい。その人口は中国のそれに匹敵する。

とくに二〇一二～二〇二二年の間における同地域の年平均人口成長率は世界最大を誇る。

こうした世界の人口構成を踏まえると、一つの大きな問題が浮かんでくる。それは一人当りGDPの大きさの問題である。くり返しになるが、グローバルサウスのGDPは全体として、今やグローバルノースを上回るレベルに達している。しかし一人当りGDPを見れば、そこには全く逆の姿が現れる。北側諸国の一人当りGDPは北米、EU、並びに日本を中心にすべて世界の平均を上回っている。これに対して南側諸国では、中国、北アジア、並びに東南アジアの一人当りGDPが世界の平均をやや上回るぐらいであり、その他の地域におけるそれはすべて世界の平均を下回る。この点は、GDPの非常に高い南アジアや太平洋でもはっきりと見られる。とくに留意すべきは、サハラ以南のアフリカにおける一人当りGDPの極端な低さであろう。それは北米、EU、並びに日本の一〇分の一にも満たないのだ。

このようにして見ると、南北間の経済格差は一人当りGDPの観点、すなわち国民レベルの豊かさの観点に立てば依然として非常に大きいと言わねばならない。そうした格差は、とりわけ最貧国が集中するサハラ以南のアフリカに明白に現れている。同地域は確かに経済を発展させているが、そのGDPは他の南の地域に比べればはるかに小さい。グローバルサウスにおいて、中国やインドを中心とした新興勢力の地域とサハラ以南のアフリカのような最貧地域との間で明白な二極分解が起こっているのだ。南の中の格差を示す南南問題が現実に深まっている。これが今後の大きな課題となることは疑いない。先に論じたように、西アフリカ諸国でくり返しクーデターや政変が起こっている要因として、やはり人々の極度の貧困がある。

かつて一九八八～二〇〇八年の所得のグローバルな分配の変化を見ながら、「エレファントカーブ」

という議論が示された。それは、最も富裕な所得（全体の一〇％に当る高所得）のレベルは非常に上昇したのに対し、最も貧しい所得（全体の一〇％に当る低所得）のレベルは世界中で全く変わっていないことを明らかにするものであった。前者は象の鼻に、後者は象の尻尾に相当するとみなされたのだ。このエレファントカーブに対し、ピケティもそれがグローバルな不平等を表すものとして評価する(41)。ただし、それは世帯の所得の観点から導き出されたものであり、これに資産の保有を加えれば象の鼻と尻尾の差はさらに広がる。いずれにせよ象の尻尾に当る部分が集中的に現れているのが、サハラ以南のアフリカを中心に存在する最貧国においてであることは疑いない。こうした中で北側諸国は最貧国に対する公的支援を怠ってきた。ここにこそグローバリゼーションの歪みをはっきり見ることができる。

ピケティは今日のグローバルサウスの諸国、とりわけ貧困国の置かれた経済的・社会的状況を踏まえて、かれらが北側諸国と同じく発展する権利をもつと同時に、そのために北側諸国は支援すべきであると訴える(42)。そもそも北側の富裕なアクターの繁栄はグローバル経済システムと国際分業に依存している。しかもそれは、南側の天然資源と人的資源を北側に有利となるように用いることから成る。そうだとすればグローバルサウスは、多国籍企業や北側の億万長者による財政収入の一部を所有する権利をもつと言わねばならない。なぜなら世界中の人々は健康、教育、並びに経済発展に対する権利を等しくもっているからだ。そこでピケティは次のように試算する。例えば一〇〇億ユーロ以上の財産に対し、グローバルな規模で二％の税を課したとしよう。そうすれば年に一兆ユーロの財政収入がもたらされ、それは全世界のＧＤＰの一％に相当する。そしてこの分を貧困国に配分することができる。これはたんなる試算にすぎない。しかしここには、ピケティの租税（富裕税）による再分配に基づく公正な社会の実現という熱い思いが表されている。それはまた、累進税のグローバル効果による不平等の解消を意味すると言ってよい。

近代資本主義が登場して以来、西側諸国の富裕化は、グローバル規模での国際分業と地球上の天然資源や人的資源の過度の搾取なしで達成されることはなかった。言ってみれば富裕国は、貧困国なしでは、また世界の資源なしでは存在しなかった。この点は、今日のアジアを中心とする新興勢力についてもあてはまる。過去の資本主義が奴隷と綿花などの一次産品を使って発展したのに対し、現代の富裕国の経済発展は、貧困国の低廉な労働力の利用と石油・天然ガスなどの備蓄をつうじて世界的規模での富の蓄積を加速させた。それは要するに貧困国を犠牲にして行われたのだ。しかし、そうした周辺部としての貧困国がいつまでも富裕国に服従しているわけではない。かれらはグローバルサウスという一大集団をつくり上げて明らかに目覚めている。この点に我々は留意する必要がある。

五　グローバルサウスと新国際秩序

今日、グローバルサウスは自分達の要求を北側諸国に突きつけながら、かれらに抵抗する姿勢を示し始めた。それは同時に、従来の北のリードする国際秩序を変更する動きとなって現れた。そこで最後に、そうしたプロセスを見ながら国際秩序の公正な姿について考えることにしたい。

（一）新ワシントンコンセンサスとグローバルサウス

ワシントンコンセンサスで示された自由化とグローバリゼーションの教義は、南でくり返された通貨・金融危機の直接的動機となった。グローバルサウスはまさしく、北の定めた原則の犠牲者であった。そこで世界銀行やＩＭＦはかれらの失敗に気づき、二〇〇〇年代初めにワシントンコンセンサスの教義を見直す必要を認める。そこでは民主主義や不平等、さらには国家の機能などの問題が意識され始めた。しかしそうしたかれらの反省は、サブプライム危機を防ぐまでには至らなかった。この大金融危機は、ワシントンコンセンサスがいかに有効でないかを北側の国際金融機関や政府の頭に焼き付けた。そして、コロナ危機という健康危機により自由化とグローバリゼーションの教義はもはや通用しないことが明らかにされたのだ。

こうした中で、ワシントンコンセンサスを主導した米国において新たな動きが現れた。かれらは二〇二二年八月にインフレーション抑制法（ＩＲＡ）を採択する[43]。それは次章でくわしく論じるように、気候変動に対する闘いを意図した。しかしこのＩＲＡは同時に将来の米国産業を見据えたものであり、それは新ワシントンコンセンサスを軸とするものであった。この新コンセンサスは、旧コンセンサスと真逆の内容を表している。旧コンセンサスではすでに示したように、国家機能の後退と市場の力による恒常的な自由化が追求された。これに対して新コンセンサスでは市場の欠陥を正す一方、国家による経済管理が主張された。今や成長モデルは必ずしも有効でない。また自由貿易に特権を与えるときでもない。さらに市場の開放を促すときでもない。そうではなく、戦略的領域においてはむしろ同盟を追求すべきである。バイデン政権は現在の事態をこのようにみなしたのだ。こうして対外関係においても、「友好国を支柱とする政策（friendshoring）」が尊重された。これにより価値観を共有する同盟国との貿易関係が強化された。言ってみれば米国はここにきて、貿易の自由化から貿易のブロック化に様変わりしたのである。

こうした米国の唱える新ワシントンコンセンサスは、この四〇年間にわたって専ら遂行されてきたグローバリゼーションに終止符を打つものとして現れた。それはまた、グローバリゼーションの恩恵に対する疑いが今日ますます強まってきたことを示している。近年の健康危機はこの点を端的に物語る。グローバル規模での相互依存体制が、実はいかに脆いものかが明らかにされたのだ(44)。同時に、国家が危機脱出に必要な財・サービスを人々にいかに提供しなければならないかも強く実感された。実際にポストコロナの時期でも、人々は依然として物流の困難とサプライチェーンの中断を経験した。かれらは、産業の突然の停止という脅威に晒されている。そこでは、社会と経済の安全保障に対する不安が広がった。こうした中で国家と企業にとり、リスクというコストが一層大きな問題として現れたのである。このことに、ウクライナとロシアの間の、またパレスチナとイスラエルの間の戦争が拍車をかけたことは言うまでもない。

このような中で米国が、これまでの自由化とグローバリゼーションの政策を一転させ、産業面では生産の本国回帰をめざす一方、貿易と金融の自由化に終りを告げる指針を打ち出したことの意義は大きい。では、そのまま反グローバリゼーションの方向に一挙に進むかと言えばそれは定かでない。供給元を多様化することは貿易のグローバリゼーションを後退させるどころか、逆にそれを促しかねない。確かに米国は保護主義的な政策を、友好国を支柱とする政策の一環として導入した。しかしそのことは、グローバリゼーションの終焉を示すものでは決してない。それはたんなる枠組の変更にすぎない。これまでの自由化一辺倒の政策に対するオルタナティブとして、経済安全保障やエコ社会への移行を達成させる手段が用いられただけである。この点は中国に対する不安となって明白に現れる。米国は二〇二二年一〇月に、先端的半導体の生産とそのテクノロジーに関して中国の能力を制限する対策を打ち出した。そして二〇二三年五月のＧ７（広島サミット）で、米国は中国を対象として経済安全保障を宣言した。この点は米国ほど先鋭でないものの欧州でも同じである。中国は今日新興諸国の代表として、また米国に次ぐ経済大国でありグローバルサウスの盟主として君臨する。この中国に対して、以上のような保護主義政策をとることが、他のグローバルサウスの国々にいかなるインパクトを与えるか。考えねばならないのはこの点であろう。

今や世界は多極化の様相をますます示している。そうした中で先進諸国は、かつてのグローバリゼーション時代と同じように行動することはもはやできない。かれらは、グローバルサウスに北側と同じ教義を押し付けることはできないのだ。そこでは、グローバルサウスに寄り添う姿勢が強く求められる。南の諸国に対しても、北の諸国の授かるものと同じ恩恵が与えられるような対策を練る必要がある。この点は次章で見るように気候変動対策に典型的に現れる。

一方、今日のグローバルサウスのフラストレーションは非常に高まっている。先に論じたように、かれらに対する北側の支援が十分でないどころか、むしろ相対的に減少する傾向を示しているからだ。そうした中で、ロシアに対する経済的制裁と中国に対する保護主義的政策を続けていけばどうなるか。グローバルサウスの怒りと恨みはますます高まるに違いない。なぜならロシアと中国は、仮に地政学的理由からであったとしても、グローバルサウスに対して支援する姿勢を西側の諸国よりもはるかに強く示しているからである。北側諸国はグローバルサウスへの不十分な支援でもって、かれらの信頼をかちとることができるであろうか、あるいはまた世界経済の分断とブロック化を回避することができるであろうか。これらの点こそが問われねばならない。

（二）ＢＲＩＣＳの拡大とグローバルサウス

今日、グローバルサウス経済を牽引する集団としてＢＲＩＣＳという一大グループが存在する。それは当初ブラジル、ロシア、インド、並びに中国を指していたが、二〇一一年より南アフリカが加わって五ヵ国となる。このＢＲＩＣＳの経済力の進展は実にめざましい。この点を表5-5より見てみよう。それは二〇二二年におけるＢＲＩＣＳのＧＤＰと人口を、Ｇ７のそれらと対比して表したものである。見られるようにＢＲＩＣＳ五ヵ国のＧＤＰは合計で四三兆ドルを上回る。そのうち中国とインドのＧＤＰだけで三五兆ドルを超えて、ＢＲＩＣＳ全体の八〇％以上を占める。このようにしてＢＲＩＣＳのＧＤＰは、世界のＧＤＰ（約一四〇兆ドル）の三〇％以上を表す。これに対してＧ７（米国、カナダ、イギリス、ドイツ、フランス、イタリア、日本）のＧＤＰは四二兆ドルほどでＢＲＩＣＳのそれを下回っている。ＢＲＩＣＳの経済力はＧＤＰの観点からすれば、すでにＧ７を凌いでいるのだ。一方、人口面でもＢＲＩＣＳの人口は三二億人を超えて世界の人口（約八〇億人）の四〇％以上を占める。そのうち中国とインドの人口だけで二八億人を上回り、それはＢＲＩＣＳの人口の九〇％近くに相当する。こうしたＢＲＩＣＳの人口は、Ｇ７の人口（約八億人）の四倍を超えている。以上に見られるように、ＢＲＩＣＳは五ヵ国に限ったとしても世界最大の経済グループを形成していると言ってよい。

ＢＲＩＣＳはこうしてその経済力をベースに、様々な独自の経済活動をこれまで展開してきた。例えばかれらは、二〇一四年に固有の開発銀行を中国の上海を拠点としてつくった。確かにその規模は控え目である。しかしそれは将来、ＩＭＦと世界銀行に対抗する機関になる可能性を秘めている。もちろんＢＲＩＣＳの一人当りＧＤＰは、人口の大きさゆえにＧ７のそれよりも小さい。しかしそのことよりも、グローバルサウスの中で大きな経済力を誇る一大グループが二一世紀に入ってついに出現したことに我々は注目する必要がある。そのインパクトは計り知れないほど大きい。

表5-5　G7 とBRICS の国内総生産と人口、2022年

	国内総生産[1]（10億ドル）	人口（100万人）
G7		
米国	21565	338
カナダ	1917	38
イギリス	3144	68
ドイツ	4530	83
フランス	3141	67
イタリア	2590	59
日本	5197	124
G7合計	42084	777
BRICS		
ブラジル	3152	215
ロシア	4034	145
インド	10015	1417
中国	25684	1426
南アフリカ	807	60
BRICS5ヵ国計	43692	3263
BRICS新加盟国		
エジプト	1633	111
アラブ首長国連邦	701	9
イラン	1307	89
エチオピア	316	123
拡大BRICS９ヵ国計	47649	3595
全世界	139580	7975

（注）（1）2017年をベースとした購買力平価による国内総生産。
（出所）CEPII, *L'économie mondiale 2024*, La Découverte, 2023, pp.121-123 より作成。

こうした中でＢＲＩＣＳは、二〇二四年に入ってさらに新たな段階を迎える。二〇二三年八月に南アフリカのヨハネスブルグで一四回目のＢＲＩＣＳサミットが開かれ、そこでかれらは、二〇二四年一月よりさらに六ヵ国がＢＲＩＣＳに新たに加わることを表明したのだ[45]。それらの国はサウジアラビア、アラブ首長国連邦、イラン、エジプト、エチオピア、並びにアルゼンチンを表す。このＢＲＩＣＳの拡大は、最終的にアルゼンチンが参加を拒否し、サウジアラビアは検討中のため、四ヵ国の追加に止まった。しかしそれでもＢＲＩＣＳは九ヵ国となり、その数はＧ７を上回る。先に見た表５－５には、拡大ＢＲＩＣＳのＧＤＰと人口も示されている。同表によるとＢＲＩＣＳ九ヵ国のＧＤＰ

は四八兆ドル近くになり、それは世界全体のＧＤＰの三四％以上となる。これにより拡大ＢＲＩＣＳとＧ７との経済力の差は、ＧＤＰで見る限りますます広がる。ここで留意すべき点は、拡大ＢＲＩＣＳに世界の主要な石油産出国が加わったという点であろう。将来のエネルギー資源の確保という面で、この点が北側諸国に大きな影響力を及ぼすことはまちがいない。

では、ＢＲＩＣＳは政治的・経済的に完全なまとまりを示しているかと言えばそうではない。旧ＢＲＩＣＳの五ヵ国を見ても、中国とインドの対立は古くから見られる。しかしだからと言って、今日の拡大ＢＲＩＣＳの存在を軽視しては決してならない。この点についてピケティも、ルモンド紙のコラムで警鐘を鳴らしている(46)。彼はＢＲＩＣＳの拡大が表明されたことを踏まえて、Ｇ７を中心とした西側諸国が自分達のこれまでの横暴な姿勢から脱け出してＢＲＩＣＳを真剣に考えねばならないときがきたと主張する。中国の専制主義やロシアの軍国主義をやり玉にあげて、ＢＲＩＣＳ全体の体制を見誤ることがあってはならない。かれらはすでに、選挙制に基づく議会制民主主義を理解しようと努めている。例えばインドで、二〇一九年の総選挙の投票率は六七％にも達した。これに対してフランスでは、二〇二二年の総選挙の投票率は五〇％に満たない。また近年の米国の議会制民主主義は、その脆弱さを露呈している。ピケティはこのように論じながら、現代のＢＲＩＣＳの存在を認める必要があることを強く訴える。こうした彼の認識は全く正当である。

ここで踏まえておくべき点は、ＢＲＩＣＳ拡大の目的であろう。南アフリカ大統領のラマポーザがＢＲＩＣＳサミットで強調したのは、その潜在的な経済利益であった。彼が念頭に入れたのは、石油収入に基づく投資能力である。そして重要なことは、この一大投資能力がＢＲＩＣＳ以外のグローバルサウス諸国の抱く経済不安を払拭する上で大きな役割を演じる点にある。それはまた、グローバルサウスの集団的な力を強めると同時に、北側がこれまで支配してきたグローバル経済システムに対抗する姿勢を示すことになる。もちろん、ＢＲＩＣＳが政治的なまとまりをもった、あるいは同一の価値観を備えた「共同の家」をつくり上げることには大きな困難が待ち受けている。確かに二〇二三年のヨハネスブルグ会議を、一九五五年のあのバンドン会議と同じようにみなすことはできない。しかしくり返しになるが、そのようなネガティブな側面を強調している間に、ＢＲＩＣＳが経済力のみならず国際政治力をも着実に備えることは否定できない。しかもそうした力がグローバルサウス全体に波及されることも疑いない。それだから西側の諸国は、かれらに対していつまでも横柄な態度をとり続けるわけにはいかないのだ。グローバルノースはグローバルサウスの抗議に対し、果たしてどこまで真剣に対応するつもりがあるのか。この点が今日問われている。

(三) グローバルサウスの要求と国際秩序の改革

グローバルサウスで経済力を誇る新興諸国は近年、これまで国際秩序が北側諸国によって支配されてきたことに対して抗議する姿勢を露にしている。ＢＲＩＣＳの代表的な国であるブラジルのルーラ大統領は、グローバルサウスの主義主張を守ることを誓う。この点はアフリカ諸国の間でもはっきり見られる。こうした中で西側諸国も、グローバルサウスの要求を考慮せざるをえなくなった。フランスの招待で開かれた二〇二三年六月のパリサミットはそれを象徴するものであった(47)。これには世界から五四ヵ国の政府が参加した。このサミットは、貧困との闘いと気候温暖化への適応に関するグローバルサウスの非常に大きな要求に応じることを目的とした。

実際にグローバルサウスは今日、経済、社会、健康、並びに気候の「複合危機」に陥っている。かれらがそこから脱するためにはどうすればよいか。フランスのマクロン大統領はこれに対して「新グローバル金融協定」の締結をもって臨む。それは金融手段の不足する最も貧しい国々に対し、「投資ショック」を与えてかれらの期待に応えようとするものである。

グローバルサウスの貧困国における人々の生活状況は確実に悪化している。この点は新興諸国の経済力の著しい発展と対照的だ。二〇二〇〜二〇二一年の調査で明らかにされたように、寿命や生活水準で示される人類の発展指標は、この三〇年間で大きく後退した。それは国連が主張するようにグローバルサウスで明白であった。グローバリゼーションの下で機会均等が進むと提唱されたにもかかわらず、現実にはグローバルサウスの一部は極度の貧困に晒されている。かれらは、コロナ危機やウクライナ戦争をとおして現れた食料とエネルギーの価格高騰に悩まされているのだ。一方、低廉な労働コストの優位性は工業のオートメーション化によって消滅した。もはやグローバリゼーションに基づく発展モデルを描くことはできない。これに加えて、気候変動による甚大な被害が現れた。例えば二〇二二年に大洪水に見舞われたパキスタンで、貧困ライン以下の人々は実に九〇〇〇万人にも達したのである。

他方でグローバルサウスの公的債務の大きさが問題とされた。ＩＭＦは、かれらの多くが過剰債務の状態にあることを指摘する。また国連も、発展途上諸国では流動性、債務のリスケジュール（繰り延べ）、並びに適切な利子率での長期貸付が必要であると表明した。実際に利子率が引き上げられれば、グローバルサウスでいつ債務危機が起こってもおかしくない状態にある。それだからコスタリカの前副大統領は、南の諸国は危機の犠牲者であり、かれらはその危機に何ら責任がないとしながら、かれらの怒りとフラストレーションを減らすために北の支援が必要であると訴えた。しかもそうしたグローバルサウスの怒りが、北の約束の反故によって高まった点を忘れてはならない。グローバルサウスに対する北の支援は二〇二二年にＧＤＰの〇・三六％ほどであり、それは固定された目標値である〇・七％の半分ほどにすぎないのだ。また、最貧国の集中するサハラ以南のアフリカに対するそうした支援は八％近くも減少した。さらに、年に多額の融資が南に対して約束されたのに、それは全く達成されていない。このような中でマクロンは今回のサミットで、特別引出し権（ＳＤＲ）の供与をグローバルサウスに対して約束した。それは、一〇〇〇億ユーロに相当するＳＤＲを貧困国にＩＭＦや開発銀行などをつうじて再分配するというものである。

富裕国は確かに、貧困国に対して一層貸付けるように国際金融機関に圧力をかけた。しかしそれは、あくまでもそうした機関に対する出資国の増資をしないことを前提とする。北側諸国がそもそもグローバルサウスに対して約束した公的支援をおろそかにしており、それこそが問題とされねばならないのに、かれらはそれを無視しながらその肩代わりとして国際金融機関による融資を求めている。しかもかれらは、そうした機関の原資の増大には一切係らない。このような北の姿勢はまさしく横暴極まりない。これでもって南の憤りを鎮めることができるであろうか。逆にかれらの北に対する恨みが一層強まるに違いない。

一方、フランスの提案するグローバル金融体制の刷新を先進諸国が一丸となって進めることができるかという問題もある。今回のパリサミットで示された新グローバル金融協定は、戦後半世紀以上にわたって君臨してきた体制を打ち壊そうとするものである。このことに対し、現行体制を牛耳ってきた米国がすんなりと同意するはずがない。案の定、米国は国際金融機構の大規模な改革要求を拒絶した。すでに論じたように、バイデン政権の下で米国は多国籍企業に対する課税などで国際的な改革を積極的に進める姿勢を示した。しかしかれらは、ＩＭＦや世界銀行などのお膝元にある国際金融機関から成る体制を変えるつもりがないことをはっきりと表明したのである。フランスがグローバルサウスに寄り添う形で示した新グローバル金融協定は、結局絵に画いた餅にすぎなかった。

ところで、そうしたグローバル金融アーキテクチャーの改革案はそもそもグローバルサウスから発したものである。それがパリサミットの中心テーマに据えられたのだ(48)。グローバルサウスのイニシアティブの下で、かれらの発展のための資金力を強化することが求められた点に、ここで改めて留意する必要がある。実際にポストコロナ下の金利引上げにより、発展途上国とりわけ最貧国の戦略の幅は非常に限られている。それゆえかれらに対し、公的機関による融資のみならず民間機関によるそれも強く求められる。

そうした中で今回のパリサミットにおいて、グローバルサウスへの融資の原資として国際金融取引税のようなグローバル規模での租税が提案された点は注目されてよい。ただし同税は、これまでにも専門家の間で主張されてきたものであり目新しいものでは全然ない。しかもそれは依然として実現されていない。さらにそのような租税案として、巨大多国籍企業や超富裕者に対する累進税は一切考慮されていない。一方、かれらが脱税の拠点とする世界のタクスヘイブン（租税回避地）の取締りと規制も提示されていないのだ。これらの点についてはピケティも、彼の議論の中核を成す累進税論の観点から指摘している(49)。彼は、多国籍企業や世界の億万長者に対して最小限の税を課すことにより、その税収を各国の需要に応じて再分配することを提言する。そこにはグローバルサウスへの資金移転が描かれる。南の多くの国は非常に貧しく、それはとりわけアフリカで著しい。かれらは、学校や病院などの公共サービス機関の運営に困難を来たしている。ピケティはこう認識しながら、そのような税収分をかれらに割当てるべきと訴えたのだ。

では、戦後のグローバル経済体制で南に有利なように改革すべきは金融面だけかと言えば決してそうではない。貿易面でも大きな課題がグローバルサウスに立ちはだかっている。それは農産物貿易の自由化に関する問題である。WTO（世界貿易機構）は農産物貿易に関し、グローバルサウスに対して一応寛大な姿勢を示している(50)。しかし現実には全く逆のことが起こっている。例えば米国、カナダ、並びにメキシコの間で合意された自由貿易体制の下で、メキシコは多くの雇用を失うと共に食料の主権を喪失した。かれらは米国からのとうもろこしの輸入に大きく依存したのである。このような南を犠牲にした貿易体制は欧州でも生じている。欧州からの農産物輸出はグローバルサウスの農業を脆弱にすると同時に、食料の安全保障を低下させた。この点はとりわけアフリカ諸国で明らかであった。かれらは農産物の面で、輸入とグローバル市場の変動に大きく依存せざるをえないのだ。牛乳の生産を例にすると、欧州でそれが過剰になるとその分は西アフリカ市場に向かう。欧州の牛乳価格は西アフリカのそれよりも三〇％安いからである。こうしてブルキナファソやセネガルの国民的生産は低下する。

このように農業システムに競争メカニズムを導入すれば、それは完全に非対称的な結果を生み出してしまう。国際競争が激しくなる中で、農産物の国内生産を守ることはますます難しくなる。この点は、とりわけアフリカを中心としたグローバルサウスにはっきりと現れる。他方で、農産物に対する輸入関税はWTOで認められていない。WTOはグローバルサウスに対して決して寛大ではないのだ。グ農業システムのグローバリゼーションは今日、巨大アグリビジネスの下で盛んに展開されている。グローバル市場での競争激化は必然的に価格を低下させる。このことは、生産性の低いグローバルサウスを脅威に晒す。そこでは結局、市場を支配する農業関連の多国籍企業が勝利するに違いない。

こうした中で農民が、市場競争からの保護を求めることは農民の側からすれば当然であろう。実際に南の諸国は二〇〇〇年代半ばに、WTOによる農産物市場の完全自由化を阻止する姿勢をすでに示していた。かれらは市場とアグリビジネスの力に対抗しようとした。WTO主導のグローバル貿易体制も、とりわけ農産物貿易に関して、グローバルサウスを有利とする形に変えていかねばならない。そもそも農産物の生産と貿易をグローバル競争に晒してよいのかという点も問題とされるべきであろう。この問題は、農民の公正な報酬の保障や消費者の健康という点でも重要になる。今回のパリサミットで、フランス農業に不都合な面を含んだグローバル貿易体制を議論の対象とすることはなかった。これでもって、北の南に寄り添う姿勢を十分に示すことはできない。

(四) 地政学的危機とグローバルサウス

ところで、北側諸国によってこれまで仕組まれてきた国際秩序の見直しに関し、一つの大きな問題が他にもある。それはかれらが、たんに今日の地政学的危機への対応として既成の秩序を再検討しようとしたのではないかという問題である。確かに現在、グローバルサウスは国際的な地政学の中に完全に組み込まれている(51)。その中でかれらは、かつての宗主国を含めた西側に対して恨みを抱いている。このことはグローバルサウスが、ウクライナに侵攻したロシアに対する制裁要求を拒絶したことに結びつく。さらに今日の中東危機は、北と南の分裂を一層深めている。それだから西側の為政者は、グローバルサウスとの関係を刷新する必要があると意識し始めたのだ。先に見たパリサミットもその現れであると言ってよい。

しかし北が、真に南との対話を行って南に有利な形の国際秩序を新たにつくるつもりであるかは全く定かでない。実際に米国は新グローバル金融協定を拒否したし、フランスも農産物をめぐるグローバル貿易体制の改革を行おうとはしない。このようにして見れば、グローバルサウスの国々の眼には、西側の新しい対策がロシアと中国に対抗する地政学的戦略の一環にすぎないものと映るに違いない。これでもって南北関係を改善することができるであろうか。

こうした中でロシアは、西側の戦略を見透かしたかのようにグローバルサウスとりわけアフリカ諸国に急速に接近する姿勢を露にした。プーチン大統領はパリサミットから一ヵ月後の二〇二三年七月に、第二回ロシア・アフリカサミットを開催してアフリカと連携する動きを示したのだ(52)。ロシアはそこで、二万五千トンから三万トンもの穀物をブルキナファソ、ジンバブエ、マリ、ソマリア、中央アフリカ、並びにエリトリアに無償で供与することを表明した。その際にプーチンは、アフリカ諸国と他のグローバルサウス諸国のインフレーションに対する不安を一掃すると宣言しながら、ウクライナと西側を強く非難する。ロシアはウクライナに代わって、かれらに穀物を輸出することを決断したのだ。驚くべきことは、アフリカの五四ヵ国のうち四九ヵ国が同サミットに代表団を送った点であろう。これは、二〇二二年一二月の米国・アフリカサミットにアフリカの五〇ヵ国の統治者が参加したことに匹敵する。

このようにロシアとアフリカ、ひいてはロシアとグローバルサウス全体との連携はますます強まる様相を示している。もちろんロシアの戦略も、西側とりわけ米国のそれを意識した地政学的な観点から発していることは否定できない。しかし、西側がそのことを非難するだけで済まそうとすれば、かれらがグローバルサウスとロシア以上に連携する道を開くことは決してできない。否、むしろグローバルサウスの西側に対する反発は一層強まるに違いない。ＢＲＩＣＳはすでに九ヵ国に拡大し、その中には世界有数の石油産出国が含まれている。かれらは疑いなく経済のみならず政治の面でも国際的な影響力を発揮することができる。西側はもはや旧態依然の横柄な姿勢をとり続けるわけにはいかないのだ。

ところが西側の指導者の中にはグローバルサウスを依然として過小評価し、西側の価値観の正当性をあくまで主張する人物もいる。国際投資銀行副総裁のメイヤーもその一人である。彼はルモンド紙に投稿し、グローバルサウスなるものは存在しないと断じる(53)。なぜなら、それは中国とインドの敵対関係によって分極化してしまうからだ。また旧BRICSとしての五ヵ国の間にも共通点はほとんどない。グローバルサウスは反米主義を唱えるが、アルゼンチンのミレイ大統領は自国通貨のドル化を図っている。メイヤーはこのように、グローバルサウスのまとまりのなさを指摘しながらその全体としての力を評価しない。他方で彼は、グローバルサウスの反乱、人々の恨みや惨めさ、並びに土地と一次産品の過剰な搾取などに対して西側が責任を負う必要があることを認める。ただし天然資源の搾取の点では中国も西側と変わらない。そうした中で近年、グローバルサウスによる西側の解体作業が行われている。しかし、西側の歴史や民主主義、文化やテクノロジー、並びに経済力を恥じてはならない。たとえ我々が誤っていたとしても、我々はへりくだらなくてよい。メイヤーは以上のように主張する。ここには西側の傲慢さが集約されている。西側がグローバルサウスに犯した過去の誤りに対し反省して謝罪するどころか、逆になおそれを誇らしげに語ることは今日、果たして許されるであろうか。グローバルサウスの人々がこのメイヤーの信条を知ったとき、かれらが西側に対して新たに激しい怒りと恨みを抱くのは目に見えている。

メイヤーが、現行のグローバル金融体制の一翼を担う機関の指導者であることを踏まえれば、そうした体制の改革はほど遠いと言わねばならない。そもそもグローバルサウスという言葉が盛んに用いられる背景には、かれらの連帯とそれに基づく西側への抗議があるのではないか。実際にこれまで欧米を中心とする先進資本主義諸国が様々な危機を引き起こし、その度にグローバルサウスは多大な犠牲を払ってきた。南の人々の間で、もううんざりだという思いが強いに違いない。ところが国際秩序のための法は「西側による西側のための規則（コード）」にすぎないのだ(54)。例えば米国は、イスラエルのネタニヤフ首相による行き過ぎた政策を統御できない。国際秩序は依然として西側の要求に叶うものでしかない。そこでは明らかにグローバルサウスが軽視されている。

このような西側の姿勢に対し、ロシアと中国がグローバルサウスに対してアプローチを強めていることはすでに見たとおりである。ではグローバルサウスは、西側に代わって今度はロシアや中国に支配されるかと言えば決してそうではない。かれらは、「ポジティブな非同盟」という考えに立つことで、西側に対しても、またロシアや中国に対しても自由なスタンスを保つことができる。この考えは二〇世紀にインドが提示したものだが、それは二一世紀に入り多様性を含むものとして生まれ変わった。インドは中国と同じくグローバルサウスのリーダーになることを望んでいる。確かにインドと中国は、アジアでもアフリカでも対立関係にある。一方インドは、米国ともロシアとも対立することがない。こうしたインドの動きはマルチ同盟と称される。この考えがグローバルサウスの多様な利害を包み込みながら一層の団結をもたらすならば、かれらは明らかに西側に対しても、またロシアと中国に対しても大きなパワーを発揮するであろう。

一九七〇年代半ばに新国際経済秩序が唱えられ、そこでは南の資源ナショナリズムが声高に叫ばれた。それからすでに半世紀も経っている。この間にほんとうに南に有利な形の国際秩序がつくられ、数多くの資源が南の自由裁量の下に採取されたかと言えば全然そうではない。この半世紀に行われてきたことは逆に、北の主導するグローバル資本主義の下で南の天然資源と人的資源を専ら搾取することであった。この姿はまさに、先に見たポスト植民地主義そのものであると言ってよい。そうだとすれば、政治、経済、社会のすべてにわたる南北間の不平等の解消が今ほど求められているときはない。北の価値観の絶対的な正当性が主張される時代は終ったのだ。メイヤーはドン・キホーテにすぎない。北の意識変革なしに新しい国際秩序が生まれることはない。そして留意すべき点は、グローバルサウスの連帯と団結がグローバルノースに対する抗議と反逆を強め、かれらのイニシアティブの下に国際秩序が新たにつくり直されるときが目前に迫っているという点であろう。

【注】

（1）Vincent, J., "L'argent de l'esclavage, enjeu d'une compensation historique", *Le Monde*, 3, juin, 2023.
（2）トマ・ピケティ『平等についての小さな歴史』、広野和美訳、みすず書房、二〇二四年、三ページ。
（3）Reverchon, A., "Thomas Piketty, Kenneth Pomerantz , Croissance et inégaliés", *Le Monde*, 21-22, mai, 2023.
（4）トマ・ピケティ、前掲書、八三ページ。
（5）Truong, N., "La France face à son impensé colonial", *Le Monde*, 20, janvier, 2024.
（6）Éditorial, "Au Niger, une nouvelle défaite de la guerre contre le terrorisme", *Le Monde*, 5, août, 2023.
（7）Cessac, M., "Après le coup d'Etat au Niger, l'extraction d'uranium continue", *Le Monde*, 1, août, 2023.
（8）Caramel, L., et Vincent, É., "Les Occidentaux perdent un allié crucial au Sahel", *Le Monde*, 29, juillet, 2023.
（9）Châtelot, C., "Au Niger, la junte joue la division entre France et les États-Unis", *Le Monde*, 17, août, 2023.
（10）Éditorial, "Niger: Le malaise Africain, l'embarras occidental", *Le Monde*, 12, août, 2023.

（11）Gyldén, A., "Le Gabon, une histoire française", *L'Express* , 7, septembre, 2023, p.22.
（12）Bejat, J.-M., "Les intérêts économiques français concentrés sur le secteur minier", *Le Monde*, 1, septembre, 2023.
（13）Gyldén, A., *op.cit.*, p.23.
（14）Bejat, J.-M., *op.cit.*
（15）Bensimon, C., "A libreville, une << révolution de palais >>", *Le Monde*, 1, septembre, 2023.
（16）Ricard, P., et Vincent , É., "Paris bousculé dans son ancien pré carré africain" , *Le Monde*, 1, septembre, 2023.
（17）Pérouse de Montclos, M.-A., "Le coup de force au Niger démontre les limites stratégiques de la France", *Le Monde*, 5, août, 2024.
（18）Pluyette, C., Pennarguear, C., et Véronique, P., "Coup d'Etat au Afrique francophone: les racines du chaos", *L'Express*, 7, septembre, 2023, p.19.
（19）Boulin, A., Marotte, T., et Mathieu, B., "La France hors du jeu", *L'Express* , 7, septembre, 2023, p.21.
（20）Kaufmann, S., "<< Les fous >>, l'Afrique et la France ", *Le Monde*, 31, août, 2023.
（21）Pluyette, C., Pennarguear, C., et Véronique, P., *op.cit.*, p.20.
（22）Chol, É., et Mathieu, B., entretien avec Lionel Zinsou, "<< Le sentiment anti –français ne résume pas l'Afrique >>", *L'Express*, 7, septembre, 2023, p.24.
（23）*ibid.*, p.25.
（24）Boulin, A., Marotte, T., et Mathieu, B., *op.cit.*, p.22.
（25）Pluyette, C., Pennarguear, C., et Véronique, P., *op.cit.*, p.19.
（26）Arezki, R., "Rompre avec la pratique du paternalisme envers les Africains", *Le Monde*, 21, août, 2023.
（27）Barthet, É., et Ricard, P., entretien avec Catherine Colonna, "<< La Françafrique est morte depuis longtemps >>", *Le Monde*, 5, septembre, 2023.
（28）Kane, C., "Au Sénégal, le choix de la continuité ou de la rupture", *Le Monde*, 24-25, mars, 2024.
（29）トマ・ピケティ、前掲書、第九章。

(30) 同前書、一七五ページ。
(31) Kane, C., et Ollivier, T., “Sénégal: les prémices d’un séisme politique”, *Le Monde*, 26, mars, 2024.
(32) Kane, C., “Sénégal: Diomaye Faye, candidat de la << rupture >>, élu président”, *Le Monde*, 27, mars, 2024.
(33) Éditorial, “Sénégal: Une victoire, un coup de tonnerre et un avertissement”, *Le Monde*, 27, mars, 2024.
(34) Reverchon, A., *op.cit.*
(35) Plihon, D., *Le nouveau capitalisme*, La Découverte, 2016, p.24.
(36) *ibid.*, pp.25-26.
(37) *ibid.*, p.27.
(38) *ibid.*,p.33.
(39) トマ・ピケティ、前掲書、一七八～一七九ページ。
(40) 同前書、一七九～一八一ページ。
(41) Reverchon, A., *op.cit.*
(42) トマ・ピケティ、前掲書、一八四～一八六ページ。
(43) Bensidoun, I., et Grjebine, T., “Vue d’ensemble: l’économie mondiale en phase de reconfigurations”, in CEP II, *L’économie mondiale 2024*, La Découverte, 2023, p.20.
(44) この点については拙著『コロナ危機と欧州・フランス』、明石書店、二〇二二年、三一六～三二二ページを参照。
(45) Éditorial, “La double logique de l’élargisement des BRICS”, *Le Monde*, 27-28, août, 2023.
(46) Piketty, T., “Il est temps de prendre les Brics au sérieux”, *Le Monde*, 14, novembre, 2023.
(47) Bouissou, J., et Ricard, P., “Un sommet pour réinventer les relations Nord –Sud”, *Le Monde*, 22, juin, 2023.
(48) Bouissou, J., “L’initiative de Bridge town pour en finir avec les << solutions d’hier >>”, *Le Monde*, 22, juin, 2023.
(49) Piketty, T., *op.cit.*
(50) Combes, M., “Les accords de libre-échange fragilisent les pays du Sud”, *Le Monde* , 1, mars, 2024.

(51) Duclos, M., "Dans le << Sud global >>, un fond commun de ressentiment à l'égard de l'Occident", *Le Monde*, 24, octobre, 2023.

(52) Ruisseau, N., "Au sommet Russie- Afrique, Poutine promet des céréales gratuites", *Le Monde*, 29, juillet, 2023.

(53) Meyer, J.-C., "Face au Sudglobal, l'Occident n'a pas à rougir", *Le Monde*, 14, décembre, 2023.

(54) Kauffman, S., "2023, l'année du Sud global", *Le Monde*, 21, décembre, 2023.

第三部　不平等体制とエコロジー問題

第六章　気候変動と社会的公正

今日のグローバル問題を考えるとき、気候変動問題を外すことは絶対にできない。温暖化を中心とする気候危機が今や地球的規模で襲いかかっているからだ。この危機が全世界の人々とりわけグローバルサウスの人々の生活に及ぼす負の影響は計り知れない。実際にアジアやアフリカにおける近年の前代未聞の猛暑は大干ばつや大洪水を引き起こし、人間を含めた生物全体の生命を脅かしている。それゆえ気候変動問題の解消は我々にとって、第一に考えるべきグローバルな課題であると言わねばならない。

では、そうした解消のための対策を練る上でいかなる視点が心要とされるか。ここで筆者は二つの視点を示しておきたい。一つは歴史的視点である。現代の気候危機は昨日今日に始まったものでは決してない。それは紛れもなく歴史的現象である。人類は歴史的に資本主義を生み出して以来、そうした危機の要因をこれまで延々と積み重ねてきたのだ。この歴史的事実を直視しなければならない。我々はそうすることで気候危機の歴史的要因を突き止め、それを排除する方向に進む必要がある。もう一つの視点は社会的視点である。現代の気候危機には、実は様々な社会危機が組み込まれている。それらの社会危機には人種差別やジェンダー差別を中心とする諸々の差別、あるいはまた南北格差のようなグローバル不平等などの問題が反映されている。言ってみれば、気候変動問題にあらゆる不平等問題が集約されているのだ。したがって気候変動問題を、たんなる自然現象としてのみ捉えてはならない。この問題は歴然とした社会問題でもある。そうだとすれば気候危機からの脱出は、そうした社会的な、かつまたグローバルな不平等体制の解消を必要条件とすると言わねばならない。本章ではこれらの二つの視点に立ちながら、気候変動の歴史認識の問題、気候変動に対するあるべき対策の問題、さらには気候変動をめぐる資金問題などについて検討しながら、それらの問題を解消するための手がかりをつかむことにしたい。

一　エコロジー危機と「資本新世」

（一）エコロジー危機の歴史認識

二〇〇〇年にクルッツェンとストーマーが共同で発表した「人新世（アントロポセン）」と題された論文が、全世界でまたたく間に大反響を呼んだことはよく知られている(1)。かれらは、一九世紀後半にポスト氷河期（過去一万年から一万二千年）が「完新世（ホロセン）」と名付けられたことに続いて、とくに一八世紀後半から二世紀にわたる時代を地質学的観点から人新世と呼ぶことを提唱した。それは、人間の地球全体に及ぼす力の増大を考慮するものであった。かれらによれば、完新世という名称が与えられたころの一九世紀後半にすでに人間のもつ恐るべき力が語られ、二〇世紀前半には人間の能力とテクノロジーが将来の地球環境を形成する上で役割を増すとみなされた(2)。実際にそのとおりになった。過去三世紀に人口は一〇倍に増大し、過去一世紀に都市化も一〇倍に拡大した。人類はたった数世紀の間に、数億年をかけてつくられた地球上の化石燃料を使い尽くしたのだ。地表の三〇～五〇％は人間の生活領域になると共に、利用可能な水の半分は人間により使われている。人間の活動は、熱帯雨林を中心として生物種の消滅率を異常なほどに高めた。こうして大気中の温室効果ガス（二酸化炭素やメタン）は著しく増大したのである。

これらの人間活動の地球的規模で及ぼす影響を、かれらは人新世効果と称し、地質とエコロジー（生態系）における人類の中心的な役割を強調した。そして大きな災害がなければ、人類は何千年あるいは何万年にわたって地質学的に大きな力になり続け、それは地球のエコロジーの持続可能性を低下させる。だからこそ、それを阻止する戦略をグローバル規模で受け入れることが人類の将来にとって大きな仕事になる。クルッツェンとストーマーの共同論文はこのように締めくくられた(3)。

この人新世論はその後、学界のみならず一般の人々の間でも絶大な人気を誇った。この議論はそれだけ人々に強く訴える力をもつものであった。確かにクルッツェンとストーマーが行った問題提起を否定することはできない。否、それを否定してはならないであろう。エコロジーの持続可能が人類共通の喫緊の課題であることもまちがいない。このことを十分すぎるぐらいに認めた上で、では人新世論に問題が全くないのか、あるいはそれだけですべてを語ることができるのかと問えば、決してそうではない。そこにはいくつもの問題が潜んでいる。まず、その際の「人」を人間一般としてフラットに捉えてよいかを考える必要がある。そしてそれとの関連で、エコロジー危機の歴史的起源を一八世紀後半とみなしてよいかも問われる。さらに、エコロジー危機の主たる要因を化石燃料の使用による温室効果ガスとりわけ二酸化炭素（CO_2）の排出とする視点も問題にされねばならない。そもそも二酸化炭素は、排出と吸収のバランスの下でエコロジーを維持してきたはずだ。そうだとすれば、二酸化炭素の自然界での吸収とりわけ森林による吸収という点も重視されねばならない。

これらの素朴な疑問が思い浮かぶ中で、実は人新世論に対して真っ向からチャレンジする議論が現れた。それは、二〇一七～二〇一八年に二部に分かれて発表されたムーアの「資本新世（キャピタロセン）」と題された大論文であった(4)。この二大論文はその後に、エコロジー危機を論じる上で一つの確実な指針を与えるものであり、研究者の間で共有の財産となった。そこで以下ではムーアの資本新世論を検討しながら、今日の気候変動問題を論じる際の基本的視座を探ることにしたい。

ムーアの問題意識はどこにあるか。まず、この点を押えておこう。彼はもちろん、人新世の起源としての産業革命のエコロジーに与えた影響を否定しない(5)。この点は、これまでの環境主義の考えと一致する。しかし環境史を専門とするムーアは、世界的なエコロジー危機の起源を一八世紀の産業資本主義の勃興に求めることに対して不満を表す。というのも蒸気エンジンの発明以前からすでに、実はグローバル規模での自然のリメークが初期資本主義の下で確実にかつ大規模に行われていたからだ。それはまた、現代のグローバルな温暖化に対してラディカルな対策を考える上でもきわめて重要な歴史的事実を示している。そして、そうした初期資本主義時代に注目することは、我々がいかなる時代に生きているのかを問うことにつながる。

人新世の議論では、人は同質でまとまった行動をとるとみなされる。したがってエコロジー危機は人間の仕業であり、その意味で人新世は人間の時代を指す。そこでは人種やジェンダーの問題は無視される。しかし歴史的に問われるべきは、自然に対して悪事を働いてきた張本人は一体誰なのかという点ではないか。この問いに対し、人間対自然の二元論は果たして通用するであろうか。ムーアはこう問いかけながら、実はエコロジー危機をもたらしたのが、飽くなき蓄積をめざした資本主義そのものであることを主張する。しかもその資本主義は、産業資本主義以前の商業資本主義から始まっている。ムーアは、そもそも資本主義を歴史的性格を備えるもの（歴史的資本主義）として捉える。同時に彼は、資本主義は当初から世界的に展開されることによってグローバル規模でのエコロジー（ワールドエコロジー）に甚大な負の効果をもたらすものと認識する(6)。そしてそれを推進してきたのは、決して人一般ではない。それは資本家であり権力者であった。さらにかれらは共同で世界的に帝国を建設し、その下でワールドエコロジーを破壊してきたのだ。この姿は、植民地の独立後も今日に至るまで全く変わっていない。このようにして見れば、エコロジー危機の起源を探ることは、我々がいかなる時代に生きてきたかを考えることにつながる。我々はまさに資本の時代に生きてきたのだ。それだからムーアはその時代を資本新世と称す。とは言え彼は、人新世論の重要な貢献を十分に認める。それは一つの時代精神を示しているからだ(7)。それゆえ人新世と資本新世が互いに排除するような関係にあってはならない。

ムーアはこのようにして、資本主義をたんなる経済システムとしてではなく、資本、権力、並びにワールドエコロジーとして捉える(8)。その際の権力は帝国建設の世界的な権力であり、その下でワールドエコロジーに大損害が与えられたのだ。その一つの例としてムーアは、ブラジル北部の森林伐採を挙げる。そこでは一七世紀半ばに砂糖プランテーションでの生産がピークに達し、それによって年に一万二〇〇〇ヘクタールもの森林が伐採された。しかもこうした森林の巨大な伐採はブラジルに限られない。初期資本主義における権力と資本の密接な関係は、森林伐採を世界的規模で急速に押し進めたのである。一方、イングランドの石炭革命もすでに一六世紀前半から始まっていた。そこでの石炭生産は一五三〇年の五万トンから一〇〇年後の一六三〇年にはその三〇倍にも激増する。この間のイングランドの大きな炭田はほとんど掘り尽くされたのだ。このようにして見れば、エコロジー危機のルーツを人新世論の説くように一八世紀後半に求めてよいかが問われるに違いない。

我々はここで、初期資本主義とワールドエコロジーの関係に注目する必要がある。ムーアは両者の関係の代表例として、一七世紀に登場したオランダの権力体制を取り上げる(9)。当時のオランダの卓越度は欧州で群を抜いていた。それは権力、貿易、生産、並びに地球的規模での土地と労働の強制的な再編などの相互の動きの中で実現された。オランダの権力体制はまさしく、ワールドマネー、ワールドパワー、並びにワールドエコロジーのいわば三位一体的な体制を表すものであった。ここでムーアがとくに注目するのは、オランダが一七世紀においてすでにワールドエコロジーに重大な影響を与えたという点である。アムステルダムは世界最初の証券取引所をつくり世界貿易の軸であっただけでなく、実は環境のグローバルな再編の中心地と化したのだ。かれらは欧州内ではポーランドを食料供給地とし、そこでの耕作のローテーションを無視すると同時に、農業用地確保のための森林伐採を大規模に行った。それだけでない。オランダは対外的にもエコロジーの破壊を進めた。かれらは東インド会社の設立後、東南アジアに多大な利潤を生み出す香辛料の生産地を築き、それによってインドネシアの島（スパイス・アイランド）のエコロジーは完全に崩されたのだ。オランダ帝国主義はまさに島の原住民の殺害と奴隷化、並びに自然破壊をつうじて人間と自然のオランダ化を推進したのである。

我々がその際に銘記すべき点は、オランダのそうしたワールドパワーによって森林伐採によるワールドエコロジーの破壊が促されたという点であろう。ムーア自身は言及していないが、この森林伐採こそが二酸化炭素の吸収の面できわめて大きな負のインパクトを与えるからだ。この点はまた後に見るように、今日の既存の二酸化炭素をいかに吸収するかを考える上でも重要な論点を提供する。他方で、これもムーアは触れていないが、オランダが世界最初のワールドエコロジーの破壊者であったという歴史的事実の今日的意味も合わせて考えねばならない。一九八九年に世界で最初の環境サミットが開かれ温暖化について話し合いが行われた場所は、実はオランダのハーグであった。オランダは自国の水没の危機を強く意識したのだ。しかし歴史を振り返って見れば、オランダこそが今日の温暖化による気候危機の根因をシステムとしてつくり上げた最初の国である。この点を決して忘れてはならない。その意味で現在のオランダの状況は自業自得であると言ってよい。一方、それはオランダ一国の問題に済ますわけにいかない。気候危機に対する責任はグローバル規模で問われるからだ。

ところでエコロジー危機要因としての森林伐採が、歴史的にオランダによってのみ行われたかと言えば全くそうではない。イングランドの森林伐採も鉄の生産に合わせて一六世紀から進められた。これによりアイルランドの森林地域は大きく減少する。また地中海の森林も、造船の需要増大から一六世紀の前半に消滅したと言われる。さらに中央ヨーロッパの鉱業の発展は、同じく大規模な森林伐採を伴うものであった。この鉱物採掘と森林伐採の同時並行的関係は、今日まで全く変わることがない。

このようにしてムーアは、人新世論が産業革命の時期をエコロジー危機の歴史的起源として捉えることに対し、近代初期の地球的規模での自然のリメークという視点を新たに打ち出した。環境の歴史を掘り起こすことは、エコロジー危機の起源を知る上でも、またグローバル資本主義=ワールドエコロジーの起源と現代の気候危機との関係を理解する上でも必要不可欠な作業である。ムーアはそこで権力、資本、並びに自然の新たな関係の歴史的起源を一六世紀の長い一世紀に見る。しかし彼は、化石燃料の使用の点から行う時代区分を排除しない。実はクルッツェンとストーマーも、一八世紀を起源とすることはあくまでも裁量的であって他の区分もありえることを認めていた[10]。要するにムーアが言いたいことは、産業革命のみでワールドエコロジーの破壊を語ることはできないと同時に、今日のエコロジー危機の解消を考える上でも、それ以前に展開された権力の自然に対する行為を踏まえねばならないという点である。森林伐採は二酸化炭素の吸収を阻み、化石燃料の使用は二酸化炭素の排出を促進することでエコロジー危機を招くのだ。その意味で、初期資本主義の視点に立つ資本新世論と、産業資本主義の視点に立つ人新世論は相互補完的であると言ってよい。

ところで、エコロジー危機の歴史的起源を森林伐採の観点から一六世紀に見る研究者はムーアに限らない。フランスの環境史研究者として著名なフレッソも同様の見解を示している[11]。水のグローバルサイクルは気候の安定を保障するものであり、それに危害を加えるのが森林伐採である。そしてそれは、人間の不注意でなされたのでは全然ない。フレッソはこのように唱える。ただし彼はムーアと異なり、資本のロジックを森林伐採に持ち込まない。その点でエコロジー危機と資本主義の関係をフレッソの議論に見ることはできない。

最後に人新世論と資本新世論をかんたんに整理しておこう。表6-1は、両者の比較を示したものである。両者は確かに様々な点で異なっている。しかし大事なことは、いずれも今日のエコロジー危機の解消を考える上できわめて有効な分析視点を提供しているという点であろう。

(二) 分析概念としての資本新世

ではムーアの主張する資本新世の視点は、たんに歴史認識の問題であるかと言えばそうではない。それは他方で、資本主義の根本原理とエコロジーとの関係を考える際に重要な視点を提供するもので

表6-1　エコロジー危機をめぐる人新世と資本新世

	人新世	資本新世
エコロジー危機の起源	産業資本主義（18世紀後半）	初期資本主義（16世紀）
エコロジー危機の起因	化石燃料使用	森林伐採
ワールドエコロジーへの影響	二酸化炭素の排出	二酸化炭素の吸収阻害

（出所）筆者により作成。

ある。

初期資本主義における資本蓄積の原理の中に自然を組み入れること、これがムーアの第一の思考作業であった(12)。資本の本源的蓄積はたんに資本を蓄積しただけではない。そこでは新たな世界が慣習として生み出された。それが「安価（チープ）な自然」という世界であった。ここで安価は二重の意味をもつ。一つは言うまでもなく価格を示すものであり、安価であることは資本のためのコストを減らす。しかしそれだけでない。もう一つの安価の意味は、尊重するに値しないことを示す。このことは後に政治的に重要な意味をもつ。自然はこうして、これらの二つの意味をもつものとして安価であるとみなされたのだ。

安価な自然の獲得は、当然利潤率を引き上げる契機となる。そこで資本は、安価な自然を占有することで自然を再編したのである(13)。ところが、森林の枯渇に典型的に見られるように自然は有限であるため、資本は新たに安価な自然を求めてその占領領域を世界的に拡大した。それゆえ資本主義の起源と発展のプロセスは、ワールドエコロジーの問題として捉えることができる。しかもその際に必要とされたのは資本だけでない。国家権力による強制的施行が大きな役割を果たしたのだ。この点を忘れるべきでない。実はマルクスも、資本の本源的蓄積の過程における国家権力の重要性を指摘している(14)。

安価な自然はこのようにして、資本の世界的蓄積に大きく貢献した。そうした自然は、エネルギーや原料の価格の低下をつうじて全体としての生産コストの削減をもたらしたのだ。ムーアの資本新世論は自ら語っているように、マルクスの説いた利潤率の傾向的低下の考えに根ざしている(15)。資本新世は、利潤率が自然の制約で低下する歴史的プロセスの中で描かれる。安価な自然は、利潤率の低下を阻止するために必要な要素とみなされたのである。

安価な自然はこのように低廉化のロジックに支えられる。そしてこのロジックが、実は人間の労働にきわめて大きな影響を与えたと言わねばならない。資本の本源的蓄積の時代に多くの人々が、資本の占有する自然の中で労働するために配置されたのである。そうした人々に、植民地の原住民やアフリカ人の奴隷が含まれていた。この植民地は、安価な自然を占有する領域の拡大というプロセスの中でつくられた。それはまさしく、帝国を築き上げた欧州列強の国家権力のなせる業であったのだ。こうして権力、資本、並びに自然から成るワールドエコロジーが生成する(16)。その意味で、資本主義が歴史的性格を備えるのと同様に、自然もまた歴史的なものとして出現したと言ってよい。それだからムーアは、そうしたワールドエコロジーにおける自然を歴史的自然と称す。安価な自然と資本主義の繁栄は密接不可分の関係をつくり上げたのである。

ところでムーアは、初期資本主義を起源とする資本新世の前提として、資本による安価な自然の占有で可能となった労働生産性の爆発的上昇を据える(17)。この労働生産性の上昇は原料の需要を増大させ、それに必要な空間を拡大させる。このことが新たな帝国主義を導く。以上を図式化すれば、安価な自然の占有→労働生産性の上昇→原料需要の増大→再生産の空間的拡大→帝国の建設増大となるであろう。ここで留意すべき点は、資本自身によってこのプロセスを完結することはできないという点だ。まず、近代の国家権力が言うまでもなくその一翼を担った。それだけでない。科学の力や自然にアクセスできるテクノロジーもそうしたプロセスに加わった。ムーアは、これらをジオパワーと総称する。このジオパワーこそが、近代資本主義の中核を成す。そしてその基本的動力として自然が求められた。自然はこれにより、歴史的であると同時に社会的なものと化したのだ。

このようにして見れば安価な自然は、世界的規模での再生産の拡大を進展させると同時にワールドエコロジーを再編させた。そこでの自然はまさに、社会的に必要なものという点で社会的自然を意味した。そしてこの社会的自然をつくり上げたのが、国家＝資本＝科学の複合体であった。初期資本主義の時代に、この複合体を表すジオパワーが成立する。こうして帝国主義の下に、安価な労働の搾取と安価な自然の占有が行われた。その際に自然は権力、資本、並びに科学によって採取された。しかも国家権力は、自然に対する尊重の念を一切排除したのである。自然はまさしくチープなものと化したのだ。

ところで自然は本来、無償で与えられるものではない。それは例えば商品の形態をとれば当然に価値付けられる。ただし、そこには商品の有用性としての使用価値が存在する。ここに価値と使用価値の内的な対立関係が現れる。人間の自然に対する関係を誰よりも深く考察したマルクスが、『資本論』の商品論で展開したのはこの関係であった。同時に彼は、ある物が価値であることなしに使用価値でありうることを指摘する(18)。その物の効用が労働によって媒介されていない場合がそうであり、その例として彼は空気、処女地、自然の草地、並びに野生の立木などを挙げる。では、それらの物の価値はほんとうにないのか。労働価値とは別の価値体系は描けないのか。マルクス自身、この点に関してそれ以上言及していないので彼自身の考えを知ることはできない。しかし、そうした使用価値としてのみ存在する自然についてマルクスがわざわざ論じていることの意味を、我々は今日再び考える必要があると思わざるをえない。この点は後に検討することにしたい（終章）。

ムーア自身も、マルクスの価値対使用価値の関係に関する考え方を受け入れながら、さらに使用価値としての自然を含めた価値関係について考察している[19]。そこでは無償労働に焦点が当てられる。植民地における奴隷労働や女性の家事労働がそうした労働を象徴する。このような無償労働こそが、自然を安価なものとする一大動力となる。他方でそのような労働力の搾取は、非商品としての自然の占有に依存する。食料、エネルギー、並びに原料の調達が、再生産の維持に必要不可欠となるからだ。そうだとすれば、価値としての商品と使用価値としての自然との価値関係は、ムーアの議論で明白に規定されているわけではない。しかしムーアが、安価な自然の占有の重要性を労働力の搾取と同じように捉え、そうした自然を社会的に必要なものとみなしたことの意義は大きい。しかも彼がそうした自然の占有戦略を帝国建設、科学革命、並びに技術的イノベーションをつうじた国家権力による世界市場戦略と連結させた考えも、全く正当なものである。この世界市場戦略の下で原住民は労働予備軍とされる一方、アフリカ人の奴隷貿易をつうじて自然の占有コストは極度に低下した。その際に、恐ろしいほど多くの人間の死は全く問題にされなかった。奴隷としての人間はまさに、自然と同じく全然尊重されない（チープな）ものとして扱われたのだ。その点で資本新世は同時に、自然と人間の死新世を意味するものであった。

このようにして見れば、くり返しになるが自然は歴史的なものであると同時に社会的なものである。そしてムーアの説くジオパワーこそが、この歴史的・社会的自然を生み出したと同時に、ワールドエコロジーに甚大な負のインパクトを与えたのだ。その意味で資本主義の発展は、ワールドエコロジーの根本的再編の原因であり結果であった。資本はそうした再編をつうじて、自然と労働に対する新たな所有権を獲得したのである。それだからムーアは、初期資本主義に登場した社会的自然を当時の価値法則の核と見る(20)。それは何度も示したように権力、資本、科学、並びに技術のすべてを動員する一方、植民地化による帝国建設を伴うものであった。当時の欧州の国家権力と資本は、空間を同一のものとみなすと共に、自然を人間関係の外部にあるものとして捉えた。これらのすべてが人間と自然の二元論につながったのだ。さらにここで忘れてならないのは、そうした欧州による自然の占有が、アフリカ人奴隷に象徴される極度の人種差別と切り離せない点であろう。欧州の人種差別イデオロギーは、ワールドエコロジーの再編と完全に結びついていた。自然、奴隷、並びに女性の略奪と搾取は権力と資本によって歴史的に促されたことを、ここで改めて肝に命じる必要がある。

以上我々はムーアの資本新世の概念に依りながら、今日のエコロジー危機を分析するための基本的視座を探ることに努めた。最後に、この資本新世論の意義を再確認しておきたい。資本新世はムーア自身が語るように、人新世に対する完全なオルタナティブを示すものでは全然ない。それどころか彼は、産業革命がエコロジー危機の一つの転換になっていることを十分に認める。しかし他方で、産業革命はそれ以前の前近代的資本主義の発展パターンを終わらせるものではない。ワールドエコロジーの再編の点で、初期資本主義と産業資本主義が分断されることはないのだ。そこでは自然の占有が同じように進められる。ムーアはこのように認識しながらとくに警鐘を鳴らすのは、そうした再編で演じる権力と資本の役割である。権力、資本、並びに自然を三位一体的に捉えることで、エコロジー危機の歴史的起源を明らかにすることができる。同時にそのことで、二一世紀の気候危機に対するラディカルな対策を打ち出すことができるのではないか。人新世論によりながらマルクスの考えに立って今日のエコロジー危機を論じた斎藤幸平氏の著書においても、その内容は資本新世論と重なる部分が多い。それだから彼も同書の最後のところで、「資本主義が地球を壊しているという意味では、今の時代を人新世ではなく資本新世と呼ぶのが正しいのかもしれない」と述べたのだ(21)。そこで以下では、以上に見た資本新世の考えを基本的視座としながら、今日の気候変動問題や環境問題を様々な角度から論じると共に、それらの解消策について検討することにしたい。

二　先進諸国の気候変動対策

以上に見たように、先進資本主義諸国は何世紀にもわたって地球のエコシステムを破壊し続けてきた。その帰結が、温暖化を始めとする様々な気候・環境危機となって現れていることは言を俟たない。かれらは現在、そうした危機からの脱出を緊急に迫られている。では、そのための対策としていかなるものが求められるべきか。この点について以下では米国と欧州、中でもフランスについて見ることにしたい。

(一) 米国のインフレーション抑制法

まず、世界最大の温室効果ガス排出国の一つである米国の対策を見てみよう。

これまで米国の気候変動対策をめぐるポジションは、政権交替の毎に一八〇度変わるような様相を示してきた。そこには首尾一貫した姿勢が全く見られない(22)。例えばブッシュ政権下で米国は、二〇〇五年に京都議定書から離脱した。しかしその後オバマ政権は、二〇一五年のパリ協定を積極的に支持する。ところがトランプ政権に変わると米国は、再び同協定を拒絶した。そしてバイデン政権は二〇二一年に同協定に新たに加わり、グローバルな気候変動対策でリーダーシップを発揮したのである。

こうした中で米国は二〇二二年八月にインフレーション抑制法（ＩＲＡ）を採択し、その下で気候変動に対決する闘いを再開する(23)。それはまた、これまでの米国の産業政策を大きく転換させるものであった。このＩＲＡは、特定の産業セクターすなわち気候変動に対抗するセクターに税制優遇措置を与えた。それは例えば電気カーの購入に対する免税となって現れる。ここで環境にプライオリティが与えられた。米国の産業政策はこうして新たな方向へ舵を切る。そこでの力点は、生産拠点の本国回帰による再工業化と気候変動に対する闘いに置かれたのだ。ＩＲＡはこれにより、国内の製造業セクターの再開発を促す(24)。しかもその際の産業は、環境を重視するグリーン産業である。つまり米国のめざす再工業化は、エコロジーの持続を可能とする社会（エコ社会）をつくるためのものとされる。グリーンな再工業化は確かに、生産組織を脱炭素に向けて転換させることにより低炭素産業を発展させる。その意味でＩＲＡの産業政策は、エコ社会への移行を成功させる必要条件となる。今日、エコ産業に向けたグリーン産業と人工頭脳（ＡＩ）の出現は「新産業革命」と称される。

では、そうしたグリーン産業による再工業化が一挙に展開されるかと言えば、話はそうかんたんではない。一方で産業の自由化を完全に絶ち切れない以上、それは激しい国際競争の洗礼を受けざるをえない。消費者の需要は価格に大きく左右されるからだ。米国経済の主たる動力が消費である以上、米国がそうした競争の影響を最も強く被ることはまちがいない。一方、生産組織のグリーン化は社会には大きな利益を与えるものの、企業に対しては多大なコストを課す。そうだとすれば、消費者と生産者の双方をエコ社会に向かわせるには、何らかの保護的手段が必要不可欠となる。金融支援を含めた国家による保護政策なしに、そうしたグリーン産業を発展させることはできないのではないか。

米国はかつて一九三〇年代に、ローズベルト民主党政権の下でニューディール政策を遂行した。それは経済に対する強い国家介入を意味するものであった。このニューディール神話は、バイデン民主党政権で蘇った。それは「グリーンニューディール」と称された(25)。この表現は、実はオバマ元大統領が二〇〇八年の選挙キャンペーンで用いたものである。そこではエネルギーの効率と再生可能エネルギーのための公共投資が予定された。こうした国家主導のエコ社会実現という考えがバイデン政権に引き継がれたのだ。

他方でこのグリーンニューディールで留意すべき点は、それがたんに気候危機に対してだけでなく、不平等の増大という社会危機に対して対決するためにも必要とみなされた点であろう。そもそも気候危機の解消は社会危機の解消と完全に重なり合っているのだ。この点を強く意識して示されたのが、大統領選挙の候補者であった民主党左派のサンダースのプログラムである。そこでは様々な気候変動対策と社会対策が示された。バイデン大統領はこのプログラムの一部を受け入れたものの、IRAは結局妥協の形としてまとめられた。そこでは社会危機解消のための対策が十分であるとは言い難い。それでも気候変動対策として、同法により一〇年間に三七〇〇億ドル弱もの支出が予定されたことは評価できる。それは、グリーン産業発展のための減税措置の形をとった。また最貧国のグリーン産業発展を支持する姿勢が示されたことの意義も大きい。このグリーン産業の国際的発展こそが、前章で論じた新ワシントンコンセンサスの核となったのだ。

他方で米国のＩＲＡは、世界貿易の面でも大きな影響を与える。貿易政策はこれまで、経済効率の主たる目標とされた。そこでは比較優位の利用やコストの最小化が謳われた。しかし今日、政策決定者はそうした目標と他の目標とのバランスを図る必要がある。この後者の中に気候温暖化に対する闘いが含まれる(26)。米国のグリーンニューディールは、気候リスクを減らすために温室効果ガスの排出に対して責任をもつ政策として示された。それ以降、貿易政策の中核に環境問題が据えられたのだ。それは経済効率と同じほどに重要とみなされる。二国間貿易のケースで環境保護に向けた条項が付加えられた。こうしてＩＲＡは産業、貿易、並びに環境の政策が交錯するものとして提示される。その基本となるのが補助金である。同法に割当てられた補助金は米国の年間ＧＤＰの〇・一七％に相当する。この額は小さいものの、それは生産者の不安を大いに減少させるに違いない。米国はこのような政策により、二〇三〇年に温室効果ガスの排出を二〇〇五年に比べて五〇％削減することを約束した。

それでは、米国のグリーンニューディールが他国にすんなりと受け入れられるかと言えばそうではない。それが欧州との間であつれきを生むことは疑いない。そもそも米国と欧州は、米国の補助金をめぐって対立してきた。今回のＩＲＡによる補助金の新たな設定は、両者の間の緊張を高めると言ってよい。そうした補助金はまた、ＷＴＯの原則に反するとみなされよう。そこでは多国間の原則が設けられ、輸出に対する補助金が禁止されているからだ。それゆえ米国のＩＲＡが欧州にとって保護主義的対策と認められるならば、欧州は貿易上の報復もしくは同様の企業支援を導くに違いない。こうした中で欧州はいかなる政策を用意したか。

(二) 欧州のグリーンディール

欧州が温室効果ガスとりわけ二酸化炭素の排出規制を中心に、気候変動対策で重要な役割を演じてきたことは明らかである(27)。ＥＵは二〇〇五年の京都議定書を受けて二〇〇八年に気候エネルギー協定を採択する。それは二〇三〇年までに、温室効果ガスの排出量を対一九九〇年比で四〇％減少することをねらいとした。そして二〇一五年のパリ協定においてＥＵは「欧州グリーンディール」を設ける。欧州委員会はそこで野心的な対策（Fit for 55）を打ち出した。それは二〇三〇年までに温室効果ガスの排出量を対一九九〇年比で五五％減らし、二〇五〇年にカーボンニュートラル（二酸化炭素の排出量と吸収量をバランスさせる）を達成させるというものであった。このように気候変動問題は、新たな欧州プロジェクトを展開させた。欧州はパリ協定後の二〇二〇年五月末に、エコ社会への移行のための野心的なプロジェクトを表す。それは、長期にわたる大規模な脱炭素のための投資として示された。この「ネクストジェネレーション（次世代）ＥＵ」と称されるプランは、欧州統合を一層強化するに違いない(28)。

他方で欧州は、産業の面でもグリーン産業戦略を打ち出す。それは先に見た米国のＩＲＡに対応するものであった。フォンデアライエン欧州委員長は、産業政策の方針として以下の四点を表明する。それらは第一に、低炭素テクノロジーを有利とした規制の改善、第二に、国家支援に関する規制の改善（国家ファンドの創出など）、第三に、エコ社会への移行に導く才能の開発、そして第四に、カーボンニュートラルに賛同する自由貿易の合意である。ここで注目すべきは第二と第四の点であろう。第二の国家支援を促す姿勢は、米国のグリーン産業に対する大きな補助金への対抗措置を示す。また第四の点で欧州は米国と異なり、自由貿易の原則を貫く考えを表している。この点はまた、米国の補助金政策への反対を意味する。

ところで、欧州における気候変動対策の中心となるのはエネルギーシステムの脱炭素化である。それは「リパワーEUプラン」として示された[29]。これにより再生可能エネルギーに対する指令が下される。二〇三〇年までに再生可能エネルギーの最終的エネルギー消費に占める割合を四二・五％にすると共に、最終的エネルギー消費も一二％弱削減することが求められた。

他方で欧州は二酸化炭素排出の削減案を守るため、二〇二三年四月に「国境での炭素調整メカニズム（CBAM）」として国境に関する炭素税を設定する。これは二〇二六年から具体的に適用され、そこでは鉄やコンクリートのような、より多くの温室効果ガスを排出する物質の輸入が対象となる。それはまた炭素市場の改革を促すものであった。そもそもEUは二〇〇五年から二酸化炭素排出のクォータの取引システム（SEQE）を設けてきた。これは、欧州の工場に対して二酸化炭素排出のクォータを取得するように義務づけるもので、二酸化炭素の実質的な排出量と関連する[30]。ここでクォータの価格が引き上げられれば欧州企業の生産コストは上昇するため、かれらは環境対策の厳しくない国に生産拠点を移してしまう。そこでEUは炭素流出の現象を回避するため、そうした取引システムを補足するものとして炭素調整メカニズムをつうじた貿易を二〇二三年一〇月から行った。しかしこの貿易政策はWTOの原則に抵触するかどうかが問われるに違いない。またある国はそれに反対するため、欧州は相手国から報復されるリスクを負う。

一方、貿易の環境に対するインパクトを減少するためにEUは、森林伐採に反対する手段を二〇二三年四月に採択する[31]。それは七つの商品（コーヒー、カカオ、ゴム、パーム油、大豆、牛、並びに木材）の貿易に条件をつけるものである。実際にそれらの生産は、特定の森林の存続に脅威を与えている。森林は言うまでもなくエコシステムの維持にきわめて重要な役割を果たす。それは二酸化炭素の吸収、洪水の防止、並びに生物多様性の保護などで表される。しかし、そうした欧州の条件に対して問題点もある。米国とカナダは欧州を提訴すると同時に、欧州の農産物に対する輸入禁止の対抗措置をとった。さらにブラジル、メキシコ、並びにインドネシアなどのグローバルサウスも報復手段を示した。後者の反発はむしろ当然であろう。

森林伐採に規制を設ける対策は全く正当なものである。しかし今回のEUの貿易政策は実に虫のいい話だと言わねばならない。前節で明らかにしたように、そもそも欧州の旧列強こそが一六世紀から新大陸を中心に森林伐採を猛烈に進めてきたのだ。これに対する反省と責任を表すことなしに、今度はその規制を求めるのはあまりにご都合主義であり、横暴きわまりないと思われても仕方がない。さらに言えば、まずはEU内の森林伐採に対する規制の強化が必要とされよう。最近、世界の気象監視機関は、欧州大陸の温暖化の激しさに警鐘を鳴らしている[32]。二〇二〇年以降三年間に、欧州大陸は世界で最も急速に温暖化した地域であることが明らかにされたからだ。その最大の要因が地表の露出であり、それは欧州大陸に共通して見られる。地表の温暖化は海面のそれより一・五倍早いと言われる。歴史的に積み重ねられた森林伐採が、そうした現象を引き起こしたことは疑いない。だからこそ欧州は、まずは自分達の域内での森林伐採を厳しく規制しなければならない。貿易政策でお茶を濁してはならないのだ。

他方で欧州は、最近になって大気汚染に対する規制に乗り出す。まず二〇二三年末に、欧州は自動車による大気汚染に関して新たな規律（Euro7）を採択した[33]。そして二〇三〇年までに最も危険な化学物質の使用を規制することが謳われる一方、水と空気、さらには土壌の質を変えるような汚染物質の排出を直接規制することがめざされた。さらにEUは二〇二四年二月二〇日に、大気の質に関する規律を現実なものとすることを決定した(34)。欧州で大気の質の改善が緊急を要するには理由がある。第一に、大気汚染は言うまでもなく大きな健康被害をもたらす。実際にかなり多くの人が大気汚染のために亡くなっている。第二に、大気汚染は脆弱な人々（高齢者や子供）に対して一層不利な仕方で影響を与える。それゆえ大気の質の保証は、健康に関する不平等を減少させる。こうしてEU諸国は、二〇二八年までに短期の緊急対策と長期の戦略によって大気の質の改善を求められた。

さらにEUは、農業と食料の問題にも着手する。かれらは、二〇三〇年までに殺虫剤の使用を半減させることを決定した。EUの土地を殺虫剤の使用削減でエコシステムにすることは、かれらのグリーンディールの一つの軸に据えられたのだ。しかし、この殺虫剤使用に対する規制は後に見るように一大社会問題を投げかけることになる。それに対する大反対運動が欧州全土で激しく展開されたのである。

以上からわかるように、欧州は気候変動対策についてつねに積極的な姿勢を示してきた。フォンデアライエン委員長はグリーンディールを政策目標に掲げ、その下で二〇三〇年に向けたアクトIを発表する。しかしその後、そうした政策がスムーズに遂行されたかと言えば全くそうではない。否、むしろ逆である。アンケートによれば欧州の人々は、エコ社会への移行と結びついた数多くの規制に「うんざり」しているのだ(35)。とりわけ農業従事者は、EU本部の設けた規律に対していら立ちを激しく表した。こうした中で、欧州のポピュリストやナショナリストの極右派の人気が急速に高まってきた。かれらは、そうした人々の不満や不安のはけ口を提供したからだ。一方、エコロジストの党はグリーンディールを一層支持するものの、かれらの人気は凋落した。それはとくに、気候変動対策をリードすべきドイツとフランスで明白であった。二〇一九年の段階でグリーンディールに反対することは政治的に高くついたのに対し、今日その反対は逆に報われたのである。

実際に欧州の人々の不安と為政者に対する抵抗は強まっている。エネルギー価格の高騰、利子率の引上げ、インフレーションの再燃、並びに経済の停滞などがそのことに拍車をかけた。欧州の産業界は脱炭素経済の重要性を意識する一方、米国や中国との競争で敗北する不安にかられている。事実、欧州の競争力は低下した。EUは確かに、エコロジー面での規律に関してチャンピオンである。しかしかれらは、バッテリーの闘いで敗北すると共に風力発電や太陽光発電の面でも中国に負かされている。その背景には欧州の投資の減少がある。表6-2を見てみよう。それは二〇一六～二〇二二年における世界の大きな産業投資を示している。見られるように、EUのメガ投資（五〇億ドル以上）や半導体、並びにバッテリーに対する投資は、米国やアジアのそれらに比べて劣る。とくに半導体部門でのEUの遅れが目立つ。これは、長い間欧州が本腰を入れて産業政策に着手してこなかったことの結果である。それゆえ

表6-2　世界の産業に対する大投資、地域別構成、2016～2022年（10億ドル）

地域名	メガ投資[1]		半導体		バッテリー	
	投資額	世界に占めるシェア（%）	投資額	世界に占めるシェア（%）	投資額	世界に占めるシェア（%）
アメリカ	582	18	248	30	67	27
米国		14		29.7		23
欧州	270	8	59	7	68	27
EU		2		6.9		23
アジア	1963	60	533	63	114	46

（注）（1）50億ドル以上の投資
（出所）Grjebine,T., et Héricourt, J., "Les dilemmes d'une réindustriarisation (verte) en économie ouverte", in CEPII, *L'économie mondiale 2024*, La Découverte, 2023, p.53 より作成。

欧州では今日、エコ社会に向けた再工業化戦略が一つの大きな課題となっている。ところが「ネット・ゼロ産業行動（NZIA）」を謳っているものの、それに対する資金の保証が見られないのだ[36]。そこでは、ＥＵで利用可能な公的資金の不足が目立つ。一方、国民的財政の戦略の幅は各国で異なる。大きな財政力を誇る国が大きな公的投資を可能とすることは当然であろう。そこには欧州の分裂のリスクがつねに存在する。だからこそグリーン産業の促進に対する資金面での公的支援が必要になるのである。

ところで、欧州の人々の気候変動対策に対する抵抗は先に示したように、農業従事者の間で激しさを増した。この点は後にくわしく論じるとして、ここで注目すべきはそうした人々の感情に合わせて生じた政治的な変化である。例えばイタリア、スウェーデン、並びにオランダで反グリーンディールを主張する極右派が選挙で勝利した。かれらは、環境と結びついた法制プロジェクトに対する闘いを宣言した。それはまた、欧州の人々の声を反映するものであった。実際にドイツやフランスのみならず、北欧、南欧、並びに東欧のすべての地域で人々の欧州における気候変動対策に対する不満と反発は強まっていたのだ。

そうした現象についてドイツを例にして見てみよう[37]。二〇二一年初めのアンケートによれば、ドイツ人の七〇％近くが気候変動に対する闘いのための社会運動を支持していた。しかし、それから二年後の二〇二三年に、その割合は半分に崩落した。このような公衆のオピニオンの激変をいかに説明したらよいか。二〇二一年以降確かに緑の党から閣僚が輩出し、政府の環境政策は推進された。ハベック党首の人気はショルツ首相のそれを上回り、ハベックはドイツで最も評価される。ところが今日、ハベックはドイツで最も嫌われている政治家に転落したのだ。一体、何が起きたのか。事の始まりは二〇二二年八月に、ガスに税を課したことにある。それはロシアの天然ガス供給停止に対し、エネルギーシステムの安定を保障するためであった。これにより人々は何百ユーロもの追加的な支出を余儀なくされた。ハベックは、この租税政策による人々の反発を全く予想しなかった。政府は公衆の社会的不満が高まる中で同税を廃止する。しかし今度は二〇二三年初めに、暖房システムについて二〇二四年から再生可能エネルギーを六五％以上用いるプランが法として示された。これに対して人々は再び強く反発した。こうした人々の不満の声を聞き入れて政治的な益をえたのが極右派の「ドイツのための選択肢（ＡｆＤ）」であった。かれらは緑の党を「気候専制主義」と称し、人々の自由を守ることを宣言する。そもそもドイツのための選択肢は二〇一九年の段階で、気候変動対策に反対する姿勢を明確にしていた。気候はユーロ、移民に次ぐ闘いのための第三のテーマであった。ところが当時、ドイツのための選択肢の人気は全くなかった。それから四年後、かれらの主張がドイツの人々に受け入れられることになる。しかも大事な点は、こうしたグリーン（環境派）バッシングが、極右派に限らず、その他の右派によっても行われた点であろう。実際に右派で非常に保守的な「キリスト教社会同盟（ＣＳＵ）」の党首ゼーダーは、緑の党を激しく非難した。またキリスト教社会同盟ほどではないが「キリスト教民主同盟（ＣＤＵ）」のメルツ党首もやはり緑の党を敵対視した。このようにドイツでは今日右派のブロックが形成され、かれらは緑の党との間で文化闘争を演じている。この闘争は、ＥＵによるエコ社会への移行戦略の展開と合わせて始まったのだ。フランスと並んで欧州の気候変動対策をリードすべきドイツにおいて、それに対する反発が人々の間で強まっている。我々はこの点に留意する必要がある。

では気候変動対策に対する人々の反対の声が高まっているのは、ドイツにおいてだけかと言えば決してそうではない。例えば中央ヨーロッパのオーストリアでも二〇二四年初めから、やはり緑の党に対する批判がとくに高齢者の間で高まった(38)。そこでは若い人の間でラディカルな環境保護運動が展開されている。これにより、かれらと、かれらを気候テロリストと呼ぶ人々との間で社会分裂が生じているのだ。また北欧のスウェーデンでも、自由・保守主義的政府の気候政策に対して批判が続いている(39)。そもそもスウェーデンは一九九〇年代初めに、欧州で最初に炭素税を導入した国であった。しかし今や、かれらはエコ社会への移行でその地位を失いつつある。二〇二二年に右派と極右派が選挙で躍進し、かれらは気候政策を一八〇度転換することを求めた。政府はそれに一定の譲歩をせざるをえなくなったのだ。さらに南欧のギリシャでも同様の傾向が見られた(40)。ギリシャのミツォタキス首相は気候温暖化に対決する姿勢を明らかにし、風力発電に基づく再生可能エネルギーの創出に努めた。ところがこの数年に、ギリシャの至るところで風力発電機の設置に反対する運動が展開されている。それは、美しい自然の景観を損なうことで観光に大きな影響が出ることへの不安から生まれたものだ。欧州では一般に、山や森林、並びに地形の変更を伴うような気候変動対策は回避される。それなのに南欧では逆のことが起こっている。山や森林のエコシステムは、風力発電の拡大で脅かされたのだ。そこでは、地域のコミュニティと政府との社会的対話が欠けている。

このようにして見ると欧州の提唱する気候変動対策は、北欧から南欧までのすべての地域で人々から反発されていることがわかる。どうしてであろうか。そうした政策の抱える深刻な課題が依然として解消されていないからである。同政策が一定の保護主義的な性格を伴う以上、それは欧州の基本原則である自由競争と抵触してしまう。そこでまず両者をいかに調整するかが課題となる。さらに、気候変動対策を社会的公正といかに調和させるかという大きな課題が潜む。これはまた、社会的ヨーロッパの実現という問題と密接に結びつく。欧州の農業従事者や観光業者が激しく反発するのは、かれらがそれらの対策は社会的に不公正であると感じているからに他ならない。この点については後にくわしく論じることにしたい。

(三) フランスのエコ社会への移行対策

そこで最後に、フランスの気候変動対策をとり上げることにしたい。というのも、フランスこそが欧州においてのみならず世界においても気候変動に対決する闘いのアバンギャルドの（先端を走る）国だからだ。フランスの統治者は二〇年以上にわたって、温室効果ガスの排出削減を訴えてきた(41)。この積極的介入主義が、二〇一五年のCOP（国連気候変動枠組条約締約国会議）においてパリ協定を成立させたのである。そこで初めて世界の主要国は、産業化以前の世界の平均気温と比べ、気温上昇を二度未満にすることに合意した。さらにフランスの目標は、二〇五〇年のカーボンニュートラルに置かれた。それは、温室効果ガスの排出を一九九〇年のそれの四分の一に削減させるものであった。ではフランスのこうした高い望みは、果たして達成しているであろうか。ここではフランス経済景気研究所（OFCE）の分析に拠りながら、この問題を検討することにしたい。

結論的に言えば、フランスの対策は当初の大望を叶えるにはほど遠いものであった。それはとりわけ「ネット・ゼロ・エミッション（温室効果ガスの純排出がゼロ）」の目標に対してはっきり現れた。そこで問われるのは、フランスはどうしてその目標に向かって進めないのかという点であろう。温室効果ガスの排出をいかに削減するかは、気候変動に対する闘いの中核を成す問題である。フランスはそれゆえ、とくに二酸化炭素の排出に集中して対策を練ってきた(42)。二酸化炭素の排出は、温室効果ガス排出の七五％を占めるからだ。実際にフランスの二酸化炭素の排出は一九九〇年以降二一％も減少した。また財とサービスを生産するのに用いるエネルギーの度合を表すエネルギー集約度は、一九九〇〜二〇二一年に非常に低下した。さらにエネルギー消費の面でも、二〇二一年にフランスは二酸化炭素の排出を一九九〇年に比べて二四％減少させた。こうした二酸化炭素排出の減少の大部分は、石炭・石油に代わって原子力エネルギーを発展させたことによると言われる。

このようにして見れば、フランスは確かにこれまで二酸化炭素の排出削減に努めてきた。かれらはパリ協定以降、低炭素社会への移行に向けた主たる手段として「低炭素社会のための国民的戦略」を打ち出す(43)。それは、温室効果ガス排出の削減のテンポを加速させることを意味する。事実、フランス政府は二〇三〇年に同ガスの排出を四〇％削減する目標を掲げ、それに合わせた公共政策の施行を謳った。ところが、そうした政策目標は突然のエネルギー危機によって困難に直面したのである。

二〇二一年末に欧州は厳寒に襲われ、天然ガスの需要が急激に高まった。エネルギー価格はこれにより上昇し始める。そして二〇二二年二月末にロシアがウクライナに侵攻するとインフレーションはたちまち悪化した。地政学的緊張は天然ガスの供給問題を引き起こし、天然ガス価格は欧州市場で高騰した。それが欧州経済に一大打撃を与えたことは否定できない。ＯＦＣＥの推計によれば、エネルギー価格のショックはフランスのＧＤＰを二〇二二年に一・六ポイント、また二〇二三年には〇・三ポイント低下させる(44)。そこでこの価格上昇効果を抑えるため、フランス政府は補助金政策によってエネルギー価格を規制した。この政策は「価格保護」と名付けられる。二〇二二年に世帯の使用するガスの価格は凍結され、電気料金の上昇も四％に固定された。そして二〇二三年に、ガスと電気に関して価格上昇を一五％にすることが定められた。こうした価格目標は、第一に電気に対する税を一時的に廃止すること、第二に、エネルギー供給者に対してかれらの利益減少分を補助金支給で補うことによって達成された。

これらの対策は、確かに二〇二二年の価格上昇ショックの効果を半減させた。賃金上昇を物価上昇が上回ることによって打撃を受けた世帯は、それによって購買力を確保できた。この価格保護で政府が負担するコストは二〇二二年に電気について一八二億ユーロ、ガスについて六七億ユーロであり、二〇二三年にそれらのコストは合計で二九三億ユーロに上る(45)。フランス政府はこのように購買力維持の対策を示す一方、エネルギーの節約を人々に呼びかけた。これによって世帯のエネルギー消費は二〇二二年に電気とガスの双方で減少した。しかしエネルギー価格の制限の下で、エネルギー消費がどこまで減少するかは疑わしい。

他方で、そうした政策による財政政策への影響も問われる。価格保護政策が税の廃止と補助金の支給という財政手段で行われるとすれば、それは当然財政収入の減少と財政支出の増大によって財政赤字をもたらす。そこで、そうした赤字を防ぐにはどうすればよいかが問題となる。欧州を襲ったエネルギー危機はコロナ危機と同様、突然生じた非常事態である。この事態から脱するためには、人々の連帯意識と、それを前提とした政府の租税政策が求められる。そこでは累進税による社会的資金移転を図る必要があるのではないか。そうした租税でえた収入をより貧しい世帯に対する生活保障に向けることができるのだ。

このようにして見れば気候変動対策としての政策は、不平等を減少させて社会的公正を実現させるための租税政策や社会政策と結びつくものでなければならない。エネルギー危機とそれに対するフランスの今回の政策はその意味で、気候変動に対する闘いの面でも、また社会的不平等に対する闘いの面でも適正な効果を発揮するものではない。それだから欧州の盟主であるはずのフランスで、もう一つの盟主であるドイツと同様に、気候変動対策に反対して人々の不満に耳を傾ける極右ポピュリストの人気が高まっているのだ。

こうした中でフランス政府はアタル新首相の下で二〇二四年三月に、国家のエコ社会に向けた転換を示す政策を発表した(46)。そこでは、二〇二七年までに温室効果ガス排出を二二%減少させる一方、公共サービスをエコロジーに一層責任のあるものとすることが謳われた。具体的にはテレワークの増大、航空便の減少、ガソリン自動車生産の終結、プラスチック商品の購入禁止などの案が示された。しかし問題とされるべきは、案の提出よりもその実行であろう。それらが絵に画いた餅で終わってはならない。現実に政府はこれまで市民の意向と逆の方向を表してきた。例えば、二〇二〇年に市民が高速道路の速度上限を低下させることを求めたのに対し、大統領府はそれを拒絶した。国家の気候変動対策に公衆のオピニオンが反映されていないのだ。これでは人々のいら立ちが高まり、政府の対策にうんざりするのは決まっている。この点は欧州とフランス政府により、一方的に強い規制が農業従事者に課せられたことで一挙に露呈した。エコロジー問題と社会問題を切り離すことは決してあってはならない。この問題は後にくわしく論じることにしたい。

三　気候変動対策と国際協力

（一）気候温暖化の加速

二〇二三年の一年間は、世界中の至るところで気温が記録的な勢いで上昇した年であった(47)。世界気象機関によれば、世界の平均気温は前産業化時代のそれを一・四度上回り、それはパリ協定で定められた値に匹敵する。まさに地球全体が異常な温暖化の現象を表しているのだ。国連事務総長のグテーレスはこの現象を「グローバル沸騰」と称し、異常な温暖化が自然の大災害をもたらすと警告した。実際にカナダでは二〇二三年の三月から秋にかけて、一八五〇万ヘクタールもの森林が火災に見舞われた。こうした大規模な森林火災が温暖化を促進することはまちがいない。そこでは次のような悪循環が描ける。二酸化炭素排出→温暖化→森林火災→二酸化炭素排出と地表の露出→一層の温暖化。また森林火災以外にも大洪水（インド、パキスタン）、巨大台風（中国）、並びにダム決壊（リビア）などの大災害が次から次へと引き起こされた。それらの大半は、温暖化により一層確実で強烈なものとなる。それが人間社会に対して大きな脅威になるのは目に見えている。

他方でこうした温暖化は、さらなる懸念材料を我々に提供する。それは海洋温度の上昇である(48)。事実、二〇二三年に太平洋、大西洋、地中海、あるいはカリブ海などの地球のあらゆる海洋の海面温度が異常に上昇した。その理由の一つに温暖化が挙げられることはまちがいない。しかも気象学者によれば、そうした海面温度の上昇は深海にため込まれる。すべての海洋の水深二〇〇〇メートルで着実に温暖化が進んでいる。それは実は、一九五〇年代から続いて見られる現象である。このようにして地上の気温上昇は海洋で吸収される。海面でも深海でも温暖化が進むのだ。その結果、人間の社会は大きな影響を受ける。海洋における熱の蓄積は、海面からの蒸発を激しくさせて嵐の力を引き上げる。また生物多様性に関しても、プランクトンの減少による小魚の大きな減少などが引き起こされる。さらに海洋の温暖化は、よく知られていないが長期的な劇的効果も生んでしまう。それは、海面の水の階層化が深海での水の混合を妨げることにより、吸収された二酸化炭素が埋め込まれる現象である。こうなると、海洋の温暖化を阻止することはますます難しくなってしまう。そして忘れてならないのは、そうした海洋の変化が何世紀にもわたって不可逆的に生じてきたという点であろう。最も心配すべきことは、海水が大量の温室効果ガスを吸収してしまう点にある。温暖化は決して地上だけの問題ではない。

では、これまで世界の各国は温暖化を抑制するための努力をしてきたかと言えば決してそうではない。例えば世界をリードするG20でさえ、温室効果ガスの排出を目標値に合わせたテンポで削減していないのだ(49)。同ガス排出の削減は気候変動に対する闘いの中核に据えられる。それはまた世界的コンセンサスになっている(50)。それにもかかわらず、温室効果ガスの排出はグローバル規模で増え続けている。図6-1は、一九九〇〜二〇二二年における世界の主要な国と地域の温室効果ガス排出の推移を、一九九〇年を一〇〇として表したものである。見られるように、世界全体で同排出は増えている。その中で米国と欧州二八ヵ国は、二〇〇〇年代以降に排出を減らしてきたが、二〇二〇年代に入って再び排出を増大させた。とくに中国とインドの二大新興国は、二〇〇〇年代以降に急激に排出を増やしていることがわかる。実際に温室効果ガスの排出は世界全体で過去三〇年間に六〇％近く増大し、それはとくに二〇〇三年以降加速した。

　こうした事態にグテーレス国連事務総長は、各国政府に対して気候変動対策を強化するように促した。実際にかれらは炭素予算（温室効果ガスの累積排出量の上限）を食いつぶしている。温室効果ガスの排出は、二〇三〇年に対一九九〇年比で四二％削減することが定められており、それは二二〇億トンの二酸化炭素排出削減に等しい。ところが世界気象機関が二〇二三年一一月一五日に発表した調査結果によれば、温室効果ガスの排出は記録的なテンポで増大した。二酸化炭素の排出は、温暖化要因の大半（六四％）を占めると言われる。各国がパリ協定を尊重することはなかったのだ。この点は皮肉にも同協定を成立させたフランスにおいてさえ見られる(51)。二〇二四年三月に発表されたフランス会計検査院の報告は、中央政府、地方自治体、並びに企業による気候変動対策の遅れを指摘している。その対策は巨大な挑戦として、政治的責任を必要とする。ところが政府

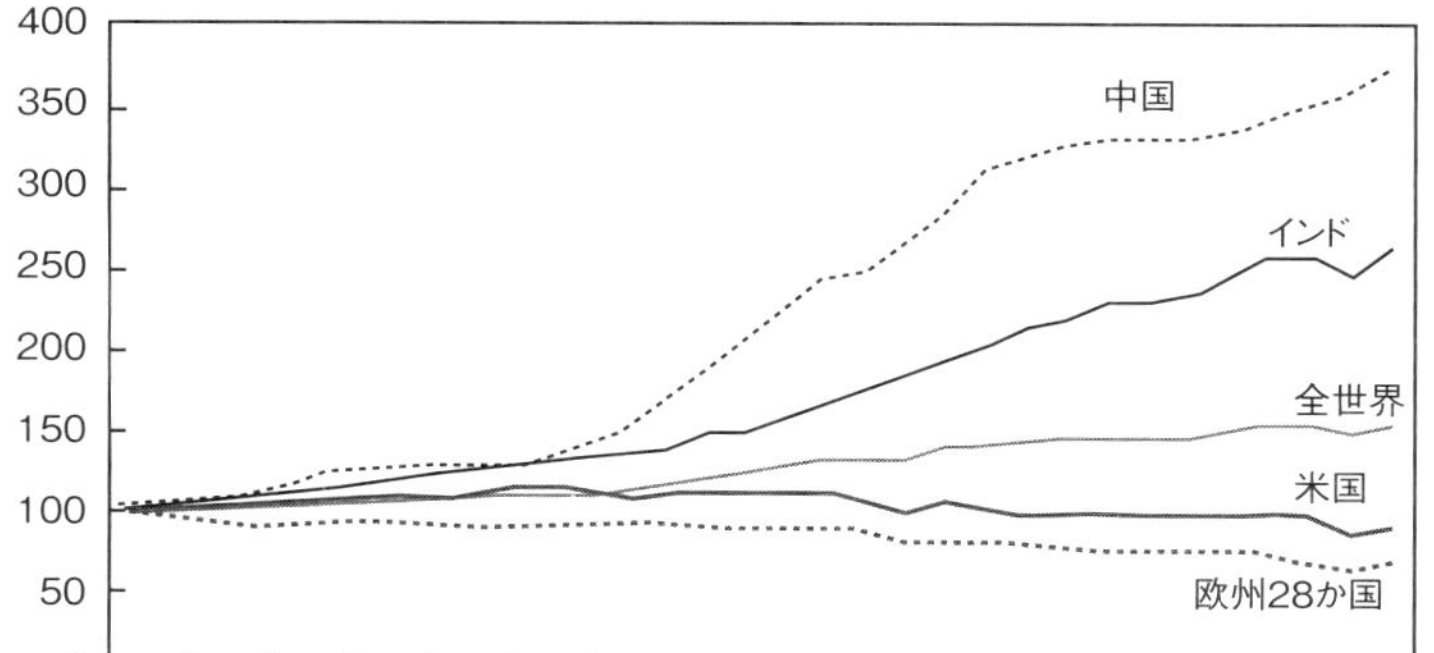

図6-1　主要地域の温室効果ガス排出の推移、1990～2022年（1990年を100とした変化）

（出所）Landa, G., Hamdi-Cherif, M., Malliet, P., Reynès, F., et Saumtally, A., “La politique climatique française” , in OFCE, *L'économie française 2024*” , La Découverte, 2023, p.72 より作成。

は、そうした戦略に対して正しい役割を演じていないのである。

（二）ＣＯＰ28の意義と限界

それでは、このような人間社会を危険に晒す気候変動に対して世界の各国は、対策を講じるための話し合いを何もしてこなかったのかと言えば決してそうではない。温室効果ガスの排出削減のような対策は、一国規模で行ってもほとんど効果がない。それは発展途上諸国を含めた世界全体で推進される必要がある。そのためには外交手段を含めた国際協力が強く求められる。それは実は一九九〇年代から試みられた。一九九二年のリオデジャネイロにおける締約国会議で、国連気候変動枠組条約が取りきめられる(52)。そして一九九五年以降気候変動に関する政治的交渉が進められ、二つの大きな条約が結ばれた。一つは一九九七年の京都議定書である。これはトップダウンのアプローチによるもので、そこで先進諸国の温室効果ガスの排出を減少させる目標が定められた。もう一つは二〇一五年のパリ協定であり、これはボトムアップのアプローチによる。そこではすべての国が、温暖化の抑制策を自発的に行うものとされる。

ところでＣＯＰは二〇二三年に二八回目を迎え、それは同年の一一月末から一二月にかけてアラブ首長国連邦のドバイで開催された。環境のための国連プログラムの調査によれば、二酸化炭素の排出は二〇二一～二〇二二年に年一・二％の割合で増大した。このペースで進むと二一世紀末には二・五度から二・九度の気温上昇が見込まれる(53)。ＣＯＰ28で、こうした温暖化を食い止めるための国際的協議は果たして行われたのか。この点が問題とされよう。

ＣＯＰ28における協議の大きなテーマは石炭、石油、並びに天然ガスなどの化石燃料の問題であった。

二酸化炭素排出の大半が化石燃料の使用によることを踏まえれば、それは当然議論の対象とすべきものである。ところが信じられないことに、この三〇年間における気候変動に関する交渉の舞台で化石燃料の問題が取り上げられることはなかったのだ[54]。一九九七年の京都議定書でも、また二〇一五年のパリ協定でもCOPの成果として化石燃料の使用に対する規制が示されることはなかった。化石燃料のテーマはまさに、気候変動をめぐる世界会議での永遠のタブーの如く扱われてきたのである。

確かに化石燃料のテーマを取り上げるに際しては特別な困難があった。石油産出国の政府や企業は、同テーマを気候変動の領域から遠ざけるようにロビー活動を積極的に行ってきた。また米国やサウジアラビア、クウェート、並びにロシアなどは、議事を妨害してまでして化石燃料問題を論じさせなかった。最大の産油国であるサウジアラビアは、気候変動問題とエネルギー問題は何ら関係しないと言い切ったのだ。しかし今日の世界の市民は、そうした産油国の横暴な姿勢に対して怒りの声を高めている。かれらの抗議運動は激しさを増した。一方、科学的にも温暖化を制御するのに化石燃料使用の廃止が強く求められた。こうして二〇二一年のイギリスのグラスゴーで開かれたCOP26はついに、化石燃料の使用をめぐって一つの転換点を示した。そこでは石炭使用の削減が決定されたのだ。ところがエジプトでのCOP27において、八〇ヵ国もの国が化石燃料をテーマとするように圧力をかけたものの、それが再び議論されることはなかった。

では、COP28で化石燃料問題はいかに論じられたであろうか。そこにはそもそも巨大なパラドックスがある[55]。まず、開催国のアラブ首長国連邦は世界第七位の産油国なのだ。さらにCOP28の議長を務める同国の産業・先端技術大臣であるジャーベルは、国営石油会社の社長であり、同社は石油産出能力の増大を予定している。こうした中で、これまでタブー視されてきた化石燃料の使用廃止というテーマが真正面から論じられるであろうか。当然この疑問が浮かんでくる。

アラブ首長国連邦の人口は一〇〇〇万人にも満たない。それなのにかれらの二酸化炭素排出は二〇二一年に二億四〇〇〇万トン近い(56)。これは人口二億四〇〇〇万人を超えるパキスタンの同排出を上回る。アラブ首長国連邦の富裕者は、プライベートジェット機で世界中を飛び回っている。この事態にエコロジストの活動家は、COP28で化石燃料使用の廃止をテーマとするように強く訴えた。実際に現在の石炭、石油、並びに天然ガスの採掘は、世界の気温上昇を一・五度に抑えるための炭素予算の三・五倍に達している。このことが、温暖化に対して最も脆弱な太平洋の島国などに甚大な影響を及ぼすことは疑いない。ところが、そうしたことを最重視する国はどこにも見当らない。今日のG20は二酸化炭素排出の八〇％に責任がある。それにもかかわらず、二〇二三年九月のインドのニューデリーで開かれたG20において、二酸化炭素排出の制限に関して合意は何も達しなかったのだ。

COP28のジャーベル議長は、温室効果ガス排出の削減と化石燃料使用の廃止は不可避とする一方、石油を今後も何十年にわたって産出する可能性を示す。他方で彼は、エネルギーパックと称して二〇三〇年までに再生可能エネルギーの世界的能力を三倍にすることを各国に呼びかけた(57)。実はジャーベルは、国営の再生可能エネルギー会社の社長でもある。同社は、世界最大の太陽光エネルギーセンターをめざしているのだ。この再生可能エネルギーの増大は、米国やEUも計画している。そして国際エネルギー機関も二〇二一年に、同エネルギーが温室効果ガス排出を制限するための最重要なテコになるとみなす。そこでは太陽光エネルギーと風力エネルギーが非常に大きな割合を占める。

このようにして見れば、再生可能エネルギーのテーマを議論することは確かに正当と評価されるかもしれない。実際にそれは二〇二三年のG20で支持され、中国と米国は共同コミュニケにより同エネルギーの推進を発表した。しかしそもそも再生可能エネルギーそのものに、後に見るように大きな問題が残されている。それは化石燃料にとって代わるべきものなのか。この点が問われるに違いない。また仮に同エネルギーが評価されるとしても、その産出は、資金の不足する発展途上諸国とりわけ最貧国にはきわめて困難であろう。であればこそ、まずは化石燃料使用の削減・廃止が議論すべき一大テーマとならなければならない。この点を主張したのがＥＵ、中でもフランスであった。マクロン大統領は「プライオリティの中のプライオリティは、先進諸国が化石燃料の使用を廃止することである」と宣言した。これは果たして本心なのか。実際の政策は全く異なるからだ。この点については後に見ることにしよう。

それでは、ドバイでのＣＯＰ28における気候外交は成功したであろうか。確かに今回、化石燃料の使用に対する責任が初めて議論された(58)。ＣＯＰ28は化石燃料と結びついた利害と、その温暖化に対する決定的な役割に光を当てた。その意味でＣＯＰ28は、国際的な気候外交における歴史的転換を示すと言ってよい。二〇二三年一二月一三日の総括は、世界経済の化石燃料使用モデルを放棄させるまでには至らなかったものの、それに向けた一歩を踏み出したことの意義は大きい(59)。これにより各国政府は最終的に、温暖化の根本的要因を取り除く方向に進まざるをえないからだ。

しかし今回の総括では、化石燃料使用と温室効果ガス排出の双方の削減に関して具体案があまりに乏しかった。化石燃料使用の廃止に向けた移行や再生可能エネルギーの増大のプランは、すでにパリ協定に盛り込まれていた。今回、前者について二〇三〇年に向けた目標値が定められることはなかった。この点は、温室効果ガスの二酸化炭素やメタンの排出についても同様であった。グローバルな温室効果ガスの排出を一〇％削減することが謳われたものの、それは強固な行動プランからほど遠い。他方でＣＯＰ28の総括において、低炭素の規定が正確になされていない。これでもって、温室効果ガスの排出を十分に防ぐことはとうていできないであろう。その結果グローバルなエコシステムは破綻し、長期的に海面温度の上昇による大災害が生じても不思議ではない。つまりＣＯＰ28は最終的に、気候変動の長期的なインプリケーションに何も言及していないのだ。それはまた、温暖化に対する具体策の欠如を示している。

ＣＯＰは、世界が気候危機に関して合意することの重要さを示すためのたんなる儀式に終わってはならない(60)。そこでは毎年何千人もの規模の市民社会メンバーが集結する。そうした中で問題の重要性を指摘するものの何の具体的対策も提示されないのであれば、ＣＯＰは市民不在の会議と化すに違いない。それにより市民の不満と怒りが増すことは目に見えている。

（三）炭素爆弾と先進諸国の偽善

化石燃料の使用が、気候変動を引き起こす最大の要因の一つであることは誰しも否定しないであろう。それゆえ化石燃料の採掘先が、将来の二酸化炭素排出を増大させる点で「炭素爆弾」と称されることも納得できる。そして、化石燃料の採掘プロジェクトに対して責任を負うのは当然国家である。というのも採掘の権限を与えるのは国家だからだ。しかも銘記すべき点は、世界のほんのひと握りの国家が、炭素爆弾の大多数を専有している点であろう。世界中に四二二の炭素爆弾があると言われるが、それはほぼ一〇ヵ国に集中している(61)。表6-3は、世界の二酸化炭素の潜在的排出量を国別に示したものである。見られるように、それは中国、米国、並びにロシアの巨大三国とサウジアラビアを加えた四ヵ国だけで全体の六〇％近くを占める。さらに湾岸諸国やオーストラリア、カナダ、及びインドなどの六ヵ国を加えた一〇大国を見ると、かれらの排出量は全体の四分の三を上回る。このように炭素爆弾に基づく二酸化炭素の潜在的排出量は、世界の国の中で両手に収まるていどの国に集中しているのだ。

中でも米国の動向に注意する必要がある。かれらは四二二の炭素爆弾のうち二八を専有し、その数はロシアやカナダのそれを抜いている。また米国の化石燃料採掘の拡大プロジェクトは、世界のそれの三分の一以上を占める。実は二〇二〇年の大統領選挙キャンペーンでバイデンは、連邦内での新たな採掘権限を与えないことを約束した。しかし今や彼は、前大統領のトランプが行った以上の採掘権限を与えている。バイデン政権は明らかに約束を反故にしたのだ。しかも留意すべき点は、こうした米国の採掘権限付与の拡大が、グテーレス国連事務総長により、世界のリーダーに対して化石燃料の新たな採掘権限を許可しないように呼びかけられている中で行われたという点であろう。この米国の気候変動対策をめぐる横暴な姿勢

表6-3　世界の二酸化炭素の潜在的排出量（10億トン）

国名	二酸化炭素の潜在的排出量
中国	333
米国	151
ロシア	115
サウジアラビア	106
オーストラリア	45
カタール	43
カナダ	39
インド	31
イラク	28
ブラジル	26
その他	261
全世界	1208

（出所）Aubert, R., Ferrer, M., Sanchez, L., et Vaudano, M., “Ces <<bombes carbone>>qui menacent le climat”, *Le Monde*, 1-2, novembre, 2023 より作成。

を許すわけにはいかない。

一方、そうした化石燃料の採掘計画は先進諸国の中で米国に限られない。欧州でもそれほど明らかにされていないが同様の傾向が見られる(62)。例えばドイツ、セルビア、並びにギリシャでは四つの石炭鉱脈、ノルウェーでは二つのオフショア石油鉱脈、さらにイギリスとポーランドでは非伝統的な鉱物の鉱脈における採掘が各々計画されている。このように、先進諸国の主導の下に化石燃料使用の削減がいくら唱えられても、当のかれら自身が依然として化石燃料に強く依存している以上、そうした訴えがまさしく口先だけのものであることは明らかであろう。

他方で、国家による化石燃料採掘の権限付与の問題は経済的利害とも絡んでいる。この点は、採掘企業が国営の場合にはっきり現れる。例えばCOP28の議長国であったアラブ首長国連邦は、アドノックと呼ばれる国営の石油会社をもち、かれらは炭素爆弾を三つ抱える。その二酸化炭素の潜在的排出量は一一〇億トンを超える一方、さらにかれらは採掘拡大さえ予定している。またサウジアラビアの国営会社であるアラムコも、化石燃料の採掘を終えるつもりは全くない。こうした点を踏まえて見ても、COP28が気候変動対策の面でいかに不十分なものであったかがよくわかる。

ところで、化石燃料採掘の点で責任を追求されるべき国は米国や中東諸国だけでない。二〇一五年にパリ協定を結び、気候変動対策のアバンギャルドとして誇るフランスこそが、実は偽善的な政策を進めてきたのだ。フランスはパリ協定を守るためにも、トタルエネルジーのような化石燃料採掘の巨大多国籍企業に対して新たな採掘プロジェクトへの投資を停止させる義務がある。このフランスの巨大企業グループは、二三の炭素爆弾を抱えると共に、さらにパプアニューギニアでの天然ガス採掘プロジェクトを計画した。そしてマクロン大統領は、このプロジェクトに反対するどころか逆にそれを支持したのだ。この点は、アフリカのモザンビークでのトタルエネルジーによる天然ガス開発でも同様であった。これは、モザンビーク内での大抗議にもかかわらず強行された。ここにはムーアが明らかにしたように、欧州の旧列強が安価な天然資源をグローバルな規模で専有した歴史的事象を彷彿させるものがある。先進資本主義諸国の発展途上諸国に対する横暴な姿勢は、何世紀を経ても全然変わっていないと言わねばならない。

フランスのトタルエネルジーは、化石燃料の採掘で世界最大の民営企業グループである。表6‐4は、炭素爆弾を専有する世界の一〇大企業グループを表している。見られるように、トタルエネルジーは中国の国営企業に次ぐ世界第二位の炭素爆弾を抱えている。それはサウジアラビアのアラムコや米国のエクソンモービルの専有する爆弾数を上回る。トタルエネルジーは二三の炭素爆弾をもつことにより、六〇〇億トンの二酸化炭素を潜在的に排出する(63)。これは、将来の気温上昇を一・五度に抑えるための炭素予算の一二％を占める。

しかも問題とされるべき点は、トタルエネルジーの二酸化炭素の潜在的排出量の大きさだけでない。かれらのねらう化石燃料の採掘先が発展途上諸国である点に、我々は注意する必要がある。かれらは先に見たパプアニューギニアやモザンビークだけでなく、同じくアフリカのウガンダでも石油の採掘を計画している。これは、東アフリカ石油パイプラインと結託して行われる。これに対しエコロジストの活動家は、その採掘が現地の水や生物多様性に脅威を与えるとして不安視する一方、欧州議会も注意を喚起している。そうした採掘による森林伐採も大きな問題である。さらに許されるべきでないことは、トタルエネルジーによる化石燃料採掘事業が、世界中で温暖化に対決する闘いが展開されているにもかかわらず平然と進められている点であろう。実際にかれらのカザフスタンにおける石油採

表6-4　炭素爆弾に関与する世界の十大企業グループ

企業グループ名	出身国	炭素爆弾数
China Energy	中国	41
Total Energies	フランス	23
Saudi Aramco	サウジアラビア	18
HKSCC Nominees Limited	中国	17
Exxon Mobil	米国	16
China Coal Xinji Energy	中国	14
Shanxi Coal and Chemical Industry Group	中国	13
China National Petroleum Corporation	中国	13
Jinneng Holding Group	中国	12
National Iranian Oil Company	イラン	11

（出所）Vaudano, M., "Total Energies, numéro deux mondial des mégagisements", *Le Monde*, 1-2, novembre, 2023 より作成。原資料は Carbon Bombs.org.

表6-5　炭素爆弾と銀行の融資[(1)]、銀行の出自別構成、2020年（10億ドル）

銀行の出自	融資額
中国	69
米国	30
フランス	18
日本	16
カナダ	14

（注）(1) 炭素爆弾と結びついた企業への融資。
（出所）Aubert, R., Ferrer, M., Sanchez, L., et Vaudano, M., "Ces <<bombes carbone>> qui menacent le climat", *Le Monde*, 1-2, novembre, 2023 より作成。

掘は、パリ協定からわずか後の二〇一六年一一月に開始されたのだ。これに対してトタルエネルジーは、顧客が低コストのエネルギーを利用できるために新たな石油採掘プロジェクトが必要であると豪語した。そしてこうしたかれらの横暴な振舞いをフランス政府が制御できないどころか、むしろそれを支持することこそが問題とされねばならない。

このようにして見ると、企業による化石燃料採掘の拡大は止まることを知らない。しかもその代表的企業がフランスの企業であることは実に皮肉な話だ。このことは同時に、先進諸国とりわけフランスの主導による気候変動対策がいかに偽善であるかを如実に物語っている。さらに留意すべきことは、そうした企業の採掘行動を金融機関が後押ししている点であろう。実際に銀行は、かれらに対して巨額の金融支援を行っている(64)。表6-5は、二〇二〇年における炭素爆弾と結びついた企業への銀行による融資を銀行の出自別に示したものである。見られるように中国と米国の銀行による融資が圧倒的に大きい。それに次ぐのがフランスの銀行によるものだ。

実は、こうした銀行の行為にも偽善が色濃く映し出されている。フランスのBNPパリバ、クレディアグリコル、並びにソシエテジェネラルなどの巨大銀行は、気候防衛のための闘いに投資し、二〇五〇年のカーボンニュートラルに向けて融資することを表向き謳う。ところがかれらは、他方で炭素爆弾を専有する多くの企業に融資しているのだ(65)。それは当然、石油、石炭、並びに天然ガスの採掘に向けられる。ここには銀行行動のパラドックスが明白に現れている。しかもその際の融資は、投資ファンドをとおして間接的に行われる。二〇二二年にフランスの四大銀行は、一一の大きな化石燃料採掘企業に一八〇億ドル（一七〇億ユーロ）供与した。それらの企業は五一の炭素爆弾を抱え、一八ヵ国を超える採掘先をもち、一八九〇億トンもの二酸化炭素を潜在的に排出する。中でもフランス最大の銀行であるBNPパリバは、中国や米国の銀行などに次ぐ世界第五位の融資額を誇る。同銀行は二〇二二年に一〇の化石燃料採掘企業に七〇億ドル以上の融資を行った。それらの企業は四六の炭素爆弾を抱え、その中にトタルエネルジーやサウジアラビアのアラムコ、さらにはイギリスのBPなどの巨大企業が含まれている。このような状況を踏まえれば、フランスのマクロン大統領が化石燃料使用の削減をあれほど訴えたことは一体何であったのか。そこには偽善の姿しか見えない。そもそも二〇二一年五月に、国際エネルギー機関は新たな石油と天然ガスの採掘は行わないことを宣言したはずだ(66)。同機関の目的は石油輸入国に化石燃料の確保を約束することにある。そうだとすれば、この宣言は衝撃的であった。カーボンニュートラルを達成するために、同機関は新たな採掘先への投資がグローバルなエネルギー需要に応じるのに必要でないことを示したのである。それにもかかわらず数多くの石油・天然ガス企業は、そうした投資を将来のエネルギー安全保障の観点から正当化した。そしてこのことを、先進諸国の国家と化石燃料採掘企業、並びに金融機関が支持したのだ。そうした中で国際エネルギー機関は、エネルギーの移行とりわけ再生可能エネルギーへの移行に賛同する。では再生可能エネルギーへの移行でもって、エコロジー危機は真に解消されるであろうか。この点が問われるに違いない。

(四) 再生可能エネルギーと資源・環境問題

先に見たように、COP28において再生可能エネルギーの増大が議論の対象とされた。そこでは、エネルギーの移行の必要が強調された。実際に今日、多くの科学者は石炭、石油、並びに天然ガスの代わりに再生可能エネルギーを使う必要があることを認める。低炭素システムに向けたエネルギーの移行は、資源とりわけ化石燃料の採掘を著しく減少させると考えられるからだ。しかし、ここで一つの大きな課題が立ちはだかる。それは、低炭素テクノロジーには多くの金属材料が必要になるという点である(67)。例えば電気カーの生産には重要な金属材料が、内燃機関(ガソリン)車の場合よりも六倍以上求められる。バッテリーにはリチウム、ニッケル、コバルト、マンガン、並びにグラファイトなどが必要とされるからだ。また風力発電と電気カーにはレアアースが用いられるし、より一般的には多くの銅が使用される。

国際エネルギー機関は、二〇三〇年までにエネルギーの移行に必要な金属に対する需要は通常のケースで二倍に、さらにパリ協定にしたがえば四倍にも膨らむと報告している。事実、二〇一七年以降リチウム需要は三倍、コバルト消費は七〇％増、並びにニッケル消費も四〇％増大した。確かにエネルギーセクターの脱炭素化は緊急の課題である。ところが、それを達成するのに必要な金属材料は現時点で決して十分ではないのだ。それだから各国は、新たな鉱山の開発に力を注ぐ。リチウム、ニッケル、及びコバルトの生産を今後増やすのに、少なくとも一六四の鉱山が開発されねばならないと言われる。表6-6を見てみよう。それは、将来のエネルギーの移行と関連した金属鉱物生産を予想したものである。見られるように、二〇二〇年以降二〇年間に銅やニッケル、さらにはコバルトの生産増大が見込まれる。とくに銅生産の大きさが目立つ。

このように再生可能エネルギーへの移行には、まずもって鉱物資源の新たな開発という課題が待ち受けている。さらにそればかりでない。そうした移行には人間の生活に対する、またそれを取

表6-6　将来のエネルギー移行と関連した鉱物生産 、2020~2040年（100万トン）

鉱物	2020	2030 (1)	2040 (1)
銅	24	28.6	31.7
ニッケル	2.3	3.6	4.1
リチウム	0.73	0.24	0.37
コバルト	0.13	0.27	0.34

（注）（1）予測値。
（出所）Mouterde, P., “Extraire des métaux sans détruire la planète”, *Le Monde*, 10, mai, 2024 より作成。

り巻く環境に対する、そして温暖化の阻止に対する大きな問題が潜む。その一つが、鉱物の採掘から生じる廃棄物（ゴミ）の問題である。金属を採掘する段階で使われなかった岩石は人工的に廃棄される。そこで重大な問題が生じる。岩石中に含まれている鉛のような有毒物質が地表に現れる可能性があるのだ。二〇二三年の調査によれば、実に二三〇〇万人もの人々がそうした有毒物質から被害を受けていることがわかる。しかもそれらの物質は海底に沈められることもある。さらにそのような被害を受けるのは人間に限られない。地球上の生物全体に大きな影響が及ぼされる。この点が重要なのだ。例えばアフリカの猿の約三分の一は、鉱物採掘プロジェクトによる被害を受けている。鉱物採掘は水、大気、土壌の汚染をもたらすだけでなく、水中の生物にも脅威を与える。それはまさしく、環境に対して最も重大なインパクトをもった人間の活動であると言ってよい。しかもそれは資本によって促される。先に見たムーアの資本新世論は、現代の鉱物資源開発にぴったりあてはまるのだ。

表6-7　鉱物採掘による森林伐採、2011~2019年
（平方キロメートル）

鉱物	森林代採の面積
ボーキサイト	766
鉄鉱石	656
銅	409
マンガン	275
ニッケル	273
亜鉛	134
銀	120
プラチナ	52
コバルト	40
パラジウム	35
鉛	35
モリブデン	26

（出所）Mouterde, P., “Extraire des métaux sans détruire la planète”, *Le Monde*, 10, mai, 2024 より作成。

他方で、鉱物採掘によるもう一つのきわめて大きな環境への影響がある。それは巨大な規模の森林伐採だ。過去二〇年間に、アマゾン流域などの熱帯雨林地域で採掘される金属の量は二倍に増えた。それに伴って熱帯雨林が大いに伐採されたことは疑いない。表6-7は、二〇一一～二〇一九年に行われた鉱物採掘による森林伐採の面積を鉱物別に示したものである。見られるようにボーキサイト、鉄鉱石、銅、マンガン、ニッケルなどの上位五種の鉱物採掘によるだけでも約二四〇〇平方キロメートル近くの森林が消滅している。この森林伐採が先に論じたように、地球の温暖化要因になることはまちがいない。つまり、温暖化を食い止めるのに必要と考えられる再生可能エネルギーは、その生産に必要な金属の採掘によって逆に温暖化を促してしまうのだ。これは何というパラドックスであろうか。これでもって、再生可能エネルギーへの移行の意義を見出せるはずがない。そこには、気候変動と生物多様性の崩壊という二つの大きな課題が再び待ち受けているのである。

こうした中で主たる鉱物採掘国である先進諸国も実は、そうした採掘の環境へのインパクトを二〇一九年の段階で予想していた。そこには気候変動や土地利用の変化、並びに人類に対する有毒被害などが含まれる。しかしそれはあくまでも予想にすぎず、したがって鉱物採掘に対する規制を考えるまでには至っていない。それどころか、むしろ逆の方向が企てられた。その証拠にその後も先進諸国は、こぞって再生可能エネルギーへの移行に必要な金属鉱物を国の内外で探って採掘してきた。金属の争奪戦が、中国への対抗という観点からも一挙に繰り広げられた。ムーアが歴史的に明らかにしたように、安価な自然を求めて世界的規模での闘いが展開されたのだ。この点で先進資本主義諸国の戦略は、一六世紀以来何ら変わることがない。一六世紀から四世紀以上も経ち、ようやく人類は気候変動に対決する姿勢を示したのに、このような事態に陥っている。しかもそこには、くり返しになるが資本のロジックが強く働いている。この点を忘れてはならない。

グリーンディールを設けてあれほど熱心に気候変動対策を打ち出してきたEUも、ここにきて金属鉱物の新たな開発に意欲を示している(68)。EUは二〇二四年五月早々に、二〇三〇年までに年間消費の少なくとも一〇％に相当する鉱物採掘能力を発展させると宣言した。かれらは鉱業を、空港や鉄道などと同じく社会的インフラストラクチャーの一環になるものとみなす。しかし、この鉱業発展という欧州の構想は危険な賭けになりかねない。ほんの数年間を振り返って見てもスペイン、ポルトガルあるいはセルビアなどの数多くの鉱山プロジェクトに対する抗議運動が、環境への悪影響という理由で頻発しているからだ。それだけに今回のEUの鉱山再開発という決定は、きわめて大きな意味をもつ。

欧州委員長のフォンデアライエンは二〇二二年に、リチウムやレアアースはまもなく石油や天然ガスよりも重要になると語った。ここにはEUの鉱物資源戦略への決意が見られる。欧州内での鉱山開発は公正で必要不可欠なステップとみなされた。これにより汚染の輸出はストップし、社会的かつ環境的なインパクトは改善されると考えられたからだ。実際にこれまでの欧州以外の地域における金属の採掘は、現地での汚染や原住民の過度の労働搾取を引き起こした。この現象も一六世紀以来全然変わらない。それゆえ鉱物採掘の本国回帰が始まれば、採掘者は少なくとも環境、社会、並びにガバナンスの基準を尊重せざるをえなくなる。ほんとうにそうなるであろうか。

鉱山を抱える地域では、鉱山の再開に対するためらいが強い。欧州の調査が明らかにしたように、環境問題に対する人々の不安がまちがいなくある。それは水汚染（井戸水など）、大気汚染、生物多様性の喪失、並びに森林伐採などに対する危惧である。事実、鉱業セクターは最も大きな汚染を発生させる産業の一つとみなされている。例えば一九九八年に、スペインのアンダルシア地方での鉱物採掘は、何千ヘクタールもの牧草地や沼池を汚染させる一方、八〇キロメートルにわたって水を汚染した。それは文化を破壊させると同時に魚や牛などを死滅させた。またルーマニアやハンガリーでも、鉱物採掘は環境の一般的な汚染を導いた。そこでは危険な廃棄物のストックも問題とされた。欧州では規制があるものの、実際には廃棄物の量が少なく発表される。採掘業者は、巨大な汚染なしに鉱物を採掘することはできないとさえ言って開き直るのだ。

こうした中でEUは、二〇二一年五月に「グリーン鉱山」と称する会議を設け、鉱物の生産と環境保護の関連について議論する。研究調査によれば、欧州のそうした生産による二酸化炭素の排出量は世界の平均よりも確かに少ない。また水や生物多様性に関するリスクも、他の地域よりもわずかである。ところが、廃棄物のストックに関しては全くそうでない。ラテンアメリカと中国における廃棄物規制は、実はスペインやポルトガルのそれよりも一層厳しい。このようにして見れば欧州の鉱山は、それが人間の生活と環境にネガティブなインパクトを与えないことを確認できるまでは再開すべきでない。今日、欧州で一〇〇の大きな鉱山が存在すると言われる。また今後一〇年間に、新たに二〇の鉱山の開発が予定されている。EUは先に示したように、鉱物の採掘が一層必要であるとする姿勢を明確にした。その背後にはNGOが暴いているように、鉱山会社のロビー活動がある。この点を忘れるべきでない。実際に鉱山会社は年に二一〇〇万ユーロのロビー活動を行い、二〇一四年以来欧州委員会のメンバーとの会合をもっている。欧州の鉱物採掘は明らかに、政治的理念というよりは資本のロジックに基づいて行われようとしているのだ。ここで我々は再び、ムーアの示した資本新世としてのエコロジー危機という一六世紀の歴史的事実を思い返さないわけにはいかない。

再生可能エネルギーへの移行を強く謳うフランスは、このような状況の中でも低炭素テクノロジーを使用するために金属に一層依存することを表明した(69)。中でも電力システム（原子力発電や電池などを含む）にとって銅が必要不可欠となる。フランスでは二〇四〇年までに、年四万トンの銅が必要と言われる。その他、車の軽量化や電池の箱のためにアルミニウムがますます使われる。さらに「小さな金属」として、電池に使われるリチウム、コバルト、及びニッケルなどが挙げられる。ところがフランスは、それらの金属の供給体制を備えていない。そこでフランス政府は、国内での鉱山の再開を認可する一方、鉱物資源の新たな発見を急いだ。二〇二四年六月に、鉱物採掘を容易にするための法が制定される予定である。さらに留意すべき点は、そうした採掘を支えるべき資本の動きであろう。フランスは二〇二三年五月に、国家が五億ユーロまで融資する投資ファンドを金属供給の保障のためにつくる。フランスのこうした鉱物採掘の推進は環境保護にふさわしいものなのか、それはEUが理念として掲げた「グリーン鉱山」になりえるのか。この問いに対して政府は一切答えていないのである。

一方、欧州で最大の銅鉱山をもつスウェーデンでも銅の採掘と環境保護との関連が問題となっている(70)。スウェーデンは欧州の銅生産の一〇％を占める。その生産量は平均で年七五万トンである。しかしそれは、EUの銅需要を満たすには取るに足らないほどの大きさだ。EUの銅消費は二〇二一年に三七八万トンに上る。その八〇％が輸入でカバーされる。それでもスウェーデンの銅生産が、欧州の銅需要に果たす役割は無視できない。そこで問題とされるべきは、やはり採掘後の廃棄物の処理である。スウェーデン政府はこれに対して、非常に厳しい規制を設けることで廃棄物による環境と人間生活への影響を永久にコントロールできると豪語した。ところが最近の調査は、そうしたコントロールはそれほど安定していないことを明らかにした。また新たな鉱山の開発により付近の住宅の破壊が進められ、これに対する住民の抗議運動も起こっている。こうした事態にスウェーデンの鉱山会社は、鉱物採掘はエコ社会への移行に必要不可欠であり、したがって人々はそれを選択しなければならないと答える。これは正当化できるであろうか。

以上の諸々の事象を振り返って見れば、再生可能エネルギーへの移行には様々な問題がある。第一に、それは銅やリチウムを中心に多くの金属を必要とし、その採掘によって必然的に生じる廃棄物（有毒物質を含む）が環境と人間生活に負のインパクトを与える。第二に、そうした金属の奪い合いがグローバル規模で起こることにより、それらを多く埋蔵するグローバルサウスの人々が犠牲となる。しかもそれは、巨大な多国籍資本（先進国資本のみならず中国資本なども含む）によって進められる。この姿はまさしく、資本新世として現れた一六世紀の初期資本主義のそれと全然変わっていない。そして第三に、仮に再生可能エネルギーに移行したとしても、それが森林伐採を伴う限りは温暖化の阻止にそれほど役立つものではない。この点は例えば電気カーについて見てもよくわかる。確かにそれは走行中の二酸化炭素の排出をなくすことができる。しかし、その生産に必要な金属の採掘に伴う悪影響は再生可能エネルギーの場合と変わらないし、またその生産プロセスの段階での二酸化炭素排出を阻止することはできない。この点で電気カーはガソリン車と同じである。もちろん、だからと言ってガソリン車が評価される理由は全然ない。今日では電気で走る輸送船の生産も考えられている(71)。というのも海上輸送による二酸化炭素排出は、世界全体のそれの約三%を占めるほど大きいからだ。これによって海洋における二酸化炭素の累積に拍車がかけられるのは言うまでもない。しかもそれは、地球上の商品の八割を運んでいる。それだから国際海洋機関や国連などは、二〇五〇年までに海上輸送による二酸化炭素の排出を五〇%削減させることを提唱する。では電気輸送船で問題がすべて解消されるかと言えば全くそうではない。それは電気カーの場合と同じである。

このようにして見れば、気候変動対策とりわけ温暖化阻止対策として、再生可能エネルギーへの移行は果たして核心となるべき課題であろうか。結局それは、鉱物資源の有限性という自然的制約の問題にぶつかるに決まっている。そればかりでない。そうした移行により、環境のみならず人々の健全な生活とくにグローバルサウスの人々のそれが犠牲となる。そもそも今日のエコロジー問題を一六世紀以来歴史的に積み重ねてきた張本人は先進資本主義諸国であるはずだ。そして今度も再び自分達の都合で南の諸国とそこでの人々を痛めつけることがどうして許されるであろうか。これでもって再生可能エネルギーによるエコ社会への移行は公正な移行と言えるであろうか。むしろ我々は、エコ社会に向けた全く異なる方向をめざすべきであろう。それは端的に言えば、エネルギー消費の削減である。エネルギー需要の増大を当然の如く認める考え方こそが問題とされねばならない。

四　気候変動と社会問題

（一）気候変動と不平等体制

（イ）二酸化炭素排出の不平等体制――ピケティの累進削減論

先に指摘したように、気候変動問題と社会問題は切り離すことが決してできない。その一つの象徴的な現象が、気候変動による不平等問題の発生であろう。それだからピケティも現代のエコロジー危機の問題に無関心であるどころか、それを積極的に論じる姿勢を示している。そこで最初に、彼の不平等論としてのエコロジー・環境論を見ておきたい。

ピケティは現代世界の変化のテンポを加速させる一大要因として環境破壊を挙げる(72)。地球は確実に温暖化に向かっているし、生物多様性は加速的に崩壊し、海洋は酸性化し、さらには土壌の肥沃も喪失している。彼はこのように認識しながら、そうした環境破壊をもたらした責任のほとんどは北側の諸国にあると見る。この点は、すでに我々が論じた点と同じである。そこでピケティはここでも得意の定量分析を行う。彼はそうした北側の諸国として米国、カナダ、欧州、ロシア、並びに日本を取り上げ、かれらの人口は世界全体の一五％ほどであるのに、その二酸化炭素排出量は産業革命の初めから累積した二酸化炭素排出量の約八〇％を占めると推計する。住民一人当りの二酸化炭素排出量を見ると、それは一九五〇〜二〇〇〇年に西側諸国できわめて高いレベルに達していた。それは米国で二五〜三〇トン、欧州でも一五トンほどである。このレベルはその後低下したものの、二〇二〇年代初めに米国では二〇トン、欧州でも一〇トン台を依然として示している。一方、中国の二酸化炭素排出量も二〇〇〇〜二〇二〇年に急上昇し、住民一人当りの二酸化炭素排出量は西側諸国のそれに匹敵する。

ピケティはこうした事実を踏まえながら、世界の二酸化炭素排出量に関する不平等な構造を暴く(73)。そこで彼は、とくに二酸化炭素排出量が非常に大きな国や人々に注目する。全世界の一人当り平均排出量は約六トンであり、その九倍以上に当る五四トン以上が一人当り排出量として世界の最上位一％に相当する。このたった一％の排出量の全体に占める割合が圧倒的に高い(五五％以上)国が米国である。その割合は欧州や中国のそれよりはるかに大きい。このように二酸化炭素排出量は、世界的に見てきわめて高い集中度を示している。他方で、二酸化炭素排出量の格差は一国内でも見られる。二〇一九年における一人当りの二酸化炭素排出量を東アジア、欧州、米国、南・東南アジア別に排出量の上位（一〇％）、中位（四〇％）、並びに下位（五〇％）の各々について調べて見ると、すべての地域で上位一〇％の排出量が最大を示していることがわかる。さらに留意すべき点は、この一人当り二酸化炭素排出量の上位を占める人々と、富や所得の上位の所有者とが一致しているという点であろう。

このようにして見ると、二酸化炭素排出量の分布には大きな偏りがあることは明白である。この点は世界的に見ても、また一国内で見てもあてはまる。そうだとすれば、二酸化炭素排出量に規制を設けることは正当だとしても、一律の削減が定められることは理不尽であり不公正ではないか。ピケティはこのように主張する。そこで彼は、二酸化炭素をより多く排出する国や人々に対してより強い規制を設けるべきとする。先に見たように（第一章）、彼は不平等の解消策として累進税に基づく租税政策の正当性を強調した。そして今度は二酸化炭素排出量の規制に関して、彼は累進税と同じロジックを適用するのだ。筆者は、この二酸化炭素排出に対する累進削減案に全く賛同する。後に見るように、EUの行った二酸化炭素排出規制策（軽油税の引上げ）に対して全欧州の農民が一斉に反逆した。それはかれらが、農業用機具に課せられる税率と大型タンカーやプライベートジェット機などに使用される大量のガソリンに対する税率とが同じ扱いを受けることに激しい怒りを感じたからに他ならない。

(ロ)　エコ差別問題――「ゴミ新世」論

一方、環境破壊は経済的・社会的に最も不利な状況にある人々に対して最大の負のインパクトを与える。それは例えば一九八〇年代の米国で典型的に現れた(74)。そこではゴミの置き場が問題とされた。一九八七年に米国の人種的公正委員会はゴミの置き場の地理的分布を調べた結果、とりわけ汚染を生むゴミのストックは、主として民族的マイノリティの居住する地区に設置されていることを明らかにしたのだ。危険なゴミのストックの場所が、民族的出自によって決定される。これこそまさに、環境人種差別を示す以外の何ものでもない。この調査を契機としてその後に、環境の公正をめぐる研究が米国で社会学的かつ歴史学的に盛んに行われる。結局アフリカ系アメリカ人は公民権を取得したにもかかわらず、環境破壊の犠牲者と化したのである。先に論じたように再生可能エネルギーに必要な鉱物採掘が大量の有害な廃棄物を放出する以上、法的に何の規制もなければ、そうした人々の犠牲はますます増えるに違いない。まさにエコ人種差別が行われるのだ。そしてこのような差別は後に見るように、グローバルサウスではっきりと現れる。

ところで産業から生み出される廃棄物は、その捨て場の点で人種差別を引き起こすだけでない。それは都市と農村、あるいはまた都会と田舎との間の不平等をもつくり出す。今日、ゴミは固形物だけで年に世界で二〇億トンを超えるほどに生み出され、このままいけばそれは二〇五〇年には年三四億トンにも達すると警告されている(75)。ＯＥＣＤの推計によればプラスチックのゴミはこの二〇年間に倍増し、その三分の二は自然環境に放置される。しかもそれは偏在する。この放置が、直接に人間の健康とエコシステムに悪影響を及ぼすことは疑いない。こうした大量のゴミの産出とその放置をもたらした人間活動の痕跡を、廃棄物の新時代として「ゴミ新世」と呼ぶこともできよう。この数年、ゴミに関する研究は哲学者、地質学者、社会学者、歴史学者、都市研究者、並びに人類学者などにより盛んに行われている。かれらは一様に倫理的問題を追求する。そこではゴミ産出の歴史をつうじて展開された、権力と社会的不平等に対する闘いに光が当てられる。実際にゴミの概念は一九世紀末まで存在しなかったと言われる。それまでは資源の再利用が経済システムの中に組み込まれていた。都市と農村の間の物質代謝はその典型である。ところが化学肥料の登場によって都市と農村は分断され、両者間の物質代謝も終わりを告げる。ゴミの中にはリサイクルできないものが含まれる一方、都市で廃棄されたゴミが人口の少ない周辺部に捨てられた。ゴミはまず中心部としての都会により発明されたものだ。この点を銘記すべきである。この都会のゴミが周辺部としての田舎に捨てられるとなれば、それこそ都会と田舎における各々の住民の間で不平等が生じるのは明らかであろう。

このような状況の中で二〇世紀に入ると産業廃棄物は全く違う次元に達した。恐ろしいほどの生産の加速が、同時にゴミの量を巨大なものとしたのである。生産物市場はますますグローバル化する一方、そのライフサイクルは極度に短縮した。その結果、産業廃棄物が信じられないほどの量でグローバルに蓄積されたのだ。新たな生産物は新たな廃棄物を生み出す。この点は、実は燃料生産にもあてはまる。風力発電や太陽光発電などの再生可能エネルギーの生産に関しても、先に論じたように廃棄物による汚染の問題がつきまとう。ましてや原子力発電にいたってはなおさらである。核燃料廃棄物の中には当然放射性物質が含まれる。その有毒性は、直ちに消えるわけでは全然ない。それは、人類にとってはほぼ永遠の期間にも相当する長期にわたって我々を脅かす。だからこそローマ・クラブはすでに一九七〇年代初めに、核燃料廃棄物による汚染の問題に言及して人類に警鐘を鳴らしたのだ(76)。ところがどうであろうか。同クラブのレポートから半世紀以上経った今日、原子力発電所はなくなるどころか、むしろ世界中のいたるところでますますつくり出されている。再生可能エネルギーと並行して、再生不能エネルギーとしての原子力発電によるエネルギーの確保が見込まれているのだ。ウクライナ戦争を契機とした地政学的危機が、エネルギーの安全保障の意識を先進諸国の間で高めさせた点は疑いない。それが核燃料汚染の問題から目を逸らさせたのである。さらに原子爆弾に用いられるプルトニウムの必要から原子力発電の維持・拡大を図るのであれば、なおそうであろう。今回のCOP28においても、原子力発電に対する規制の問題がテーマになることは一切なかった。実に恐ろしく、かつ愚かなことであると言わざるをえない。

このようにして見れば、天然資源の枯渇とゴミによる汚染の観点からしてもエコ社会への移行と経済成長を一致させるモデルが存在しないことは明らかでないか。そうだとすればくり返し主張することになるが、やはりエネルギーと原材料の使用を制限し、浪費をなくす戦略が求められて当然であろう。他方でゴミの問題は以上に見たように、社会的公正の問題と深く関係する。ゴミのストックにより最もネガティブな影響を受ける人々は結局弱者である。そうした人々は富裕国であれば成長の犠牲になった貧困者や人種差別を受ける人々であり、また貧困国の人々は全体的にそれによる害を被る。ここに気候変動に伴う社会的公正が強く要求される由縁がある。

(二) 気候変動とグローバルサウス

(イ) 気候変動とグローバルサウスの貧困

では、温暖化に象徴される気候変動によって最も被害を受けるのはいかなる地域か。それはもちろんグローバルサウスの国々とりわけ貧困国である。そこでの気候はアフリカやアジアを中心にすでに十分暖かであり、それに温暖化による一層の暑さが加わる。信じられないほどの熱波が到来するのだ。これによって南の貧困国とその人々は生活と労働に支障を来たしてしまう。かれらの家では一般にエアコンディショナーがなく、また人々の多くは外での肉体労働に従事しているからである。これは非常に危険な状況だと言わねばならない。グローバルな予測によれば、このまま温室効果ガスの排出が続いていけば、今から二一〇〇年までに年に六〇〇万人もの人が亡くなると言われる[77]。さらに伝染病の蔓延も一層進むに違いない。そして留意すべきは、そうした大量の人々の死亡が貧困国とりわけ最貧国で明白になるという点であろう。これこそまさに気候変動不平等を表している。ピケティが先に示したように、より豊かな人々はより多く消費することで二酸化炭素をより一層排出する。高速道路での車や飛行機の利用による二酸化炭素の排出はその典型的な仕業であろう。例えば米国の豊かな人々の二酸化炭素排出量は、アフリカの貧しい人々のそれの一二〇倍にも相当するほどだ。一六世紀以来、北の諸国は南の諸国の安価な天然資源と労働を搾取することで後者の人々をさんざん痛めつけ、今度は二酸化炭素の大量の排出をつうじてかれらの生命を脅かす。しかもそれはすべて資本のロジックで進められる。北の国々とその資本の横暴さは極まりない。これほど理不尽な話はないのではないか。

さらに注視しなければならない点がある。それは、そうした気候変動による大被害を受ける貧困者を象徴する人々は女性であるという点だ。今日、熱波はとりわけ東南アジアと東アジアを襲っている[78]。ネパールでは森林火災が想像を絶するほどの規模で起こっているし、インドでは選挙を延期するほどの信じられない猛暑に見舞われている。またベトナム、タイ、並びにバングラデシュでも記録的な高い気温が続いている。こうしてアジアでは、世界の平均よりも一層早く温暖化が進むと言われているのだ。暑さはより激しさを増して長期化する。それによっていかなる現象が生じるか。農産物の収穫は減少する一方、労働を阻害して人々の収入を減らす。こうしたネガティブ効果は、とくに貧困者に対して一層酷く現れる。そしてかれらを代表するのが実は女性なのだ。

アジアの女性が、温暖化によって受ける被害は様々である。まず家庭内暴力（ＤＶ）が強まる。気温の上昇は家庭内での暴力のリスクを高める。パキスタン、インド、並びにネパールの女性に関する二〇二三年の調査によれば、気温が一度上昇すると女性に対する暴力は六％以上も増える。それは貧困者の生活条件の悪化とストレスによる。また低年齢の女性に対する強制的な結婚も増大する。バングラデシュに関する二〇二〇年の調査は、猛暑が一四歳未満の少女の結婚を倍増させたことを示している。さらに、最も貧しい女性の働く場所も健康面で大きなリスクを抱える。かれらは猛暑の中で、エアコンディショナーどころか扇風機さえもない工場できつい労働を強いられるからだ。そこでかれらの労働は当然停止せざるをえない。そうした女性は、生活と生命のリスクの選択をする羽目に陥ってしまう。実際に猛暑が女性の死亡率を引き上げることは疑いない。しかし、その詳細は全く調べられていないのだ。

このようにして見ると、気候変動による女性の被害は深刻かつ甚大であると言わねばならない。これによりジェンダー差別はますます深まる。それはまさに気候変動ジェンダー差別と言ってよい。気候変動による大被害は最も貧しい国々に、そして中でも最も脆弱な人々すなわち女性達に最も激しくふりかかる。この重大問題が、ＣＯＰ28のような国際会議のテーマに全く掲げられないことは実に嘆かわしい。こうしたジェンダー差別は、実はコロナ危機の際にも起こっていた(79)。ＯＥＣＤも欧州も、コロナ禍で男女不平等が世界中で拡大したことを指摘している。ところがそのときも、世界の為政者がとくに対策を練ることはなかった。一体、いつになったらジェンダー差別問題を全世界で真剣に論じるときがくるのであろうか。この点に関する不信感は根強い。

ところで、このように南の貧困国の人々が苦しんでいる事態に対し、米国のバイデン大統領、欧州委員会のフォンデアライエン委員長、並びにフランスのマクロン大統領らは共同で二〇二三年六月に、ルモンド紙上においてグローバルな貧困国と不平等のための闘いを緩めないとする決意を表明した(80)。かれらは、気候のリスクで生じた脆弱性に対して必要な援助を一層行うことを謳った。そうした脆弱性は、一国の強固な経済成長を弱めてしまう。気候変動によって引き起こされる大災害は、世界の最も弱い国に最も大きな影響を与える。しかもそれは不平等な仕方で現れる。かれらはこのように認識した上で、現代の人々は永続的な経済成長の新時代に向けて道を開く必要があると唱える。それは、温室効果ガスの排出をネットでゼロにするような世界に向けた移行を示す。ただし、それは公正な移行でもなければならない。こうした移行によって貧困は減少し、永続的で連帯的な発展を維持できる。そのためにはどうすればよいか。かれらは、世界中で長期の投資の必要を訴える。それはすべての国に利益をもたらすに違いないからだ。こうしてかれらは、貧困の減少と地球環境の保護は補完的な目標であることを確信する。それだから公正で連帯的なエコ社会にプライオリティが与えられる。それは、貧しい人々に利益の分け前を完全に与えるためである。さらに、エコ社会への移行は永続的な成長なしには達成されない。かれらの共同声明は以上のようにまとめられる。

果たして、このような欧米のリーダーらによる声明は、真にグローバルな貧困をなくすと同時にエコ社会を実現させるためのイデオロギー的な指針となるであろうか。かれらの、エコ社会と公正な社会を両立させるという意図は全く正当なものである。しかし、このことを実現させるための短期的かつ長期的なビジョンが明確に示されているかと言えば全然そうではない。今日の温暖化をもたらした最大の責任が、欧米日の先進諸国であることは何度もくり返し述べたとおりである。現在でも北側の二酸化炭素排出量が群を抜いて多い。そうだとすれば、かれらはまず気候変動によって大災害を被ったグローバルサウスに公的支援を行う必要がある。しかもそれは直ちに行われなければならない。今回の共同声明の中に、そうした決意表明は全然示されていない。また長期ビジョンにおいても、たんに長期投資の必要性が強調されているにすぎない。その際の投資が公的なものか民間のものかも述べられていないのだ。ここでもやはり、北の南に対する公的な長期投資が強く求められる。さらに言えば、グローバルサウスへの公的支援の資金調達問題が一切語られていない。この点は後に検討するように、北の大企業や富裕者の責任と結びつく。かれらの資金提供こそが移行のための連帯をつくり出す。今回の声明で、こうした連帯が謳われることはなかった。これでもって南に対する金融支援を積極的に行いながら貧困国を真に救済することができるであろうか。甚だ疑わしいと言わざるをえない。

他方で、欧米のリーダーらによる共同声明にはもう一つの本質的な問題がある。それは、かれらがエコ社会と公正な社会への移行を新たな経済成長の段階として捉えている点にある。そこでは経済成長が、そうした移行のための絶対的な必要条件とみなされるのだ。しかし先に論じたように、今日の世界ではエネルギー、原材料、並びに廃棄物などの制約から、新たな成長モデルをつくり出すことなどはもはやできない。一体、かれらは半世紀以上も前のローマ・クラブによる声明を真剣に受け止めているであろうか。今求められているのは、かれらの声明とは全く逆に、それこそ「成長の限界」を前提とした対策に他ならない。それにはくり返しになるが、とりわけ北のエネルギーの節約がまずもって絶対的に必要とされるのである。

ところでフランスのマクロン大統領は、そうした共同声明から半年後に今度は単独でルモンド紙に投稿し、二酸化炭素排出の削減、生物多様性の救済、並びに貧困と不平等に対する闘いの必要を訴えた(81)。彼はここでも、エコロジーに対する闘いと貧困に対する闘いの双方を同時に加速させることを主張する。これは、彼の同時主義に基づく。そこでマクロンは第一に、脱炭素のエネルギーとして再生可能エネルギーと原子力エネルギーの推進を図る。そして第二に、彼は最も脆弱な国に支援するための金融を考える。それは、かれらがエコ社会に移行してグリーンテクノロジーを利用できるための金融を示すと同時に、伝統的な公的支援の枠組を超えるものである。そこでは気候リスクに直面した南の国に対し、民間の新たな保証メカニズムを用いた支援が行われる。

このようなマクロンの声明を見ると、そこにはいくつもの大きな問題のあることがわかる。第一に、エネルギーの移行の問題がある。彼はそれを再生可能エネルギーと原子力エネルギーに託す。しかし先に論じたように、両エネルギーはいずれも汚染の点で深刻な問題を引き起こす。それらが公正なエコ社会を実現させるものでは決してない。第二の問題は、貧困と気候リスクに晒された国に対する金融支援として民間機関のサポートを必要とする点にある。民間機関の加入が市場条件に依存することは言うまでもない。そうした中で民間機関の保証がえられるかは定かでない。要するにマクロンの考えは支援の民営化を図るものであり、それは公的支援を回避するための便法にすぎない。民間資金が南の金融支援に必要なのは正当であるとしても、その原資はあくまでも大企業や富裕者に対する累進税で調達されるべきであって金融市場からえられてはならない。ところがマクロンは、国内でそうした累進税の設定をこれまで拒否してきた。それゆえ南への資金移転として同税を活用するアイデアは生まれるはずがない。

このようにして見れば、米欧のリーダーらによる共同声明にしても、またフランス大統領の単独声明にしても、それらがエコ社会と公正な社会を両立させるという目標を達成するための指針になるとはとうてい考えられない。さらに、そうした北の将来ビジョンのみに問題があるのではない。北は実際に南に対して汚染を輸出しており、それによって南のエコ社会への移行を阻むと同時に人々の生活困難を引き起こしているのだ。それなのに、この点に対する反省が北に全く見られない。ここに我々は北の横暴さと資本の暴力性をはっきりと見ることができる。

（ロ）環境汚染と貧困国

先に示したように、米国内でゴミの廃棄をめぐって人種差別問題が生じた。そしてこのゴミ廃棄をめぐる差別問題は決して一国内に留まるものでは全然ない。実は有毒物質を含んだゴミは紛れもなく輸出されているのだ[82]。その輸出先が南の貧困国に他ならない。そこではプラスチックの町が出現する。貧困国の住民の健康やエコシステムは完全に無視されている。こうした事態を目の当りにして、エコ社会と公正な社会への移行という謳い文句はもはや空言以外の何ものでもない。

他方で、糾弾されるべき問題がもう一つある。それは、南の諸国における鉱物採掘に伴う環境破壊の問題だ。その典型例としてアフリカのザンビアにおける銅採掘のケースが挙げられる[83]。実は二〇一九年四月にイギリスの最高裁判所は、ザンビアでの銅の採掘による自然災害がイギリス企業の海外子会社によるものであることを認めた。世界最大の銅鉱山における採掘によって水が汚染されて魚が消滅し、ザンビアの漁師は莫大な損害を受けた。もちろん被害を受けたのは漁師だけでない。現地の住民とりわけ貧しい人々は生活のすべてを川の水に依存している。それゆえその汚染によって、かれらの生活と生命が脅かされたのだ。北の多国籍企業による銅採掘によって、住民を取り巻くエコシステムは完全に壊されてしまった。それにもかかわらず、北のザンビアの銅採掘をめぐる利害はますます拡大している。イギリス最高裁判所の貴重な判決により、二〇一九年にザンビアの銅生産は一旦減少したものの、その翌年には銅生産が再び大きく増えている。それは二〇一九年の八〇万トン弱から二〇二〇年には八七万トン弱へと増大したことがわかる(84)。こうしたザンビアのケースこそがまさに、エネルギーの移行に伴って引き起こされる無分別な出来事を象徴している。

北がグリーンエネルギーに向かって進む一方で、南は莫大な損害を被る。この事実を決して隠してはならない。ムーアが歴史的に明らかにしたように、北が安価な自然をつねに求めることによって南は自国の天然資源を奪い取られると同時に、南の人々の生活が破壊される。この惨状がくり返されているのだ。そこには正義のかけらもない。そもそもアフリカの鉱山業はザンビアに限らず田舎のコミュニティの近い所で展開されている。そこでは当然、環境と社会のリスクが高まる。それなのに原住民に対する尊重の念は皆無に等しい。かれらはまさしくチープな（軽視される）人々として扱われているのだ。採掘業者とそれを操る北の巨大な多国籍企業は、原住民の生存権を軽視していともかんたんに巨額の利益をえることができる。一体、いつまでこうしたプロセスが続くのであろうか。

こうした中で現在、先進諸国に対して金属の消費を減らす呼びかけがようやく始まっている。このことは同時に、北の消費と生産のあり方を問い直すことにつながる。先に示したように、低炭素テクノロジーの発達は銅やアルミニウム、さらにはその他の稀少金属に対する需要を一挙に増大させる。そしてこのことは、温暖化に対して大きなインパクトを与えると共に、環境と人間に対して有毒物質を放置させてしまう。しかも鉱山はしばしば秘密裏に開発されるため、それの一般の人々に対する公開度はきわめて低い。人々は知らず知らずのうちに毒のリスクに晒されるのだ。

このようにして見れば、鉱山業は人権の多くをまさに侵害するものである。化石燃料に代わるものとしての再生可能エネルギーの生産には数多くの金属を使うことが見込まれる。そしてくり返し主張するが、その過程で環境と人間に害が及ぼされる。そうしたエネルギーが二酸化炭素排出の面でいくら貢献したとしても、その生産過程でエコシステムを破壊してしまうのであれば、それはエネルギーの公正な移行には決してならない。気候変動に対して、社会的公正を抜きに闘うことは許されないであろう。それだから、貧困国と貧困者の社会的リスクをなくすことが鉱山業に求められる。果たしてそれは可能であろうか。国際エネルギー機関は、今日のプライオリティが金属の永続的で責任のある供給にあると謳う。しかしその際の責任は、人間を含めた生物全体をカバーするエコロジーに対するものでなければならないはずだ。エネルギーは、エコロジーと切り離して考えられては絶対にならない。同時にエネルギーは、人間の公正な社会の実現を前提とする必要がある。この点を怠れば、直ちに人々の反逆が始まる。それは、直近では欧州の農業セクターで否というほど見せつけられた。そこで次にこの点を検討することにしたい。

(三) エコロジーと農業問題

(イ) 環境規制と農民の反逆

欧州では二〇二三年末から二〇二四年にかけて、農民による抗議運動が全土にわたり前代未聞の規模で激しく展開された。かれらは、EUの一連の環境規制策に対して猛然と反逆したのだ。一体、何が起きたのであろうか。かれらの抗議はまずドイツで始まった。ドイツ政府は二〇二三年一一月に、農業用ディーゼル車に対する税の優遇措置を二〇二六年までになくす旨の発表を行った(85)。これに対して農業従事者は怒りを爆発させ、同政策の撤廃を要求したのである。かれらの抗議運動は稀に見る規模に達し、ベルリンでのデモ参加者は三万人をも数えた。それは、農民のみならず職人や商人を含めた一大社会運動と化した。かれらは、政府の人々の生活に対する無理解を非難し、そうした人々の無視が民主主義の基盤を掘り崩すとして政府を糾弾したのだ。驚くべきことは、そのような社会運動が社会民主主義を掲げるショルツ政権の下で起こった点であろう。

では、こうした農業従事者の抗議運動に対し、ドイツ政府はいかに反応したか。ショルツ首相は、かれらに公正で穏健な手段を求めるに止まった。しかし、かれらは決して暴力的な極右派集団ではない。ドイツの農民は、農業の破壊に断固反対しただけである。このドイツ農民の抗議運動は直ちにオランダやルーマニア、さらにはポーランドに波及した。それらの国の農業従事者は一様に、欧州の環境規準の負担があまりに重いと判断し、それに反抗するすさまじいほどのデモを数週間にわたって続けたのである(86)。そしてこの抗議運動は、二〇二四年一月に入ってフランスにも達する。フランスの農民は高速道路を封鎖して怒りを露にした。この状況は他方で、ドイツの場合と同じくフランスの極右派にとってまことに都合のよいものであった。極右派は、そうした怒りがフランスに対すると同時にEUに対するものと判断したのだ。

こうした中でマクロン大統領は直ちに、フランスの農業従事者を支援するためのフォローサポートを表明した。しかしフランス農業の労働組合は、さらに全土にわたる抗議運動を呼びかける。これによりフランスの農民は、「農業組合全国同盟」や「若い農業従事者」らの労働組合と結託しながら怒りのデモを開始した(87)。アタル首相はこれに対し、緊急対策として長距離輸送車以外の車に対するガソリン税の引上げを廃止する。ところがこの段階で農民の怒りの矛先は、すでにガソリン税の問題をはるかに超えるものに向かっていた。かれらの怒りは、EUに向けてと同時に大流通企業であるフランスの巨大独占企業に向けて発せられたのだ(88)。こうしてフランス農民は全土で暴動を引き起こした。

フランス政府はこの大暴動に直面し、欧州レベルで決定された環境規準の認可を望まない旨を農民に伝える(89)。フランスではこれまで、殺虫剤使用の削減は農業従事者の怒りを鎮めるために回避されてきた。しかし今日、EUは植物エコロジープランにより、二〇三〇年までに殺虫剤の使用を二〇一五～二〇一七年の期間のそれに比べて五〇%削減するように各国に要請したのだ。フランス政府はこの要請を拒否した。こうした政府の姿勢に対し、フランスの左派（社会党）は、農業セクターにおけるグリーンディールの拒絶は、農業や環境保護にとって失敗であるとして政府を批判した。このような批判は正当であろうか。

(ロ) 農業危機と社会的公正――フランスをめぐって

実は、今回のフランス農民による大抗議運動が展開される中で、かれらとエコロジストとの間に明らかに深い溝が生じた。農民はエコロジストを悪魔とみなしたのである(90)。実際にフランスの農業従事者と「欧州・エコロジー・グリーン」の党の間には、互いに理解し難い状況が生まれた。フランスではエコロジストと左派が、農業は環境を汚染させると共に様々な動物を殺してきたとして農業従事者をつねに激しく非難してきた。それは、エコロジー保護のための欧州の環境規制と環境規準に基づくものであった。ところが今回、このエコロジー保護が農民の怒りを爆発させたのだ。確かに欧州の農業は、至るところで保守的な右派や極右派から支持されている。しかし欧州の農業従事者は、極右派の声に耳を傾けながら抗議運動を行ったのでは全然ない。こうした中でフランスのエコロジストは、農業の労働組合と対話する意欲を示した。かれらは、農業と国家との協定を強化すること、農業従事者の債務を帳消しにすること、三年間の所得を保障すること、並びに欧州の予定する農産物の自由貿易協定から離脱することなどを提案した。エコロジストは農業従事者に対し、エコ社会への移行なしに農業の将来はないことを訴えたのだ。しかし、そうしたエコロジストの要望が農業従事者にすんなりと受け入れられるほど事態は単純ではなかった。

まず銘記すべきことは、今日のフランス農業がそもそも困難な状況にあり、その将来が非常に不安視されているという点であろう。農業就業人口の急激な減少は、この点を端的に物語っている。表6‐8を見てみよう。それは一九二一～二〇二〇年までのフランスの農業従事者の推移を示したものである。見られるように一九二一年から一〇〇年間に農業従事者は恐ろしいほど減少した。二〇二〇年に農業従事者はついに一〇〇万人を割ってしまう。また農業就業人口の全体に占める割合も、一九五五年の三一％から二〇〇〇年に四・八％、さらに二〇二〇年には一・三％へと激減した(91)。フランスの人々は皆農業の役割の大きさをよく理解している。それにもかかわらず農業従事者はいなくなっているのである。それだからフランス農業研究者のピュールセーグルとエルヴィウは、『農業従事者なき農業』という書物を著したのだ(92)。しかも農業従事者は高齢化する一方、後継者を見出すのが難しい状況にある。さらに女性の農業従事者も激減している。かれらは、所得がより安定している職を町で見つけるからだ。こうして家族農家のモデルは、二〇世紀後半の欧州で支配的であったのに今日では弱体化する(93)。家族はもはや農業生産の主要アクターではない。それはまた、フランス農業のあり方が激変したことを示して

表6-8　フランスの農業従事者の推移、1921～2020年（100万人）

年次	農業従事者
1921	13.8
1955	6.2
2000	1.3
2020	0.8

（出所）Madeline, B., “Un monde agricole fragmenté”, *Le Monde*, 17, mai, 2024 より作成。原資料は Insee, *Agreste, Grah’Agri 2023*.

いる。耕作は商業的かつ産業的なものに様変わりし、それが家族農家に大きな圧力をかけたのだ。フランスの農業就業人口の減少はまさに、農業構造の大きな変容を要因とするものであった。

このようにフランス農業はこの一世紀の間に、かつてのマジョリティとしての産業からマイノリティとしての産業に転落してしまった。この異常なほどに衰退した農業の実態を理解した上で抜本的な改善策を打ち出さない限りは、農業危機と農民の怒りを解消することはできない。フランス政府による殺虫剤使用の量的指標というようなテクニカルな手段で農民による大動乱を鎮めることは決してできないのだ。

そうした中でとくに留意すべき点は、農業における所得の著しく大きな不平等が存在する点であろう(94)。そこでは年収のバリエーションがきわめて大きい。全体の一〇%に当る低所得者の年収がネットでマイナスなのに、全体の一〇%に当る高所得者のそれは平均の三倍を上回る。そこで低所得者の農業技術は、労働生産性を高めるほど十分ではない。しかもかれらは大きな債務を負っている(95)。フランス農業で勝者と敗者が明白に現れているのだ。勝者は大きな耕作地を所有し、強い企業としての農業を行うことができる。大きな耕作地の購入には大きな資本が必要であり、一般の農業従事者がそれを用意できないのは当然であろう。こうして大農業企業は農産物と食料品の一大産業をつくり上げ、それは大流通企業と結びつく。今回のフランス農民の大抗議運動は、そうした生産力主義的農業に対する反抗を意味した。そこでは化学肥料、抗生物質、並びに殺虫剤が大量にかつ集約的に用いられる。そうだとすれば、この生産力主義的農業こそが真っ先に規制されねばならない。実際に「新農民」と呼ばれる若い農業従事者によるバイオ農業の努力は、そうした大農業企業がはびこる中では報われないのだ。

一方、フランス農業は確かに貿易黒字を示している。しかしそれは、チーズやワインなどの特定産地の農産物に関してであって、穀物や大豆などの一般的作物についてではない。フランス農業はもはや世界市場で競争力を発揮することができない(96)。フランス農業にとって最も不安なことは、そうした一般的作物の大量輸入である。それはフランスの需要の三分の二を占める。アルゼンチンやブラジルにおける生産コストの低さが輸入を促しているのだ。そこで小農民の将来はエコ農業にかかっている。ところがEUは、殺虫剤の使用削減を求める一方でラテンアメリカ諸国（南米南部共同市場）との自由貿易交渉を進める。これでもってフランスの小農民は生き残れるであろうか。エコ農業への移行はそもそも、殺虫剤の使用削減ていどでできるほどかんたんではない。そこでは農業技術の抜本的な変更が求められる。それは今日の明日で達成できるようなものではとうていないのだ。しかもそのためには当然資金援助が重要となる。しかし、それに対する具体策はこれまで何も示されていない。

これらの点を踏まえて見れば、今回のフランス農民の大抗議運動がなぜ引き起こされたかはよくわかる。この点は、実はフランスの人々も納得しているのだ。農民運動が勃発してまもなくダルマナン内相は、農業従事者はまずルールを尊重すべきと語った。しかしアンケートによれば、回答者の九〇％近くはフランス農民を支持し、かれらの運動に同情的である(97)。しかも回答者の九〇％以上が農業従事者に対してよいイメージをもっている。フランスの人々は明らかに農民に対して愛情を抱いているのだ。それは、かれらがフランス農業に誇りをもっているからに他ならない。今回のフランス農民による大抗議は、フランス人のアイデンティティを再確認するものであったのではないか。そう思えてならない。

（八）欧州農民の反逆に対するEUの反応

欧州農民の大抗議運動は、フランスを中心に数ヵ月にわたり欧州全土でくり広げられた。これに対してEUはいかに反応したか。まず欧州委員会は二〇二四年三月半ばに、共通農業政策（CAP）の改正を提案し、農民の不安に応じるための早急の対策を示した(98)。欧州の農業セクターの沈静化は言うまでもなく、六月の欧州議会選挙に向けた対応でもあった。それは同時に、欧州の環境面におけるこれまでの前向きな方針を撤回することを意味した。EUは殺虫剤に対する規制をプロジェクトから外し、共通農業政策のグリーン化という大望を断ったのである。

ところが欧州の農業従事者は、そうしたEUの姿勢に対して満足感をえなかった。かれらは再びデモを行ったのだ。農業従事者は一層の報酬を求める一方、農産物加工業としてのアグリビジネスを卑劣な行為であると非難した。他方で、温暖化に伴う自然の大災害に対する支援も問題にされた。こうした中で欧州の農業従事者の主たる組織は、より柔軟で持続可能な農業への道を推奨する。ところが環境保護団体のNGOは、欧州の方針転換を批判し、農業が環境に反するものになると主張する。これは正当な批判であろうか。農業従事者の不満や不安をなくすことができないような対策は決して公正なものではない。フランスに典型的に現れているように今日、農業就業人口は激減している。そこでかれらがさらに農業を離れれば、一体誰が欧州で農産物をつくるのか。欧州の人々は外国からの安い農産物の輸入で満足してよいのであろうか。エコロジストは、社会的公正の問題を抜きにして環境保護を語ってはならないのだ。この点は国家にも、またEUにもあてはまる。バイオ農業への移行を唱えるのであれば、そのための農民に対する支援が必要不可欠であることは言を俟たない。

ところで、欧州の農業と環境の関係をめぐる問題は今に始まったことではない。実は欧州は第二次世界大戦後に化学肥料の使用を増やし、それによって農業収益を引き上げると共に一九七〇年代からの食料自給を可能とした(99)。しかし、それはまた水汚染のような環境問題を引き起こしてきた。一方、そうした農業の仕方は地政学的問題も引き起こす。欧州の農業生産は、ロシアのような天然ガス生産国に強く依存することになる。化学肥料の製造は、主としてメタンから生まれる水素を必要とするからだ。実際に欧州の農業生産の四〇％は化学肥料に依存すると言われる。この状況は、将来の天然ガス供給次第で大きく変わらざるをえない。場合によって深刻な食料危機が生じることも十分にありえる。

では、化学肥料に代わる有機肥料（動物の糞や落葉など）の場合には何も問題がないかと言えばそうではない。そこには量の問題や輸送の困難が横たわっている。そこでこれらの問題を克服するにはまず、都会の有機的な老廃物のリサイクルが必要とされる。老廃物の土壌への還元はバイオ農業の基本である。そのためには新たな共通の農業政策が求められよう。耕作のローテーションをかつてのように一層単純なものとするのも一つの対策となるに違いない。そして何よりも大事なことは、政府が農業従事者を資金面でフォローサポートすることだ。資金援助なしにバイオ農業を発展させることは決してできない。この点を理解せずに政府が、あるいは国際機関が一方的に環境規準を農業従事者に強いればどうなるか。かれらが一斉に猛反発するのは火を見るより明らかであろう。今回の欧州の農民反乱はこの点を如実に物語っている。

他方で、農業とエコロジーを結びつけるには生産者のみならず消費者の責任も問われる。そこでは、動物の飼育向けの穀物を食料とすることが求められる。政府の政策は、農業の生産と消費のシステムを深く転換するものとならなければならない。同時に消費者としての市民も、動物性タンパク質よりも植物性タンパク質を優先して摂取する必要がある。さらに、そもそも食料の浪費を阻止しなければならない。エネルギー消費と共に食料消費も節約しなければならないのだ。そしてこのような食料消費システムの転換はまた、農業従事者の報酬が正当なものになることによって初めて可能となる。この点を忘れてはならない。したがって、今回の農業従事者の大抗議運動で一層多くの報酬が要求されたのは当然であろう。それはまた、農民と市民をかつてのように再び結びつける契機になると言ってよい。

エコロジストは、現在の農業危機がエコロジーと農業の分裂を加速すると警告している。実際に今日の農業は資金面、エコロジー面、並びに健康面で大きな壁にぶつかっている(100)。確かにそのとおりである。ただ、ここでぜひとも留意すべき点は、環境は農業従事者なしで守ることはできないという点であろう。バイオ農業が求められるのは正当だとしても、それにはまちがいなく支援が必要となる。それなしで農業従事者の不安が高まるのは当り前だ。実際に例えばフランスでは、二〇二一〜二〇二二年にバイオ農産物の販売が価格上昇によって四％も減少した。そこには農業従事者と消費者である市民との間に明らかに分裂が見られる。この分裂を避けるためには、農業従事者に対して長期の支援が行われねばならない。バイオ農産物の価格とその他の農産物の価格を同じ様にみなすわけにはいかないのだ。同時に何度もくり返すことになるが、農業従事者の報酬改善こそが、エコ農業への移行の前提になると言わねばならない。

一方、今回の欧州農民の大抗議運動で巨大アグリビジネスに対する反発が示されると共に、ＥＵの農産物をめぐる自由貿易協定の再検討が要求された。これに対してＥＵはいかに反応したであろうか。全世界の農業政策は今日、一九九三年のＧＡＴＴの合意に基づいている。ＥＵの共通農業政策もそれに合わせて改善された。これにより欧州の農産物価格はかつての規制されたものから世界農業の競争価格に移行する(101)。欧州の農産物価格はまさに、国際市場価格に直面したのだ。その際に欧州では単一市場が成立し、そこでは大企業が支配的アクターとなる。それから三〇年経った現在、EUの改善策は北と南の双方の農民、環境、並びに健康のあらゆる面で悪影響を及ぼしている。同時に、地域的な農産物の供給よりもむしろ貿易が優先された。EUは、世界の農産物と食料の最大の輸出入を誇ったのである。そして今回EUのそうした政策の変更が、EUのすべての加盟国における前代未聞の数の農業従事者による抗議運動で強く求められたのだ。

こうした中で二〇二四年二月末に、WTOの会議がアラブ首長国連邦のアブダビで開催され、国際農業貿易が再検討された。そもそもWTOは、農業貿易の面では二〇〇〇年代以降にその機能を停止している。大農業国の間での交渉はすべて失敗に終ったのだ。それはまた、北と南の対立を意味するものであった。米国やEUはその中で、何としても世界の農業貿易を支配しようとする。このことは、農産物と食料品の価格を競争的な市場価格に維持することに現れた。その結果どうなったか。欧州ではアグリビジネスと流通業者が最大の利益をえた。これに対して南では、低い価格での農産物輸入を余儀なくされて自国の農業は厳しい国際競争に晒された。グローバル化され自由化された農産物市場の下で、北と南の小規模な農業従事者が考慮されるはずはない。かれらはここでもやはりチープな（軽視される）人々として扱われた。国際貿易のロジックは輸出入を促進することであり、その限りでEUも非常に優れたアクターである。しかしそうしたロジックにより一般の農民は消え、畑は焼かれ、生物多様性も破壊された。農業危機はこうしてエコロジー危機と結びついたのだ。

そうだとすれば、世界全体の農業をめぐる生産・消費・貿易のシステムを根本的に変えることなしに農業のエコ化を進めることはありえない話である。それにもかかわらず、そうしたシステム変更を行わないまま、今回の欧州が行ったように一方的に環境規制を農業従事者につきつければどうなるか。かれらが猛反発するのは当然であろう。アグリビジネスと自由貿易そのものが問題なのだ。そこでは農業と貿易の関係をめぐる新しいルールが求められよう。それは各国の食料生産の主権に基づくものであると同時に、南の農業生産を犠牲にするものであっては決してならない。そうしたルールの変更によってこそ、農業従事者の公正な所得が可能となる。しかし今回のＷＴＯ会議で、ＥＵはかれらの不満と不安に応えるためのプロジェクトを何も提示しなかった。これでもって欧州の農民の怒りは収まるであろうか。

ピケティはルモンド紙のコラムで、今回の欧州の農業危機に関する評論を掲載した(102)。彼はそこで、フランスと欧州の農業危機は、社会的不平等と経済システムの不公正を減少させることなしには解消されないと断じる。フランスと欧州の為政者が、そうした不公正に対決する手段を何ももたずに、専ら殺虫剤と汚染の問題から対策を講じることは何の意味もない。今日農業の世界は、あらゆる職業の世界の中で最も不平等なものに属している。農業従事者はこれを受け入れることができない。この基本的な現実から出発しない限り、いかなる解決も見出すことはできない。ピケティはこのように論じる。ここにはまさに、彼が一貫して主張する社会的公正のロジックがある。それは農業とエコロジーの面にも適用されねばならない。筆者は彼のこうした考えに全く賛同する。結局、最良の解決法は何か。それはやはり、直ちに農民に対する救済措置を図ると同時に、農業の世界に見られる大きな不平等の解消のために敢然として闘う以外にない。欧州のみならず全世界の政府、とりわけ農政担当者は今回の欧州農民が引き起こした大反乱を肝に銘じ、それを教訓として新しい公正なエコ農業システムをめざす必要がある。

五　気候変動対策と資金問題

以上に見たように、気候変動は温暖化を中心に世界的規模でネガティブなインパクトを与えてきた。一方、それを阻止するための対策による経済的・社会的影響も大きい。そうした中で気候変動により大被害を受けた国々とりわけ南の諸国に対する支援を行う上でも、またグローバル規模で気候変動対策を進める上でも、それにはかなり大きな資金が必要であることは疑いない。そこでその資金をいかに調達すべきかが一大問題となる。最後にこの問題を検討することにしたい。

(一) グローバルサウスへの金融支援

まず対処すべき最重要な課題は、これまでの気候変動で損失や災害を被った国々と人々の救済であろう。その中で最大の被害を受けたのは、くり返しになるが貧困国であり貧困者である。そしてかれらはグローバルサウスに集中している。そもそも何世紀にもわたって気候変動の要因を積み重ねてきた北の諸国は、そうした南の諸国の救済を歴史的責任として受け止める必要がある。

ところが先進諸国はこれまで発展途上諸国に対し、気候変動を要因とする金融支援の面で全く合意に達していない。確かに二〇二二年にエジプトで開かれたCOP27において、「損失と災害のためのファンド」の設立が提案された。しかし、そのための大きな原資は北側から依然として提供されていないのだ。今回のCOP28においても同ファンドに一億ドルもの大きな資金を提供したのは、議長国のアラブ首長国連邦にすぎない(103)。では、石油産出国がその後も公的資金を導入するつもりがあるかと言えばそうではない。かれらはむしろ民間ファンドの設立を想定している。そこでは今後一〇年間に二五〇〇億ドルの投入が見込まれる。ただし、それは米国のブラック・ロックのような大資産管理会社（ヘッジファンド）をパートナーとする。この民間ファンドが最も脆弱な国に融資できる。かれらはこのように主張する。ほんとうにそうなるであろうか。大ヘッジファンドに基づく民間ファンドによる融資が、市場メカニズムに依存するのは言うまでもない。つまり、ファンドのほとんどは市場利子率の下で機能せざるをえない。それは公的補助金と決定的に異なる。これでもって南の資金調達が円滑に進むとはとうてい考えられない。

このようにCOP28においても、温暖化で酷い被害を受けた南の貧困国の救済に対し、北は何一つ決定的な合意を示すことはなかった。この事態にイギリスの元首相で社会党政権を樹立したブラウンはルモンド紙に投稿し、北の南に対する積極的支援を呼びかけた(104)。彼はそこで、歴史的に二酸化炭素排出の最大の責任を負う国が気候変動に関する活動に真っ先に貢献すべきことを訴える。南の低所得国は温暖化だけでなく、エネルギー価格の上昇によっても被害を受けた。石油価格の急激な上昇は、貧困国の人々に対して生産コストを著しく引き上げたのだ。他方で国際エネルギー機関の調査によれば、世界中の石油・天然ガス会社（シェル、エクソンモービル、トタルエネルジーなど）の収益は記録的な高さに達した。その総額は二〇二四年に四兆ドルにも上る。これほど理不尽な話はない。この巨大な先進国企業の利潤が野放しに蓄積されるようなことがあってはならない。北から南への資金移転が行われるべきだ。こうしてブラウンは、最大の汚染国である北の富裕国が気候変動の負の影響に耐える南の最貧国に資金面で一層貢献すべきであると主張する。この主張は全く正当である。

では、最も脆弱な国の長期的な気候変動対策に向けた大規模な資金プランが設けられているかと言えば全然そうではない。それにはたった七億ドルほどしか予定されていないのだ[105]。この額は世界最高のサッカープレーヤーの報酬ていどである。しかし、二〇三〇年までに予想される資金需要は一〇〇〇億ドルを超えると言われる。その中で最大の二酸化炭素排出国である米国の提供予定資金は二万ドルにも達しない。

パリ協定を経て北が世界的規模で化石燃料使用の削減を主張するのであれば、それは南に対する支援を前提としなければならないはずだ。ところが、そこには南北間で大きな不協和音が生じて支援に関する合意は達成されていない。実際に既存の化石燃料をグローバルに削減することは、南の諸国を資金面でフォローサポートすることによってしかできない[106]。このフォローサポートは、気候変動をめぐる平等の原則に基づく。要するに先進諸国が発展途上諸国に対し、気候変動対策のための金融支援を拡大させなければ事態は全く変わらないのだ。二〇二二年につくられた「損失と災害のためのファンド」も実は世界銀行に保護されたものであり、それは米国の政策によって大きな影響を受けざるをえない[107]。事実、気候変動に最も脆弱な南の諸国のフォローサポートは具体的に何も進んでいない。COPは多国間主義に基づくはずであるのに、それはうまく機能していないのだ。

二〇二三年六月の国際エネルギー機関の報告によれば、パリ協定に見合うようなエネルギーシステムに対する投資は二〇三〇年までに年二兆ドルを上回る。この巨大な額が南の諸国の手に負えないことは明らかであろう[108]。一方、二〇二二年一〇月の調査によれば、低所得の三四ヵ国が気候変動対策で被る対外債務は莫大である。COP28は一応発展途上諸国に対して必要な資金の援助を謳っているものの、先進諸国はそれを数値で示すことを避けた。かれらはむしろ、それをIMFと世界銀行を中心としたグローバル金融システムの改革に委ねたのである。そしてこうした気候金融のテーマは、二〇二四年末にアゼルバイジャンのバクーで開かれるCOP29で議論されることが決まっている。このような北の先送り戦略が、気候変動の状態を一層悪化させることは疑いない。同時に、それによる大災害を南が被ることもまちがいない。こうした北の横暴さが今ほど糾弾されるときはないのだ。

（二）気候変動対策の資金需要

ところで、気候変動による被害を阻止すると共に公正なエコ社会へ移行するためには莫大な資金が必要とされる。そうした資金は十分に用意されているであろうか。今日、それは不安視されている。一方で世界の金融機関（銀行、保険、ファンド、中央銀行など）の保有する金融資産はあふれかえっている。これに対し、エコ社会への移行のための投資はほんのわずかにすぎない(109)。二〇二二年一〇月の金融安定局の調査によれば、金融仲介機関の金融資産だけでも約四九〇兆ドルであり、それはグローバルGDPの数倍に相当する。他方で例えば国際エネルギー機関の調査によれば、エコ社会への移行には世界で年に五兆ドルもの資金が二〇三〇年までに必要となる。この巨額の資金を一体どのように賄えばよいであろうか。

もちろん、エコ社会への移行に必要な資金は将来の描くシナリオによって大きく異なる(110)。例えばフランスでは二〇二一年に、八二〇億ユーロの気候投資が見込まれた。それは建物、輸送、並びにエネルギーに対するものである。それでもカーボンニュートラルを達成するには年に一四〇～三〇〇億ユーロ不足すると言われる。また欧州レベルでは、エネルギーシステムに必要な投資が二〇二一～二〇三〇年に九四六〇億ユーロに上る。さらに二酸化炭素排出の削減に補足的に四九〇～一一四〇億ユーロが必要とされる。一方グローバルレベルで見ると、エネルギーシステムだけで年に五兆ドルが二〇三〇年まで必要となり、次いで二〇五〇年まで年に四兆五〇〇〇億ドルが求められる。このように、シナリオの如何にかかわらず気候変動対策に必要な資金は莫大である。しかもそこでは生物多様性の保存とりわけ森林の保存にかかる費用や、公正な社会への移行に導くのに要する支出が除かれている。それらを加えれば、そうした資金がなお一層膨らむことはまちがいない。

他方で、実はコストゼロの気候変動対策がある。それは先にも論じたように、エネルギーや食料に対する消費の節約である。実際にそうした節約の効果はきわめて大きいと想定される。それは最も急速に二酸化炭素の排出を抑えることができるのだ(111)。この節約により二〇三〇年に五四%、そして二〇五〇年には八六%もの二酸化炭素排出の削減を期待できる。しかしこの節約のシナリオを達成するには、我々の生活様式を深く転換しなければならない。そのためには例えばテレワークの重視、複数人による車の共同利用、エネルギーのリノベーション、暖房の抑制、エコ農業への転換、新規住宅建設の削減、輸送インフラストラクチャーへの投資の減少、駐車場の規模縮小などの対策が挙げられる。こうしたシナリオが最もエコロジカルなことは疑いない。そこでは共有（コモン）の重要性や利用の相互化が強調される。要するに、節約のシナリオによるエコ社会への移行プロジェクトは、真に連帯と平等の原則に基づいているのだ。

では、そのような公正なエコ社会への移行のために資金は全く必要でないかと言えば決してそうではない。そこには、生活様式の転換に伴って損失を被る人々とりわけ貧しい人々に対する社会的なフォローサポートのための費用がかかる。この点を絶対に忘れてはならない。それを無視して一方的な移行を図れば、そうした人々の反逆が起こることは目に見えている。そこで問題とされるべきは、仮に節約方式をとるにしても必要とされる資金をいかに調達するかという点であろう。それは民間の金融機関に委ねられてよいであろうか。確かに金融機関全体がグローバルに管理する金融資産残高は、グローバルレベルに必要なエコ投資額をはるかに上回っている。それなのにかれらが脱炭素に向けた、あるいはまたエコ投資に向けた資金提供はほんのわずかにすぎない(112)。どうしてであろうか。それは、そうした投資の収益性が明確に示されていないからだ。そうだとすればグローバルサウスへの金融支援の問題で論じたように、民間による金融が当然市場メカニズムと競争原理に依存する以上、それをあてにすることはできないであろう。あるいはまた金融リスクを考慮すれば、それをあてにしてはいけないのだ。ではどうすればよいか。やはりここでも公的資金が重要になる。国家は、エコ社会への移行に必要な公共投資と公的支援を可能とするような資金調達の方法を練らねばならないのである。

国家はエコ社会への移行のために積極的に介入する姿勢を示す必要がある。かれらは収益を度外視し、仮に損失を被っても投資する覚悟をもたねばならない。そのような投資を民間機関が行うことはありえないからだ。しかもそうした公的機関による投資は生物多様性の保存、社会的フォローサポート、並びにエコ農業への移行などを促すものとして行われる。政府はそれゆえ、収益がなくても必要不可欠な投資のための資金をいかに調達するかを考えねばならない。

一方、民間資金の活用も検討する必要がある。そこでは金融をグリーン化（エコ化）することが求められる。例えばエコ社会への移行に行われる信用を拡大するために、それに特別な条件を付けることが考えられよう。また銀行に対し、気候リスクに晒されるような信用に比例して自己資本の増大を要求することも検討されてよい。こうした民間資金の活用が、公的資金を補足する手段となることは疑いない。ただしエコ社会への移行に必要な金融の基本は、あくまでも公的機関によるものでなければならない。ところがそこには当然財政の問題が立ちはだかる。国家による資金調達の方法は、基本的に租税か債券発行しかない。租税の方法は後にくわしく検討するにしても、債券発行には市場リスクと財政赤字による信用低下のリスクがつきまとう。ではどうすればよいか。

ここで欧州を例にして考えてみよう(113)。まずエコ社会の建設に向けた国家の発行するグリーン国債を、金融・資本市場の圧力を受けずに発行することが想定される。それは確かに、欧州中央銀行による債券購入でかんたんになる。しかし、そうした債券発行は基本的に民間投資家に利益をもたらすことを前提とする。その結果欧州は、最終的にグローバル金融資本主義のシステムに編入されてしまう。他方で、国家に対する直接的貸付が考えられる。これはより単純な方法であるが、ＥＵはそれを形式的に禁じている。ただし贈与については何も語られていない。そこで加盟国は、ＥＵからマネーの贈与を受けられるかが法制的に問題となる。国家は返済義務のないマネーをえることができるであろうか。そうした贈与が公正な社会への移行を可能とするのであれば、ＥＵはそれを法制的に再考する必要があるのではないか。

実際にフランスやイタリアは、ＥＵが二七ヵ国に対しエコ社会へ移行するための資金を援助することを期待している(114)。かれらは、そうした支援による人々とりわけ貧困者のフォローサポートなしでグリーンディールを強行すれば、かれらの反乱が起きることを十分に承知しているからだ。欧州委員会は、もしもグリーンテクノロジーを加速するのであれば、それに必要な投資が年に六二〇〇億ユーロに上ると推計している。しかし、そうした投資のための資金をいかに調達するかという問題は依然として解決されていない。それはたとえ欧州の既存の財政規律が和らげられたとしても、また国家による金融支援の規制が緩和されたとしても同じである。ＥＵ加盟国の金融戦略は実に限られていると言わざるをえない。

ＥＵのグリーンディールは確かに、加盟国のエコ社会への移行の資金能力を増大する。例えばＥＵはフランスの当局に九億ユーロ以上を割当てることにより、工場の脱炭素化や雇用の再編をフォローサポートした(115)。しかし、それでもって気候的かつまた社会的な緊急性に十分に対応できるかと言えば、それは全く定かでない。くり返し主張するが、エコ社会への移行は公正な社会を実現することなしには達成できないのだ。そうだとすれば、まずは不公正で不平等な社会を改善することこそが喫緊の課題となる。最も脆弱な世帯、家族農家、並びに中小企業などは、気候変動とその対策によって最も被害を受ける。こうした社会的弱者に対し、政府はフォローサポートを強める必要がある。そうでなければ、かれらは反逆するに決まっている。では、公正なエコ社会への移行のための資金を国家はいかに調達したらよいか。最後にこの問題を考えることにしたい。

（三）公正なエコ社会と租税政策

（イ）エコロジー危機と累進税――フランスをめぐって

以上で検討したように、公正なエコ社会に移行するには公的機関による金融支援が必要不可欠である。そのための財源として、くり返しになるが租税によるものか債券発行によるものが考えられる。後者が民間の金融機関を巻き込む以上、純粋な公的資金は租税によってつくられる他ない。そこで問題となるのは、その際の租税はいかなる税であるかという点であろう。

実はこの点について真っ先に論じたのはピケティであった。その基本的な考え方はやはり、富裕者に対して一層多くの税を課すことにより、それでえた税収を貧困者に再分配するというものである。第一章で示した彼の累進税論は、エコ社会への移行にも適用されるのだ。ピケティはそうした租税について、二〇二〇年五月のリベラシオン紙とのインタビューで次のように語る(116)。エネルギーの節約に向けて進むことは正しいとしても、それは不平等を強く減少させることなしにはできない。このことは高い所得や資産、並びに大きな二酸化炭素の排出に対して一層重い累進税を課すという考えに行き着く。この累進税という考え方は、フランスのエコロジストの間であまりに欠けていると言わざるをえない。かれらは、フランスにおける連帯富裕税の廃止にも反対しないのだ。

このようにしてピケティは、コロナ危機の場合と同じくエコロジー危機に対しても累進税の実施がその解消に有効であると唱える。筆者はこの考えに全く賛同する。気候変動による影響の阻止と環境保護のための運動は、社会的公正のための運動と切り離して行っても何の意味もない。両者の分断はむしろ逆効果さえ引き起こす。今回の欧州における農民の大反乱はその証左であろう。所得と富の再分配のための闘いが、エコロジーのための闘いと歩を合わせて進められねばならない。その一つの具体的な手段が富裕税としての累進税に他ならないのだ。エコロジー危機が深まる中で今ほど同税の重みが増しているときはない。

ところで、公正なエコ社会へ移行するのに必要な資金を調達する上で富裕税を課すべきとする論者はピケティに限らない。そうした資金が二〇三〇年までにどれほどになるかを推計したピサニ・フェリーもその一人である。彼は二〇二三年五月のルモンド紙とのインタビューで、エコロジーの維持に対して警鐘を鳴らすと同時に、エコ社会へ移行することに伴うコストを皆で分かちあうべきと訴えた(117)。そもそも富裕者は貧困者よりも、絶対的価値で一層多くの二酸化炭素を排出させる。一方、気候変動による影響は制約的である。なぜなら、それは基本的な生活のあり方（住宅、輸送、食料など）に深く関連するからだ。したがってそうした影響は、とりわけ低所得の庶民階級に係る。そうだとすれば、気候変動に関連した経済コストを、富裕者がより多く負担するのは当然であろう。ピサニ・フェリーはこのような基本認識の下に、全体の一〇%に当る最も富裕な世帯に対し、例外的で一時的な一〇%の税を課すことを推奨する(118)。それはまさに「グリーン連帯富裕税」とも呼べるものである。これによる税収は額としてはたいしたものではない。しかし、額の大きさが問題なのではないのだ。肝心なことは公正なエコ社会に向けて、そのための負担をフランスの人々が相応に分かち合う点にある。先に論じたように(第二章)、富裕税としての累進税はフランスで連帯主義に基づくものであったことを再び思い起こす必要がある。確かに現行のフランス政府にとって、租税の引上げはレッドラインを超える政策となる。しかしかれらは、人々の平等の要求を強く意識する必要がある。そうでなければ、かつての黄色いベスト運動と同じような庶民の反逆が新たに起こるに違いない。

ピサニ・フェリーのこうした主張は全く正当である。実際に彼の予想したとおり、フランスの人々の抗議運動は農業従事者を中心に黄色いベスト運動に匹敵するほどの規模で起こったのだ。筆者はここでピサニ・フェリーの変節に驚く。というのも、彼は第一次マクロン政権下でマクロンの経済アドバイザーを務めた人物であり、その際に連帯富裕税に一貫して反対してきたからだ(119)。彼は、同税は悪い税と決めつけていた。この姿勢は黄色いベスト運動が起こったときでも変わらなかった。その点でピサニ・フェリーはピケティと対照的であった。ところがエコロジー危機に直面して、ピサニ・フェリーは考えを一八〇度転換させた。彼は公正なエコ社会の建設に向けて庶民に寄り添う姿勢を示したのだ。このような、パリ・シアンスポリティークの著名な教授でオーソドックスなエコノミストの変節を筆者は高く評価したい。こうした知識人の意識の変化が社会の変化につながると考えられるからである。

実はピサニ・フェリー以外にも、フランスで富裕税の復活を支持する論者は多い。パリ・ドフィーヌ大学社会学教授のメダもその一人である(120)。彼は、エコ社会への移行に必要な資金としてピケティやピサニ・フェリーらの提唱する、最も富裕な人々に対する例外的な税の考えを支持する。では、これらの研究者による富裕税の要求に対し、フランス政府は応じるつもりであろうか。答えは全くノーである。かれらにとって二〇一七年の第一次マクロン政権以来、増税はレッドラインのままだ。ルメール経済・財務相は気候変動に対し、「租税で解決はできない」と断じる(121)。彼は、気候変動対策としての「グリーン富裕税」という考えを真っ向から否定した。ルメールは、フランスの人々はすでに十分所得税を払っており、むしろ減税こそが検討されねばならないと主張したのである。しかしこの考えは、フランスの財政赤字の縮小という基本方針と矛盾する。要するにマクロン政権下では、やはり金持ちに対する税の優遇がまかり通っており、その根本的変更を期待することはできない。

ところがここに至ってついにフランス政府も、租税をつうじてエコ社会に向けた資金づくりをすることに対し、全然反応しないわけにはいかなくなった。エコ社会への移行担当相のベシュは、もはや租税の問題はタブーでないことを表明したのだ(122)。そこで政府は、既存の租税のグリーン化を試みる。例えば、脱炭素化を図る産業アクターに対する減税、化石燃料に対する租税の優遇制限、最も二酸化炭素を排出する自動車の購入に対する一層の税、あるいは軽油に対する重税などがそうである。しかし、これらの租税によるネットでの収入はエコ社会への移行に必要な資金としてはわずかなものにすぎない。そうした資金としてはやはり、所得や資本に対する累進税が必要とされる。しかし政府は、同税に対しては断固として拒否する姿勢を崩さない。これでもって、気候変動による影響に直面する人々とりわけ貧困者の不満と不安は解消されるであろうか。

(ロ)富裕税の世界的要求

ところで、エコロジー危機への対処として富裕税を求める声はフランスのみならず全世界で高まっている。イギリスの元首相ブラウンは、この間に巨大な利益をえた西側の大石油会社に対し補足的な税を課すことにより、その税収を再分配して気候金融の不足を埋めることができると主張する(123)。その恩恵が低・中所得国に行きわたることはまちがいない。またサウジアラビアを筆頭とする中東の大石油会社に対しても特別な税を課す必要がある。彼はこのように唱えながら、二酸化炭素の最大の排出国で最大の富裕国の資金が気候変動による影響に苦しめられている貧困国に移転されるべきと訴える。

このようなブラウンの考えは、世界中の研究者のそれと共有する。例えば欧州で複数の研究者が発表した共同声明において、やはりエコ社会に向けた共通の特別な資金がコロナ復興プランのときと同じように求められた(124)。そこでは一〇〇〇万ドル以上の資産に対する例外的な租税が提唱される。この税収は額としては控え目であるが大事なことは、そうした資金協力が欧州のエコ社会を前進させるという点にある。エコ社会への移行に向けて、損失とコストは公正に分配されねばならない。くり返しになるがそこに連帯を確認することができる。この点を忘れるべきでない。

一方、二〇一九年のノーベル経済学賞受賞者のデュフロは、二〇二四年四月に開かれたG20財務相・中央銀行総裁会議において、世界の最貧国が気候変動に適応するためのファンド設立を提案した(125)。実際に欧州と米国による毎年の温室効果ガスの排出は、最貧国に対して四八五〇億ユーロものコストをもたらすと推計される。それだからCOP27で採択された「損失と災害のためのファンド」は、貧困国に対する補償を意味したのである。ところが、これまでに同ファンドが集めた資金はたった数百万ドルにすぎない。COPでの貧困国に対する積極的な約束はほとんど反故にされているのだ。そこでデュフロは、二つの租税によるファンドの原資の引上げを提唱する。一つは、巨大多国籍企業に対する最低限の税（一五％ですでに合意）であり、もう一つは、世界で最も富裕な数多くの億万長者に対する年二％の税である。これらの二つの租税による収入は、年四五〇〇億ユーロ以上に上る。しかもそれらの租税は公正であり、累進的であり、さらに一般の人々の間で人気の高いものである。事実、最近の調査でも米国人の六四％また欧州人の八四％が、そうした税に賛同している。これらの税収の最良の使い途として、気候変動で犠牲となった人々に対する補償が挙げられる。それは貧困国の人々の命を守る上で必要不可欠である。

デュフロはこうして最貧国の各世帯に対し、金融インフラストラクチャーをつくるべきと唱える。これによって気候変動に合わせた資金移転を自動的に行うことができる。貧困国の政府は、危機時に人々を守る責任がある。ところがかれらには、「どんなにお金がかかっても」そうすることができるほどの資金的余裕がない。だからこそ、それを行うためのファンド設立が強く求められるのだ。それは、かれらが必要とする資金を保障するに違いない。このような、富裕税をつうじた再分配に基づく貧困国へのグローバル資金移転の必要性を訴えるデュフロの主張は全く正当である。それはまたピケティの考えに相つうじるものだ。

こうしたデュフロの考えに同調する研究者はフランスで多く見られる。パリ・ドフィーヌ大学の気候経済学教授ドペルテュイもその一人である。彼は、貧困国の資金需要が増大する観点からファンドの原資と租税の引上げを提案する(126)。くり返しになるが、貧困者は温暖化のインパクトを富裕者よりも一層多く受けるのに、前者の二酸化炭素排出量は後者のそれよりはるかに少ない。こうした不平等に対し、米国と欧州は責任をもつ必要がある。ところがかれらの間で統一的な責任は見られない。そこで彼は、例えば多国籍企業に対する租税を将来二〜三％引き上げるべきとする。

他方でドペルテュイは、化石燃料を源とする二酸化炭素の排出に対してグローバル税を設け、それを貧困国に向けて再分配することを唱える。これはデュフロの主張につうじる。この再分配により、気候の異常状態に直面する貧困国と貧困者を資金面で強めることができる。それは同時に、化石燃料に基づく経済発展の図式を打ち砕く。そこで彼は、グローバルな炭素税として例えば二酸化炭素排出量の一トン当りに対し五〇ユーロを見込む。つまり同税は、二酸化炭素排出量に対して比例的に増大する。そしてこの税収の一部が貧困国に向けられる。それは猛暑、洪水、乾燥、並びに嵐などの極端な自然災害による莫大な損失を埋めることができる。そもそもパリ協定の際に、そうした損失に対する富裕国の補償が見込まれていた。ところがそこには、肝心の財源に対する言及が欠けていたのだ。今こそ、その財源を富裕国の責任の下につくり上げねばならない。こうしたドペルテュイの主張を筆者は全く支持したい。

以上に見たようにピケティを始めとする多くの論者はいずれも、富裕者や巨大企業に対して特別な租税（富裕税としての累進税）を課すことにより、そこで生まれる税収を貧困者に再分配すべきと提唱した。しかもこの考えは、先進諸国を含めた世界中の人々の支持をえた。なぜであろうか。それは一般の人々とりわけ低所得の庶民が、富裕者や巨大企業はかれらの所得と富に見合うだけの租税を支払っていないと判断したからである。この点についてエコール・ノルマールのズックマン教授はルモンド紙に投稿し、大きな富に対してグローバルな規模で公正な租税を設けるべきと訴えた(127)。実際に二〇二三年に公刊された租税回避に関する世界レポートは、世界の億万長者が他の人々と比べてそれほど税金を払っていないことを明らかにした。ズックマンは、その理由は実に単純であると指摘する。最も富裕な人々は、かれらの資産をいともかんたんに課税の対象から外すことができるからだ。とくに所得税について言えば、かれらは累進税がかからないように操作する。他方でかれらは、かなり高い家族手当を受け取る。これほど理不尽な話はない。

ズックマンは、このような億万長者に対する非課税の状態は全く正当化できないと主張する。健康、教育、並びに気候変動に対する闘いなどを考慮すれば、とりわけ先進諸国の政府は富裕者に対して大きな租税を課す必要がある。ここで彼は、新たな国際規準をつくり出すことを提案する。それは、超富裕者が支払うべき租税の下限を設定するものである。そしてこの最低税率は資産にも適用される。資産は億万長者によって、所得よりも一層かんたんに操作されてしまうからだ。今日、億万長者の富は世界全体で実に一三兆ユーロにも上ると言われる。ここで絶対に忘れてならない点は、この信じられないほどの巨大な富のほとんどが課税対象から外されている点だ。そこでそうした富に対して、仮に二%の最低税率を課しても、それによる税収は巨額になる。億万長者の存在が判明している以上、租税を課すことの技術的障害は小さい。こうしてズックマンは、G20の場でそのような富裕税が議論されることを願う。グローバル規模での富裕税の設定を望むのは、もちろん彼だけではない。

ところで、こうしたグローバル規模での富裕税に関連して、かなり以前から一つのグローバル税が提案されてきた。それは国際金融取引税である。「アタック（金融取引税と市民に対する行動のための連合）」をリードするフランスの国際金融研究者であるプリオンは、そうした租税をグローバリゼーションに代わるシステムをつくる手段として示したのだ(128)。この租税は二つのことを目的とする。一つは、グローバル資本主義による大気汚染や国際投機などの広範なネガティブ効果に対する闘いであり、もう一つは、資金のグローバル規模での再分配の保障である。それは、国際金融取引に対する超国家的な税を示す。そしてこの税収により、南の発展のためのグローバルファンドの創出がめざされる。それはまた、貧困に対する闘いのためのものでもある。プリオンは現代資本主義の最大の特徴を、株主が企業経営を支配する点に求める。これを彼は「株主資本主義」と称し、その下で金融のグローバリゼーションとそれに伴うグローバル不平等が進展したと主張する。そうだとすれば、公正な社会を実現するためにはそうした資本主義を転換させる方法が考案されねばならない。国際金融取引税はその一つである。そしてこうした税を求める声が今日、全世界で高まっているのだ。

このような中で最近欧州において「気候金融協定」なる案が提示された(129)。それは、気候と生物多様性のための大きなバンクの設立をめざすものである。その目的は、欧州と南の諸国のエコ社会への移行を加速することにある。このプロジェクトに真に反対するアクターは誰もいない。ところがそれは何も進んでいないのだ。この点は社会的ヨーロッパの実現と同じである。この事態をいかに打開したらよいか。欧州議会はそこで、金融取引に対する租税を要求した。というのも同税は一般の人々に強く支持されているからである。例えばフランスでは七〇％以上の人々がそれに賛同している。その税収が、すべての貧困世帯と中小企業への支援として再分配される点を考えれば、かれらの同意は当然であろう。ところがフランスのルメール財務相は同税の設定を拒否した。先に見たようにフランス政府の基本方針に増税は含まれていない。このような為政者の考えは、欧州の一般の人々に受け入れられるであろうか。

以上を振り返ればわかるように、エコロジー危機から脱け出るためにはコロナ危機のときと同じように、各国政府と世界は大きな資金を用意しなければならない。二〇二四年一一月にアゼルバイジャンのバクーで開催予定のCOP29における中心テーマに気候金融が掲げられたのはそのためである[130]。そこにはそもそも南の北に対する信頼の欠如がある。二〇〇九年に北が約束した南への一〇〇〇億ドルの資金提供は、一〇年以上経った二〇二二年にようやく達成された。南は、この著しい遅れに強い不満を抱いたのだ。それゆえCOP29では、気候金融に関する新たなグローバル目標の設定が予定されている。その目標に対しては、貸付か贈与かという金融の質も問われるに違いない。発展途上諸国は、温暖化による損害に対する金融支援を真に願っている。最近でも二〇二四年六月半ばにイタリアで開かれた五〇回目の節目に当るG7において、ケニアのルト大統領が発言し、そこで彼は、アフリカが気候変動により大損害を被っていることを示しながら、富裕国がアフリカの気候変動対策に必要な資金を融資すべきであると強く訴えた[131]。そこで何度も指摘したように、その際の資金を民間機関に頼るわけにはいかない。あくまでも公的資金を第一のものとする必要がある。そしてその財源は税収に求めることができるのであり、そうした租税は以上で論じたように富裕税としての累進税でなければならない。それは公正なエコ社会への移行を確実に進めるために用いられる。第一章で示したピケティの不平等解消手段としての累進税論は、気候変動に伴う世界的な不平等に対する闘いにも適用されねばならないのである。

【注】

（1）Crutzen, P. J., & Stoermer, E. F., "The Anthropocene", *IGBP, Newsletter*, 41, 2000.

(2) *ibid.*,p.17.
(3) *ibid.*,p.18.
(4) Moore , J. W., " The Capitalocene, Part I: on the nature and origins of our ecological crisis ", *The Journal of Peasant Studies* , vol. 44, No.3, 2017, do., " The Capitalocene , Part II : accumulation and the centrality of unpaid work/energy" , *The Journal of Peasant Studies* , vol.45, No.2, 2018.
(5) Moore, J.W., " The Capitaolocene, PartI : on the nature and origins of our ecological crisis",*op.cit.*, p.596.
(6) *ibid.*, p.595.
(7) *ibid.*,p.598.
(8) *ibid.*,p.609.
(9) *ibid.*,pp.614-619.
(10) Crutzen, P.J., & Stoermer, E.F., *op.cit.*, p.17.
(11) Truong, N., entretien avec Jean-Baptiste Fressoz, "La transition énergétique contribue à dépolitiser l'enjeu climatique", *Le Monde*, 23, janvier, 2024.
(12) Moore, J.W., "Capitalocene, PartI : on the nature and origins of our ecological crisis",*op.cit.*, p.600.
(13) *ibid.*,pp.607-608.
(14) カール・マルクス『資本論』、長谷部文雄訳、青木書店、一九七〇年、第一部第二四章、一一四五ページ。
(15) Moore, J. W.," Capitalocene, PartII : accumulation and the centrality of unpaid work/energy",*op.cit.*, p.241.
(16) *ibid.*, pp. 239-240.
(17) *ibid.*, p.245.
(18) カール・マルクス、前掲書、一二二ページ。
(19) Moore, J. W., "Capitlocene, PartII : accumulation and the centrality of unpaid work/energy",*op.cit.*, p.250.
(20) *ibid.*, p.258.
(21) 斎藤幸平『人新世の「資本論」』、集英社新書、二〇二〇年、三六四ページ。

(22) Landa, G., Hamdi-Cherif, M., Malliet, P., Reynès, F., et Saumtally, A., “La politique climatique française” , in OFCE, *L'économie française 2024* , La Découverte, 2023, p.73.

(23) Bensidoun, I., et Grjebine, T., “Vue d'ensemble: l'économie mondiale en phase de reconfigurations ”, in CEP II, *L'économie mondiale 2024*, La Découverte, pp.20-21.

(24) Grjebine, T., et Héricourt, J.,“ Les dilemmes d'une réindustialisation (verte) en économie ouverte” , in CEPII, *L'économie mondiale 2024*, La Découverte, 2023, pp.43-46.

(25) Aglietta, M., et Espagne, É., “Géopolitique émergente mais fragmentée de la planification écologique ”, in CEPII, *L'économie mondiale 2024*, La Découverte , 2023, pp.93-95.

(26) Emlinger, C., Guimbard, H., et Lefebvre, K., “Environnement et sécurité nationale: un tournant pour les politiques commerciales”, in *CEPII, L'économie mondiale 2024*, La Découverte, 2023, pp.59-62.

(27) Landa, G., Hamdi-Cherif, M., Malliet, P., Reynès , F., et Saumtally, A., *op.cit.*, pp.73-74.

(28) Aglietta, M., et Espgne, É., *op.cit.*, p.96-97.

(29) Foucart, S., Gérard, M., Goar, M., Mandard, S., et Mouterde , P., “Après des avancées des décisives, de nombreux textes au point mort ”, *Le Monde*, 28-29, janvier, 2024.

(30) Emlinger, C., Guimbard, H., et Lefebvre, K., *op.cit.*, p.63.

(31) *ibid.*,pp.64-65.

(32) Goar, M., “Climat : pourquoi l'Europe se réchauffe plus vite” , *Le Monde*, 7, mai, 2024.

(33) Foucart, S., Gérard, M., Goar, M., Mandard, S., et Mouterde, P., *op.cit.*

(34) Oliu-Barton, M., “L'accord européen sur la qualité de l'air envoie un signal positif mais laisse des lacunes ”, *Le Monde*, 21, mars, 2024.

(35) Malingre, V., “Le Pact vert européen à l'épreuve de contestations croissantes” , *Le Monde*, 28-29, janvier, 2024.

(36) Grjebine, T., et Héricourt , J., *op.cit.*, pp.54-56.

(37) Wieder, T., “Au Allemagne, un rejet massif des mesures pour le climat ”, *Le Monde*, 28-29, janvier, 2024.

(38) Chastand, J.-B., "L'option radicale des verts autrichiens pour les européennes", *Le Monde*, 28-29, janvier, 2024.
(39) Hivert, A.-F., "Le gouvernement libéral-conservateur suédois s'exonère de ses objectifs climatiques", *Le Monde*, 28-29, janvier, 2024.
(40) Rafenberg, M., "En Grèce, la multiplication des parcs éoriens se heurte à de vires résistance locales", *Le Monde*, 28-29, janvier, 2024.
(41) Landa, G., Hamdi-Cherif, M., Malliet, P., Reynès, F., et Saumtally, A., *op.cit.*, p.70.
(42) *ibid.*,p.75.
(43) *ibid.*,pp.76-77.
(44) *ibid.*,p.80.
(45) *ibid.*,pp.81-82.
(46) Goar, M., "Un plan de transformation écologique pour rendre l'Etat plus verteux ", *Le Monde*, 29, mars, 2024.
(47) Goar, M., "Les temperatures hors normes de 2023 préfigurent l'avenir ", *Le Monde*, 14-15, janvier, 2024.
(48) Goar, M., "Dans les océans, d'inquiétants records de chaleur" , *Le Monde*, 2, février,2024.
(49) Goar, M., "Une trajectoire de réchauffement de 2.5°C à 2.9°C ", *Le Monde*, 22, novembre, 2023.
(50) Landa, G., Hamdi-Cherif, M., Malliet, P., Reynès , F., Saumtally, A., *op.cit.*, p.72.
(51) Goar, M., "Climat: l'Etat sommé d'agir plus vite" , *Le Monde*, 13, mars, 2024.
(52) Landa, G., Hamdi-Cherif, M., Malliet, P., Reynès , F., et Saumtally, A., *op.cit.*, pp.72-73.
(53) Goar,M.,"Une trajectoire de réchauffement de 2.5°C à 2.9 °C", *Le Monde*, 22, novembre, 2023.
(54) Mouterde , P., "La sortie de énergies fossils , éternel tabou des sommets sur le climat ", *Le Monde*, 29, novembre, 2023.
(55) Éditorial, "COP28 : lever la tabou sur les énergies fossiles ", *Le Monde*, 30, novembre, 2023.
(56) Goar, M.," COP28: l'heure de vérité pour les Etats" , *Le Monde* , 29, novembre, 2023.
(57) Mouterde, P.," Tripler les énergies renouvables d'ici à 2030 , un objectif ateignable ", *Le Monde*, 22, novembre,

2023.

(58) Masson-Delmotte, V., et Senevirantue, S., “Le bilan de la Cop28 souligne la gravité de la situation”,*Le Monde*, 30, décembre, 2023.

(59) Robert, S., “La transition hors des énergies fossiles requiert le renforcement de la réglementation internationale”, *Le Monde*, 19, décembre, 2023.

(60) Fressoz, J.-B., “A la COP28, le retour du satisfecit ritualisé”, *Le Monde*, 11, janvier, 2024.

(61) Mouterde, P., “Les poigné d'Etats derrière l'exploitation des grandes reserves fossiles”, *Le Monde*, 1-2, novembre, 2023.

(62) Aubert, R., Ferrer, M., Sauchez, L., et Vaudano, M., “Ces <<bombes carbone>> qui menacent le climat”, *Le Monde*, 1-2, novembre, 2023.

(63) Vaudano, M., “Total Energies, numéro deux mondial des mégagisements”, *Le Monde*, 1-2, novembre, 2023.

(64) Aubert, R., Ferrer, M., Sauchez, L., et Vaudano, M., *op.cit.*

(65) Vaudano, M., “Le soutien des banques françaises aux projets fossiles mondiaux”, *Le Monde*, 1-2, novembre, 2023.

(66) Mouterde, P., “Hydrocarbures et charbon, une périlleuse expansion”, *Le Monde*, 1-2, novembre, 2023.

(67) Mouterde, P., “Extraire des métaux sans détruire la planète”, *Le Monde*, 10, mai, 2024.

(68) Mouterde, P., “Rouvrir des mines en Europe, un pari risqué”, *Le Monde*, 11, mai, 2024.

(69) Mouterde, P., “Le gouvernement français tente de cadrer l'appetit du pays”, *Le Monde*, 11, mai, 2024.

(70) Hivert, A.-F., “En Suède, une mine de cuivre << modèle >> mais pas parfaite”, *Le Monde*, 11, mai, 2024.

(71) Delacroix, G., “Le maritime passe au vert”, *Le Monde*, 30, avril, 2024.

(72) トマ・ピケティ『平等についての小さな歴史』、広野和美訳、みすず書房、二〇二四年、一九四～一九七ページ。

(73) トマ・ピケティ『自然、文化、そして不平等』、村井章子訳、文藝春秋、二〇二三年、八八～九三ページ。

(74) Legros, C., “La lente émergence des recherches sur la racisme environnementale”, *Le Monde*, 3, février, 2024.

(75) Legros, C., "Le << poubellocène >> ou la folle histoire de l'ère des déchets", *Le Monde*, 3, février, 2024.

(76) ローマ・クラブ「人類の危機」レポート『成長の限界』、大来佐武郎監訳、ダイヤモンド社、一九七二年、五九～六一ページ。

(77) Duflo, E., " Offrons une compensation aux pays pauvres, menacés par le changement climatique", *Le Monde*, 18, avril, 2024.

(78) Bouissou, J., "Les femmes premières victims du réchauffement", *Le Monde*, 8-9, mai, 2024.

(79) 拙著『コロナ危機と欧州・フランス』、明石書店、二〇二一年、一二二～一二三ページ。

(80) Biden, J., Von der Leyen,U., Macron, E., et.al., "Nous devons faire des transtions justes et solidaires une priorité", *Le Monde*, 23, juin, 2023.

(81) Macron, E., "Il faut accélérer en même temps sur la transition écologique et sur la lutte contre la pauvreté ", *Le Monde*, 31, décembre, 1-2, janvier, 2024.

(82) Legros, C., "La lente émergence des recherches sur le racisme environnemental", *Le Monde* , 3, février, 2024.

(83) Mouterde, P., "Extraire des métaux sans détruire la planète", *Le Monde*, 10, mai, 2024.

(84) Idoine, N.E., Raycraft, E.R., Shaw, R.A., Hobbs, S.F., Deady, E.A., Everett, P., Evans, E.J., & Mills, A.J., *World Mineral Production, 2016-2020*, British geological survey, 2022, p.18.

(85) Wieder, T., "Scholz affronte la colère des agriculteures ", *Le Monde* , 17, janvier, 2024.

(86) Conesa, E., Le Cornec, G., et Segaunes, N., "Contestation paysanne : le risque de la contagion" , *Le Monde*, 23, janvier, 2024.

(87) Girard, L.," Attal donne des gages aux agriculteures, mais la colère ne retombe pas ", *Le Monde*, 28-29, janvier, 2024.

(88) Jobard, F., "Les protestations agricoles relèvent d'un rituel concerté", *Le Monde*, 2,février, 2024.

(89) Gérard, M., "<< Sur transposition >> des règles européennes: un phénomène mal défini et mal quantifié ", *Le Monde*, 9, février, 2024. Foucart, S., "Plan ecophyto à l'arrêt : les ONG environnementales abasourdies" , *Le*

Monde ,3, février, 2024.

(90) Carriat, J., “Les verts au défit de la << diabolisation >> ”, *Le Monde*, 26, janvier, 2024.

(91) Madeline ,B., “Un monde agricole fragmenté ”, *Le Monde*, 17, mai, 2024.

(92) Purseigle, F., et Hervieu, B., *Une agriculture sans agriculteurs* , Sciences. Po. Les presses, 2022.

(93) *ibid.*,pp.7-9.

(94) Legros, C., entretien avec Bertrand Hervieu,“ << La transition agro -écologique impose une nouvelle approche du métier d’agriculteur >>”, *Le Monde*, 29, février, 2024.

(95) Purseigle, F., et Hervieu, B., *op.cit.*, pp.96-97.

(96) Dufumier, M., “Plaidoyer pour une transition agroécologique ”, *Le Monde*, 22, février, 2024.

(97) Rousset, M., “Le paysan, imaginaire fantasmé d’un monde qui disparaît” , *Le Monde*, 24, février, 2024.

(98) Jacqué, P., et Stroobants, J.-P., “Les Vignt –Sept valident la révision de la PAC” , *Le Monde*, 28, mars, 2024.

(99) Barieri, P., Borghino, N., Demay, J., Dumont, B., et.al., “Réduire notre dépendence aux engrais de synthèse nécessite de l’anticipation ”, *Le Monde*, 21, mars, 2024.

(100) Selosse, M.-A., “On ne pourra sauver l’environnement sans les agriculteurs” , *Le Monde*, 2, février, 2024.

(101) Choplin, G., “Il est urgent de replacer le commerce international agricole à sa juste place ”, *Le Monde*, 1, mars, 2024.

(102) Piketty, T., “Paysants : La plus inégale des professions” , *Le Monde*, 12, février, 2024.

(103) Mouterde, P.,“ COP28: les chefs d’Etat divisés sur les fossiles” , *Le Monde*, 3-4, décembre, 2023.

(104) Brown, G., “Batir un consensus autour de la finance verte lors de la COP28 ”, *Le Monde*, 24, novembre, 2023.

(105) Masson-Delmotte, V., et Senevirantue , S., “Le bilan de la COP28 souligne la gravité de la situation” , *Le Monde*, 30, décembre, 2023.

(106) Vallejo, L., “Même si le texte de la COP28 ne va pas assez loin , y accorder du crédit , c’est déjà le rendre opérant ”, *Le Monde*, 22, décembre, 2023. Robert, S., *op.cit.*

(107) Goar, M., "COP28: l'heure de vérité pour les Etats ", *Le Monde*, 29, novembre, 2023.
(108) Goar, M., "COP28: la portée de l'accord en débat ", *Le Monde*, 15, décembre, 2023.
(109) Couppey-Soubeyran, J., et Kalinowski, W., "Financement de la transition écologique : où est le problème? ",in CEPII, *L'économie mondiale 2024*, La Découverte , 2023, p.101.
(110) *ibid.*,pp.102-103.
(111) *ibid.*, pp.106-107.
(112) *ibid.*, pp.111-112.
(113) *ibid.*, pp.114-116.
(114) Malingre, V., "Le Pact vert européen à l'épreuve de contestations croissantes" , *Le Monde*, 28-29., janvier, 2024.
(115) Andrieux, V., Clément-Grandcourt, S., Créach, M., Gatet, A., et.al., "Le Pacte vert n'est pas la cause de tous nos maux mais la solution à la crise que nous traversons ", *Le Monde*, 27, mars, 2024.
(116) Daumas, C., entretien avec Thomas Piketty, "<< Pour faire face à la crise du Covid , il faut créer un nouvel impôt sur la fortune >>" , *Libération* , 20, mai, 2020.
(117) Tonnelier, A., entretien avec Pisani-Ferry, "Pisani-Ferry préconise << un impôt exceptionnel sur le patrimoine financier des plus aisés >> ", *Le Monde*, 23, mai, 2023.
(118) Conesa, E., "Le gouvernement refuse de créer un <<ISF vert>> pour le climat", *Le Monde*, 25, mai, 2023.
(119) 拙著『「黄色いベスト」と底辺からの社会運動』、明石書店、二〇一九年、八四ページ。
(120) Méda, D., "Changement climatique , paralysie politique ", *Le Monde*, 25-26, juin, 2023.
(121) Conesa, E., *op.cit.*
(122) Tonnelier, A., "L'exécutif envisage des hausses d'impôts" , *Le Monde* , 23, août, 2023.
(123) Brown, G., *op.cit.*
(124) Bardré, B., Corredor, N., Desjardins, X., Djaïz, D., et.al., "Ne nous résignons pas au lent détricotage de l'ambition environnementale européenne ", *Le Monde*, 21 mars, 2024.

(125) Duflo, E., *op.cit.*
(126) De Perthuis, C., "Il faut une taxe carbone mondiale dont le montant serait redistribué aux pays pauvres ", *Le Monde*, 30, avril, 2024.
(127) Zucman, G., "Pour un impôt mondial sur la fortune" , *Le Monde*, 2-3, juin, 2024.
(128) Plihon, D., *Le nouveau capitalisme* , La Découverte, 2016, p.106.
(129) Larrouturou, P., "Comment adopter des traités susceptibles de changer la vie quotidienne des européens ? " , *Le Monde*, 23, avril, 2024.
(130) Garric, A., "Climat: le financement au coeur les négociations ", *Le Monde*, 4, juin, 2024.
(131) Ruto, W., "Le G7 peur démontrer sa solidarité avec l'Afrique" , *Le Monde*, 15,juin, 2024.

終　章　資本主義の超克をめざして

以上我々は、富や所得をめぐる大きな経済的不平等の問題から、教育・医療などの公共サービスへの不均等なアクセス、及び人種とジェンダーをめぐる差別などの社会的不平等の問題、さらには発展途上諸国や気候変動に関するグローバル不平等の問題について、それらの歴史的背景、基本的要因、並びに解消策をめぐり、とりわけピケティの不平等論を踏まえながら様々な視点から検討を重ねてきた。そこで確認されるべき点は二つある。一つは、いずれの不平等も現代資本主義を支える経済・社会システムの下に引き起こされていることであり、もう一つは、それらの不平等がそれぞれ独立した形で存在するのではなく、相互に関連しながら統合された形で現れており、その集約された現代の現象として気候変動に伴う不平等が生まれているという点である。したがってそうした不平等の解消も、総合的な視点から、さらに言えば全体としての資本主義体制そのものの構造的問題という視点から考えねばならない。そしてそのような不平等の解消は当然ながら資本主義体制の転換という課題と結びつく。

現代の資本主義は、支配する主体に応じて様々な姿を表している。それらは大きく四つに分けられるのではないか。第一に株主資本主義。株主が資本主義を支配し、資本主義の金融化とグローバル化を促している。第二に知識資本主義。知識が最先端のテクノロジーをつくり上げて資本主義を動かしている。第三に成長資本主義。成長の限界が半世紀以上も前に提唱されたにもかかわらず、現代資本主義の動力は依然として成長モデルである。そして第四に家父長制資本主義。資本主義の誕生から今日に至るまで、つねに男性の統治によって資本主義が進められてきた。ここで忘れてならないことは、これらの異なる様相を帯びた資本主義において確固とした不平等体制が築き上げられてきた点であろう。

知識資本主義の到来を称賛したサローは、資本主義は本質的に不平等であると断言した(1)。そうだとすれば、形式論理で考えると不平等でなければ資本主義ではないことになる。不平等の解消は、資本主義でない社会を構築するための条件となるのだ。ピケティが一貫して不平等をなくして平等で公正な社会の建設をめざすために思考を重ねてきたのも、資本主義を乗り越えることを目的としているのである。もちろん、そうした社会を模索した論者はピケティ以前に歴史的に数多く存在した。言うまでもなくマルクスは、その最大の思想家であった。では今日に至るまで、真に資本主義に代わるべき社会の青写真が明確に描かれてきたかと言えば、残念ながらそうではない。事実、マルクスでさえそれをはっきりと示すことはなかった。また仮にそうした社会を社会主義と表現するとしても、その姿は一様では全然ない。それこそ先に挙げた四つの資本主義の姿にそれぞれ対応する形の社会主義が考えられるかもしれない。それらの多様な資本主義の下で現れる異なる不平等体制を克服するものとしての社会主義が想定されるからだ。したがって資本主義を乗り越える社会主義はこうあるべきだとする議論を展開することはきわめて難しい。ただ将来の社会主義に向けたいくつかの理念型を示すことはできるかもしれない。そこで最後に、不平等体制を解消するものとしての社会主義はいかなるものが考えられるかを検討しながら、将来の公正な社会を建設するための手がかりをつかむことにしたい。

一　株主資本主義と参加型社会主義

(一) 株主資本主義と不平等体制

イギリスの歴史家ホブズボームが指摘したように、現在は過去のコピーではないし、コピーではありえない(2)。そうだとすれば、現在を過去と比較していかに把握するかが問題とされねばならない。現代の資本主義はいかなる蓄積様式をもつものとして現れ、その下で不平等体制はどのようにつくられたか。この点が問われるのである。

フランスの国際金融研究者であるプリオンは、資本主義は一九八〇年代以降に新自由主義に基づく金融の自由化が進展する中で新たな段階に達したとみなす(3)。彼はそうした資本主義を「株主資本主義」と命名した。そこでは企業経営のあり方が変化し、株主が経営上最も優位に立ったからだ。企業経営を構成する三つのパートナー、すなわち株主、経営者、並びに賃金労働者の間の力関係は一九八〇年代以降に明らかに変わった。企業の資金調達は、それまでの銀行からの借入れによるもの（間接金融）から、証券市場での株式の発行によるもの（直接金融）へと大きく転換した(4)。その結果、株主が企業経営の主役に躍り出た。それはまた、企業による資金調達コストの低減策として現れた。反インフレーション策としての金利引上げが、企業に対する金融コストを引上げ、かれらは直接金融としてのコーポレートファイナンスを一挙に進めたのだ(5)。これにより株主は経営者に対し株価の上昇を強く求めた。株価上昇は、企業の資金調達にとって必須の条件となる。その意味で株主資本主義は、本山美彦氏が鋭く分析したように株価資本主義を示した(6)。同様に株主は、株式の流動化(現金化)を重視し、それを可能とするために金融・資本市場の自由化を迫った。ここに株主資本主義という資本主義の新たな姿が現れた。それはまた、資本蓄積様式の新段階を画すものであった。

では株主資本主義の下で不平等体制はどのような形でつくられたか。先進諸国では一九八〇年代から金利引上げによる影響で失業が増大した。失業は労働組合の交渉力を大いに弱めた。かれらは賃金変更の面で多くの譲歩をせざるをえなかった。このことは当然、労働所得と資本所得の分配における変更に反映された。一国全体の付加価値に占める賃金シェアは明らかに低下したのだ(7)。そこで問題とされるべきは、そうした労働所得のシェアが低下したことの要因であろう。企業は株式発行を促進するため株主を第一に考慮した経営を行う。その結果、経営者の目的は「株価をつくり出す」ことにおかれる。それゆえ企業は、株価の引上げのためにできる限りのことを尽くす(8)。かれらは集団解雇さえ辞さない。それは景気後退という経済的動機によるものでは全然ない。否、それどころか経営が健全であるにもかかわらず、自己資本利益率(純利益の、株式で調達した自己資本に対する比率)を引き上げるために勝手に解雇を実施するのだ。この理不尽な解雇が、労働者間の不平等を拡大することは言を俟たない。

このように株主の利益を最優先する経営戦略によって、賃金労働者が受けるリスクは計り知れないほど大きい。企業経営体制において、株主がトップで賃金労働者はボトムというヒエラルキーがつくり上げられるのだ。この点は、企業利益の分配の面にはっきりと現れる。元ゴールドマンサックスの社員でニューヨークのウォール街におけるあこぎな金融ビジネス界の姿を暴いた神谷秀樹氏は、プリオンと同じく現代の資本主義を株主中心の資本主義と捉える。彼は企業の損益計算の観点からその仕組を次のように説く(9)。損益計算書は「トップライン」と呼ばれる「売上げ」(A)から始まり、そこから「諸経費(賃金など)」を差し引き、さらに税金を支払ったもの(B)として「ボトムライン」の金額が生まれ、それが「株主への配当と役員報酬」(C)に当てられる。つまり、企業の利益はA↓B↓Cという順で分配されねばならない。ところが現代の企業経営では、株主重視の観点からA↓C↓Bというように、本来あるべき順序の逆転が起こっている。そこには株主と役員の結託が見られる。経営者は、Cを増大させることでBを減少させる。こうして賃金は長期にわたって抑制されてきたのだ。また最高経営者の超高額報酬も、そのような利益分配のメカニズムで理解できる。この結果、所得に関して甚だしい格差社会が生まれた。また、そうした企業経営を促進するものとして金融資産の管理を専門とする投資ファンド(ヘッジファンド)が著しく発展したことも忘れてはならない(10)。言ってみれば、企業利益の分配をめぐる株主=企業経営者=ファンド経営者の三位一体的な構造がつくり出されたのである。このことは明らかに、賃金労働者を犠牲にするものであった。このようにして見ると、一九八〇年代以降の新自由主義の下で登場した株主資本主義により、所得分配における大きな不平等が生まれたことは疑いない。では、こうした不平等を解消するにはどうすればよいか。

(二) ピケティの参加型社会主義論

(イ) 賃金労働者の経営参加

現代資本主義が株主によって支配され、それによって不平等体制がつくり上げられているとすれば、この体制を打ち壊すには賃金労働者により株主の権力を奪い取ることが考えられよう。この考えは、とりわけ欧州の労働組合の運動家により主張されてきた。例えば、スイスの労働組合運動家であったカッペラーは、ピケティの『21世紀の資本』に対する批評の中でそうした考えを強調している(11)。彼は、資本に対する租税では不平等問題は解決しないとして、真の解決は、被雇用者による資本の形での共同参加にある、すなわちかれらが資本の一部を所有することにあると主張する。確かに、こうした賃金労働者の資本参加による共同経営という考えは、『21世紀の資本』には見られない。ところがピケティはその後、カッペラーの批判に応える形ではないものの、この賃金労働者の参加に基づく共同経営を社会変革の大きなテーマとして取り上げたのである。

ピケティには、現代資本主義を株主資本主義と捉えるような歴史認識はない。彼はそもそも、そうした定性分析にそれほど関心をもっていないからだ。しかし彼は他方で、所有権の共有をつねに意識している。それこそが不平等を解消するための必要条件になる。ピケティはこのような基本認識の下に、賃金労働者による資本参加という考えを示す。それは彼の最新の著書でも鮮明に打ち出された(12)。彼はそこで、営利セクターの企業における権力の共有を問題にする。それはまた、賃金労働者と株主との間で投票権をフィフティ・フィフティにすることとして表される。同時に、個人の株主の投票権を厳しく制限することが提唱される。これにより例えばすべての小さな企業で、株主としての賃金労働者が過半数の投票権を獲得することが可能となる。

一方ピケティは、スウェーデンの労働組合が一九七〇～一九八〇年代に提案した「賃金労働者のファンド」という考えを支持する。そこでは雇用者が、利潤の一部を毎年同ファンドに支払う。これにより賃金労働者は次第に資本の五〇％以上をコントロールできるようになる。残念ながらこうした共同経営方式は、スウェーデンの資本家による強い反対から完成されることはなかった。しかしこの考えは、例えば米国の民主党左派のサンダースらによって再び取り上げられているし、イギリスの労働党のプログラムにも取り入れられた。ピケティはこのように、株主の権力を賃金労働者が奪い取る手段として、賃金労働者の資本参加に基づく共同経営方式の採用を訴える。そしてこの考えは、実は彼のより広範な新しい社会主義システムと結びついているのだ。

(ロ) 参加型社会主義と累進税

ピケティは『21世紀の資本』後に著した『資本とイデオロギー』で、不平等体制の解消に向けた社会の将来ビジョンを示した。それは、資本主義システムを乗り越えることを意味する。そのためには新しいタイプの社会主義が必要とされる。彼はそれを「参加型社会主義」と称した(13)。そこでは社会的所有、並びに教育・知識・権力の共有に基づいた新たな平等のパースペクティブが描かれる。賃金労働者の資本参加による共同経営も、このような社会主義システムの中に組み込まれるのだ。

では、この参加型社会主義の目標は何か。ピケティはそれを社会的公正の達成に見る。その際の社会的公正を明確に規定することは難しいとしながらも、彼はそれを、社会的・経済的な関係と所有権の分配を組織し、恵まれない社会メンバーに対して最大限の豊かな生活条件を与えることができるものとみなす。そしてそうした公正を達成するためにも、生活の異なるすべての市民の参加が求められるのだ。参加型社会主義はそれゆえ、超集権的社会主義と明確に区別される。前者は逆に超分権的社会主義を表す。そのめざすところは言うまでもなく資本主義の超克である。

一方ピケティは、参加型社会主義を設立する上の一つの軸になるものとして、資本の一時的所有という原則を掲げる。これは、大きな所有権に対する強い度合の累進税によって達成される。ここで彼は累進税の意義を再び見出す。累進税は大きな所有権の永続化を断ち切って、その共有を図るために必要とされるのだ。ピケティはこうして資本主義のシステム自体の転換を図るために、累進税に基づく公正な社会の建設を訴える(14)。

（八）ベーシックインカムと資本贈与

では、ピケティが不平等を解消する手段としてつねに強調している累進税のみで、言い換えれば富の再分配のみで不平等が完全になくなるかと言えば決してそうではない。実はピケティもこの点に十分気づいている。彼は再分配だけでなく事前分配が絶対的に必要なことを指摘する(15)。そうした分配は言うまでもなく労働組合の権利と結びつく。その点で累進税は、所得の不平等を減少させる上で限界をもっている。要するに累進税は、公正な社会をつくるための必要条件ではあっても十分条件ではない。そこでピケティは、この累進税を補足する手段を見出す。その一つがベーシックインカムすなわちすべての人に与えられる最低限の所得である。

ところで、このベーシックインカムに注目して不平等の解消を訴える論者は多い。フランスの経済学者であるコアタンレムとドルセアもそうである(16)。かれらは、ベーシックインカムのメリットを様々に論じる。例えばそれは、付加価値税に代表される逆進税から生じる歪みに対応できる。ベーシックインカムは、最も低い所得の社会階層の消費を維持させることから逆進性を回避できる。また、景気変動に対してもベーシックインカムはよりよく応じられる。それは経済困難な時期に、低所得の世帯が過度に支出を抑えるのを防ぐことができる。つまりベーシックインカムは景気ショックの吸収装置として働く。それは人々とりわけ貧困者の購買力の喪失に対抗できる。このようにしてかれらは、ベーシックインカム導入の正当性を訴える。そうした所得は国家のファンドから生み出されるものであり、それはすべての市民の間で共有されるからだ。ここに市民資本主義が出現する。確かにベーシックインカムの有効性はよく理解できる。そこで問題とされるべきは、そのための財源をいかにつくるかという点であろう。

コアタンレムとドルセアはベーシックインカムの財源を考える上で、財政的中立性の原則を据える。つまりその所得は、既存の社会的支援対策のすべてにさらに付け加わるものではない。かれらはベーシックインカムを導入する代わりに、例えばハンディキャップをもつ人々への手当の廃止を提案する。こうした財政的中立に基づくベーシックインカムは、果たして公正な社会を建設するための真に有効な手段になるであろうか。ベーシックインカムに要する資金をつくるために、その他の社会保障政策に必要な資金が奪われることになれば何の意味もないのではないか。それでは全体としての社会的公正の面でプラスマイナスゼロになってしまう。それゆえベーシックインカムの有効性を生かすのであれば、その財源は別の方法でつくられねばならない。それはやはり、累進税に基づくべきではないだろうか。ベーシックインカムも、富裕者から貧困者への社会的資金移転として捉える必要があるからだ。

実はピケティも、ベーシックインカムの有効性を十分に認める(17)。実際にそのシステムは欧州の多くの諸国ですでに採用されている。しかし彼は、そこには数多くの不十分な点が見られると指摘する。第一に、ベーシックインカムの額の低さが挙げられる。それは、フルタイムの最低賃金の半分か四分の三ほどである。したがってベーシックインカムを補完するための手段が必要となる。ピケティはその手段として、例えば雇用保障システムの考えを支持する。これは最低賃金でのフルタイムの雇用を望むすべての人に提示され、そのための財源は国家によって保障される。それゆえそこでの雇用は公共セクターにおけるものである。こうしてベーシックインカムと雇用保障システムは、公正な社会づくりに一段と貢献するに違いない。

他方でピケティは、ベーシックインカムの低額さを補足するための手段も考える。それは最低相続財産と称するものである(18)。現実に所有権の超集中という状態は長期にわたって続いている。とくに全体の五〇％に当る最も貧困な人々は、実質的に財産を何も所有していない。成長が富を分散させるという考えは全く通用しないのだ。トリックルダウン効果は結局何ら発揮されることがなかった。ピケティはその点で、成長至上主義を信じていない。そこで彼は、そうした状態から抜け出るために、相続財産の再分配システムを提唱する。それは、人々に最低限の相続財産を保障するものである。ピケティはその具体案として、成人一人当りの平均資産の六〇％に相当する分をすべての二五歳の人々に支払うことを示す。そして留意すべき重要な点は、このような資本贈与に必要な財源を、富と相続財産に対する累進税によって調達するという点であろう。この点は当然にベーシックインカムと雇用保障システムにも適用される。ここにピケティの一貫した主張を見ることができる。

では、すべての人に相続財産を贈与する目的は何か。その第一の目的は、何も所有していない人々の交渉力を強めることにある。実際に例えば債務しかない人々は、いかなる賃金や労働条件も受け入れざるをえない。それだからベーシックインカム、最低相続財産、並びに最低賃金での雇用保障などのシステムが、そうした酷い状況を変えるための必要不可欠な手段となる。

ピケティはこのように捉えた上で、さらにそれだけでは十分でないと考える。累進税によるにしても、またベーシックインカムや資本贈与によるとしても、それらでもって不平等が完全に解消されるわけではない。先に論じたように、不平等の解消が資本主義に代わるものをつくり上げる条件になるとすれば、所有権の再分配のみで資本主義を乗り越えることはできないのだ。実はピケティもこの点を認めている(19)。それゆえ彼は、最終的に所有権のすべては一時的なものとして考えるべきであると唱える。そしてこのことは、必然的に資本蓄積の永続性を阻止して権力を共有することに結びつく。そのための一つの方策が参加型社会主義に他ならない。ピケティはこうして不平等を解消しながら公正な社会を建設するために、富と所得の再分配による手段を超えるものとしての新たな社会主義の到来を想定したのである。

(二) 連邦的社会国家の建設

ところでピケティの公正な社会の建設をめぐる議論で、もう一つ留意すべき点がある。それは彼が、そうした社会国家を一国レベルのものとしてではなく、国際的・連邦的レベルのものとして捉えている点である。この点は、とりわけ欧州を念頭に置いて論じられる。

欧州で二〇世紀に展開された社会民主主義は、そもそも国際主義に基づくものであった。ところが実際にはそうでなかった。第二次世界大戦以降、社会民主主義運動は社会国家の建設を国民国家の狭い枠組で遂行したにすぎない(20)。したがってそれは、連邦的かつ超国家的な形態を真に発展させるものでは全くなかった。この点は欧州を典型的な例とする。そこでは、共通の租税と社会政策が欠けたままになっているのだ。先に見たように(第一章)、ピケティを中心とする有志らがそうした欧州を変えるためのマニフェストを表明したのも、連邦的な租税・社会国家の建設を望んでいるからに他ならない。

実際に最近でもピケティはルモンド紙のコラムで、地政学的危機の高まる今日においてこそ欧州は軍事予算の拡大を図るのではなく、そのための資金を健康、教育、並びに輸送などの公共サービス、環境保護、永続的農業、さらには庶民階級の利益になるための投資などに割当てるべきであると主張する[21]。要するに欧州は、まずもって社会民主主義モデルを促進して完成させる必要がある。そのためにかれらは、社会モデルのための団結を示さなければならない。彼はこうして、欧州における連邦的社会国家の建設を再び訴える。

もちろん、このような連邦的社会国家をいかにつくり上げるかという問題は、欧州に限って論じられるものではない。それはまた、地球全体の問題として考える必要がある。そこには確かに、きわめて困難な、ある意味では現実の世界を逸脱するような問題が立ちはだかっている。それは、個別的・国民的な主権主義を普遍的・国際的な主権主義に転換する問題である。そこでピケティはこの問題の解決のために、一つの方向性を打ち出した[22]。それは社会的、租税的、並びに環境的な公正を目的とした普遍的な主権主義であり、その際の基準はすべての国に対して同じ仕方で適用される。彼自身、こうした方法が非現実的なほど難しいことを十分承知している。まず、普遍的で国際的な主権主義と個別的で国民的なそれとを区別することはかんたんでない。また普遍的な主権主義は超国家的議会を必要とし、その実現はきわめて難しい。

しかし、これらの困難な問題があるにもかかわらずピケティが普遍的な主権主義の確立にこだわるのは、彼がそれによって公正な連邦的社会国家を建設できると信じているからに他ならない。そしてそのためには言うまでもなく国際的な団結が必要とされる。この団結こそが、社会主義的な連邦主義を加速させるのだ。ピケティはこの点に究極の目標を設定する。同時に彼は、そうした目標の達成のために市民の積極的行動を求める。唯一、集団的な運動と組織に支えられた強力な社会運動こそが既存の力関係を転換できる。そして社会科学はこの社会運動に貢献できるのだ。ピケティの、公正で平等なグローバル社会の建設に向けた連邦制論は、国際的な団結による社会運動に基づく。彼の唱える社会主義は国際的社会主義である。この国際的視点こそが、これまで左派のおろそかにしてきた点であった。しかし今や我々は後に論じるように、エコロジー危機に直面してこうした国際的視点に立ちながら資本主義を乗り越える手段を練り上げねばならない。

二　参加型社会主義に対する批判と反批判——フランスをめぐって

ところで、ピケティの『資本とイデオロギー』が出版されると直ちに、フランスで右派（ビジネス界を含む）と左派の両派から批判が殺到した。それは、彼の唱える累進税による再分配論と新社会主義としての参加型社会主義の議論をめぐるものであった。以下ではそれらの批判の妥当性を検討することで、現代資本主義を乗り越えるにはどうすればよいかという問題を解くためのヒントをえることにしたい。

（一）右派からのピケティ批判

まず、ビジネス界を含めた保守的な右派の人々による批判を見てみよう。保守的エコノミストは、ピケティが主張する累進税に基づく再分配論に対して猛反発する(23)。それは略奪的租税であり、富裕国で人々の共感をえることはとうていできない。参加型社会主義は、一時的な所有権の考えに基づく。それは資本主義の荒っぽい克服にすぎず、そうしたことは将来起こりそうにない。そこでそのようなラディカルな手段ではなく、一層漸次的な改良のアプローチをとる必要がある。そこでは自由主義的エコノミストにより修正資本主義への道が推奨される。かれらから見れば、ピケティは決して修正資本主義論者ではない。否、それどころかかれらは、ピケティは理想的な世界をつくるための、またグローバリゼーションの敗者を慰めるためのイデオロギーを提示しており、その限りでそれはマルクスの共産主義のビジョンと同じであるとみなす。ピケティは保守的な経済学者の眼にはマルクス主義者と映るのだ。

しかし、ピケティをラディカルなマルクス主義者と決めつけることは事実に全く反する。そもそも彼は、マルクスにそれほど関心をもっていないからだ。実際に彼のこれまでの著書の中で、マルクスの著書からの引用はほんのわずかにすぎない。『21世紀の資本』の出版直後の『ニューリパブリック』誌とのインタビューでピケティは、マルクスの与えた影響についての質問に対し、マルクスを実際に読み込んだことはなく、とくに『資本論』は自著に影響を与えていないと答えている(24)。それだからこそ後に見るように、オーソドックスなマルクス主義者によってピケティは痛烈に批判されたのだ。しかしだからと言って、ピケティが左派ではないということも明らかに誤りであろう。彼はまさに、米国で左派のロックスターとみなされたのである。

他方で保守派によるイデオロギーの観点からの批判もある。それは平等主義についてである。かれらは、ピケティの不平等論に対して異議を唱える(25)。フランス人はラディカルな平等主義的ビジョンを共有しないというのだ。実際にアンケートによれば、フランス人の九〇%近くは不平等の減少に賛成するものの、その大部分は平等主義的社会を拒絶する。それはかれらが、不平等は人間の能力の多様性を保つと信じているからである。こうして保守派の人々は、ピケティの平等主義論に強く反発する。それはまた、ピケティは不平等それ自体を悪と考え、それが人間の原動力になることを無視しているとする批判を示している(26)。果たして、こうした批判は正当であろうか。ピケティが問題にするのは、人々の能力を超えたところに存在する不平等である。例えば相続財産がそうである。かれらは、財産の相続さえも人々の能力だというのであろうか。ピケティが累進的な相続財産税の設定を提案するのは、それにより人々の能力と無関係につくられた不平等を減少して財産の共有を図ることができるとみなされるからだ。保守派の人々がこの考えを否定するのは、既存の富の不平等体制を維持したいがためである。

以上に見られるようにフランスに限ってみても、ピケティの不平等論と再分配論に対する保守的な右派からの批判が噴出した。これは驚くべきことでない。そうした批判は当然に現れるものだと言ってよい。むしろ問題となるのは、左派とりわけマルクス主義者によるピケティ批判である。なぜなら、かれらは、そもそも保守的な右派を根本から批判することを信条としているはずであり、そうした右派が批判するピケティを同じく批判することになれば、ピケティ批判の点で右派と変わらなくなってしまうからだ。しかもピケティが左派に属すことは疑いないわけであるから、そうした批判は余計に不可思議であると言わざるをえない。そこにはまた、左派独特の主義主張が現れているのだ。次に左派によるピケティ批判を見てみよう。

(二) マルクス主義者によるピケティ批判

ピケティが『資本とイデオロギー』を出版した翌年に、フランスのオーソドックスなマルクス主義者であるビールとユソンは同書の批判を一冊の本にまとめた(27)。かれらはピケティの議論を様々に批判しているが、そのメインとなる対象はやはり彼の参加型社会主義のプログラムであった。ただし、かれらの批判が首尾一貫しているとは言えない。というのも一方でかれらは先に示したように（第一章）、ピケティの累進税論を評価するからだ(28)。累進税に基づく社会的所有と一時的所有が、現代資本主義の姿を著しく変えることはまちがいない。このような租税改革は、社会的不平等の存続という資本主義の根本的欠陥を劇的に是正する。極端な貧困はそれによって確かに消え、所得と資産の格差も消滅する。その結果、低所得の庶民階級の生活は疑いなく改善される。このようにかれらは、ピケティの租税改革論の意義を十分に認め、それに対して高い評価を与えている。

しかしかれらは他方で、ピケティのそうした改革による参加型社会主義を社会主義とは認めない。かれらはそれを、たんなる修正資本主義にすぎないと断じる。なぜなら、所有権制度の変更は資本主義的生産関係、すなわち資本家による賃金労働者の搾取という関係を根本的に変えるものではないからだ。また賃金労働者に取締役会における投票権を与えるとする共同経営方式に対しても、それによって資本家が不安を感じることはないとして、その有効性をかれらは問題視する(29)。そこでは、資本主義的な私的所有権の過度の集中が避けられるだけである。

このようにしてビールとユソンは、ピケティの「資本主義を乗り越える」という提言は革命的なものではなく、それはたんに修正主義的なものを意味するにすぎないとみなす。要するにピケティの参加型社会主義論は、古典的な社会民主的プロジェクトの強化以外の何物でもない。それだから彼の唱える社会主義は、現代資本主義の構造的修正を示すだけである。かれらはこのように総括する。左派のこうしたピケティ批判は、先に見た右派のそれと真逆であると言ってよい。右派はピケティをラディカルな改革論者と捉え、それに代わって修正主義を唱えたのに対し、左派はピケティを修正主義者とみなしてよりラディカルな改革を強調するからだ。では、そのような左派のピケティ批判は妥当であろうか。そこにはいくつもの問題点があると言わねばならない。

第一に、ピケティの累進税に基づく再分配論に対する評価の問題。ビールとユソンは先に見たように、富裕者に対して累進税により再分配のための資金を負担させるという考えを貴重なものと評価する。そこで問題となるのはそうした評価と、それが修正資本主義にすぎないとする批判とはどのように関係するのかという点である。もしも後者の批判を第一のものと考えるならば、累進税の価値はなくなるに違いない。これは明らかに矛盾するのではないか。現実に社会改革を求める運動の中で、累進税による富の再分配は声高に叫ばれている。かれらが社会運動による公正な社会の建設を訴えるのであれば、ここでも矛盾が露呈されるであろう。さらにくり返し論じたように、人々とりわけ貧困者の累進税に対する要求はことの他強いのだ。それこそ人民の権利を最優先するはずのマルクス主義者が、そのような示威運動をしても資本主義は変わらないので無駄だから止めるようにと言えるのであろうか。もしそうであれば、それはオーソドックスなマルクス主義者の驕り以外の何物でもない。ビールとユソンはこの点について何も答えていないのである。

第二に、資本―労働の分配の変更による生産関係の転換の問題。所得の平等化に向けて、もちろん分配の問題を避けてとおることは決してできない。これは古典的なテーマである。ビールとユソンは、社会的不平等も不平等な分配の結果とみなす(30)。この分配は言うまでもなく資本―労働の分配を意味する。つまり、オーソドックスなマルクス主義者らしくかれらは、不平等の根幹に資本家による賃金労働者の搾取が存在するとみなすのだ。それだから、不平等を解消するにはそうした生産関係を転換させる以外にない。これがかれらの主張する革命的改革である。この点からすれば、ピケティが資本―労働の分配よりも累進税による再分配を強調することに対し、かれらが同調するはずはない。

では今日、資本主義的生産関係をどのように転換できるであろうか。それは例えば労働組合運動の強化で達成されるであろうか。まず、労働組合の力が現代の株主資本主義の下で必然的に低下している点を指摘する必要がある。先に見たように賃金労働者は経営組織のボトムに位置する。かれらは、経営戦略としての株価引上げという理由だけで景気とは無関係に解雇されることがある。これによって労働組合の組織力が下がることはまちがいない。そこには株主の、とりわけ筆頭株主の巨大な力が存在する。そもそもビールとユソンには、株主資本主義として特徴づけられる現代資本主義の認識が欠けている。かれらの頭の中には、依然として一九世紀の資本主義像が描かれているのだ。この点でかれらのピケティ批判の書物に対する一つの書評において、ビールとユソンが利潤率を内生的なものと捉えるのに対し、それは株主のコントロールによる外生的なものとしても発するとしながらかれらを批判しているのは、まさに正鵠を射ている(31)。

一方、現代資本主義のもう一つの特徴を示す知識資本主義の下で、先に論じたように賃金労働者の間で明らかにデジタル分断が生じている。そこでは、職能のレベルに基づいた大きな所得格差が見られる。これによってプリオンが正しく指摘するように、労働契約の一層大きな差別化が引き起こされているのだ(32)。この差別化は同時に、賃金交渉の集団化でなく個別化をもたらす。労働組合の力がそれでもって低下することは避けられない。あくまでも生産関係の転換を主張するビールとユソンは、こうした事態をどう見るのであろうか。かれらはこの点について何も言及していない。労働組合運動の重要性をここで否定するつもりは全然ない。否、むしろその逆である。労働組合運動による不平等の解消がますます求められることは疑いない。そこではそれこそ累進税による全体としての富の再分配のみならず、共同経営に基づく権力の奪還も合わせてめざす必要がある。

そして第三に、資本主義に代わる世界の構築の問題。ビールとユソンは、今日の資本主義はもはや改良できないものと化しているのであり、それゆえそれはオルタナティブな世界の構築で解決するしかないと結論づける(33)。その世界は言うまでもなく、階級闘争に基づいてつくり上げられる社会主義である。この点についてかれらは『エコノミー』誌で、ピケティ批判の書物に関するインタビューにおいて次のように語る(34)。ピケティの議論で大きく欠けている点は階級闘争であり、彼は理想主義者である。かれらはこのように決めつける。しかし他方でかれらは、資本主義の下で不平等が不可避的かつ構造的に生み出されるという認識でピケティと一致しているとも語る。したがってかれらが批判するのは、あくまでも不平等解消の方法である。ビールとユソンは、賃金労働者の経営参加や再分配の政策で不平等を解消することは不可能とみなす。かれらは新自由主義に対し、社会民主主義的イデオロギーでもって対抗することはできないと主張するのだ。

では、ピケティの改革が改良・修正主義的であることを認めたとして、ビールとユソンの唱える階級闘争に基づく社会主義革命とは一体どのようなものか。それに対するかれらの言及は一切ない。そんなことはわかっているではないかと言わんばかりだ。しかし、資本主義的生産様式に代わるべき社会主義的生産様式の具体的な姿を描くことなしに、専ら階級闘争をくり返し叫ぶのみで人々をどれほど説得できるであろうか。実際にはとりわけ欧州の労働組合運動の中で、賃金労働者の経営参加を強く求める動きが見られる。ビールとユソンは、それは階級闘争ではないと言って全否定するのであろうか。もしそうであれば、かれらがピケティを理想主義者と決めつけたことは、そのままかれら自身にもあてはまる。要するに、かれらの方法はきわめて古典的である。

（三）修正資本主義論をめぐる諸問題

（イ）ピケティの問題意識

他方で、以上のようなオーソドックスなマルクス主義による批判に対し、ピケティ自身はどのように考えているであろうか。彼はビールとユソンに対して直接反論を試みているわけではない。しかしピケティは、そうした批判が歴史的に行われてきたことに気づいている(35)。第一次世界大戦以前にフランスで、ラディカルな政党は「私的所有権を尊重しながらの社会改革」として累進税を唱えた。しかし当時の社会主義者は、そうした改革は資本主義システムが生み出す不平等を事後的に減少するだけであり、それは真に生産過程の中核に入り込むことはない、さらにそれはプロレタリア革命に向けて進む労働者を眠らせるとして、その改革を批判した。ピケティはこのように、フランスを例として累進税による社会改革に対する社会主義者の批判を歴史的事実として認める。驚くべきことはオーソドックスなマルクス主義者の間で、そうした批判が一世紀以上経っても全く変わっていない点であろう。そこでピケティがとくに注目するのは、税率の累進性の度合である。二%と九〇%の税率の効果は全く異なるのだ。実際に後者のような没収的税率が歴史的に課せられた事実を、彼は教訓として意識する。このきわめて高い累進税こそが社会国家の建設に導く。ピケティはこうして累進税と社会国家が、民主的で自己管理的で権力分散的な民主的社会主義の新しい形態の基礎をつくり上げると唱える(36)。

しかしピケティは同時に、そうした民主的社会主義が草案にすぎず、それが数多くの弱点や限界をもっていることを認める。彼は、それを完成型とみなしているわけでは決してないのだ。例えばある人は、この社会主義が生産手段の私的所有を実質的にそのままにするとしてそれを批判するかもしれない。ビールとユソンもその中に含まれるであろう。ピケティ自身も、そうした批判はもっともであると考える。しかし彼がそこで危惧するのは、逆にすべての所有権を資本主義の堕落の源として犯罪とみなしたことが、あの旧ソ連における中央集権的社会主義国を生み出したという点である。

こうしてピケティは、私的所有権のすべてを軽視するようなシステムを再検討する。私的所有権は、社会的かつ一時的な所有権の下で再構成されねばならない。例えば「賃金労働者の社会主義」のシステムを彼は考える。このシステムは、社会・経済組織全体に年金や医療保険のような社会保障基金のモデルを拡大させたものである。それは「賃金ファンド」や「投資ファンド」を伴う。そしてこれらのファンドは参加的かつ民主的な仕方で管理運営される。そうしたファンドは、社会的かつ一時的な所有権のシステムを補うに違いない。しかしここで注意すべき点は、それらのファンドにおける権力の集中である。それゆえ永続的に権力分散的な社会・経済組織の原則を認めるのであれば、参加するアクターの集団性と多様性を問題にしなければならない。このようにしてピケティは、社会的で一時的な所有権が認められるような、しかし私的所有権を完全に廃止するのではないような、参加的で民主的な賃金労働者のための社会主義を素描する。

もちろん、そうした新社会主義としての参加型社会主義を達成するにはいくつもの難問が待ち受けている。その一つに、賃金労働者による経営参加の問題がある。それは賃金労働者の株主化を意味する。この株主化は新たに発案されたものでは全然ない。そうした考えはすでにフランスにおいて、二〇世紀の初めに労働者の連合という形で打ち出されたものである(37)。そして現代の株主資本主義が謳歌される中で、その考えが復活したのだ。賃金労働者は株主になることで、資本の集団的所有者の地位をえることができる。これによりかれらは、企業の経営方針に対して一定の力を獲得する。こうして株主の大部分が賃金労働者から成るとすれば、資本の所有者の構成は大きく変わるに違いない。しかし、ここで注意すべき点がある。それは、そうした賃金労働者の株主化の進展が現代のグローバル金融資本主義の下で、ヘッジファンドに代表される機関投資家の力に依存してしまうかもしれないという点である。現代の資本市場がグローバル化する中で、資本はそれらのファンドによって管理されてしまうからだ。結局そこでは、労働と資本の間で新たな妥協が生まれかねない。実際に株主としての賃金労働者が資本家との間の関係を、自分達に有利な形に転換できるかは定かでない。それは果たして「株主社会民主主義」を促すことができるか。この点が問われるであろう。プリオンはそれに対して二つの疑問を発している。第一に、賃金労働者の株主は結局エリートに利益を与えるものとなり、企業内での不平等を強めてしまうかもしれない。そして第二に、株主化した賃金労働者は統合失調的な状態に陥る可能性がある。なぜなら、賃金労働者は高い賃金をえて雇用を守りたいのに対し、株主は賃金コストを下げて利益を最大にしたいからだ。

このようにして見れば、賃金労働者による経営参加の方法によって参加型社会主義が直ちに出来上がるとは考えにくい。それだからプリオンは、賃金労働者の株主化よりもむしろ企業の社会的責任を求める必要があると唱える。それは、企業に対して社会的、文化的、並びに環境的な責任のある投資を促すための「倫理的ファンド」に支えられる。こうした企業の社会化に向けた要求はきわめて重要であり、それは資本の社会化と合わせて促されねばならない。ただし共同経営論にしても企業の社会的責任論にしても、それはオーソドックスなマルクス主義者によればそれらはいずれも修正資本主義論であるとみなされるに違いない。しかしピケティにしてもプリオンにしても、かれらは資本主義にはまだ改良の余地があり、そのことの追求をとおして資本主義を乗り越えた新しい社会主義の姿を展望できるとみなしている。そしその際の鍵となるのが経済的・社会的不平等の解消であることは言うまでもない。

（ロ）ピケティと左派の共闘

ピケティは確かに、自ら語っているように『資本論』を含めたマルクスの著作をしっかり読んでいない。しかし、それだから社会変革を論じる資格はないとするマルクス主義者がいるとすれば、かれらは傲慢きわまりないであろう。先に見たビールとユソンもそれに近い姿勢を示している。他方でマルクスとエンゲルスの行った議論を知ることも、社会変革はもとよりジェンダー差別や気候変動の問題を考える上で絶対に避けてとおることはできない。かれらこそがまさしく、それらの問題をラディカルな視点で批判的に分析した最初の偉大な思想家であったことは明らかだからだ。今日においても、かれらの論じたことから学ぶことが依然として計り知れないほどある。その点で定量分析を軸に議論を展開するピケティも、マルクスとエンゲルスの定性分析にぜひとも触れてもらいたい。しかし、仮にピケティにその気がなかったとしても彼が左派に属す研究者である以上、マルクス主義者はビールとユソンのように彼の議論をあっさりと排除してよいはずがない。

この点に関して、フランスのマルクス主義者の中にもピケティの議論を理解した上で、社会運動の面で彼と共闘を示す論者もいる。かれらは確かに、ピケティの改革プログラムを改良主義とみなす。しかし、それは租税のグローバルな同調を求めて租税天国を終らせるような熱い望みをもつものだ。そして何よりもピケティはつねに資本主義に対して批判的な姿勢を示している。かれらはこのようにピケティを評価する(38)。また、ビールとユソンがピケティを厳しく批判したからと言って、そのことはピケティの書物の重要性とインパクトを消し去れるものではないとする論者もいる(39)。さらに他の論者はピケティとマルクスを比較しながら、反新自由主義的な租税改革を達成させるためにピケティや他の左派の研究者が共同で研究することが重要であると指摘する(40)。要するに、左派の連合に基づいた社会変革のための闘争をいかに展開したらよいかという点こそが最重要な課題とならなければならない。今や左派が自身の主義主張の正しさを言い張っているときではないのだ。その点でわが国のマルクス研究者の中に、ピケティに理解を示している研究者がいることは歓迎されよう。例えば伊藤誠氏はピケティの考えを派は異なるにしても受け入れる姿勢を表しているし、また最近の若きマルクス研究者である斎藤幸平氏もピケティの参加型社会主義論を評価している(41)。このような左派の研究者による共同作業が強く求められる。

ところが実際には左派の間でまとまる気配はない(42)。ラディカルな左派の人々は、ピケティはあまりに穏健であり社会民主的であるとみなす。極左派のエコノミストの中には、ピケティの考えは危険でないと揶揄する論者もいる。他方で社会民主的な考えに近いエコノミストに対し、ピケティの研究は大きなインパクトを与えた。不平等はもはや禁断のテーマではない。そこでは「平等のパッション」が高らかに謳われている。かれらはこのようにピケティを評価する。一方、フランスの政治家は全体的にピケティの考えを無視している。それは、かれらにとって馬の耳に念仏である。実際にフランスの右派やマクロン大統領を含めた中道派は、ピケティの平等化論に対して聞く耳をもたない。だからこそ左派の研究者と政治家は平等化に向けた調査・研究と運動を一層展開する必要がある。極左派と社会民主派は不平等体制を正当化させないためにイデオロギー的に共闘しなければならないのだ。

こうした中でピケティ自身はつねに、平等で公正な社会建設に向けた明るい展望を抱いている。彼はそもそも楽観主義者であり、不平等社会がなくならないとは考えない。歴史を振り返って見ても、実際に長期的には世界的規模で不平等は政治、経済、社会のすべての面で着実に減少してきた。それだから彼は人類が将来、より平等な社会に達することは可能であると信じる。それはまた、資本主義を乗り越えることを意味する。なぜなら不平等でなければ、もはや資本主義ではないからだ。このようなピケティに見られる意思のオプティミズムは尊い。彼はリベラシオン紙とのインタビューで次のように語った(43)。「私は一九世紀の終りから私的所有権と資本主義を乗り越えることが行われてきたと信じたい。……それが加速した時期、中断した時期、並びに後退した時期はあったものの、我々はこうした歴史の流れを取り戻すことができる。……私的所有権を乗り越えることはユートピアでは全然ない。それは、より公正な社会を建設するためのロジックである」。

ところで、参加型社会主義を資金面で支えるのが累進税である。それは、社会的弱者への資金移転につながる。先に論じたように（第二章）、累進税はそもそも人々の連帯意識に基づいている。これにより租税の社会化が図られるのだ。この点はアルティらが提唱した、連帯金融による金融の社会化に相つうじる。そこでは共同参画する集団、すなわち個人、組織（連合組合や協同組合など）、並びに公的機関（国家や地方自治体）が再グループ化され、金融の社会的関係が一つのシステムとして成立する(44)。要するに連帯金融によって一つのコモンズがつくり上げられるのだ。このような動きが実際に欧州で一九九〇年代以降に展開された。それはまた、参加型社会主義を予見させるものである。このような新しい形の社会主義は決して夢物語ではない。それは、不平等を解消して必然的に辿り着く先にあるものとみなすことができるのだ。そしてこの新社会主義が、共同参画する集団に基づく連帯的な性格をもつものであることは疑いない。累進税の進展は、そのことを象徴的に物語ると言ってよいであろう。

三　成長主義とエコ社会主義

（一）資本主義の持続可能性

一方、我々は資本主義の超克を考えるとき、資本主義そのものが自己破壊的で危機に陥る可能性がある点を押えておく必要がある。その危機の要因を把握すれば自ずと資本主義に代わるべき社会が見えてくるからだ。これまでの資本主義の世界が、経済成長モデルに支えられてきたことは疑いない。それはまた、持続可能な拡大再生産を前提とするものであった。そこでは資本蓄積率と利潤率の上昇がつねに追求されてきた。ところがそれには大きな制約条件が根本的に存在することを忘れてはならない。それは労働と自然（原料や燃料など）の絶対的制約である(45)。しかも問題とされるべきは、両者の需要増大と供給減少によってそれらのコストが上昇してしまう点であろう。もしも両者の供給が途絶えてしまえば、資本主義がたちまち危機に陥ることは目に見えている。それだからムーアが論じたように、資本家は安価な労働と自然を国内外につねに求めてきたのだ（第6章参照）。そして資本と権力の結託によるグローバル規模での安価な自然の奪取が、ワールドエコロジーの破壊を引き起こしてきた。現在、我々はその代償を払わざるをえない事態に陥っている。こうした状況を踏まえれば、資本主義の成長モデルの存続がもはや不可能なことは明らかでないか。

そうした中で今日、資本主義を持続可能とするために生産システムを転換する必要が強く求められている。それはグリーンキャピタリズム（エコ資本主義）と称される。その際の持続可能性はエコロジストとエコ・エコノミストにより規定されたものである。それは、唯一再生可能な資源、かつまた低レベルの汚染を生む資源の使用を意味する(46)。そこでは、温室効果ガス排出を減少させるための脱炭素経済に向けた投資が促される。こうしてグリーンキャピタリズムはこれまでのブラウンキャピタリズム（反エコ資本主義）に挑戦する。

このようなグリーンキャピタリズムは、オーソドックスではあるが良識を備えたエコノミストにより支持された。例えばマクロン大統領の元経済アドバイザーでパリ・シアンスポリティーク教授のピサニ・フェリーもその一人である(47)。彼は、資本主義経済のグリーン化は不可逆的な道であり、そうした方向転換を促すのが技術進歩であると捉える。その代表例として電気カーが挙げられる。しかし前章で論じたように、そのような技術進歩が真に社会のグリーン化をもたらす保証は全然ない。それどころか、むしろ新たな汚染を引き起こす可能性さえある。そして何よりくり返し主張することになるが、再生可能エネルギーにしても、また電気カーに代表されるような温室効果ガス排出を防ぐ様々な製品の生産にしても、それらは数多くの鉱物資源を大量に必要とする。要するにグリーンキャピタリズムにおいても、資源供給の自然制約性を免れることは決してできないのだ。

また、グリーンキャピタリズムへの移行が声高に求められたとしても、それに対するグローバルな合意がえられるかは全く定かでない。実際にパリ協定に賛同する国とそうでない国が存在する。その結果、集団的な無作為がたんに引き延ばされるにすぎない。その証拠にパリ協定から一〇年近く経った今でも、反温暖化効果はとうてい満足のいくものではない。このような状況を踏まえれば、グリーンキャピタリズムの政治的・経済的枠組をグローバル規模でつくり出すことは困難であると言わざるをえない。

さらに一層根源的な問題もある。グリーンキャピタリズムはその名のとおり、グリーンと名付けられているとしてもキャピタリズムであることに変わりはない。そこではやはり、市場メカニズムを最大に尊重する姿勢が貫かれている。産業が市場を崇拝し、国家の介入を阻止する傾向はとくに米国で鮮明に現れ、それは今日まで続いている。ハーバード大学の科学史の教授であるオレスケスは、そうした傾向を「市場ファンダメンタリズム（市場第一主義）」と称した(48)。オレスケスは気候温暖化の要因を、この市場ファンダメンタリズムに求める。そこでは市場は根本的によいものとされ、自由なメカニズムは国家の規制よりも有害でないとみなされる。それはまた、自由主義的資本主義における政治機能の不在を意味する。グリーンキャピタリズムも根本的に同じ性格を備える。そうだとすれば、グリーンキャピタリズムへの方向転換は政治的指令としてゆきわたるであろうか。米国のオバマ元大統領は二〇一三〜二〇一七年に、すでに再生可能エネルギーへの移行を訴えて石油からの脱出を図った(49)。しかし、それは全く達成されなかった。市場は依然として石油を選択したのだ。

このようにして見ればエコロジーの観点からしても、また内外の政治機能の観点からしても、さらには資本主義の根本原理の観点からしても、グリーンキャピタリズムに大きな限界があることは明らかであろう。それは将来のグリーンで公正な経済・社会のための青写真を提供するものではない。

（二）マルクス主義者とエコロジスト

（イ）マルクス主義者とエコロジストの関係

ところで、以上に見たような成長主義に基づく資本主義を促進させる人々と、それに反対する環境主義派の人々との対立は歴史的に古くから見られた。エコロジストの活動家は、資本主義国家の生産力主義を一九三〇年代から批判してきたと言われる(50)。そうした中でそもそも資本主義と対決するはずの社会主義者、とりわけマルクス主義者はエコロジーに対して一体いかなる姿勢を示してきたか。実はオコンナーが指摘するように、マルクス主義者とエコロジストが互いに結びついて資本主義のもたらす反エコロジー的効果に抗議することは長い間見られなかった(51)。環境主義者は、マルクスは自然が物質的富の源泉であるという明白な事実を否定するとしてマルクスを批判した。この点でマルクス主義者は、生産力の発展を肯定し、先に見た自然の制約という観点から資本主義的生産の問題を分析することはなかった。マルクスとマルクス主義者の自然観は一般にこのように捉えられた。それだからエコロジストは、資本主義の運営者のみならずマルクス主義者とも対立してきたのだ。オコンナーはこのように論じる。

確かに今日のマルクス主義者の中には、未だに成長を第一に考える論者もいる。ピケティを厳しく批判したビールとユソンもそうである。かれらは、所得のより平等な分配が温室効果ガス排出の減少にとってまず必要であると主張する。この点は正当である。しかしかれらは他方で資本主義的生産様式の変更を、使用されるエネルギー源の変更の問題として考える(52)。そこでは、あくまでも成長の持続可能性が重視される。そのためには化石燃料に代わる新たなエネルギーを求める必要がある。この考えは先に見たグリーンキャピタリズムにつうじる。ところがビールとユソンは、そうした新エネルギーの追求はオルタナティブとしての社会主義の下で行われるべきと主張する。しかしその際の社会主義像が具体的に示されることはない。要するにかれらは、社会主義においても成長が必要であり、そのためのエネルギーを確保しなければならないとみなすのだ。もちろん、ビールとユソンの考えがマルクス主義者のそれを代表するものではない。しかし留意すべき点は、依然として成長第一主義を唱えるマルクス主義者が存在するという点であろう。

このように持続可能な成長の観点から化石燃料に代わるエネルギーを考える人々は、研究者としてのマルクス主義者のみならず左派の政治家においても同様に見られる。この点はフランスを例にして見ても明らかだ(53)。伝統的な左派を代表する社会党にしても、また極左派と称される「不服従のフランス」にしても、かれらは一様に再生可能エネルギーに賛同する。両党はいずれも、風力と太陽光によるエネルギーでもって将来のエネルギーを統御できると考える。この点はエコロジスト党の「欧州・エコロジー・グリーン」と同じである。その限りで左派とエコロジストの間で対立はない。

他方で注視すべき政党は、フランスで最も左派らしい政党と言われるフランス共産党である。かれらは確かに他の左派政党と同じく、二〇五〇年までにカーボンニュートラルを達成するプランに賛同する。しかしかれらは、エネルギー政策の点で他の左派政党と決定的に区別される。共産党はマクロン大統領の方針と同じく、新小型原子力発電所の建設を全面的に支持する。かれらはそれによって電力消費を倍増し、人々の生活様式を転換することなく済ませられると主張する。ここには明らかに政治的矛盾が見られる。共産党があれほどマクロン政権を批判してきたにもかかわらず、エネルギー政策については同政権に同調するからだ。一体、共産党はこの矛盾をどのように説明するのであろうか。

そこにはやはり、マルクス主義政党による成長第一主義の考えが潜んでいると言わざるをえない。成長というロジックにより、かれらは中道派と手を組むことさえ辞さないのだ。人々の生活様式をいくら守れたとしても、それによって一番大事な人々の健康を害することになれば元も子もない。それは左派のイデオロギーとして認められるはずがないであろう。ここには先に見たビールとユソンの場合と同じく、オーソドックスなマルクス主義者の大きな課題があると言わねばならない。

ではフランスの他の政党は原子力エネルギーに対していかなる考えを抱いているか。極左派の不服従のフランスは原子力エネルギーに反対する。かれらは、原子力エネルギーは決して社会的進歩につながるものではないし、中流階級を守るものではないとしてそれを斥ける。しかし、そこには人々の健康問題やエコロジーの視点からの批判が一切見られない。かれらがマルクス主義者であるかどうかは別としても、左派の健康とエコロジーの問題に対する関心度の低さが窺える。

さらに問題とされるべきは、むしろエコロジストの原子力エネルギーに対する姿勢である。フランスのエコロジストの党は、技術的な解決を信じて新小型原子力発電所の建設を共産党と同じく支持したのだ。かれらがエネルギー問題に執着するあまりに、ほぼ永久的な環境汚染による人々の健康被害に関心を示さないのであれば、エコロジストとしては失格であろう。エコロジストの本来あるべき主張は、エネルギー以外の点にもなされなければならないはずだ。それは温室効果ガスの排出を最も単純に、かつ最も根本的に削減する方法を、天然の二酸化炭素吸収の場を増やすことに求める点にある(54)。植林や土壌の再生などはその最たる方法であろう。要するに二酸化炭素は植物によって吸収されることが前提とされねばならないのだ。それ以外の二酸化炭素の吸収方法が仮に技術進歩によって見出されたとしても、その方法は再びエネルギーを使用することになって温室効果ガス排出削減のネットでの効果は薄まるに違いない。エコロジストはむしろ、このようなエコロジーの根源的問題を人々に提起する必要がある。

このようにして見ると二〇世紀末にオコンナーが示した、生産力主義のマルクス主義者とそれを批判するエコロジストという対立構図はもはや鮮明ではない。両者は、持続可能な成長のための再生可能エネルギーや原子力エネルギーの必要という点で一致しているからだ。そうだとすれば、成長主義としての生産力主義そのものが問われるに違いない。そしてこの点は、とりわけマルクス自身の考えに対する問いかけとなって現れる。そうした考えは真にマルクスに基づいているのか、あるいはたんにマルクスのエピゴーネンが主張しているものにすぎないのか。この点が問われて然るべきであろう。

(ロ) マルクスとマルクス主義者の峻別

ところで、自然の問題に関連して多くの論者がマルクスとマルクス主義者を明確に区別することなく論じている。その中でドイツの環境経済学者であるイムラーは、かなり早くに（一九八〇年代半ば）両者をはっきりと分けながら、マルクス主義の政治経済学の抱える問題点を鋭く指摘していた(55)。彼はまずマルクス自身について言えば、マルクスこそが自然と人間の問題を最もよく考察した経済学者であり哲学者であったことを認める(56)。それはとりわけ初期マルクスの著作の中に明確に表されていた(57)。確かにマルクスはそこで人間と自然の一体性を謳っている。人間は自然によって生きていくのであり、人間は自然の一部である。それだから疎外された労働は人間から自然を疎外するのだ。こうしてマルクスは自然主義と人間主義を統一的に捉える。共産主義はまさにその完成形態となる。そこには人間対自然の二元論的発想は皆無である。このようにマルクスは人間と自然の問題を体系的に提起し、それを将来の社会発展につなげる貴重な視点を早い段階から打ち出していたのだ。

ところがイムラーに言わせれば、その後のマルクス主義者の政治経済学はほとんど例外なく自然の問題を分析から排除してきた(58)。それだからかれらは今日、ブルジョア経済学者と同じようにエコロジー問題に直面して戸惑いを見せている。結局、マルクス主義者の政治経済学が使用価値としての自然に対して無関心であったがゆえに、生産力主義に基づくマルクス主義のモデルが導かれた。これによって、そうしたモデルがエコロジー危機の解消ともはや相容れないことをマルクス主義者は気づけなかった。彼はこう断じたのである(59)。イムラーのこのようなマルクス主義者に対する評価は全く正鵠を射ている。生産力主義を掲げるマルクス主義者は、現代のグローバル社会におけるエコロジー危機の問題を理解できないままであり続けるのだ。この点は、先に示したフランスのマルクス主義者であるビールとユソンの議論を振り返って見てもよくわかる。

そこで次に問題とされるべきは、そのような生産力主義者としてのマルクス主義者の誤りの原因が、果たしてマルクス自身の考えそのものにあるかどうかという点であろう。この点についてイムラーは、マルクスの価値論に問題があることを指摘する(60)。そこでは価値としての自然が論じられていない。価値なき自然が前提となっている。マルクスは抽象的労働を論じても抽象的自然を論じていないのだ。確かにマルクスは先に示したように（第六章）、空気や水は価値ではないが使用価値としてのみ存在すると論じている。その限りでイムラーの指摘は正しい。では、抽象的自然という考えの下に自然をどのように価値づけたらよいのか。この点に関するイムラーのビジョンは何も明らかにされていない。それはまた、自然の価値化という思考作業の困難さを表しており、この作業が今後の重要課題になることは疑いない。

一方、生産力主義に基づくマルクス主義者とエコロジストとの対立を論じたオコンナーも、そうした対立の根本的要因としてマルクスの生産力概念の問題を挙げる(61)。そこでは、生産力が社会的であると同時に自然的であるという事実が無視されている。それゆえマルクス主義者は、自然をベースとした活動の性格に疎い。オコンナーはこのように、伝統的なマルクス主義者の誤りをマルクスの考えと結びつける。ただし、そうしたマルクス批判が原典の読解に基づいているかは明らかでない。したがってオコンナーのマルクス批判の妥当性も、彼の叙述のみから判断することはできない。さらに注意すべき点は、オコンナーの書物でマルクスとマルクス主義者の区別がなされていない点である。この点でオコンナーの議論の仕方はイムラーのそれと決定的に異なっている。

ではイムラーやオコンナーが問題提起したように、人間と自然の関係をめぐるマルクス主義者に対する批判は、そのままマルクスに対する批判につながるとみなしてよいであろうか。この問題はあまりに大きな課題であり、軽々しく論じるべきものではない。それゆえここでは、今後の課題を探るに止めたい。マルクスは先に示したように、初期の著作で人間と自然の相互関連の問題を明確に論じていた。ではその後、彼は考えを変えてしまったのか。人間と自然の一元的把握は、たんに初期マルクスのエピソードにすぎなかったのか。この点が問われるに違いない。

こうした問いにきちんと答えるためにはやはり、マルクスの著作の正確な読解という作業が必要となる。マルクスの考えが若いときから晩年に至るまで変わらなかったかどうかという点も、そうした作業をつうじて明らかにされねばならない。この点で最近、斎藤幸平氏が生産力主義に対するマルクスの考え方の変化を原典の読解をつうじて解明したことは、そうした作業を示す一つの典型であろう(62)。大事なことは、マルクスの言説の正確な解釈を第一に必要なものとしても、そしてそのことがエピゴーネンによる曲解を斥けるとしても、その言説を今後の公正なエコ社会に向けて、あるいはまた新しい社会主義に向けていかに生かすかという点にある。その点でマルクスを最もよく理解している歴史家と言われるホブズボームが指摘したように、真のマルクス主義者はマルクスを到達点とするのではなく出発点としなければならないのだ(63)。

(三)　左派とエコロジストの共闘

今日我々はエコロジー危機に直面して、それを克服するためにいかなる運動を展開すべきかが問われている。この点に関してオコンナーはかなり早い段階で、左派による労働運動を含めた社会運動(レッド運動)とエコロジストによる環境保護運動(グリーン運動)の合同が、将来の公正な社会を導くと訴えていた(64)。しかもそうした合同は、決して北の側だけでなく、南の側も含めたグローバルな規模で行われねばならない。こうしたオコンナーの主張に筆者は全く賛同する。環境保護運動は、貧困国と貧困者の救済を前提とするものでなければ意味がない。同運動によって弱者が犠牲になるとすれば、言い換えれば経済的・社会的不平等が拡大してしまうのであれば、エコロジストの主張は偽善以外の何物でもない。

そもそも北の諸国が何世紀にもわたってさんざん成長を追求し、それによってグローバル規模でのエコロジーをやりたい放題に破壊してきたこと、そしてそれによって今日の深刻なエコロジー危機がもたらされたことを踏まえれば、今に及んで南の諸国に対して反成長主義を押し付ける権利は、少なくとも北側にはないはずだ。そこでエコロジーの観点から成長主義を見直す方針が認められるとしても、それは貧困者と貧困国に対する金融支援を伴うものでなければならない。この支援は北から南への、また富裕者から貧困者への資金移転となって現れる。こうした気候危機に伴う資金移転の必要は、ピケティも主張している点である[65]。そしてそのための財源として、世界の富裕者と多国籍企業を中心とした大企業に対する累進税が求められるのだ。

オコンナーはそうしたレッドグリーン運動をつうじて、オルタナティブな社会としての「新コモンズ」を想定する[66]。そこではグリーンシティ、汚染のない生産、さらに農業の生物多様的形態などが描かれる。では、このようなコモンズが一つのめざすべき社会であるとして、我々は果たしてそうした社会に向けてスムーズにかつ迅速に進むことができるであろうか。この点がまず、同運動を支える左派とエコロジストの課題となって現れることはまちがいない。今日、欧州における農業問題としてゆゆしき事態が発生していることは前章で論じたとおりである。そしてその際の農民による大反乱の後遺症が、二〇二四年六月の欧州議会選挙で露呈された。それはエコロジストの政党の大敗北となって現れたのだ。

今回の欧州議会選挙でエコロジストグループは五〇議席以上を確保したものの、それはこれまでの議席から大きく減少した[67]。かれらは、欧州議会で第四位の勢力から第六位に後退して右派のナショナリスト以下になる。この現象は二〇一九年での欧州議会選挙でのそれと正反対である。二〇一九年のときは、それこそ気候問題が争点の核であった。ところが今回は、逆に反気候問題に焦点が移ってしまったのだ。なぜであろうか。そこには欧州の人々とりわけ農業従事者のエコロジストに対する強い反感と嫌悪感さらには恨みが反映されていると言わねばならない。かれらの眼に、EUはグリーン（エコ）専制主義に走っていると映ったに違いない。

このような、人々のEUのエコ対策に対する反対の意思表示はすでに欧州議会選挙以前から現れていた。二〇二三年三月のオランダの地方選挙で、「農民―市民運動」の勝利が驚きをもって迎えられたのだ。それは明らかな転換点であった。そこでは市民運動が農民運動と合流してエコロジストを斥けたのである。オコンナーの唱えるレッドグリーン運動が現れる余地はもはやなかった。こうした中でリベラル派はいち早くグリーンディールに反対して市民に寄り添う姿勢を示した。これに対してグリーン（エコ）派は、専ら苦痛を味わう他なかった。かれらはとりわけフランスとドイツの二国で力を失った。この二国で農民の反乱が最も強かったことを考えれば、それは当然の結果であった。フランスのエコロジストは代表を送るのに最低限の得票を確保したが、それは二〇一九年のときに比べて半減した。これは厳しい敗北を意味した。エコロジストはまさに半旗を掲げたのである。一方、ドイツの緑の党は自由民主主義のリベラル派と共闘したものの、そこではレッドグリーン運動は見られなかった。その結果かれらの得票はフランスの場合と同じく二〇一九年のそれから大きく低下した。かれらはとくに、石炭採掘の再開と液化天然ガスの輸入増大を受け入れたことで強く批判されたのである。

このように、EUのグリーンディールを守り、エコ社会を牽引すべきフランスとドイツの二大盟主国でエコロジストの党は大敗北した。これと正反対に、グリーンディールに反対する反エコ派の極右派が大勝利を収めたのだ。この事態を一体どのように考えたらよいか。二〇一九年からわずか五年足らずで人々の考えはこうも変わるものなのか。そのように変えてしまった張本人は誰なのか。湧き上がる疑問は尽きない。筆者は、今回の欧州議会選挙におけるエコ派の大敗北と反エコ派の極右派の大勝利の要因が、エコ派と左派の共闘の欠如にあると考えたい。それは同時に、両派に責任があることを意味する。エコ派は二〇一九年の勝利によって一般市民とりわけ貧困者としての庶民、並びに農民の声を聞くのを完全に怠ってしまった。それがかれらを独走させ、あの農民の大反逆を引き起こしたのだ。明らかにエコ派に社会認識が欠如していた。かれらがフランスでもまたドイツでも、左派とりわけ極左派と手を組もうとしなかったのはその証左であろう。かれらはむしろ、中道派とリベラル派に近づいたのだ。一方左派も、イデオロギーの違いを前面に出してエコ派と共闘するつもりがなかった。しかもかれらはエコ派と同じく、左派の本道から外れて庶民を軽視した。その結果、社会民主派はエコ派と共に敗北したのである。このようにして見れば、公正なエコ社会を新コモンズの下で実現するにはやはり、レッドとグリーンの運動が合同する以外にない。今ほどそれが求められるときはないのだ。

フランスのマクロン大統領は今回の欧州議会選挙における結果を受けて、極右派の大躍進に対する懸念から国民議会（下院）を解散して総選挙を二〇二四年六月末に行うことを早々に宣告した。これが一つの大きな賭けであると同時に、民主主義再建のための試みであることは疑いない。そうした中で、この総選挙を前にしてピケティらのフランスの良識ある経済学者、社会学者、哲学者、ジャーナリスト、並びに小説家などがこぞって署名入りで共同声明をルモンド紙に発表した(68)。それは、「今こそ左派とエコロジストの同盟を」と題するものであった。極右派が歴史的な勝利を収めたのは一つの電気ショックであり、これに対して左派は刷新して最終的に勝利しなければならない。そして唯一左派とエコロジストの同盟が、かれらと対決してこの堪え難い状況から抜け出ることができる。かれらはこのように主張した。ここにはまさに、オコンナーの提唱したレッド運動とグリーン運動の合同が描かれる。こうした同盟こそが、庶民階級と中流階級をまとめることができる。それは気候、社会、並びに民主主義の三つの緊急性に対して真剣に対応できるからだ。もしも左派とエコロジストが分裂すれば、それは極右派に勝利をもたらすに違いない。逆に両派が生活やエコロジー、並びに気候のための解決を図れるならば、さらにはフェミニストの闘いを評価できるならば、かれらの勝利は可能である。両派は人種差別、イスラム排除、反ユダヤ、移民、並びに性的マイノリティに対する非難などの社会的不平等の問題に反対しなければならない。このような両派の共闘が社会的、文化的、及び政治的な力を発揮するに違いない。そして一般市民も、この同盟による運動を今こそ進めなければならない。かれらのメッセージはこのように締めくくられた。

以上の共同声明にはフランスの良識ある知識人の、より公正な社会の建設に向けた熱い思いが込められていると言ってよい。ここで改めて留意すべき点は、今日のエコロジー危機と社会危機に直面して左派はエコロジー問題を、また環境派は社会問題をかれらの政策と活動の方針の中に十分に組み入れる必要があるという点であろう。

では、こうしたフランスの知識人による共同声明はいかに現実の政界に反映されたか。それは見事に左派とエコロジストの同盟となって結実されたのだ。フランスの左派である社会党、極左派の「不服従のフランス」、並びにフランス共産党と、エコロジストの「欧州・エコロジー・グリーン」は総選挙に向けて同盟したのである(69)。それは「新人民戦線」と称すものであった。そもそもエコロジストが極左派と手を組むなどはありえないと考えられていただけに、今回の左派・エコロジスト同盟はフランス政治史において画期的であったと言わねばならない。かれらはここでフランスの社会に急激な変化をもたらして市民の生活を改善するために、市民との間で契約することを宣言した。その中核に据えられたのは生活条件の一層の向上であった。ただ、残念なことにエネルギー問題を中心とするエコ社会問題についてかれらの考えをまとめることはできなかった。しかしそれでも、左派にエコロジストが加わったことの意義はきわめて大きい。そして総選挙の結果はどうであったか。左派・エコロジスト同盟としての新人民戦線は、予想をはるかに上回って大勝利を収めたのだ。かれらは極右派の国民連合と与党連合を大きく引き離してトップに躍り出たのである(70)。それはまさに、先に見た知識人による共同声明で描かれたシナリオのとおりになった。フランスはこの点で、オコンナーの提唱したレッドグリーン運動を実現させて大成功を収めた最初の先進国であると言ってよい。我々はこれを歴史的教訓として受け止める必要がある。

(四) 生活様式の転換と家父長制資本主義

以上の議論からわかるように、成長主義に基づく資本主義的生産様式はエコロジー危機に直面して転換されねばならない。そこでは結局、エネルギー消費を節約する必要がある。この点はとくに北側に対して求められる。なぜなら、北の諸国の生活様式は超消費を特徴としているからだ(71)。もちろん、超消費は北側に限られない。それは南側とりわけ新興諸国の富裕層の間ではびこっている。では、このようなエコロジーにダメージを与える過剰な消費を変えるにはどうすればよいか。それは最終的に生活様式の転換をめざす以外にないのではないか。

実はそのような試みが二一世紀に入って南米でなされている(72)。いくつもの南米の国で、将来の世代に向けた自然に関する一連の改革が示されたのだ。それはエクアドルとボリビアで始まった。そして二〇一九年に、チリの左派による政権は画期的な対策を打ち出した。かれらは、そうした改革を憲法改革のプロジェクトとして掲げたのである。そこでは、尊厳のある生活の権利と民主主義を自然のバランスと結びつけることが謳われた。動物や海の保護、かつまた大気や山の保護が前提とされ、それらは共通財として規定された。ここには明らかにレッドとグリーンの結合が見られる。左派の政治プロジェクトの中にエコロジーを組み込む作業が、まず南で試みられたことを忘れてはならない。

このことはある意味で、南の北に対する反逆を示していると言えよう。というのもこれまで、北は南の自然を専有してエコロジーを完全に破壊してきたからだ。

残念ながら、こうしたチリの左派政権による新しい試みは実を結ぶことがなかった。そこでは二〇二二年に逆に超保守的な共和党が政権を握ることで、その試みは完全に拒絶されてしまった。しかし、チリの左派政権が提起した問題を我々は重く受け止めねばならない。自然を人類の共通財とみなす考えを絶対的に守る必要がある。それは、先に論じた自然の価値化を図る上で重要な示唆を与えてくれるに違いない。新しいコモンズの中で、自然を共通財とみなすことにより、人々のエネルギー消費はおのずと抑制されるのではないか。

他方で、成長主義的資本主義を変えるのに必要不可欠な生活様式の転換を実現させる上で、ぜひとも考えねばならない重要な問題がある。それは、先に論じた家父長制に基づくジェンダー差別の問題である。資本主義を成長主義の原則の下に猛進させてきた一つの最大の要因は、この家父長制にあるのではないか。女性を専ら無償の家事労働に従事させ、男性を家庭の唯一の稼ぎ手としたことが、結果的に高い成長を必然的なものとしたのだ。なぜなら、男性は一層多く働いてより多く稼ぐことが家庭を守るために、またより富裕な家庭をつくるために必要とみなされてきたからである。その意味でジャブロンカが指摘するように、資本主義はこれまで男性的資本主義として機能してきたと言ってよい(73)。筆者はここで、もう少し一般的にそうした資本主義を家父長制資本主義と名付けておきたい。イタリアのラディカルなフェミニズム研究者であるフェデリチも同様の名称を用いている(74)。

この家父長制資本主義の下で経済成長が高められる一方、エコロジーの破壊が大いに促進された。そうだとすれば家父長制の転換こそが、エコロジー危機を解消するためにまずもってめざされねばならない。新しい社会主義は、エコロジーの維持と同時に家父長制の廃絶を目的とする必要がある。社会主義になれば家父長制は自動的になくなると考えるのは大まちがいだ。それは歴史が証明している(75)。かつてヨーロッパでは、社会主義にとって女性の参政権は優先課題ではないとみなされた。また女性を解放すべきはずの旧ソ連で、スターリンは妊娠中絶を否定した。さらに旧東ドイツでも女性は政治権力から排除された。このように旧社会主義圏においても、資本主義の場合と同じく家父長制がまかりとおっていたのだ。それはまさに家父長制社会主義とも呼べるものであった。それゆえ新しい社会主義は、それを再現するものであっては絶対にならない。それだからエコ社会主義もフェミニズムに支えられる必要がある。実際に二〇世紀の最後に展開されたエコフェミニズム運動も、これまでの男性による女性と自然に対する支配に抵抗するものとして現れたのである(76)。

このように社会主義にフェミニズムを含ませる考えは、実は多くの論者に見られる。例えばレッドグリーンプロジェクトを提唱したオコンナーは、エコロジーを注視することは女性問題をとり上げることと同じであるとみなした(77)。また資本新世論を唱えたムーアも、資本主義が女性を社会から排除すると同時にかれらに無償の家事労働を強いることで、エコロジーをグローバル規模で破壊してきたと論じる(78)。そこでは、エコロジー=社会主義=フェミニズムがいわば三位一体的なものとして把握される。こうした把握の仕方は、ピケティらの発したフランス総選挙に向けた共同声明の中にもはっきりと示されていた。エコ社会主義はエコフェミニズムをベースとするものでなければならない。家父長制の廃絶による生活様式の根本的転換によってこそ、公正なエコ社会の実現に向けた新しい社会主義への道が初めて開かれるのである。筆者にはそう思えてならない。

以上、我々は現代資本主義の様々な性格に対応する形で、それに伴う欠陥を取り除くためのオルタナティブな経済・社会体制について検討を重ねてきた。では、資本主義はほんとうに他のシステムに代わりえるのか。この問いが当然発せられるであろう。米国の哲学者フクヤマはかつて、「歴史の終わり（到達点）」はマルクス主義的な終わりとしての共産主義ではなく、市場経済と結びついた自由主義国家にあると唱えた。この提言から三〇年ほど経た今日でも、彼の考えは変わらない。否、それどころか彼は自由民主主義と自由市場が最も望ましい体制であり、それが歴史の終わり「であるべき」と確信する(79)。ほんとうにそうであろうか。二一世紀に入ってからの米国を出発点とした自由でグローバルな資本主義の危機や、今日の自由市場に基づく資本主義に由来する気候危機をフクヤマはどう見るのであろうか。それでも歴史は終わったと言えるであろうか。

一方こうしたフクヤマの考えに対し、全く逆の見解を表す論者もいる。その一人は、世界システム論の提唱者として名高いウォーラーステインである。彼はサブプライム危機時にルモンド紙とのインタビューで、資本主義の長い歴史の中で現代をどのように捉えるかという問いに対し、「資本主義は現在基本的にシステムの最終段階に入っており、我々は危機的状況にある。資本主義はまさに終わりを迎えつつある」と答えている(80)。今日の気候危機を踏まえれば、そうした資本主義の危機が一層深まっていることは疑いない。では、その危機をどう乗り越えて他のシステムに移行するのか。それは果たして自動的に進行するのか。ウォーラーステインの答えにその展望は見られない。大事なことは、資本主義が終わりを迎えているとすれば、その後の世界を描くことではないか。この難題を我々は最重要な課題とすべきである。不平等解消の手段を考えることもそのための一つの作業にすぎない。そして何よりも我々はつねに、資本主義を批判する知性のペシミズムと、オルタナティブな社会の建設を願う意思のオプティミズムを抱く必要がある。

【注】

（1）レスター・サロー『知識資本主義』、三上義一訳、ダイヤモンド社、二〇〇四年、一〇七ページ。

（2）エリック・ホブズボーム『ホブズボーム 歴史論』、原剛訳、ミネルヴァ書房、二〇〇一年、三八ページ。

（3）Plihon, D., *Le nouveau capitalisme* , Flammarion, 2001, p.59.

（4）Faugère, J.-P., et Voisin, C., *Le système financier français —crise et mutuations*, Nathan, 1989, pp.47-49.

（5）Chesnais, F., et Plihon, D., co.ord., *Les pièges de la finance mondiale* , Syros, 2000, p.81.

（6）本山美彦『ESOP　株価資本主義の克服』、シュプリンガー・フェアラーク東京、二〇〇三年、二〜四ページ。

（7）Plihon, D., *Le nouveau capitalisme*, La Découverte, 2016, pp.43-44.

（8）*ibid.*,pp.57-59.

（9）神谷秀樹『強欲資本主義』、文春新書、二〇〇八年、一二六〜一二九ページ。

（10）拙稿「ヘッジファンドとグローバル金融リスク」、『世界経済評論』、二〇〇八年七月、一七〜二九ページ。

（11）Entretien avec Jean-Pierre Ghelf et Beat Kappeler , "Thomas Piketty a-t-il perdu le nord ?" , *Le temps* , 11, juin, 2014, pp.3-4.

（12）トマ・ピケティ『平等についての小さな歴史』、広野和美訳、みすず書房、二〇二四年、一四四ページ。

（13）トマ・ピケティ『資本とイデオロギー』、山形浩生、森本正史訳、みすず書房、二〇二三年、第一七章。

（14）トマ・ピケティ『平等についての小さな歴史』、前掲書、一三六ページ。

（15）同前書、一三八〜一三九ページ。

（16）Coatanlem, Y., et de Lecea, A., *Le capitalisme contre les inégalités* , PUF, 2022, pp.342-344.

（17）トマ・ピケティ『平等についての小さな歴史』、前掲書、一三九ページ。

（18）同前書、一四〇ページ。

（19）同前書、一四三〜一四四ページ。

（20）拙稿「不平等体制と累進税―トマ・ピケティ『資本とイデオロギー』をめぐって」、西南学院大学経済学論集、第五五巻、第四号、二〇二一年三月、四九～五〇ページ。

（21）Piketty, T., “Pour une union européenne sociale”, *Le Monde*, 9-10, juin, 2024.

（22）トマ・ピケティ『平等についての小さな歴史』、前掲書、二〇七～二〇八ページ。

（23）Pichet, É., “Débat : Les limites du <<Capital et idéologie >> de Thomas Piketty” ,*The conversation*, 19, September, 2019, pp.5-7.

（24）Sullvan, J./ interview with the left’s rock star economist, “Thomas Piketty : I don’t care for Marx” , *The New Republic*, 6, May, 2014, pp.2-3.

（25）Galland, O.,“ Dans son dernier livre, Thomas Piketty va-t-il trop loin dans l’égalitarisme?” , *Temps de lecture*, 28, septembre, 2019, pp.3-4.

（26）Miquet-Marty, F., “Les rêveries du promeneur Piketty ”, *l’Opinion* , 21, octobre, 2019.

（27）Bihr, A., et Husson, M., *Thomas Piketty : Une critique illusoire du capital* , page2 et Syllepse, 2020.

（28）*ibid*.,pp.145-149.

（29）*ibid*., pp.150-152.

（30）*ibid*.,pp.11-12.

（31）Ringenbach, G., “Alain Bihr et Michel Husson, Thomas Piketty une critique illusoire du capital, Éditions Sypllepase, 2020”, *Travailler dans l’agriculture*, 2021, p.3.

（32）Plihon, D., *Le nouveau capitalisme*, La Découverte, 2016, p.68.

（33）Bihr, A., et Husson, M., *op.cit*., pp.172-173.

（34）Wilgos, G., entretien , << Alain Bihr et Michel Husson: “Pour Piketty, les inégalités sociales sont inévitables” >> , *Économie* , 10, 2020, pp.6-9.

（35）トマ・ピケティ『平等についての小さな歴史』、前掲書、一三六～一三七ページ。

（36）同前書、一四五～一四七ページ。

(37) Plihon, D., *Le nouveau capitalisme*, La Découverte, 2016, pp.76-79.

(38) Duménil, G., Lévy, D., "Économie et politique des theses de Thomas Piketty, I.Analyse critique", *Actuel Marx*, No.56. 2. 2014, pp.14-15.

(39) Godin, R., "Deux économistes s'attaquent aux these de Thomas Piketty" , *Livres et revues*, 5, octobre, 2020, p.5.

(40) Toussaint, E.," Thomas Piketty et Karl Marx: deux visions totalement différentes du capital ", 9, mars, 2021, https: // www.cadtm.org/Thomas-Piketty-et-Karl-Marx:deux visions totalement différentes du capital. 二〇二三年四月七日にアクセス。

(41) 伊藤誠『資本主義の限界とオルタナティブ』、岩波書店、二〇一七年、第五章。斎藤幸平『人新世の「資本論」』、集英社新書、二〇二〇年、二八八～二九〇ページ。

(42) Aeschimann, É. et Riché, P., "Piketty, préche-t-il dans le désert?" , *L'OBS*, No2861, 5, septembre, 2019, pp.30-31.

(43) Daumas, C., de Fillippis, V., et Faure, S., entretien avec Thomas Piketty, "Chaque société invente un récit idéologique pour justifier ses inégalités ", *Libération*, 12, septembre, 2019, p.23.

(44) アメリ・アルティ『「連帯金融」の世界』、尾上修悟訳、ミネルヴァ書房、二〇一六年、一七ページ。

(45) O'Connor, J., *Natural Causes—Essays in ecological Marxism*, The Guilford Press, 1998, p.242.

(46) *ibid.*,p.249.

(47) Pisani-Ferry, J., "Les espoirs du capitalisme <<vert>>" , *Le Monde*, 24-25-26, décembre, 2023.

(48) Foucart, S., entretien avec Oreskes , N., "<< La cause majeure du déni climatique est le fondamentalisme de marché >> ", *Le Monde*, 3-4, mars, 2024.

(49) Foucart, S., "Vous avez dit <<transition énergétique>>?" , *Le Monde* , 3-4, mars, 2024.

(50) Vincent, J., "La crise écologique fait renaître le désir d'Etat ", *Le Monde*, 13, janvier, 2024.

(51) O'Connor, J., *op.cit.*, pp.2-3.

(52) Bihr, A., et Husson, M., *op.cit.*, p.137.

(53) Carriat, J.," A gauche divergences sur l'objectif << zéro carbone >> ", *Le Monde*, 22, novembre, 2023.

(54) Garric, A., "Climat: pomper le CO2 émis , un pari risqué ", *Le Monde*, 17, avril, 2024.

(55) ハンス・イムラー『経済学は自然をどうとらえてきたか』、栗山純訳、農文協、一九九三年、第六章。

(56) 同前書、三〇八ページ。

(57) カール・マルクス『経済学・哲学手稿』、藤野渉訳、大月書店、一九六三年、一〇五ページ。

(58) ハンス・イムラー、前掲書、三六九ページ。

(59) 同前書、三七六ページ。

(60) 同前書、三二四〜三二五ページ。

(61) O'Connor, J., *op.cit.*, p.276.

(62) 斎藤幸平、前掲書、第四章。

(63) エリック・ホブズボーム『ホブズボーム 歴史論』、原剛訳、ミネルヴァ書房、二〇〇一年、二四〇〜二四一ページ。

(64) O'Connor, J., *op.cit.*, p.15.

(65) トマ・ピケティ『平等についての小さな歴史』、前掲書、一九五〜一九六ページ。

(66) O'Connor, J., *op.cit.*, p.250.

(67) Jacqué, P., et Malingre, V., " La piètre performance des écologistes ", *Le Monde*, 11, juin, 2024.

(68) Piketty, T., Sapiro, G., Hêran, F., Karsent, B., Ernaux, A., et.al., "L'union des gauches et des écologistes, maintenant!" , *Le Monde* , 12, juin, 2024.

(69) Darame, M., et Métais , T., "A gauche, un programme commun et déjà une polémique" , *Le Monde*, 16-17, juin, 2024.

(70) Le Monde, "La gauche en tête, sans majorité" , *Le Monde*, 9, juillet, 2024.

(71) Guêrin, S., Naccache, P., et Pillot, J., "Environnement Le spectre de l'impuissance" , *Le Monde*, 5-6, mai, 2024.

(72) Vincent, J., "La crise écologique fait renaître le désir d'Etat ", *Le Monde*, 13, janvier, 2024.

(73) イヴァン・ジャブロンカ『マチズモの人類史』、村上良太訳、明石書店、二〇二四年、一六一ページ。

(74) Federici, S., *Le capitalisme patriarcal* , La fabrique, 2019.

(75) イヴァン・ジャブロンカ、前掲書、二一〇ページ。
(76) 同前書、一六〇ページ。
(77) O'Connor, J., *op.cit.*, p.250.
(78) Moore, J.W., "The Capitalocene , PartI : on the nature and origins of our ecological crisis", *The Journal of Peasant Studies*, vol.44, no.3, 2017, p.600, do., "The Capitalocene, PartII : accumulation and the centrality of unpaid work/energy", *The Journal of Peasant Studies*, vol.45, no.2, 2018,p.249.
(79) フランシス・フクヤマ、マチルデ・ファスティング編『「歴史の終わり」の後で』、山田文訳、中央公論新社、二〇二二年、一二五〜一二八ページ。
(80) Reverchon, A., entretien avec Immanuel Wallerstein, "Immanuel Wallerstein: << le capitalisme touche à sa fin >> ", *Le Monde*, 11, octobre, 2008.

参考文献*

*本書で引用された文献（和文はあいうえお順、欧文はアルファベット順）。


アルティ、アメリ『「連帯金融」の世界』、尾上修悟訳、ミネルヴァ書房、二〇一六年。

井手英策、倉地真太郎、佐藤滋、古市将人、村松怜、茂住政一郎『財政社会学とは何か』、有斐閣、二〇二二年。

伊藤誠『資本主義の限界とオルタナティブ』、岩波書店、二〇一七年。

イムラー、ハンス『経済学は自然をどうとらえてきたか』、栗山純訳、農文協、一九九三年。

ウィリアムズ、エリック『資本主義と奴隷制』、中山毅訳、ちくま学芸文庫、二〇二〇年。

エンゲルス、フリードリヒ『家族、私有財産および国家の起源』、村井康男、村田陽一訳、大月書店、一九五四年。

OECD編『ジェンダー白書』、濱田久美子訳、明石書店、二〇一四年。

尾上修悟『欧州財政統合論』、ミネルヴァ書房、二〇一四年。

尾上修悟『「社会分裂」に向かうフランス』、明石書店、二〇一八年。

尾上修悟『BREXIT「民衆の反逆」から見る英国のEU離脱』、明石書店、二〇一八年。

尾上修悟『ギリシャ危機と揺らぐ欧州民主主義』、明石書店、二〇一七年。

尾上修悟『コロナ危機と欧州・フランス』、明石書店、二〇二二年。

神谷秀樹『強欲資本主義』、文春新書、二〇〇八年。

斎藤幸平『人新世の「資本論」』、集英社新書、二〇二〇年。

サロー、レスター『知識資本主義』、三上義一訳、ダイヤモンド社、二〇〇四年。

ジャブロンカ、イヴァン『マチズモの人類史』、村上良太訳、明石書店、二〇二四年。

パターソン、オルランド『世界の奴隷制の歴史』、奥田暁子訳、明石書店、二〇〇一年。

ピケティ、トマ『21世紀の資本』、山形浩生、守岡桜、森正史訳、みすず書房。二〇一四年。

ピケティ、トマ『格差と再分配―20世紀フランスの資本』、山本和子、山田美明、岩澤雅利、相川千尋訳、早川書房、二〇一六年。

ピケティ、トマ『不平等と再分配の経済学』、尾上修悟訳、明石書店、二〇二〇年。

ピケティ、トマ『資本とイデオロギー』、山形浩生、森本正史訳、みすず書房、二〇二三年。

ピケティ、トマ『自然、文化、そして不平等』、村井章子訳、文藝春秋、二〇二三年。

ピケティ、トマ『平等についての小さな歴史』、広野和美訳、みすず書房、二〇二四年。

ピケティ、トマ/ミュラ、ロール/アルデュイ、セシル/バンティニ、リュディヴィーヌ『差別と資本主義』、尾上修悟、伊東未来、眞下弘子、北垣徹訳、明石書店、二〇二三年。

フーコー、ミシェル『生政治の誕生』、慎改康之訳、筑摩書房、二〇〇八年。

ブーシェイ、フェザー/デロング、J・ブラッドフォード/スタインバイム、マーシャル編『ピケティ以後』、山形浩生、守岡桜、森本正史訳、青土社、二〇一九年。

フクヤマ、フランシス/ファスティング、マチルデ編『「歴史の終わり」の後で』、山田文訳、中央公論新社、二〇二二年。

ブルデュー、ピエール『男性支配』、坂本さやか・坂本浩也訳、藤原書店、二〇一七年。

ホブズボーム、エリック『ホブズボーム 歴史論』、原剛訳、ミネルヴァ書房、二〇〇一年。

ポメランツ、ケネス/トピック、スティーヴン『グローバル経済の誕生』、福田邦夫、吉田敦訳、筑摩書房、二〇一三年。

マルクス、カール『経済学・哲学手稿』、藤野渉訳、大月書店、一九六三年。

マルクス、カール『資本論』第一部、長谷部文雄訳、青木書店、一九六九〜一九七〇年。

本山美彦『ESOP 株価資本主義の克服』、シュプリンガー・フェアラーク東京、二〇〇三年。

本山美彦『人工知能と21世紀の資本主義』、明石書店、二〇一五年。

ルソー、ジャン=ジャック『政治経済論』、阪上孝訳、白水社、一九八六年。

ルソー、ジャン=ジャック『社会契約論』、作田啓一訳、白水社、一九八六年。

Bauchard, M., *Emmanuel Macron et l'imposition de la richesse, La politique fiscale des hauts revenus et patrimoines entre 2017 et 2019*, L'Harmattan, 2020.

Bernandi, B, dir., *Rousseau, Discours sur l'économie politique*, Librairie philosophique J, Vrin, 2002.

Bihr, A., et Husson, M., *Thomas Piktty : Une critique illusoire du capital*, page2 et Syllepse, 2020.

Bihr, A., et Pfefferkorn, R., *Le système des inégalités* , La Découverte , 2021.

Boyer, R., *Macroéconomie et histoire — Du grand écard à une nouvelle alliance,* Classiques Garnier, 2022.

Bouju, M., Chancel, L., Delatte, A-L., Hennette, S., Piketty, T., Sacriste, G., Vauchez, A., *Changer l'Europe, c'est possible!,* Édition Points , 2019.

Cajé, J., *Pour une télé libre contre Bolloré* , Seuil , 2022.

Cagé, J., et Piketty, T., *Une histoire du conflit politique — Élections et inégalités sociales en France, 1780-2022*, Seuil, 2023.

CEPII, *L'économie mondiale 2024*, La Découverte , 2023.

Chesnais, F., et Plihon, D., co.ord., *Les pièges de la finance mondiale* , Syros , 2000.

Coatanlem, Y., et de Lecea, A., *Le capitalisme contre les inégalités*, PUF, 2022.

Crutzen, P-J., & Stoermer, E.F., "The Anthropocene" , *IGBP, Newsletter*, 41, 2000.

Delalande, N., *Les batailles de l'impôt — Consentement et résistences de 1789 à nos jours*, Seuil, 2011.

Dubet, F., *Tous inégaux, tous singuliers — Repenser la solidarité*, Seuil, 2022.

Faugère, J.-P., et Voisin, C., *Le système financier français — crise et mutuation*, Nathan, 1989.

Federici, S., *Le capitalisme patriarcal,* La fabrique, 2019.

Gélédan, A., dir., *Le bilan économique des années Mitterrand 1981-1993*, Le Monde, 1993.

Idoine, N.E., Raycraft, E.R., Shaw, R.A., Hobbs, S.F., Deady, E.A., Everett, P., Evans, E.J. &Mills, A.J., *World Mineral Production, 2016-2020*, British geological survey, 2022.

IMF, *Fiscal Monitor, A Fair Shot*, IMF, April, 2021.

Insee, *Tableaux de l'économie française* , Insee, 2006.

Insee, *Tableaux de l'économie française* , Insee, 2020.

Johns Hopkins Center for health security, *Global health security index*, Johns Hopkins, 2019.

Leroy, M., *L'impôt, l'État et la société — La sociologie fiscale de la démocratie interventionniste*, Economica, 2010.

Le Goaziou, V., *Démunis — Les travailleurs sociaux et la grande précarité* , Sciences Po., 2022.

Mazouz, S., *Race*, Anamosa, 2020.

Moore, J.W., " The Capitalocene , Part I : on the nature and origins of our ecological crisis", *The Journal of Peasant Studies* , vol., 44,No.3, 2017. "The Capitalocene, Part II : accumulation and the centrality of unpaid work/energy", *The Journal of Peasant Studies*, vol, 45, No.2, 2018.

O'Connor, J., *Natural Causes — Essays in ecological Marxism*, The Guilford Press, 1998.

OFCE, *L'économie européenne 2023-2024*, La Découverte, 2023.

OFCE, *L'économie française 2024*, La Découverte, 2023.

Plihon, D., *Le nouveau capitalisme* , Flammarion, 2001.

Plihon, D., *Le nouveau capitalisme* , La Découverte , 2016.

Porcher, T., *Les Délaissés* , fayard , 2020.

Purseigle, F., et Hervieu, B., *Une agriculture sans agricuteurs* , Sciences. Po., Les presses, 2022.

Rancière, J., *Aux bords du politique*, Gullimard, 2012.

Rosanvallon, P., *Les épreuves de la vie — Comprendre autrement les Français* ,Seuil, 2021.

Spire, A., *Résistences à l'impôt — Attachement à l'État*, Seuil, 2018.

Storti, M., *Pour un féminisme universel*, Seuil, 2020.

あとがき

筆者は本書を書き終えて、不平等の解消に向けた対策に関し、世界と日本の間にきわめて大きなギャップがあることを痛感した。例えば今日、超富裕層に対する累進税を求める声が欧米を中心とする先進諸国でも、また発展途上諸国でも非常に高まっているのに対し、日本では依然としてその気運が見られない。石破首相は、首相就任前には富裕税としての金融所得税の必要を謳っていたのに、首相になるやそうした租税を設ける意思をなくしてしまった。しかし日本では現実に、超富裕層に有利な租税政策が行われている。それは「一億円の壁」として知られる。所得税負担率は一億円までの所得に対しては上昇し続けるも、一億円を超える所得に対する同率は低下してしまう。超富裕層は、まさしく安上がりの所得をえることができるのだ。しかも超富裕者の数は、それこそ金融所得の増大に伴って増え続けている。そうだとすれば、これほど理不尽な話はない。こうした事態に富裕税としての累進税を設けないことは、公正な社会の建設を阻むものだと言わねばならない。

一方、ジェンダー差別を是正するための対策にいたっては、日本は世界で完全に取り残されている。日本の遅れは、日本がこれでも先進国かと疑わせるほどに著しい。例えば夫婦別姓ですら未だに認められていない。ゆゆしきことは、女性の権利をまずもって代弁するはずの女性議員ですら、保守的な男性議員の圧力に屈している点である。女性議員の存在意義が問われるのは当然であろう。さらに、妊娠中絶に関する日本の対応も甚だしく遅れている。それはすでにフランスでは憲法で認められているし、今回の米国大統領選挙キャンペーンで一大争点になったのだ。しかし日本の議会や選挙キャンペーンの中で、妊娠中絶の権利を訴える声が聞かれることはない。家父長制は日本で根強く残されている。この時代錯誤の責任は誰に求められるか。もちろん、それは男性以外にない。一体、日本の男性の意識変革はいつになったら起こるのか。筆者も男性の一人として、反省の意を強く抱かざるをえない。

最後になってまことに恐縮であるが、本書の企画と出版を厳しい状況の中で快諾していただき、つねに暖かく励ましていただいた明石書店の大江道雅社長に心より深謝申し上げたい。また、本書の企画で貴重なアドバイスをしていただき、編集の労をとっていただいた編集部長の神野斉様に心よりお礼申し上げたい。

れ

ろ

わ

ま

み

む

め

や

ゆ

よ

ら

り

る

ひ

ふ

へ

ほ

た

ち

て

す

せ

そ

さ

し

け

こ

き

く

か

い

う

え

お

フーコー（Foucault, M.） 145
プーチン（Putin, V.） 182, 267
フェデリチ（Federici, S.） 415
フォンデアライエン（Von der Leyen, U.） 293, 296, 322, 333
フクヤマ（Fukuyama, F.） 417
ブッシュ、G.W.（Bush, G.W.） 229, 289
ブラウン（Brown, G.） 351, 361
プリオン（Plihon, D.） 364, 392, 396
プリゴジン（Prigozhin, Y.） 228
ブリンケン（Blinken, D.） 229
ブルデュー（Bourdieu, P.） 193, 195, 198
フレッソ（Fressoz, J.-B.） 283
ボーシャール（Bauchard, M.） 102, 106
ホブズボーム（Hobsbawm, E.） 18, 377, 409
ポメランツ（Pomeranz, K.） 166, 221, 246
ポランニー（Polanyi, K.） 24
ボロレ（Bolloré, V.） 180
ボワイエ（Boyer, R.） 18
ボンゴ、A（Bongo, A.） 230, 233
ボンゴ、O（Bongo, O.） 231, 233
ポンピドゥ（Pompidou, C.） 233
マクロン（Macron, E.） 98, 101, 132, 139, 154, 190, 210, 221, 234, 236, 245, 262, 311, 333, 335, 340, 359, 398, 412
マズー（Mazouz, S.） 165, 175
マルクス（Marx, K.） 191, 192, 193, 284, 286, 288, 376, 388, 397, 403, 406, 407, 408
ミツォタキス（Mitsotakis, K.） 300
ミッテラン（Mitterrand, F.） 26, 39, 88, 188, 205, 233
ミレイ（Milei, J.） 268
ムーア（Moore, J.W.） 279, 280, 282, 284, 287, 288, 315, 320, 321, 323, 338, 400, 416
メイヤー（Meyer, J.） 268
メダ（Méda, D.） 360
メランション（Mélenchon,J-L.） 190
本山美彦 160, 378
ユソン（Husson, M.） 119, 389, 392, 394, 397, 403, 407
ラッファー（Laffer, A.） 87
ラマポーザ（Ramaphosa, C.） 260
ランシエール（Rancière, J.） 11
ルーラ（Lula, L.） 261
ルソー（Rousseau, J.-J.） 13, 64, 71, 75, 78, 86
ルト（Ruto, W.） 366
ルペン（Le Pen, M.） 179, 181
ルメール（Le Maire, B. ） 106, 159, 360, 365
ルロワ（Leroy, M.） 69, 78
ローズベルト（Roosevelt, F.） 291
ロカール（Rocard,M.） 89
ロザンバロン（Rosanvallon, P.） 174, 176, 194

事項索引

あ

ＩＲＡ 292
ＩＭＦ 13, 57, 152, 153, 247, 255, 262, 352
アイデンティティ 181
アグリビジネス 345, 348
アゼルバイジャン 353, 366
アタック 364
アフリカ 16, 147, 151, 187, 188, 225, 235, 248, 287, 320, 332, 337, 366
アフリカ人 285
アフリカの年 223
アマゾン 321
アムステルダム 281
アラブ首長国連邦 308, 348
アルジェリア 168, 174
アルゼンチン 268
安価（チープ）な自然 284, 286, 321, 338, 400
アングロサクソン 30, 87, 147, 233
安定・成長協定 54

索 引

人名索引

アタル（Attal, G.） 133, 135, 140, 156, 210, 304, 340
アルティ（Altis, A.） 399
伊藤誠 398
イムラー（Immler, H.） 406, 408
ウィリアムズ（Williams, E.） 165, 221
ウォーラーステイン（Wallerstein, I.） 417
エヌディアイ（Ndiaye, P.） 132, 134, 136
エルヴィウ（Hervieu, B.） 342
エンゲルス（Engels, F.） 191, 192, 193, 195, 397
オコンナー（O'Connor, J.） 403, 406, 408, 409, 410, 412, 414, 416
オバマ（Obama, B.） 289, 291, 402
オランド（Hollande, F.） 188, 190, 220
オレスケス（Oreskes, N.） 402
カジェ（Cagé, J.） 18
カッペラー（Kappeler, B.） 380
神谷秀樹 378
グテーレス（Gueterres, A.） 150, 228, 305, 307, 313
クルーグマン（Krugman, P.） 24
クルッツェン（Crutzen, P.） 277, 282
コアタンレム（Coatanlem, Y.） 382
斎藤幸平 289, 398, 408
サル（Sall, M.） 245
サルコジ（Sarkozy, N.） 98, 108, 188, 190
サロー（Thurow, L.） 123, 125, 376
サンダース（Sanders, B.） 291, 380
ジスカール・デスタン（Giscard d'Estaing, V.） 210, 233
ジャーベル（Jaber, A.） 309
ジャブロンカ（Jablonka, I.） 196, 210, 212, 415
習（習近平） 233
ショルツ（Scholz, O.） 298, 340
ジョンソン（Johnson, L.） 169
シラク（Chirac, J.） 83, 98, 190, 233
スターリン（Stalin, I.） 416
ズックマン（Zucman, G.） 363, 364
ストーマー（Stoermer E.） 277, 282
ストルティ（Storti, M.） 212
スピール（Spire, A.） 85, 96
スペクトール（Spector, C. ） 65
ゼムール（Zemmour, É.） 179, 180, 181, 184, 197
ダルマナン（Darmanin,G.） 344
ディオマイ・ファイ（Diomaye Faye, B.） 242, 243, 244
デュフロ（Duflo, E.） 361, 362
デュベ（Dubet,F.） 11 120, 135, 139
ドゴール（De Gaul, C.） 231, 233
ドペルテュイ（De Perthuis, C.） 362
トラオレ（Traoré, I.） 240
ドラランド（Delalande N.） 64, 70, 78, 84, 87, 104
トランプ（Trump, D.） 290, 313
ドルセア（De Lecea, A.） 382
ナエル・M（Merzouk, Nahel） 138, 187, 190
ネタニヤフ（Netanyahu, B.） 269
バイデン（Biden, J.） 255, 263, 290, 291, 313, 333
バズム（Bazoum, M.） 228
パターソン（Patterson, O.） 166
ハベック（Habeck, R.） 298
ビール（Bihr, A.） 119 389, 392, 394, 397, 403, 407
ピケティ（Piketty, T.） 12, 18, 22, 70, 75, 80, 84, 87, 109, 117, 119, 122, 130, 141, 150, 153, 166, 168, 170, 176, 178, 183, 194, 203, 205, 207, 221, 243, 246, 264, 326, 349, 357, 375, 381, 383, 394, 397, 410, 412, 416
ピサニ・フェリー（Pisani-Ferry, J.） 358, 401
ピュールセーグル（Purseigle, F.） 342

【著者略歴】

尾上　修悟（おのえ　しゅうご）

1949年生まれ。西南学院大学名誉教授。京都大学博士（経済学）。2000年と2004年にパリ・シアンスポリティークにて客員研究員。
主な著書は『イギリス資本輸出と帝国経済』（ミネルヴァ書房、1996年）、『フランスとＥＵの金融ガヴァナンス』（ミネルヴァ書房、2012年）、『欧州財政統合論』（ミネルヴァ書房、2014年）、『ギリシャ危機と揺らぐ欧州民主主義』（明石書店、2017年）、『BREXIT 「民衆の反逆」から見る英国のEU離脱』（明石書店、2018年）、『「社会分裂」に向かうフランス』（明石書店、2018年）、『「黄色いベスト」と底辺からの社会運動』（明石書店、2019年）、『欧州通貨統合下のフランス金融危機』（ミネルヴァ書房、2020年）、『コロナ危機と欧州・フランス』（明石書店、2022年）、Ａ．アルティ『「連帯金融」の世界』（訳書、ミネルヴァ書房、2016年）、Ｔ．ピケティ『不平等と再分配の経済学』（訳書、明石書店、2020年）、Ｔ．ピケティ他『差別と資本主義』（共訳書、明石書店、2023年）など。

ピケティ・正義・エコロジー
資本主義を超えて参加型社会主義へ

2025年2月10日　初版第1刷発行

著　者　尾　上　修　悟
発行者　大　江　道　雅
発行所　株式会社明石書店

〒101-0021　東京都千代田区外神田6-9-5
電　話　03（5818）1171
FAX　03（5818）1174
振　替　00100-7-24505
https://www.akashi.co.jp/
装丁　清水　肇（プリグラフィックス）
印刷／製本　モリモト印刷株式会社

（定価はカバーに表示してあります）　ISBN978-4-7503-5885-7

ギリシャ危機と揺らぐ欧州民主主義
緊縮政策がもたらすEUの亀裂　尾上修悟著　◎2800円

BREXIT「民衆の反逆」から見る英国のEU離脱
緊縮政策・移民問題・欧州危機　尾上修悟著　◎2800円

社会喪失の時代　プレカリテの社会学
ロベール・カステル著　北垣徹訳　◎5500円

人工知能と株価資本主義　AI投機は何をもたらすのか
本山美彦著　◎2600円

不平等　誰もが知っておくべきこと
ジェームス・K・ガルブレイス著
塚原康博、馬場正弘、加藤篤行、鐘田亨、鈴木賢志訳　◎2800円

ジェンダーと政治理論　インターセクショナルなフェミニズムの地平
メアリー・ホークスワース著
新井美佐子、左高慎也、島袋海理、見崎恵子訳　◎3200円

右翼ポピュリズムのディスコース【第2版】
恐怖をあおる政治を暴く
ルート・ヴォダック著　石部尚登訳　◎4500円

世界を動かす変革の力　ブラック・ライブズ・マター共同代表からのメッセージ
アリシア・ガーザ著　人権学習コレクティブ監訳　◎2200円

「社会分裂」に向かうフランス
政権交代と階層対立

尾上修悟 著

■四六判／上製／384頁　◎2800円

フランスは二〇一七年五月の選挙でマクロン大統領を誕生させたが、イギリスのEU離脱やアメリカのトランプ政権登場などの世界情勢の激変の中、国内の社会階層間の対立による「社会分裂」が深まっている。フランスの政治・経済・社会の今を鋭く分析する一冊。

内容構成

〈価格は本体価格です〉